PONS

Reisewörterbuch
SCHWEDISCH

PONS GmbH, Stuttgart

PONS Reisewörterbuch
Schwedisch

Neubearbeitung auf der Basis des PONS Last minute Schwedisch (2006): 978-3-12-518315-5 und PONS Sprachführer Schwedisch (2010): 978-3-12-518417-6
Bearbeitet von: Birgitta Ramge

Bildquellen
Die Quellenangaben zu den einzelnen Abbildungen erfolgen von links oben nach rechts unten bzw. von oben nach unten. Sind alle Bilder einer Seite von derselben Quelle, erfolgt die Nennung nur einmal.
1: DuMont Bildarchiv, Michael Riele. **13:** iStockphoto. **21:** Fotosearch, Foto Disk; Stock disc; Fotosearch, Foto Disk. **25:** DuMont Bildarchiv, Michael Riele. **37:** DuMont Bildarchiv, Michael Riele. **47:** Corel-Corporation. **56:** Fordwerke AG. **62:** Cycleurope Industries S.A., Romilly sur Seine. **77:** Avenue Images, image 100 (oben u. unten); iStockphoto, Uli Hamacher. **81:** Bundesverband Selbsthilfe Körperbehinderter, Krautheim; Hotel Weisseespitze, Kaunertal; Wendt-Wolter (BSK). **87:** ShutterStockcom; DuMont Bildarchiv, Michael Riele. **99:** DuMont Bildarchiv, Michael Riele; Creativ Collection. **108–114:** Wolpert Fotodesign, Stuttgart. **121:** GettyImages; iStockphoto, Edwin. **131:** DuMont Bildarchiv, Michael Riele. **143:** DuMont Bildarchiv, Michael Riele. **149:** GettyImages, PhotoDisk. **156:** Wolpert Fotodesign, Stuttgart. **173:** Creativ Collection Verlag. **187:** Stock disc.
Umschlag: Thinkstock

Kostenlose Hördateien zu Ihrem Reisewörterbuch im MP3-Format
finden Sie unter: www.pons.de/reisewoerterbuch-schwedisch

1. Auflage 2011 (1,02 - 2012)

Onlinewörterbuch: www.pons.eu
Shop: www.pons.de
E-Mail: info@pons.de

Projektleitung: Christiane Mackenzie und Gabriela Neumann, Stuttgart
Redaktion: Barbara Pflüger, Stuttgart
Umschlaggestaltung: Tanja Haller, Petra Schnur, Stuttgart
Logoentwurf: Erwin Poell, Heidelberg
Logoüberarbeitung: Sabine Redlin, Ludwigsburg
Satz: Fotosatz Kaufmann, Stuttgart
Druck: L.E.G.O. S.P.A., Lavis
Printed in Italy

ISBN: 978-3-12-518122-9

Aussprache

ˈ	vor einer Silbe gibt an, dass die folgende Silbe den Hauptdruck trägt und dass das Wort mit dem Akzent 1 ausgesprochen wird (vgl. Seite 9).		
ˇ	vor einer Silbe gibt an, dass die folgende Silbe den Hauptdruck trägt und dass das Wort mit dem Akzent 2 ausgesprochen wird (vgl. Seite 9).		
:	bedeutet, dass der vorhergehende Vokal lang zu sprechen ist.		
[iː]	geschlossener als in M**ie**te	polis	[pɔˈliːs]
[i]	wie in M**i**tte	inte	[ˇintə]
[eː]	wie in B**ee**t	leva	[ˇleːva]
[e]	wie in engl. b**e**d	enda	[ˇenda]
[ɛː]	wie in R**ä**te	läder	[ˈlɛːdər]
[ɛ]	wie in r**e**tte	hellre	[ˈhɛlrə]
[æː]	offener als [ɛː], vor [r], [ɖ], [ʈ], [ɭ], [ɳ], [ʂ]	här	[hæːr]
[æ]	wie in engl. h**a**m, vor [r], [ɖ], [ʈ], [ɭ], [ɳ], [ʂ]	herre	[ˇhærə]
[ɑː]	wie in engl. f**a**ther	aning	[ˇɑːniŋ]
[a]	wie in M**a**nn	man	[man]
[yː]	wie in H**ü**te	hyra	[ˇhyːra]
[y]	wie in H**ü**tte, **Y**psilon	hydda	[ˇhyda]
[øː]	wie in b**ö**se	hövlig	[ˇhøːvli]
[ø]	kurzes [ø]	mjölk	[mjølk]
[œː]	wie in frz. s**œu**r, vor [r], [ɖ], [ʈ], [ɭ], [ɳ], [ʂ]	göra	[ˇjœːra]
[œ]	wie in R**ö**cke, vor [r], [ɖ], [ʈ], [ɭ], [ɳ], [ʂ]	mörk	[mœrk]
[ʉː]	ähnlich wie dt. ü, jedoch mit den Lippen nach innen gezogen	gud	[gʉːd]
[ɵ]	wie in frz. **le**	guld	[gɵld]
[ə]	wie in bitt**e**, nie betont	kaffe	[ˇkafə]
[uː]	wie in M**u**t	mod	[muːd]
[u]	geschlossener als in M**u**tter	fort	[fuʈ]
[oː]	wie in **O**fen	gård	[goːɖ]
[ɔ]	wie in **o**ffen	gång	[gɔŋ]
[b]	wie in **B**ohne[1]	backe	[ˇbakə]
[p]	wie in **P**ol	pengar	[ˈpɛŋar]
[d]	wie in **D**elle[1, 3]	dam	[dɑːm]
[t]	wie in **T**eller[3]	tid	[tiːd]
[g]	wie in **G**ans[1, 3]	gata	[ˇgɑːta]
[k]	wie in **K**ahn	kaffe	[ˇkafə]
[f]	wie in **f**allen	far	[fɑːr]
[v]	wie in **W**asser, **V**ioline[1]	vatten	[ˈvatən]
[s]	wie in rei**ß**en, la**ss**en	sak	[sɑːk]

[ʃ]	wie in Ti**sch**; in großen Teilen Schwedens stattdessen ein hinterer, dunkler *sch*-Laut [ɧ], der an den deutschen [x]-Laut in Bach erinnert. Hier wird nur das Zeichen [ʃ] gebraucht.[4]	station	[sta'ʃu:n]
[ç]	wie in i**ch**[5]	kedja	[ˇçe:dja]
[h]	wie in **H**alle	hals	[hals]
[j]	wie in **j**eder[6]	jul	[jʉ:l]
[l]	wie in **L**uft	lampa	[ˇlampa]
[m]	wie in **M**ut[3]	man	[man]
[n]	wie in **N**ase	nagel	['nɑ:gəl]
[ŋ]	wie in la**ng**	hunger	['hɵŋər]
[r]	gerolltes Zungenspitzen-r[3]	rock	[rɔk]
[ɖ]	d mit zurückgebogener Zungenspitze[2]	gård	[go:ɖ]
[ʈ]	t mit zurückgebogener Zungenspitze[2]	ort	[uʈ]
[ɭ]	l mit zurückgebogener Zungenspitze[2]	förlåt	[fœ'ɭo:t]
[ɳ]	n mit zurückgebogener Zungenspitze[2]	gärna	[ˇjæ:ɳa]
[ʂ]	[ʃ]-Laut mit zurückgebogener Zungenspitze[2]	person	[pæ'ʂu:n]

Einige Hinweise zur Aussprache

1 b, d, g und v werden im Schwedischen auch am Wortende stimmhaft ausgesprochen. Im Wortinnern werden sie jedoch zwischen einem kurzen Vokal und s oder t stimmlos ausgesprochen, d. h. wie p, t, k, f.

2 In den Verbindungen rd, rt, rl, rn, rs verschmilzt das r mit dem folgenden Konsonanten zu einem einzigen Laut. Dies gilt auch über Wortgrenzen hinweg: var så god [vɑ: ʂɔ 'gu:].
In Südschweden stattdessen Zäpfchen-r + d/t/l/n/s für die Schreibung rd, rt, rl, rn, rs.

3 d, g, r und t werden in häufig gebrauchten Wörtern im Auslaut oft nicht ausgesprochen, z.B. vad [vɑ:], jag [jɑ:], är [e:] / [ɛ:], det [de:], mycket [ˇmykə]. Auch in den Suffixen -ig und -lig wird g oft nicht ausgesprochen, z.B. viktig [ˇvikti], vänlig [ˇvɛnli].

4 Für den stimmlosen [ʃ]-Laut werden folgende Buchstabenkombinationen gebraucht: sk vor e, i, y, ä, ö, sj, skj, stj, ch, sch sowie si, ssi und ti vor o in den Endungen -(s)sion und -tion. Beispiele: sked [ʃe:d], maskin [ma'ʃi:n], skylt [ʃylt], skära [ˇʃæ:ra], skön [ʃø:n], sjuk [ʃʉ:k], skjorta [ˇʃuʈa], stjärna [ˇʃæ:ɳa], chef [ʃɛ:f], schack [ʃak], pension [paŋ'ʃu:n], diskussion [diskʉ'ʃu:n], repetition [repeti'ʃu:n].

5 k vor e, i, y, ä, ö sowie kj und tj werden wie [ç] ausgesprochen, z.B. kedja [ˇçe:dja], kind [çind], kyss [çys], kär [çæ:r], kök [çø:k], kjol [çu:l], tjock [çɔk]. Vor e und i in unbetonten Endsilben wird k jedoch wie k ausgesprochen: rike [ˇri:kə], tråkig [ˇtro:ki(g)].

6 Wie j wird auch g vor e, i, y, ä, ö sowie nach l und r ausgesprochen,

z.B. ge [je:], gift [jift], gäst [jɛst], göra [ˇjœ:ra], gymnastik [jymnaˈsti:k], älg [ɛlj], berg [bɛrj]. Vor e in unbetonten Endsilben wird g jedoch wie g ausgesprochen: fågel [ˈfo:gəl]. Die Verbindungen dj, gj, hj und lj werden im Anlaut wie j ausgesprochen, d.h. der erste Konsonant ist stumm: djur [jʉ:r], gjort [ju:ʈ], hjälpa [ˇjɛlpa], ljud [jʉ:d].

Silbenstruktur und Betonung

Im Schwedischen ist in einer betonten Silbe entweder der Vokal oder der darauf folgende Konsonant lang. Ein langer Konsonant wird in der Regel doppelt geschrieben. In schwach betonten und unbetonten Silben sind sowohl der Vokal als auch der Konsonant kurz. In der Transkription wird nur die Länge des Vokals (durch :) gekennzeichnet.

Das Schwedische unterscheidet zwischen dem Druckakzent und dem musikalischen Akzent. Beim Druckakzent gibt es vier Druckstärken: Hauptdruck, starken Nebendruck, schwachen Nebendruck und schwachen Druck (keinen Druck). Der Hauptdruck liegt bei Wörtern schwedischen Ursprungs in der Regel auf der ersten Silbe, sofern diese keine unbetonte Vorsilbe ist wie be- oder för-.
Der musikalische Akzent beschreibt nicht die Druckstärke, sondern die wechselnde Tonhöhe innerhalb eines Wortes. Es gibt zwei Typen des musikalischen Akzents: den akuten Akzent oder Akzent 1 und den graven Akzent oder Akzent 2. Erreicht die Melodie eines Wortes einen einzigen Tongipfel, hat das Wort den Akzent 1. Der Ton sinkt oder steigt zum Ende des Wortes hin. Das ist der für das Deutsche charakteristische Akzent. Der Akzent 1 wird bei mehrsilbigen Wörtern in der Transkription durch ˈ vor der betonten Silbe wiedergegeben. Einsilbige Wörter können nur den Akzent 1 haben.

vatten [ˈvatən]
besök [beˈsø:k]
fotograf [futuˈgrɑ:f]

Beim Akzent 2 sinkt der Ton auf der ersten Silbe, steigt aber auf der zweiten oder einer der folgenden. Diese Silbe hat einen Nebendruck mit deutlich steigender Tonhöhe. Der Akzent 2 wird in der Transkription durch ˇ vor der Silbe mit dem Hauptdruck wiedergegeben. Fällt, besonders in zusammengesetzten Wörtern, der Nebendruck nicht auf die unmittelbar folgende Silbe, so wird die Silbe mit dem Nebendruck durch vorausgehendes ˈ gekennzeichnet.

öre [ˇœ:rə]
vykort [ˇvy:kuʈ]
uppehåll [ˇɵpəˈhɔl]
födelsedag [ˇfø:delsəˈdɑ:(g)]

Auf den Satzakzent ist ebenso zu achten. Die Wörter, die den Hauptsinn des Satzes tragen, werden betont, während Artikel, Pronomen, Hilfsverben, Präpositionen und Konjunktionen weniger betont sind als im Deutschen. In der Transkription von Sätzen können deshalb auch einsilbige Wörter ein ˈ erhalten, wenn sie die Satzbetonung tragen, während mehrsilbige Wörter ohne Akzente transkribiert sein können.
Der Unterschied zwischen Schriftsprache und Umgangssprache ist im Schwedischen größer als im Deutschen. Viele häufig gebrauchte Wörter werden in lässiger Umgangssprache durch Zusammenziehung oder Wegfall von Lauten verkürzt.

Das schwedische Alphabet

A	a	[ɑː]	K	k	[koː]	U	u	[ʉː]
B	b	[beː]	L	l	[ɛl]	V	v	[veː]
C	c	[seː]	M	m	[ɛm]	W	w	[ˇdɵbəl ˈveː]
D	d	[deː]	N	n	[ɛn]	X	x	[ɛks]
E	e	[eː]	O	o	[uː]	Y	y	[yː]
F	f	[ɛf]	P	p	[peː]	Z	z	[ˇsɛːta]
G	g	[geː]	Q	q	[kʉː]	Å	å	[oː]
H	h	[hoː]	R	r	[ær]	Ä	ä	[ɛː]
I	i	[iː]	S	s	[ɛs]	Ö	ö	[øː]
J	j	[jiː]	T	t	[teː]			

Abkürzungen im Wörterbuch

adj	Adjektiv, Eigenschaftswort	adjektiv
adv	Adverb, Umstandswort	adverb
el	Elektrizität	elektricitet
etw	etwas	något
jdm	jemandem	någon
jdn	jemanden	någon
konj	Konjunktion, Bindewort	konjunktion
med	Medizin	medicin
ngn	jemand (-em, -en)	någon
ngt	etwas	något
pers prn	Personalpronomen	personligt pronomen
pl	Plural, Mehrzahl	pluralis
poss prn	Possessivpronomen	possessivt pronomen
prn	Pronomen, Fürwort	pronomen
prp	Präposition, Verhältniswort	preposition
rel	kirchlich, geistlich	religiös

s.	sich	sig
sing	Singular, Einzahl	singularis
tele	Telefon, Telegraf	telefon, telegraf
verb	Verb, Zeitwort	verb

Allgemeine Abkürzungen

AB	aktiebolag	Aktiengesellschaft
bl.a.	bland annat	unter anderem
d.	död	gestorben
dvs./d.v.s.	det vill säga	das heißt
e.Kr.	efter Kristus	nach Christus
em.	eftermiddagen	nachmittags
f.	född	geboren
f.Kr.	före Kristus	vor Christus
fm.	förmiddagen	vormittags
FN	Förenta nationerna	Vereinte Nationen
f.n.	för närvarande	zurzeit
KAK	Kungliga Automobil Klubben	Königlicher Automobilklub
kl.	a) klockan b) klass	a) Uhr b) Klasse
kr	kronor	Kronen
moms	mervärdesskatt	Mehrwertsteuer
nr, n:r	nummer	Nummer
osv./o.s.v.	och så vidare	und so weiter
SAS	Scandinavian Airlines System	Skandinavische Luftfahrtgesellschaft
SJ	Statens Järnvägar	Schwedische Staatsbahnen
SL	Storstockholms Lokaltrafik	Verkehrsbetriebe von Groß-Stockholm
STF	Svenska Turistföreningen	Schwedischer Fremdenverkehrsverband
t.ex.	till exempel	zum Beispiel
ö.h.	över havet	über dem Meeresspiegel

Hinweise zur Benutzung des Wörterbuchs

Im Wörterbuch steht das Substantiv in der Grundform. An erster Stelle folgt der bestimmte Artikel (**-en** oder **-n**, **-et** oder **-t**), der an die Grundform angehängt wird. An zweiter Stelle steht die Pluralendung, die an den Stamm angehängt wird. Hat das Substantiv im Plural Umlaut, so ist die vollständige Pluralform angegeben.

blomma ‹-n, -or›	lies:	blomma		Blume
		blomman	die	Blume
		blommor		Blumen
kväll ‹-en, -ar›	lies:	kväll		Abend
		kvällen	der	Abend
		kvällar		Abende
bok ‹-en, böcker›	lies:	bok		Buch
		boken	das	Buch
		böcker		Bücher
äpple ‹-t, -n›	lies:	äpple		Apfel
		äpplet	der	Apfel
		äpplen		Äpfel
barn ‹-et, -›	lies:	barn		Kind
		barnet	das	Kind
		barn		Kinder

Bei den schwachen Verben ist jeweils die Endung des Präteritums und des Partizips Perfekt angegeben.

måla ‹-ade, -at›	lies:	måla	malen
		målade	malte
		målat	gemalt
stänga ‹-de, -t›	lies:	stänga	schließen
		stängde	schloss
		stängt	geschlossen
köpa ‹-te, -t›	lies:	köpa	kaufen
		köpte	kaufte
		köpt	gekauft
nå ‹-dde, -tt›	lies:	nå	erreichen
		nådde	erreichte
		nått	erreicht

Andere Länder, andere Sitten

Wussten Sie, dass ...

das Königreich Schweden nach Russland, Frankreich und Spanien das viertgrößte Land Europas ist? Es umfasst knapp 450 000 km^2 und hat ca. 9 Millionen Einwohner, was einer Einwohnerdichte von 20 Personen pro Quadratkilometer entspricht. Die Nord-Süd-Ausdehnung beträgt fast 1 600 km, von Ost nach West sind es allerdings nur knapp 500 km. Über 57 % der Landesfläche ist von Wäldern bedeckt, fast 9 % von Seen und Flüssen. In Schweden gibt es etwa 96 000 Seen. Der höchste Berg ist der Kebnekaise im Norden mit 2 111 m. Die größte Insel Gotland hat eine Fläche von 3 001 km^2, der größte See, der Vänersee *(Vänern)*, 5 585 km^2. Schwedens Küste sind etwa 40 000 Inseln vorgelagert.
Die Bevölkerung setzt sich aus 94 % Schweden und 6 % Ausländern zusammen, außerdem leben im dünn besiedelten Norden des Landes finnische und samische Minderheiten.
Geographisch und historisch gliedert sich Schweden in 25 Provinzen, verwaltungstechnisch ist es in 21 Regierungsbezirke *(län)* eingeteilt.

Klima

In Schweden gibt es nicht nur kalte, schneereiche Winter, sondern auch oft schöne Sommer mit angenehmen Temperaturen. An der Süd- und Westküste betragen im Juli und August die Wassertemperaturen oft über 20 Grad.
Je weiter man im Sommer nach Norden kommt, desto länger werden die Tage. Nördlich des Polarkreises geht die Sonne im Sommer überhaupt nicht unter. Auch in Mittelschweden wird es im Juni und Juli nur zwischen 22 und 2 Uhr etwas dunkel.
In Schweden herrschen im Winter große klimatische Unterschiede. Während im Süden und Westen des Landes der Golfstrom für ein mildes Klima mit wenig Schnee sorgt, herrschen im Osten und Norden meist strenge, schneereiche Winter.
Schweden bereist man am besten in der Zeit zwischen Anfang Juni und Ende August – Stockholm ist allerdings auch im Winter schön. Zum Winterurlaub fährt man hingegen am besten im Monat März, weil dann die strenge Kälte in Mittelschweden bereits vorbei ist.

Sprache

Die schwedische Sprache ist eine nordgermanische Sprache, die wie die deutsche Sprache zu den indogermanischen Sprachen gehört. Historisch betrachtet stammt Schwedisch aus derselben Sprachfamilie wie Dänisch und Norwegisch, was zur Folge hat, dass sich Schweden, Dänen und Norweger ohne größere Schwierigkeiten untereinander verständigen können.

Die im Osten Mittelschwedens, vor allem in der Hauptstadt Stockholm sowie die in den Medien gesprochene Sprache wird als Standardsprache - früher Reichsschwedisch - bezeichnet. Es gibt jedoch zahlreiche regionale Ausspracheunterschiede und Dialekte. Vor allem in den Provinzen Värmland, Dalarna und Schonen (*Skåne*) sowie auf der Insel Gotland werden noch heute häufig Dialekte gesprochen. Diese Unterschiede betreffen sowohl die Aussprache der einzelnen Laute als auch die Wortformen. Innerhalb der Dialektgebiete haben sich verschiedene Regionalsprachen herausgebildet. Im Laufe der Zeit haben sich die Dialekte zurückgebildet, vor allem aufgrund der Industrialisierung Schwedens Ende des 19. Jahrhunderts, als eine große Landflucht einsetzte und viele Menschen sich in den Großstädten Stockholm und Göteborg niederließen. Die Samen haben ihre eigene Sprache. Im Grenzgebiet zu Finnland gibt es zahlreiche finnischsprachige Dörfer.

Umgangsformen

Die schwedischen Anredeformen haben sich in den letzten Jahrzehnten grundlegend verändert. Heute duzen sich fast alle - selbst Unbekannte redet man mit *„du"* an. Nur bei älteren oder höher gestellten Personen sowie bei geschäftlicher Korrespondenz wird noch ab und zu *„ni"* (Sie) gebraucht. Spricht man mehrere Personen an, so gebraucht man stets *„ni"* (ihr/Sie). Die Anrede mit Titeln oder *„herr"/„fru"/„fröken"* (Herr/Frau/Fräulein) + Namen ist schon längst passé.
Regelmäßig begrüßt man sich mit einem fröhlichen *„hej"* (Hallo). Manchmal gibt man sich dazu auch die Hand, aber nicht so häufig wie in Deutschland. Freunde begrüßen sich gelegentlich mit einem Küsschen auf die Wange, aber diese Sitte ist erst im Kommen. Zu älteren Personen sagt man etwas förmlicher *„god dag"* (guten Tag).
Die Schweden bedanken sich gern und häufig. Meist fügt man auch hinzu, wofür man sich bedankt: *„tack för maten"* (Danke für das Essen), *„tack för senast"* (Danke für die Einladung neulich), *„tack för lånet"* (Danke fürs Ausleihen) usw. Sogar beim Einkaufen sagt man anstelle von „auf Wiedersehen" *„tack" oder „tack tack"*.
Vor allem junge Leute verabschieden sich mit dem Gruß *„hej då"*, was ungefähr dem deutschen „Tschüss" entspricht. Etwas förmlicher sagt man *„adjö"* (auf Wiedersehen).

Feste und Feiertage

Die wichtigsten kirchlichen Feiertage sind wie in Deutschland **Ostern**, **Pfingsten** und **Weihnachten**. Ostern und Weihnachten werden meist mit der Familie zu Hause gefeiert, Pfingsten dagegen eher mit Freunden, wenn man über die Feiertage nicht verreist. Das Kulinarische spielt an diesen Festtagen eine wichtige Rolle.
Seit 2005 ist der Pfingstmontag kein Feiertag mehr, dafür aber jetzt der **6. Juni**, der seit 1983 der **schwedische Nationalfeiertag** ist. Auch der

1. Mai und **Christi Himmelfahrt** sind in Schweden wie in Deutschland Feiertage.
Außerdem feiern die Schweden am **30. April** die **Walpurgisnacht** - an diesem Abend begrüßt man die Ankunft des Frühlings mit großen Feuern und Gesang. Vor allem in den Universitätsstädten finden an diesem Tag überall Studentenfeste statt.
Ganz wichtig ist in Schweden das **Mittsommerfest**. Der **Mittsommertag** ist ein beweglicher Feiertag, der auf den ersten Samstag nach der Sommersonnenwende fällt (20. bis 26. Juni). Am Vorabend des Mittsommertages feiern die Schweden das Mittsommerfest. Diese Feier hat eine uralte Tradition, die in den vorgeschichtlichen Sommersonnenwendfeiern wurzelt. Man tanzt in der hellen Sommernacht um den mit Blumen und Grün geschmückten Maibaum. Diese Nacht ist eine der kürzesten Nächte des hellen schwedischen Sommers und man feiert meistens, bis die Sonne wieder aufgeht.
Krebse sind eine Delikatesse, die in Schweden mehr geschätzt wird als in irgendeinem anderen Land. Das **traditionelle Krebsessen Mitte oder Ende August** bildet den Abschluss des zu Ende gehenden Sommers.
Allerheiligen ist in Schweden ein beweglicher Feiertag, der auf den Samstag vor dem ersten Sonntag im November fällt (31. Oktober bis 6. November). An diesem Tag besucht man den Friedhof, um der verstorbenen Angehörigen zu gedenken und ihre Gräber mit Blumen und Kerzen zu schmücken.
Am **13. Dezember** begehen die Schweden das Fest der **Lichterkönigin St. Lucia**. Die Lucia trägt einen Kranz mit brennenden Kerzen im Haar und wird von jungen Mädchen in weißen Gewändern mit Kerzen in den Händen begleitet. Sie singen Lucia- und Weihnachtslieder.
Am 31. Dezember wird **Silvester** *(nyårsafton)* zusammen mit Freunden oder Verwandten gefeiert. Um Mitternacht läuten sämtliche Kirchenglocken des Landes das neue Jahr ein.

Sehenswürdigkeiten

Das auf 14 Inseln erbaute Stockholm zählt zu den schönsten Hauptstädten der Welt. Schon allein diese Stadt bietet so viele Sehenswürdigkeiten, dass es für einen ganzen Urlaub reicht. Andererseits sollte man sich nicht die über das ganze Land verstreuten Sehenswürdigkeiten wie Kirchen, Schlösser, Naturparks und die Zeugnisse aus vorgeschichtlicher Zeit wie Felszeichnungen und Runensteine entgehen lassen. Einige Highlights sind:
Ale stenar (Skåne): Aus der Wikingerzeit stammen vermutlich die bei Kåseberga in der Form eines Schiffes erstellten Monolithen. Diese größte Schiffssetzung des Landes gibt viele Rätsel auf.
Glimmingehus (Skåne): Die besterhaltene mittelalterliche Burg Schwedens. Im Hof der Burg befindet sich ein Museum.
Visby (Gotland): Vollständig erhalten ist nicht nur die mittelalterliche Ringmauer aus der Zeit, als Visby noch eine Hansestadt war. Auch viele

alte Fachwerkhäuser, ein Dom, zwei Klöster sowie 13 Kirchenruinen erinnern an die frühere Bedeutung der Stadt. Weltkulturerbe seit 1995.
Tanum (Bohuslän): Beeindruckend sind die zahlreichen aus der Bronzezeit stammenden Felszeichnungen bei Tanum. Weltkulturerbe seit 1994.
Schloss Drottningholm (bei Stockholm): Das gut erhaltene Schloss liegt auf einer Insel im Mälarsee. Der Südflügel des Schlosses wird von der königlichen Familie bewohnt. Zur Schlossanlage gehören auch das einzigartige Schlosstheater sowie das Rokokoschlösschen *Kina slott* in dem weitläufigen Schlosspark. Die gesamte Schlossanlage wurde 1991 von der UNESCO zum Weltkulturerbe erklärt.
Sigtuna (Uppland): Eine der ältesten Städte Schwedens am Mälarsee, vormaliger Bischofssitz und Zentrum der christlichen Mission mit zahlreichen Kirchenruinen und malerischen Holzhäusern.
Rättvik (Dalarna): Auf einer Halbinsel im Siljan-See steht die mittelalterliche Kirche mit ihrer für Dalarna so typischen Bauernmalerei. Im Sommer fahren viele Kirchenbesucher in traditionelle Trachten gekleidet mit geschmückten Booten über den See zum Gottesdienst.

Unterwegs

... mit dem Auto

Schweden besitzt ein gut ausgebautes Straßennetz. Die meisten Autofahrer fahren entspannt und halten sich an die Geschwindigkeitsbegrenzungen. In Schweden finden häufig Verkehrskontrollen statt und Verkehrssünder werden hart bestraft. Die Höchstgeschwindigkeit beträgt 110 km/h auf Autobahnen, 70-90 km/h entsprechend der Beschilderung außerhalb geschlossener Ortschaften und 50 km/h innerhalb geschlossener Ortschaften. Wohnwagengespanne dürfen nie schneller als 80 km/h fahren.

- Die schwedische Autobahn ist nicht gebührenpflichtig.
- Auch tagsüber ist das Abblendlicht während der Fahrt immer einzuschalten.
- Die Promillegrenze beträgt 0,2.
- Das Tankstellennetz ist gut ausgebaut. Schwedische Tankstellen sind in der Regel auf Selbstbedienung eingerichtet. Für die einzelnen Benzinqualitäten ist an den Zapfsäulen die jeweilige Oktanzahl durch Knopfdruck einzustellen.
- Polizei, Krankenwagen und Notarzt sind in ganz Schweden unter der Telefonnummer 112 zu erreichen.

... mit der Bahn

Schweden lässt sich auch gut mit dem Zug bereisen. Die meisten Züge sind modern und komfortabel. Wer es eilig hat, nimmt den Hochgeschwindigkeitszug X2000, der zum Beispiel für die Strecke Stockholm-Göteborg nur drei Stunden benötigt. Für manche Züge sind Platzkarten erforderlich. Auf kürzeren Strecken verkehren Regionalzüge. In Stockholm gibt es auch eine U-Bahn. Die Eisenbahn (SJ) bietet ein umfangreiches Angebot von Ermäßigungen an.

... mit dem Flugzeug

Zwischen Deutschland und den beiden internationalen schwedischen Flughäfen Arlanda (40 km nördlich von Stockholm) und Landvetter (25 km östlich von Göteborg) gibt es täglich direkte Flugverbindungen. Aufgrund des gut ausgebauten innerschwedischen Flugnetzes ist ein Weiterflug unproblematisch. Achten Sie auf Sondertarife.

„Fettnäpfchen" und Tabus

Einige schwedische Umgangsregeln:

Pünktlich sein

In Schweden gehört es zum guten Ton, stets pünktlich zu sein. Eine Verspätung von 10 bis 15 Minuten wird akzeptiert, aber nicht mehr. Zu früh sollte man aber auch nicht kommen!

Anrede

Seit über 40 Jahren duzen sich alle Schweden. Selbst Unbekannte redet man mit „du" (du) an. Auch wenn die Schweden beim Vorstellen manchmal nur ihren Vornamen nennen, sollten Sie sich lieber mit Ihren Vor- und Familiennamen vorstellen. Jedenfalls sollten Sie nicht wie in Deutschland nur Ihren Familiennamen nennen. Auch am Telefon meldet man sich mit seinen Vor- und Familiennamen, nicht mit der Telefonnummer oder einfach mit „hallå" oder „ja" wie in manchen anderen Ländern. Wenn man sich an mehrere Personen wendet, gebraucht man immer das Pronomen „ni" (ihr/Sie). Die Anrede mit Titeln oder „herr" (Herr), „fru" (Frau), „fröken" (Fräulein) + Familiennamen ist auch schon seit mehreren Jahrzehnten nicht mehr üblich.

Küsschen?

Wenn man sich begrüßt oder verabschiedet, gibt man sich manchmal die Hand, aber bei Weitem nicht so oft wie in Deutschland. Mit einem Küsschen auf die Wange begrüßen sich ab und zu vor allem jüngere Leute, wenn sie sich gut kennen, aber nur mit einem angedeuteten Küsschen, nie mit mehreren wie in südlichen Ländern. Diese Sitte ist aber noch nicht sehr verbreitet. In Schweden begrüßen sich Männer gegenseitig nie mit einem Küsschen, auch nicht innerhalb der Familie oder unter Freunden, sondern höchstens mit einer Umarmung.

Sich bedanken

Das wichtigste schwedische Wort ist „tack" (danke). Die Schweden bedanken sich gerne und häufig und fügen auch meist hinzu, wofür sie sich bedanken. Vergessen Sie bitte nicht, nach dem Essen „tack för maten" (danke für das Essen) zu sagen, wenn Sie in Schweden zum Essen eingeladen sind. „Tack för maten" sagt man übrigens nicht nur, wenn man eingeladen ist, sondern auch jeden Tag zu Hause in der Familie nach dem Essen.
Wenn man zu einem Fest eingeladen war, ist es in Schweden Sitte, innerhalb einer Woche bei den Gastgebern anzurufen und sich mit einem „tack för senast" (danke für die Einladung neulich) zu bedanken.

Schuhe ausziehen

In Schweden ist es bei vielen Familien üblich, die Straßenschuhe auszuziehen, bevor man die Privatwohnung betritt. Sie sollten jedenfalls nicht mit schmutzigen Straßenschuhen in eine schwedische Wohnung gehen. Sicherheitshalber können Sie ja ein Paar leichte saubere Schuhe zum Wechseln mitbringen, wenn Sie nicht ohne Schuhe herumlaufen wollen. Die Erwachsenen wechseln einfach die Schuhe, wenn sie nach Hause kommen. Vor allem die Kinder laufen im Haus oft ohne Schuhe herum.

Nummernzettel ziehen

Nicht irritieren sollte Sie auch das schwedische System mit den Nummernzetteln, die man fast überall dort findet, wo man Schlange stehen muss, in der Apotheke, auf der Bank, am Bahnhof, an der Wurst- oder Käsetheke im Supermarkt. Achten Sie darauf, ob es einen Automaten gibt, aus dem Sie einen Zettel mit einer Nummer ziehen müssen. Eine Tafel zeigt an, welche Nummer gerade an der Reihe ist. Haben Sie keinen Nummernzettel gezogen, riskieren Sie, nicht bedient zu werden. Die Schweden haben sich an dieses System gewöhnt und finden es in Ordnung. Es wird ja auch in Deutschland langsam üblich.

Rauchverbot

Wer gerne raucht, bekommt in Schweden sicher Probleme, denn das Land wird immer mehr zur rauchfreien Zone. In öffentlichen Gebäuden darf nicht mehr geraucht werden und auch in Bars, Cafés und Restaurants ist das Rauchen seit ein paar Jahren verboten. Es ist auch am Arbeitsplatz und privat üblich, auf den Balkon, in den Garten oder vor die Haustür zu gehen, um eine Zigarette zu rauchen. Sehr viele Schweden haben in den letzten Jahren das Rauchen ganz aufgegeben.

Richtiges Verhalten im Restaurant

In Schweden ist es nicht üblich, sich im Restaurant an einen bereits besetzten Tisch zu setzen, selbst wenn es keine freien Tische mehr gibt. In besseren Restaurants wird man vom Oberkellner begrüßt und an einen freien Tisch geführt. Viele Leute reservieren auch im Voraus. Geht man mit Freunden ins Restaurant essen, kann man in Schweden wie in Deutschland auch getrennt bezahlen, was in manchen anderen Ländern unüblich ist. Man sollte es dem Kellner nur vor dem Kassieren sagen. Das Trinkgeld ist eigentlich im Preis inbegriffen, aber es steht jedem frei, seine Zufriedenheit mit einem zusätzlichen Obolus zu zeigen. Man rundet dann den Betrag etwas auf, gibt aber nicht so viel Trinkgeld wie in Deutschland. Das Gleiche gilt übrigens auch beim Taxifahren.

Keine Elchschilder abmontieren

Sie sollten auch nicht auf die Idee kommen, eines der hübschen Warnschilder von die Fahrbahn überquerenden Elchen abzumontieren, um es als Souvenir mit nach Hause zu nehmen! Das Elchschild ist zwar sehr hübsch, aber Sie machen sich dadurch nicht nur strafbar, sondern schaden auch dem Ansehen der Touristen.

Falsche Freunde

Schwedische und deutsche Wörter ähneln sich oft sehr oder sind sogar manchmal identisch, aber überall lauern „falsche Freunde", bei denen Missverständnisse möglich sind. Einige Beispiele:

1. **„En stund":** Wenn ein Schwede zu Ihnen sagt: „Vänta en stund!" meint er nicht, dass Sie eine Stunde warten sollen, sondern nur einen Moment. „En stund" bedeutet nämlich eine kurze Weile, eine Stunde dagegen heißt auf Schwedisch „en timme".
2. **„Fläsk":** Übersetzen Sie nicht das deutsche Wort Fleisch mit „fläsk", nur weil die beiden Wörter ähnlich klingen. „Fläsk" bedeutet Schweinefleisch oder Speck, Fleisch dagegen heißt „kött" [çøt].
3. **„Glass":** Auch bei dem deutschen Wort Eis muss man aufpassen – Speiseeis nennt man in Schweden „glass", gefrorenes Wasser dagegen „is".
4. **„Öl":** Wenn Sie in Schweden an der Tankstelle sagen, Sie müssten „öl" nachfüllen, staunt der Tankwart sehr, denn „öl" bedeutet auf Schwedisch Bier – das deutsche Wort Öl heißt auf Schwedisch „olja"!
5. **„Semester":**Auch das schwedische Substantiv „semester" bedeutet etwas ganz anderes als im Deutschen, nämlich Urlaub! Das deutsche Wort „Semester" heißt auf Schwedisch „termin" und bezieht sich sowohl auf das Schul- als auch auf das Universitätshalbjahr. Das deutsche Wort „Termin" bezeichnet wiederum auf Schwedisch einen gewissen Tag oder Zeitpunkt, z.B. heißt einen Termin beim Arzt vereinbaren „beställa tid hos doktorn".

Reisevorbereitungen

Hotelzimmer per E-Mail

Sehr geehrte Damen und Herren,
vom 24. bis 26. Juni hätte ich gern für zwei Nächte ein Einzel-/ Doppel-/Zweibettzimmer.
Bitte teilen Sie mir mit, ob Sie ein Zimmer frei haben und was es pro Nacht, einschließlich Frühstück, kostet.
Mit freundlichen Grüßen

Förfrågan angående övernattning
Jag skulle vilja reservera ett enkelrum/dubbelrum/rum med två sängar för två nätter från den 24 till den 26 juni.
Var vänlig och meddela mig om ni har något rum ledigt och hur mycket det kostar per natt inklusive frukost.
Med vänliga hälsningar

Dear Sir or Madam,
I would like to book a single/double/twin-bedded room for 2 nights on the 24th to 26th June.
Please let me know if you have any vacancies and the cost per night plus breakfast.
Yours faithfully,

Mietwagen per E-Mail

Sehr geehrte Damen und Herren,
für die Zeit vom 20. - 25. Juli möchte ich gern ab Flughafen XXX einen Kleinwagen/einen Mittelklassewagen/einen Geländewagen/einen Kleinbus mieten. Mein Rückflug geht ab YYY und deshalb möchte ich das Auto dort zurückgeben. Bitte teilen Sie mir Ihre Tarife mit und welche Unterlagen ich benötige.
Mit freundlichen Grüßen

Hyrbil från den 20 till den 25 juli
Jag skulle vilja hyra en liten bil/en bil i mellanklassen/en terrängbil/en minibuss från flygplatsen i XXX från den 20 till den 25 juli.
Jag flyger tillbaka från flygplatsen i YYY och skulle därför vilja lämna tillbaka bilen där. Var vänlig och skicka mig er prislista samt upplysningar om vilka dokument jag behöver.
Med vänliga hälsningar

Dear Sir/Madam,
I would like to hire a small/mid-range/cross-country car/minibus from July 20 - 25 from XXX Airport. I depart from YYY Airport so wish to leave the car there. Please inform me of your rates and what documents I shall require.
Yours faithfully,

Allgemeine Fragen

Ich habe vor, meinen Urlaub in ... zu verbringen. Können Sie mir bitte Informationen über Unterkünfte in der Gegend geben?
Jag planerar att tillbringa min semester i ... Kan ni ge mig upplysningar om övernattningsmöjligheter i trakten?
[jɑ: pla'ne:rar at ᵛtilbriŋa min se'mɛstər i ... kan ni: je: mɛj ᵛɵply:sniŋar ɔm ᵛø:vəŋatniŋsmøjlig'he:tər i 'traktən]

An welche Art von Unterkunft haben Sie gedacht?
Vilken sorts övernattning har du tänkt dig?
[ᵛvilkən 'sɔʈʂ ᵛø:vəŋatniŋ hɑ: ɖʉ: 'tɛŋkt dɛj]

ein Hotel
ett hotell [et hɔ'tɛl]
eine Pension
ett pensionat [et paŋʃu'nɑ:t]
eine Hütte
en stuga [en ᵛstʉ:ga]
eine Ferienwohnung
en semesterlägenhet [en seᵛmɛstərɭɛgən'he:t]

Fragen zur Unterkunft

Hotel — Pension — Privatzimmer

Ich suche ein Hotel in zentraler Lage, jedoch nicht zu teuer.
Jag letar efter ett hotell som ligger centralt men inte är alltför dyrt.
[jɑ: ᵛle:tar ɛftər et hɔ'tɛl sɔm 'ligə ʂɛn'trɑ:lt mɛn ᵛintə e: 'altfœ: 'ɖy:ʈ]

Ich suche ein Hotel mit Hallenbad/Golfplatz/Tennisplätzen.
Jag letar efter ett hotell med simhall/golfbana/tennisbanor.
[jɑ: ᵛle:tar ɛftər et hɔ'tɛl me: ᵛsimhal/ᵛgɔlfbɑ:na/ᵛtɛnisbɑ:nur]

Können Sie mir eine schöne Pension mit Frühstück empfehlen?
Kan du rekommendera mig ett trevligt pensionat med frukost?
[kan dʉ: rekɔmen'de:ra mɛj et ᵛtre:vlit paŋʃu'nɑ:t me: 'frɵkɔst]

Sind dort Hunde erlaubt?
Är det tillåtet att ha med sig hund?
[e: de: ᵛtilo:tət at hɑ: ˈme: sɛj ˈhɵnd]

Ist es möglich, ein weiteres Bett in einem der Zimmer aufzustellen?
Är det möjligt att ställa in en säng till i ett av rummen?
[e: de: ᵛmøjlit at stɛla ˈin en ˈsɛŋ ˈtil i et ɑ:v ˈrɵmən]

Wie viel kostet das pro Woche?
Hur mycket kostar det per vecka? [hʉ:r ᵛmykə ᵛkɔsta ɖe: pæ:r ᵛvɛka]

Ferienhäuser/Ferienwohnungen

Ich suche eine Ferienwohnung oder eine Hütte.
Jag skulle vilja hyra en semesterlägenhet eller en stuga.
[jɑ: ᵛskɵlə vilja ᵛhy:ra en seᵛmɛstəɭɛ:gənˈhe:t ˈɛlər en ᵛstʉ:ga]

Kann man mit dem Auto bis zur Hütte fahren?
Kan man köra bil ända fram till stugan?
[kan man ᵛçø:ra ˈbi:l ᵛɛnda fram til ᵛstʉ:gan]

Können Sie mir ein Ferienhaus an einem See empfehlen?
Kan du rekommendera mig något fritidshus vid en sjö?
[kan dʉ: rekɔmenˈde:ra mɛj nɔt ᵛfri:titsˈhʉ:s vi:d en ˈʃø:]

Gibt es ...?
Finns det ...? [fins de: ...]
ein Kinderbett
barnsäng [ᵛbɑ:ɳʂɛŋ]
einen Kinderstuhl
barnstol [ᵛbɑ:ɳʂʈu:l]
einen Fernseher
TV [ᵛte:ve:]
eine Waschmaschine
tvättmaskin [ᵛtvɛtmaˈʃi:n]
eine Spülmaschine
diskmaskin [ᵛdiskmaˈʃi:n]
eine Mikrowelle
mikrovågsugn [ᵛmikrɔvoksˈɵŋn]

Sind die Stromkosten im Preis eingeschlossen?
Ingår elkostnaderna i priset? [ᵛingo:r ᵛe:lkɔstnadəɳa i ˈpri:sət]

Werden Bettwäsche und Handtücher gestellt?
Finns det sänglinne och handdukar där?
[fins de: ᵛsɛŋlinə ɔ ᵛhandʉ:kar dæ:r]

Wie viel muss ich anzahlen und wann ist die Anzahlung fällig?
Hur mycket måste jag betala i förskott och när skall betalningen ske?
[hʉ:r ᵛmykə ᵛmɔstə jɑ: beˈtɑ:la i ᵛfœ:ʂkɔt ɔ ˈnæ:r skɑ: beˈtɑ:lniŋən ˈʃe:]

Wo und wann kann ich die Schlüssel abholen?
Var och när kan jag hämta nycklarna?
[vɑ:r ɔ næ:r kan jɑ: ᵛhɛmta ᵛnyklaɳa]

Allgemeines

Wie man Freunde gewinnt
Eigentlich kommt man in Schweden ganz gut ohne Schwedisch zurecht. In der Schule lernen alle Schüler Englisch und viele als zweite Fremdsprache Deutsch. Aber man findet schneller Anschluss, wenn man in ein Gespräch ein bisschen Schwedisch einfließen lassen kann.

Das Wichtigste in Kürze

Ja.
Ja. [jɑː]

Nein.
Nej. [nɛj]

Bitte.
(als Aufforderung) Var snäll och ...! [vaː ˈʂɳɛl ɔ ...]; *(beim Geben, Anbieten usw. und als Antwort auf Danke)* Varsågod! [vaːʂɔˈguːd/vaʂəˈguː]; *(nach Entschuldigung)* Ingen orsak! [ˇiŋən ˇuːʂɑːk]; *(Ja, bitte!)* Ja, tack! [jɑː ˈtak].

Danke!
Tack! [tak]

Wie bitte?
Förlåt? [fœˈɭoːt]

Selbstverständlich!
Naturligtvis! [naˈtʉːɭitviːs], Självklart! [ˇʃɛlvklɑːʈ]

Einverstanden!/In Ordnung!
Okej!/OK! [oːˈkɛj]

Verzeihung!
Förlåt! [fœˈɭoːt]

Einen Augenblick, bitte.
Ett ögonblick. [et ˇøːgɔnˈblik]

Genug!
Det räcker! [de ˈrɛkər]

Hilfe!
Hjälp! [jɛlp]

Wer?
Vem? [vem]

Was?
Vad? [vɑːd/vɑː/va]

Welcher/Welche/Welches/ Welche?
Vilken/Vilket/Vilka? *(pl)* [ˇvilkən /ˇvilkət/ˇvilka]

Wem?
(Åt/Till) vem? [(o:t/til) vem]

Wen?
Vem? [vem]

Wo?
Var? [vɑ:r]

Wo ist/Wo sind ...?
Var är ...? [vɑ:r e:]

Woher?
Varifrån? [ˈvɑ:rifro:n]

Wohin?
Vart? [vɑ:ʈ]

Warum/Weshalb?
Varför? [ˈvarfœr]

Wie?
Hur? [hʉ:r]

Wie viel?
Hur mycket? [hʉ:r ˇmykə]

Wie viele?
Hur många? [hʉ:r ˇmɔŋa]

Wie lange?
Hur länge? [hʉ: ˇɭɛŋə]

Wann?
När? [næ:r]

Ich möchte ...
Jag skulle vilja ... [jɑ: ˇskələ ˇvilja]

Gibt es ...?
Finns det ...? [fins de]

Zahlen - Maße - Gewichte

0	noll [nɔl]
1	ett [et]
2	två [tvo:]
3	tre [tre:]
4	fyra [ˇfy:ra]
5	fem [fɛm]
6	sex [sɛks]
7	sju [ʃʉ:]
8	åtta [ˇɔta]
9	nio [ˇni:ə]

10	tio [ˇtiːə]
11	elva [ˇɛlva]
12	tolv [tɔlv]
13	tretton [ˇtrɛtɔn]
14	fjorton [ˇfjuːʈɔn]
15	femton [ˇfɛmtɔn]
16	sexton [ˇsɛkstɔn]
17	sjutton [ˇʃɵtɔn]
18	arton [ˇɑːʈɔn]
19	nitton [ˇnitɔn]
20	tjugo [ˇçʉːgə]
21	tjugoett [çʉːˈet]
22	tjugotvå [çʉːˈtvoː]
23	tjugotre [çʉːˈtreː]
24	tjugofyra [çʉːˇfyːra]
25	tjugofem [çʉːˈfɛm]
26	tjugosex [çʉːˈsɛks]
27	tjugosju [çʉːˈʃʉː]
28	tjugoåtta [çʉːˇɔta]
29	tjugonio [çʉːˇniːə]
30	trettio [ˈtrɛti]
31	trettioett [trɛtiˈet]
32	trettiotvå [trɛtiˈtvoː]
40	fyrtio [ˈfœʈi]
50	femtio [ˈfɛmti]
60	sextio [ˈsɛksti]
70	sjuttio [ˈʃɵti]
80	åttio [ˈɔti]
90	nittio [ˈniti]
100	hundra [ˈhɵndra]
101	hundraett [hɵndraˈet]
200	tvåhundra [ˈtvoːˈhɵndra]
300	trehundra [ˈtreːˈhɵndra]
1 000	tusen [ˈtʉːsən]
2 000	tvåtusen [ˈtvoːˈtʉːsən]
3 000	tretusen [ˈtreːˈtʉːsən]
10 000	tiotusen [ˇtiːəˈtʉːsən]
100 000	hundratusen [ˈhɵndraˈtʉːsən]
1 000 000	en miljon [en milˈjuːn]
1.	första [ˇfœʂʈa]
2.	andra [ˇandra]
3.	tredje [ˇtreːdjə]
4.	fjärde [ˇfjæːɖə]
5.	femte [ˇfɛmtə]
6.	sjätte [ˇʃɛtə]
7.	sjunde [ˇʃɵndə]

8.	åttonde [ᵛɔtɔndə]
9.	nionde [ᵛniːɔndə]
10.	tionde [ᵛtiːɔndə]
1/2	en halv [en halv]
1/3	en tredjedel [en ᵛtreːdjəˈdeːl]
1/4	en fjärdedel [en ᵛfjæːɖəˈdeːl]
3/4	tre fjärdedelar [treː ᵛfjæːɖəˈdeːlar]
3,5%	tre och en halv procent [treː ɔ en halv prɔˈsɛnt]
27 °C	tjugosju grader (Celsius) [çʉːˈʃʉː ᵛgrɑːdər (ˈsɛlsiəs)]
-5 °C	minus fem grader (Celsius) [ˈmiːnəs fɛm ᵛgrɑːdər (ˈsɛlsiəs)]
2010	tjugohundratio [ᵛçʉːgəhəndraˈtiːə]/ tvåtusentio [tvoːtʉːsənᵛtiə]
2011	tjugohundraelva [ᵛçʉːgəhəndraˈɛlva]/ tvåtusenelva [tvoːtʉːsənᵛɛlva]
Millimeter	millimeter [miliˈmeːtər]
Zentimeter	centimeter [sɛntiˈmeːtər]
Meter	meter [ˈmeːtər]
Kilometer	kilometer [çiluˈmeːtər]
Meile	mil [miːl]
Seemeile	sjömil [ᵛʃøːmiːl]
Quadratmeter	kvadratmeter [kvɑᵛdrɑːtmeːtər]
Liter	liter [ˈliːtər]
Gramm	gram [gram]
100 Gramm	ett hekto [et ˈhɛktu]
Kilogramm	kilo [ˈçiːlu]
Pfund	ett halvt kilo [et halft ˈçiːlu]

Zeitangaben

Die Uhrzeit

Wie viel Uhr ist es?
Hur mycket är klockan? [hʉːr ᵛmykə eː ᵛklɔkan]

Es ist ...
Klockan är ... [ᵛklɔkan eː]
3 Uhr.
tre. [treː]
5 nach 3.
fem över tre. [fɛm øːvə ˈʈreː]

3 Uhr 10.
tio minuter över tre. [ˇti:ə miˈnʉ:tər ø:və ˈtre:]
Viertel nach 3.
kvart över tre. [kvaʈ ø:və ˈtre:]
halb 4.
halv fyra. [halv ˇfy:ra]
Viertel vor 4.
kvart i fyra. [kvaʈ i ˇfy:ra]
5 vor 4.
fem (minuter) i fyra. [fɛm (miˈnʉ:tər) i ˇfy:ra]
1 Uhr.
ett. [et]
12 Uhr mittags/Mitternacht.
tolv på dagen/på natten. [tɔlv pɔ ˈdɑ:gən/pɔ ˈnatən]

Geht diese Uhr richtig?
Går den här klockan rätt? [go: ɖen ˈhæ:r ˇklɔkan rɛt]

Sie geht vor/nach.
Den går före/efter. [dɛn go:r ˇfœ:rə/ˈɛftər]

Es ist spät/zu früh.
Det är sent/för tidigt. [de e: se:nt/fœ ˈʈi:dit]

Um wie viel Uhr?/ Wann?
Hur dags?/När? [hʉ: ˈɖaks/næ:r]

Um 1 Uhr.
Klockan ett. [klɔkan ˈet]

Um 2 Uhr.
Klockan två. [klɔkan ˈtvo:]

Gegen 4 Uhr.
Omkring klockan fyra. [ɔmˈkriŋ klɔkan ˇfy:ra]

In einer Stunde.
Om en timme. [ɔm en ˇtimə]

In zwei Stunden.
Om två timmar. [ɔm tvo: ˇtimar]

Nicht vor 9 Uhr morgens.
Inte före klockan nio på morgonen.
[ˇintə ˇfœ:rə klɔkan ˇni:ə pɔ ˇmɔrɔnən]

Nach 8 Uhr abends.
Efter klockan åtta på kvällen. [ˈɛftər klɔkan ˇɔta pɔ ˈkvɛlən]

Zwischen 3 und 4.
Mellan tre och fyra. [ˇmelan tre: ɔ ˇfy:ra]

Wie lange?
Hur länge? [hʉː ᵛlɛŋə]

Zwei Stunden (lang).
Två timmar. [tvoː ᵛtimar]

Von 10 bis 11.
Från tio till elva. [froːn ᵛtiːə til ᵛɛlva]

Bis 5 Uhr.
Till klockan fem. [til klɔkan ˈfɛm]

Seit wann?
Hur länge? [hʉː ᵛlɛŋə]

Seit 8 Uhr morgens.
Sedan klockan åtta i morse. [seːdan/sen klɔkan ᵛɔta i ᵛmɔʂə]

Seit einer halben Stunde.
I en halvtimme. [i en ᵛhalvtimə]

Seit acht Tagen.
I en vecka. [i en ᵛveka]

abends	på kvällen [pɔ ˈkvɛlən]/ på kvällarna [pɔ ᵛkvɛlaɳa]
alle halbe Stunde	varje halvtimme [ᵛvarjə ᵛhalvtimə]
alle zwei Tage	varannan dag [vaᵛranan dɑː(g)]
am Sonntag	på söndag [pɔ ˈsønda]
am Wochenende	i helgen [i ˈhɛljən]
bald	snart [snɑːʈ]
diese Woche	den här veckan [den ˈhæːr ᵛvekan]
gegen Mittag	omkring klockan tolv [ɔmˈkriŋ klɔkan ˈtɔlv]
gestern	igår [iˈgoːr]
heute	idag [iˈdɑː]
heute Morgen/Abend	i morse/i kväll [i ᵛmɔʂə/i ˈkvɛl]
in 14 Tagen	om fjorton dagar [ɔm ᵛfjuːʈɔn ᵛdɑːgar]
innerhalb einer Woche	inom en vecka [ᵛinɔm en ᵛveka]
jeden Tag	varje dag [ᵛvarjə dɑː(g)]
jetzt	nu [nʉː]
kürzlich	nyligen [ᵛnyːligən], nyss [nys]
letzten Montag	förra måndagen [ᵛfœra ˈmɔndan]/ i måndags [i ˈmɔndas]
manchmal	ibland [iˈbland]
mittags	vid middagstiden [vid ᵛmidasˈtiːdən]
morgen	i morgon [i ᵛmɔrɔn]
morgen Früh/Abend	i morgon bitti/kväll [i mɔrɔn ᵛbiti/kvɛl]
morgens	på morgonen [pɔ ᵛmɔrɔnən]/ på morgnarna [pɔ ᵛmɔːɳaɳa]

nachmittags	på eftermiddagen [pɔ ˇɛftərˈmidan]/ på eftermiddagarna [pɔ ˇɛftərmiˈdɑːgaɳa]
nächstes Jahr	nästa år [ˇnɛsta oːr]
nachts	på natten [pɔ ˈnatən]
stündlich	varje timme [ˇvarjə ˇtimə]
täglich	dagligen [ˇdɑːgligən]
tagsüber	på dagen [pɔ ˈdɑːgən/dɑːn]
übermorgen	i övermorgon [i ˇøːvərˈmɔrɔn]
um diese Zeit	vid den här tiden [vi den ˈhæː ˈʈiːdən]
von Zeit zu Zeit	då och då [doː ɔ ˈdoː]
vor zehn Minuten	för tio minuter sedan [fœː ˇʈiːə miˈnʉːtə ʂen]
vorgestern	i förrgår [i ˈfœrgɔr]
vormittags	på förmiddagen [pɔ ˇfœːrmidan]/ på förmiddagarna [pɔ ˇfœːrmiˈdɑːgaɳa]

Die Wochentage

Montag	måndag [ˈmɔnda]
Dienstag	tisdag [ˈtiːsda]
Mittwoch	onsdag [ˈunsda]
Donnerstag	torsdag [ˈtuːʂɖa]
Freitag	fredag [ˈfreːda]
Samstag	lördag [ˈlœːɖa]
Sonntag	söndag [ˈsønda]

Die Monate

Januar	januari [janeˈɑːri]
Februar	februari [febreˈɑːri]
März	mars [maʂ]
April	april [aˈpril]
Mai	maj [maj]
Juni	juni [ˈjʉːni]
Juli	juli [ˈjʉːli]
August	augusti [aˈgɵsti]
September	september [sɛpˈtɛmbər]
Oktober	oktober [ɔkˈtuːbər]
November	november [nuˈvɛmbər]
Dezember	december [deˈsɛmbər]

Die Jahreszeiten

Frühling	vår, -en, -ar [voːr]
Sommer	sommar, -(e)n, somrar [ˇsɔmar]
Herbst	höst, -en, -ar [høst]
Winter	vinter, -n, vintrar [ˈvintər]

Feiertage und Festtage

Neujahr	nyårsdagen [ᵛny:oʂ'ɖɑ:(gə)n]
Dreikönigstag	trettondagen [ᵛtrɛtɔn'dɑ:(gə)n]
Karfreitag	långfredagen [ᵛlɔŋ'fre:dan]
Ostern	påsk [pɔsk]
Ostersonntag	påskdagen [ᵛpɔskdɑ:(gə)n]
Ostermontag	annandag påsk [ᵛanan'dɑ:(g) 'pɔsk]
30. April (Walpurgisnacht)	valborgsmässoafton [ᵛvɑ:lbɔrjsmɛsu'aftɔn]

Am 30. April begrüßt man die Ankunft des Frühlings mit Freudenfeuern.

1. Mai	första maj [ᵛfœʂʈa 'maj]
Christi Himmelfahrt	Kristi himmelsfärdsdag [ᵛkristi ᵛhiməlsfæ:ɖʂ'ɖɑ:g]
Pfingsten	pingst [piŋst]
Pfingstsonntag	pingstdagen [ᵛpiŋstdɑ:(gə)n]
Nationalfeiertag (6. Juni)	nationaldagen [natʃuᵛnɑ:ldɑ:gən]

Am Vorabend des Mittsommertages feiern die Schweden das Mittsommerfest. Man tanzt in der hellen Sommernacht um den mit Blumen und Grün geschmückten Maibaum.

Mittsommertag (am ersten Samstag nach der Sommersonnenwende – zwischen dem 20. und dem 26. Juni)	midsommardagen [ᵛmisɔma'ɖɑ:(gə)n]
Allerheiligen (am Samstag vor dem ersten Sonntag im November)	alla helgons dag [ᵛala ᵛhɛlgɔns 'dɑ:g]
Fest der Lichterkönigin St. Lucia (13. Dezember)	Lucia(dagen) [lɵᵛsi:a('dɑ:gən)]
Weihnachten	jul [jʉ:l]
Heiliger Abend	julafton [ᵛjʉ:laftɔn]
1. Weihnachtsfeiertag	juldagen [ᵛjʉ:ldɑ:(gə)n]
2. Weihnachtsfeiertag	annandag jul [ᵛanan'dɑ: 'jʉ:l]
Silvesterabend	nyårsafton [ᵛny:oʂ'aftɔn]

Das Datum

Den Wievielten haben wir heute?
Vad är det för datum idag? [vɑ: e: de fœ ᵛɖɑ:tɵm i'dɑ:(g)]

Heute ist der 1. Mai.
Idag är det den första maj. [i'dɑ:(g) e: de den ᵛfœʂʈa 'maj]

Wie wird das Wetter heute?
Vad blir det för väder idag? [vɑː bliː ɖe fœr ˈvɛːdər iˈdɑː(g]

Wir bekommen schönes/schlechtes/unbeständiges Wetter.
Det blir vackert/dåligt/ostadigt väder.
[de bliːr ˈvakəʈ/ˇɖoːlit/ ˇuːstɑːdit ˈvɛdər]

Es bleibt schön/schlecht.
Det vackra/dåliga vädret håller i sig.
[de ˇvakra/ˇdoːli(g)a ˈvɛːdrət hɔlər ˈiː sɛj]

Es wird wärmer/kälter.
Det blir varmare/kallare. [de bliːr ˇvarmarə/ˇkalarə]

Es wird sicher regnen/schneien.
Det kommer nog att regna/snöa. [de ˈkɔmər nuːg at ˇrɛŋa/ˇsnøːa]

Es ist kalt/heiß/schwül.
Det är kallt/hett/kvavt. [de eː kalt/het/kvɑːft]

Es zieht ein Gewitter/Sturm auf.
Det kommer att bli åska/storm. [de ˈkɔmər at bliː ˇɔska/stɔrm]

Es ist neblig/windig.
Det är dimmigt/blåsigt. [de eː ˇdimit/ˇbloːsit]

Die Sonne scheint.
Solen skiner. [ˈsuːlən ˈʃiːnər]

Der Himmel ist wolkenlos/bedeckt.
Himlen är molnfri./Det är mulet.
[ˇhimlən eː ˇmoːlnfriː/de eː ˇmʉːlət]

Wie viel Grad haben wir heute?
Hur många grader är det idag? [hʉr ˇmɔŋa ˇgrɑːdər eː de iˈdɑː(g)]

Es ist 20 Grad Celsius.
Det är tjugo grader (Celsius). [de eː ˇçʉːgə ˇgrɑːdər ˈsɛlsiɵs]

Wie ist der Straßenzustand in ...?
Hur är väglaget i ... ? [hʉːr eː ˇvɛːglɑːgət i]

Die Sicht beträgt nur 20 m/weniger als 50 m.
Man har bara tjugo meters sikt/mindre än femtio meters sikt.
[man hɑːr ˇbɑːra ˇçʉːgə ˈmeːtəʂ sikt/ˈmindrə ɛn ˈfɛmti ˈmeːtəʂ sikt]

Die Straßen sind glatt.
Vägarna är hala. [ˇvɛːgaɳa eː ˇhɑːla]

Schneeketten sind erforderlich.
Det är nödvändigt att ha snökedjor.
[de eː ˇnøːdvɛndit at hɑː ˇsnøːçeːdjur]

Barometer	barometer, -n, barometrar [baru'meːtər]
bewölkt	molnig [ˇmoːlni(g)]
Blitz	blixt, -en, -ar [blikst]
Bö	by, -n, -ar [byː]
Dämmerung	*(am Morgen)* gryning, -en [ˇgryːniŋ], *(am Abend)* skymning, -en [ˇʃymniŋ]
diesig	disig [ˇdiːsi(g)]
Donner	åska, -n [ˇɔska]
Ebbe	ebb, -en [ɛb]
Eis	is, -en [iːs]
feucht-kühl	kall och fuktig [kal ɔ ˇfɵkti(g)]
Flaute	stiltje, -n [ˇstiltjə]
Flut	flod, -en [fluːd]
Frost	frost, -en [frɔst]
Glatteis	halka, -n [ˇhalka]
Hagel	hagel, haglet ['hɑːgəl]
heiß	varm [varm], het [heːt]
heiter	klar [klɑːr]
Hitze	hetta, -n [ˇheta]
~welle	värmebölja, -n [ˇværmə'bølja]
Hoch	högtryck, -et [ˇhøːgtryk]
kalt	kall [kal]
Klima	klimat, -et, - [kli'mɑːt]
Luft	luft, -en [lɵft]
~druck	lufttryck, -et [ˇlɵftryk]
nass	blöt [bløːt], våt [voːt]
Nebel	dimma, -n, -or [ˇdima]
Niederschlag	nederbörd, -en [ˇneːdər'bœːɖ]
Nieselregen	duggregn, -et [ˇdɵgrɛŋn]
Pulverschnee	pudersnö, -n [ˇpʉːdə'ʂɳøː]
Regen	regn, -et [rɛŋn]
~schauer	regnskur, -en, -ar [ˇrɛŋnskʉːr]
regnerisch	regnig [ˇrɛŋni(g)]
Schnee	snö, -n [snøː]
~sturm	snöstorm, -en, -ar [ˇsnøːstɔrm]
schwül	kvav [kvɑːv]
Schwüle	kvav luft, -en [kvɑːv lɵft]
Sonne	sol, -en [suːl]
Sonnen|aufgang	soluppgång, -en, -ar [ˇsuːlɵp'gɔŋ]
~untergang	solnedgång, -en, -ar [ˇsuːlneːd'gɔŋ]
sonnig	solig [ˇsuːli(g)]
sternenklar	stjärnklar [ˇʃɛːɳklɑːr]
Tauwetter	töväder, tövädret [ˇtøːvɛːdər]
Temperatur	temperatur, -en, -er [tɛmpəra'tʉːr]
Tief	lågtryck, -et [ˇloːgtryk]
Trockenheit	torka, -n [ˇtɔrka]

Überschwemmung	översvämning [ˇø:və'ʂvɛmniŋ]
warm	varm [varm]
wechselhaft	växlande [ˇvɛkslandə]
Wetter|bericht	väderleksrapport, -en, -er [ˇvɛ:dəle:ksra'pɔʈ]
~vorhersage	väderutsikter [ˇvɛ:dərʉ:t'siktər]
Wind	vind, -en, -ar [vind]
~stärke	vindstyrka, -n [ˇvindstyrka]
Wolke	moln, -et, - [mo:ln]
Wolkenbruch	skyfall, -et, - [ˇʃy:fal]

Farben

beige	beige [be:ʃ]
blau	blå [blo:]
braun	brun [brʉ:n]
gelb	gul [gʉ:l]
golden	guldfärgad [ˇgɵldfærjad]
grau	grå [gro:]
grün	grön [grø:n]
lila	lila [ˇli:la]
orange	orange [u'raŋʃ]
rosa	rosa [ˇro:sa]
rot	röd [rø:d]
schwarz	svart [svaʈ]
silbern	silverfärgad [ˇsilvər'færjad]
türkisfarben	turkosfärgad [tərˇko:sfærjɑd]
violett	violett [viu'lɛt]
weiß	vit [vi:t]
hell ...	ljus... [jʉ:s]
dunkel ...	mörk... [mœrk]
farbig	kulört [kʉ'lœ:ʈ]
einfarbig	enfärgad [ˇe:nfærjad]

Zwischenmenschliches

Händeschütteln oder Küsschen?
Normalerweise grüßt man in Schweden den ganzen Tag mit „hej" (Hallo). Manchmal gibt man sich dabei die Hand, aber nicht so häufig wie in Deutschland. „God kväll" (guten Abend) sagt man dagegen heutzutage nicht mehr. Nur selten begrüßt man sich mit einem Küsschen auf die Wange. Zu älteren Personen sagt man etwas förmlicher „god dag" (guten Tag).

Begrüßung und Verabschiedung

Die Begrüßung

Guten Morgen!
God morgon! [gu ᵛmɔrɔn]

Guten Tag!
Goddag! [guˈdɑː]

Hallo!/Grüß dich!
Hej! [hɛj]

Wie geht es Ihnen/dir?
Hur mår du? [hʉːr moː ɖʉː]

Die Höflichkeitsanrede „ni" wird nur noch gelegentlich gegenüber unbekannten älteren oder höhergestellten Personen gebraucht sowie bei unpersönlicher Korrespondenz. Die Anrede „du" wird jedoch auch in diesen Fällen immer gebräuchlicher.

Wie geht's?
Hur står det till? [hʉː ʂˈʈoː ɖe ˈtil]

Die Frage „Hur mår du?" (Wie geht es dir/Ihnen?) ist rein rhetorisch und wird meistens nur mit „Tack bra, och du själv?" (Danke. Und dir/Ihnen?) beantwortet. Nur unter sehr guten Freunden spricht man offen über gesundheitliche und andere Probleme.

Danke. Und Ihnen/dir?
Tack bra, och du själv? [tak brɑː ɔ dʉː ʃɛlv]

Wie ist Ihr Name, bitte?
Ursäkta, hur var namnet? [ᵛʉːʂɛkta hʉːr vɑː ˈnamnət]

Wie heißt du?
Vad heter du? [vɑː ˈheːtə ɖʉː]

Mein Name ist .../Ich heiße ...
Mitt namn är .../Jag heter ... [mit namn eː/jɑː ˈheːtər]

Sich vorstellen

Darf ich bekannt machen? Das ist ...
Får jag presentera? Det här är ... [fo:r jɑ: presɛn'te:ra de 'hæ:r e:]
Frau/Herr X.
... (nur Vorname oder Vorname + Familienname)
mein Mann.
min man. [min man]
meine Frau.
min fru. [min frʉ:]
mein Sohn.
min son. [min so:n]
meine Tochter.
min dotter. [min ᵛdɔtər]
mein Bruder/meine Schwester.
min bror/min syster. [min bru:r/min ᵛsystər]
mein Freund/meine Freundin.
min vän/min väninna. [min vɛn/min vɛᵛnina]
mein Kollege/meine Kollegin.
min kollega. [min kɔ'le:ga]

Darf ich Ihnen meine Visitenkarte geben?
Får jag ge dig mitt visitkort? [fo:r jɑ: je: dɛj mit viᵛsi:tkuʈ]

Das Verabschieden

Der Abschiedsgruß „hej då" entspricht dem deutschen „Tschüss". Etwas förmlicher kann man auch „adjö" [a'jø:] (auf Wiedersehen) sagen, vor allem zu älteren Leuten.

Auf Wiedersehen!
Adjö! [a'jø:]

Bis bald!
Vi ses snart! [vi: se:s snɑ:ʈ]

Bis später!
Vi ses senare/sedan! [vi: se:s ᵛse:narə/sen]

Bis morgen!
Vi ses i morgon! [vi: se:s i ᵛmɔrɔn]

Gute Nacht!
God natt! [gu 'nat]

Tschüss!
Hej då! [hɛj do:]

Alles Gute!
Lycka till! [ᵛlyka 'til]

Gute Reise!
Lycklig resa! [ᵛlykli ᵛre:sa]

Ich gebe Ihnen/dir meine E-Mail-Adresse.
Jag ger dig min e-postadress. [jɑ: je:r dɛj min ᵛe:pɔsta'drɛs]

Haben Sie/Hast du eine E-Mail-Adresse?
Har du någon e-postadress? [hɑ: dʉ: nɔn ᵛe:pɔsta'drɛs]

Höflichkeit

Bitte und Dank

Ja, bitte.
Ja, tack! [jɑ: tak]

Nein, danke.
Nej, tack! [nɛj tak]

Im Schwedischen sagt man häufig „tack". Oft fügt man hinzu, wofür man sich bedankt: „Tack för besöket." (Danke für den Besuch.) „Tack för lånet." (Danke fürs Ausleihen.) „Tack för igår." (Danke für gestern (nach einer Einladung)). „Tack för senast." (Danke für neulich.) Beim Einkaufen sagt man „tack" oder „tack, tack" (wenn man fertig ist und das Geschäft verlässt) statt des deutschen „Auf Wiedersehen!".

Können Sie mir bitte helfen?
Förlåt, kan du hjälpa mig? [fœ'ḷo:t kan dʉ: ᵛjɛlpa mɛj]

Danke.
Tack. [tak]

Danke, sehr gern.
Tack, mycket/hemskt gärna. [tak ᵛmykə/hemskt ᵛjæ:ɳa]

Das ist nett, danke.
Tack, det var snällt. [tak de vɑ: snɛlt]

Vielen Dank für Ihre Hilfe/Mühe.
Tack så mycket för hjälpen/besväret.
[tak sɔ ᵛmykə fœr 'jɛlpən/be'svæ:rət]

Bitte sehr./Gern geschehen.
För all del. Det var så litet./Det var ingenting.
[fœ:r al 'de:l de vɑ: sɔ ᵛli:tə/de vɑ: ᵛiŋən'tiŋ]

Entschuldigung

Entschuldigung!
Ursäkta!/Förlåt! [ᵛʉ:ʂɛkta/fœ'ḷo:t]

„Förlåt“ sagt man, wenn man jemanden behelligt, z. B. auf den Fuß getreten hat, sonst „ursäkta“ oder „förlåt“.

Es war nicht so gemeint.
Det var inte meningen. [de vɑ: ᵛintə ᵛme:niŋən]

Wünsche

Herzlichen Glückwunsch!
Hjärtliga gratulationer! [ᵛjæʈliga gratəla'ʃu:nər]

Alles Gute!
Lycka till! [ᵛlyka 'til]

Alles Gute zum Geburtstag/Namenstag!
Hjärtliga gratulationer/Grattis/Har den äran (att gratulera) på födelsedagen/namnsdagen! [ᵛjæʈl̥i(g)a gratəla'ʃu:nər/'gratis/hɑ: ɖen ᵛæ:ran (ɔ gratə'le:ra) pɔ fø:delsə'dɑ:(gə)n/namnsdɑ:(gə)n/'namnstan]

Viel Erfolg!
Lycka till! [ᵛlyka 'til]

Viel Glück!
Lycka till! [ᵛlyka 'til]

Schöne Feiertage!
Trevlig helg! [ᵛtre:vli hɛlj]

Meinung und Gefühle

Das gefällt mir (nicht).
Det tycker jag (inte) om. [de 'tykər jɑ: (ᵛintə) 'ɔm]

Ich möchte lieber ...
Jag skulle hellre ... [jɑ: ᵛskələ 'hɛlrə]

Am liebsten wäre mir ...
Helst skulle jag ... [hɛlst ᵛskələ jɑ:]

Das wäre nett.
Det vore snällt. [de ᵛvu:rə 'snɛlt]

Mit Vergnügen.
Med nöje. [me: ᵛnøjə]

Prima!
Utmärkt! [ᵛʉ:tmærkt]

Ich habe keine Lust dazu.
Det har jag ingen lust till. [de hɑ:r jɑ: ᵛiŋən ləst til]

Ich will nicht.
Jag vill inte. [jɑ: ˈvil ˇintə]

Das kommt nicht in Frage.
Det kommer inte på frågan. [de ˈkɔmər ˇintə pɔ ˇfro:gan]

Auf gar keinen Fall.
Absolut inte. [apsɔˈlʉ:t ˇintə]

Ich weiß noch nicht.
Det vet jag inte än. [de ve:t jɑ: ˇintə ɛn]

Vielleicht.
Kanske. [ˇkanʃə]

Wahrscheinlich.
Antagligen. [ˇantɑ:gligən]/Förmodligen. [fœrˈmu:dligən]

Körpersprache

Die nonverbale Verständigung mit Schweden ist einfach. Typische Gesichtsausdrücke und Handbewegungen unterscheiden sich kaum von der Gestik und Mimik in deutschsprachigen Ländern.

Komplimente

Wie schön!
Vad fint! [vɑ: fi:nt]

Das ist wunderbar!
Det var fantastiskt! [de: vɑ: fanˈtastiskt]

Sie sprechen sehr gut Deutsch.
Du talar mycket bra tyska. [dʉ: ˇtɑ:lar ˇmykə brɑ: ˇtyska]

Ich finde Sie sehr sympathisch/nett.
Jag tycker att du är mycket sympatisk/trevlig.
[jɑ: ˈtykər at dʉ: ɛ: ˇmykə symˈpɑ:tisk/ˇtre:vli]

angenehm	trevlig [ˇtre:vli]
ausgezeichnet	utmärkt [ˇʉ:tmærkt]
beeindruckend	imponerande [impɔˈne:randə]
freundlich	vänlig [ˇvɛnli]
herrlich	härlig [[ˇhæ:[i]
hübsch	söt [sø:t]
köstlich	underbar [ˇəndərˈbɑ:r]
lecker	läcker [ˈlɛkər]
schön	vacker [ˈvakər]

Smalltalk

Angaben zur Person

Wie alt sind Sie/bist du?
Hur gammal är du? [hʉːr ˇgamal eː dʉː]

Ich bin 39.
Jag är trettionio år. [jɑː eː trɛtiˇniːə oːr]

Was machen Sie/machst du beruflich?
Vad har du för yrke? [vɑː hɑː ɖʉː fœr ˇyrkə]

Ich bin …
Jag är … [jɑː eː]
arbeitslos.
arbetslös. [ˇarbetsˈløːs]
Student/in.
student/studerande. [stɵˈdɛnt/stɵˈdeːrandə]
Freiberufler.
frilans. [ˇfriːlans]
Rentner/in.
pensionär. [paŋʃuˈnæːr]

Ich arbeite bei …
Jag arbetar hos/på … [jɑː ˇarbeːtar hus/pɔ]

Ich gehe noch zur Schule.
Jag går fortfarande i skolan. [jɑː goːr ˇfuʈfɑːrandə i ˇskuːlan]

Herkunft und Aufenthalt

Woher kommen Sie/kommst du?
Var kommer du ifrån? [vɑːr ˈkɔmə ɖʉː iˈfroːn]

Ich bin aus …
Jag kommer från … [jɑː ˈkɔmər froːn]

Ich komme aus Stuttgart.
Jag kommer från Stuttgart. [jɑː ˈkɔmər froːn ˈʃtutgaʈ]

Sind Sie/Bist du schon lange hier?
Har du varit här länge? [hɑː ɖʉː ˇvɑːrit hæː ˇɭɛŋə]

Ich bin seit … hier.
Jag har varit här sedan … [jɑː hɑːr ˇvɑːrit hæː ʂɛn]

Sind Sie/Bist du zum ersten Mal hier?
Är du här för första gången? [ɛː dʉː hæːr fœːr ˇfœʂʈa ˈgɔŋən]

Wie lange bleiben Sie/bleibst du?
Hur länge tänker du stanna? [hʉ: ˇlɛngə ˈtɛŋkə dʉ: ˇstana]

Wie finden Sie es?
Hur tycker du att det är? [hʉ: ˈtykə dʉ: at de: ɛ:]

Hobbys ➢ auch Aktiv- und Kreativurlaub

Haben Sie/Hast du ein Hobby?
Har du någon hobby? [hɑ: dʉ: nɔn ˈhɔbi]

Wofür interessieren Sie sich so?
Vad är du intresserad av? [vɑ: ɛ: dʉ: intrɛˈse:rad ɑ:v]

Ich interessiere mich für ...
Jag är intresserad av att ... [jɑ: ɛ: intrɛˈse:rad ɑ:v at]

im Internet surfen	surfa på internet [ˇsørfa po: ˈintəˈɳɛt]
kochen	laga mat [ˇlɑ:ga ˈmɑ:t]
lesen	läsa [ˇlɛ:sa]
malen	måla [ˇmo:la]
Musik hören	höra musik [ˇhœ:ra mʉˈsi:k]
reisen	resa [ˇre:sa]
schreiben	skriva [ˇskri:va]
Sprachen lernen	lära mig språk [ˇlæ:ra mɛj ˈspro:k]

Fitness

Welchen Sport treiben Sie/treibst du?
Vilken idrottsgren ägnar du dig åt?
[ˇvilkən ˇi:drɔtsˈgre:nˇɛŋna dʉ: dɛj o:t]

Ich spiele ...
Jag spelar ... [jɑ: ˇspe:lar]

Ich jogge/schwimme/fahre Rad.
Jag joggar/simmar/cyklar. [jɑ: ˇjɔgar/ˇsimar/ˇsyklar]

Ich spiele ... einmal die Woche
Jag spelar ... en gång i veckan [jɑ: ˇspe:lar en gɔŋ i: ˇvɛkan]

Ich gehe regelmäßig ins ...
Jag går regelbundet på ... [jɑ: go:r ˇre:gəlˈbɵndət po:]

Verabredung

Haben Sie/Hast du für morgen schon etwas vor?
Har du redan planerat något för i morgon?
[hɑ: dʉ: ˇre:dan plaˈne:rat nɔt fœr i ˇmɔrɔn]

Wollen wir zusammen hingehen?
Ska vi gå dit tillsammans? [skɑ: vi: go: ˈdi:t tilˈsamans]

Darf ich Sie/dich zum Essen einladen?
Får jag bjuda ut dig på mat? [fo:r jɑ: bjʉ:da ˈʉt dɛj pɔ ˈmɑ:t]

Wann treffen wir uns?
När ska vi träffas? [næ: ʂkɑ: vi: ˇtrɛfas]

Treffen wir uns um 9 Uhr.
Skall vi träffas klockan 9. [skɑ: vi: ˇtrɛfas klɔkan ˇni:ə]

Darf ich Sie/dich abholen?
Får jag komma och hämta dig? [fo:r jɑ: ˇkɔma ɔ ˇhɛmta dɛj]

Kann ich Sie/dich wieder sehen?
Kan vi träffas igen? [kan vi: ˇtrɛfas iˈjen]

Flirten

Ich habe mich den ganzen Tag auf Sie/dich gefreut.
Jag har glatt mig hela dagen åt att få träffa dig.
[jɑ: hɑ:r glat mɛj ˇhe:la ˈdɑ:(gə)n ɔ:t ət fo: ˇtrɛfa dɛj]

Du hast wunderschöne Augen!
Du har underbara ögon. [dʉ: hɑ:r ˇɵndərˈbɑ:ra ˇø:gɔn]

Ich habe mich in dich verliebt.
Jag har blivit kär i dig. [jɑ: hɑ:r ˇbli:vit çæ:r i: dɛj]

Ich mich auch in dich.
Jag i dig också. [jɑ: i: dɛj ˈɔksɔ]

Ich liebe dich!
Jag älskar dig! [jɑ: ˇɛlskar dɛj]

Hast du einen Freund?
Har du någon vän/kille? [hɑ: ɖʉ: nɔn ˈvɛn/ˇkilə]

Hast du eine Freundin?
Har du någon väninna/tjej? [hɑ: ɖʉ: nɔn vɛˇnina/çɛj]

Sind Sie verheiratet?
Är du gift? [e: dʉ: ˈjift]

Ich möchte mit dir schlafen.
Jag skulle vilja ligga med dig. [jɑ: ˇskɵlə vilja ˇliga me: dɛj]

Aber nur mit Kondom!
Men bara med kondom! [mɛn ˇbɑ:ra me: kɔnˈdo:m]

Hast du welche?
Har du några? [hɑ: ɖʉ: ˇno:ra]

Wo kann ich welche kaufen?
Var kan jag köpa några? [vɑ:r kan jɑ: ᵛçø:pa ᵛno:ra]

Wir können kuscheln.
Vi kan kela med varandra. [vi: kan ᵛçe:la me: va'randra]

Lassen Sie mich bitte in Ruhe!
Var snäll och låt mig vara i fred! [vɑ: ʂɳɛl ɔ lo:t mɛj vɑ:ra i 'fre:d]

Hau ab!
Försvinn!/Stick! [fœ'ʂvin/stik]

Jetzt reicht's!
Nu räcker det! [nʉ: 'rɛkə ɖe]

Verständigungsschwierigkeiten

Wie bitte?
Förlåt? [fœ'ɭo:t]

Ich verstehe Sie/dich nicht. Bitte, wiederholen Sie/wiederhole es.
Jag förstår inte. Var snäll och säg om det.
[jɑ: fœ'ʂʈo:r ᵛintə vɑ: ʂɳɛl ɔ sɛj 'ɔm de:]

Bitte sprechen Sie/sprich etwas langsamer/lauter.
Var snäll och tala lite långsammare/högre.
[vɑ: ʂɳɛl ɔ ᵛtɑ:la li:tə ᵛloŋsamarə/'hø:grə]

Ich verstehe/habe verstanden.
Jag förstår/har föstått. [jɑ: fœ'ʂʈo:r/hɑ:r fœ'ʂʈɔt]

Sprechen Sie/Sprichst du ...
Talar du ... [ᵛtɑ:la ɖʉ:]
  Deutsch?
  tyska? [ᵛtyska]
  Englisch?
  engelska? ['ɛŋəlska]
  Französisch?
  franska? [ᵛfranska]

Ich spreche nur wenig ...
Jag talar bara litet ... [jɑ: ᵛtɑ:lar ᵛbɑ:ra ᵛlitə]

Schreiben Sie/Schreibe es mir bitte auf!
Kan du skriva upp det åt mig! [kan dʉ: skri:va 'ɵp de: o:t mɛj]

Unterwegs

Ohne große Hektik

Schweden hat ein sehr gut ausgebautes Straßennetz. Die meisten Autofahrer fahren entspannt und halten sich an die Geschwindigkeitsbegrenzungen. In Schweden finden häufig Verkehrskontrollen statt und Verkehrssünder werden hart bestraft. Die Höchstgeschwindigkeit beträgt 50 km/h innerhalb geschlossener Ortschaften, 70 km/h auf Nebenstraßen, 90 km/h auf gut ausgebauten Landstraßen und 110 km/h auf Autobahnen und Schnellstraßen. Wohnwagengespanne dürfen nie schneller als 80 km/h fahren. Die Autobahn ist nicht gebührenpflichtig.

Auch tagsüber ist das Abblendlicht während der Fahrt immer einzuschalten.

Fragen nach dem Weg

Ortsangaben

links	till vänster [til ˈvɛnstər]
rechts	till höger [til ˈhø:gər]
geradeaus	rakt fram [rɑ:kt ˈfram]
vor	framför [ˇframfœ:r]
hinter	bakom [ˇbɑ:kɔm]
nach	*(in Richtung auf)* till [til], mot [mu:t], *(Reihenfolge)* efter [ˈɛftər]
neben	bredvid [ˇbre:(d)vi:d]
gegenüber	mittemot [ˇmiteˈmu:t]
hier	här [hæ:r]
dort	där [dæ:r]
nah	nära [ˇnæ:ra]
weit	långt (bort) [lɔŋt (bɔʈ)]
Ampel	trafikljus, -et, - [traˇfi:kjʉ:s]
Straße	gata, -n, -or [ˇgɑ:ta]
Landstraße	landsväg, -en, -ar [ˇlansvɛ:g]
Schnellstraße	motortrafikled, -en, -er [ˇmu:tɔʈrafi:kˈle:d]
Kreuzung	vägkorsning, -en, -ar [ˇvɛ:gkɔʂɳiŋ]
Kurve	kurva, -n, -or [ˇkɵrva]

Wegbeschreibung

Entschuldigung, wie komme ich nach ...?
Förlåt, hur kommer jag till ...? [fœˈɭo:t hʉ:r ˈkɔmər jɑ: til]

Können Sie mir die Strecke/das auf der Karte zeigen?
Kan du visa mig vägen/det på kartan?
[kan dʉ: ˇvi:sa mɛj ˈvɛ:gən/de: pɔ ˇkɑ:ʈan]

Wie weit ist das?
Hur långt är det? [hʉ: ɭɔŋt e: de]

Welches ist der kürzeste Weg nach/zu ...?
Vilken är den kortaste vägen till ...?
[ˇvilkən e: den ˇkɔʈastə ˈvɛ:gən til]

Wie weit ist es zum/zur ...?
Hur långt är det till ...? [hʉ: ɭɔŋt e: de til]

Auf Straßenschildern sind Kilometerangaben üblich, ansonsten werden Entfernungen immer in schwedischen Meilen (en mil = 10 km) angegeben.

Es ist (nicht) weit.
Det är (inte) långt. [de e: (ˇintə) lɔŋt]

Es ist ganz in der Nähe.
Det är alldeles i närheten. [de e: ˇaldeləs i ˇnæ:rhe:tən]

Mit dem Auto benötigt man ...
Med bil tar det ... [me: bi:l tɑ: ɖe]

Bitte, ist das die Straße nach ...?
Förlåt, är det här vägen till ...? [fœˈɭo:t e: de ˈhæ:r ˈvɛ:gən til]

Bitte, wo ist ...?
Förlåt, var ligger ... [fœˈɭo:t vɑ: ˈɭigər]

Tut mir leid, das weiß ich nicht.
Det vet jag tyvärr inte. [de ve:t jɑ: tyˈvær ˇintə]

Gehen Sie geradeaus/nach links/nach rechts.
Gå rakt fram/till vänster/till höger.
[go: rɑ:kt ˈfram/til ˈvɛnstər/til ˈhø:gər]

Erste/Zweite Straße links/rechts.
Första/Andra gatan till vänster/ höger.
[ˇfœʂʈa/ˇandra ˇgɑ:tan til ˈvɛnstər/ˈhø:gər]

Dann bei der Ampel links/rechts abbiegen.
Sedan tar du till vänster/höger vid trafikljuset.
[ˇse:dan/sen tɑ: ɖʉ: til ˈvɛnstər/ˈhø:gər vid traˇfi:kjʉ:sət]

Überqueren Sie ...
Gå över ...[go: ˈø:vər]
die Brücke.
bron. [brʉ:n]

den Platz.
torget. [ˈtɔrjət]
die Straße.
gatan. [ˇgɑːtan]

Dann fragen Sie noch einmal.
Fråga sedan (sen) igen. [ˇfroːga ˇseːdan (sen) iˈjɛn]

Sie können es nicht verfehlen.
Du kan inte missa det. [dʉː kan ˇintə ˇmisa deː]

Sie können ... nehmen.
Du kan ta ... [dʉː kan tɑː]
den Bus
bussen. [ˈbɵsən]
die Straßenbahn
spårvagnen. [ˇspoːrvaŋnən]
die S-Bahn
pendeltåget. [ˇpɛndəlˈtoːgət]
die U-Bahn
tunnelbanan. [ˇtɵnəlˈbɑːnan]

An der Grenze

Deutsche werden als EU-Bürger bei der Einreise nicht mehr kontrolliert. Den Personalausweis oder den Reisepass sollte man dennoch immer dabeihaben.

Passkontrolle

Ihren Pass, bitte!
Kan jag få se ditt pass, tack! [kan jɑː fɔ seː dit ˈpas tak]

Ihr Pass ist abgelaufen.
Ditt pass är inte giltigt längre. [dit pas eː ˇintə ˇjiltit ˈlɛŋrə]

Ich gehöre zu der Reisegesellschaft aus ...
Jag hör till ressällskapet från ... [jɑː hœː ʈil ˇreːsɛlˈskɑːpət froːn]

Zollkontrolle

Haben Sie etwas zu verzollen?
Har du något att förtulla? [hɑː ɖʉː nɔt at fœˈʈɵla]

Nein, ich habe nur ein paar Geschenke.
Nej, jag har bara ett par presenter.
[nɛj jɑː hɑːr ˇbɑːra et pɑːr preˈsentər]

Fahren Sie bitte rechts/links heran.
Var vänlig och kör över till höger/vänster.
[vɑːr ˇvɛnli ɔ çœːr ˈøːvə ʈil ˈhøːgər/ˈvɛnstər]

Öffnen Sie bitte den Kofferraum/diesen Koffer.
Var snäll och öppna bagageluckan/den här väskan.
[vɑː ʂɳɛl ɔ ˇøpna baˇgɑːʃløkan/den ˈhæːr ˇvɛskan]

Muss ich das verzollen?
Måste jag förtulla det? [mɔstə jɑː fœˈʈøla deː]

Personalien

Familien|name	efternamn, -et, - [ˇɛftəˈɳamn]
~stand	civilstånd, -et [siˇviːlstɔnd]
ledig	ogift [ˇuːjift]
verheiratet	gift [jift]
verwitwet	*(Mann)* änkling [ˇɛŋkliŋ], *(Frau)* änka [ˇɛŋka]
Geburts|datum	födelsedatum, -et, - [ˇføːdelsəˈdɑːtøm]
~name	efternamn (-et, -) som ogift [ˇɛftəˈɳamn sɔm ˇuːjift]
~ort	födelseort, -en, -er [ˇføːdelsəˈuʈ]
Staatsangehörigkeit	medborgarskap, -et, - [ˇmeːdbɔrjaˈʂkɑːp]
Vorname	förnamn, -et, - [ˇfœːɳamn]
Wohnort	hemort, -en, -er [ˇhɛmˈuʈ]

Grenze

Ausfuhr	export, -en, -er [ɛksˈpɔʈ]
Ausreise	utresa, -n, -or [ˇʉːtreːsa]
Bestimmungen	bestämmelser [beˈstɛmelsər]
Einfuhr	import, -en, -er [imˈpɔʈ]
Einreise	inresa, -n, -or [ˇinreːsa]
Führerschein	körkort, -et, - [ˇçœːrkuʈ]
Grenzübergang	gränsövergång, -en, -er [ˇgrɛnsøːvərˈgɔŋ], gränsstation, -en, -er [ˇgrɛnstaˈʃuːn]
grüne Versicherungskarte	grönt (försäkrings)kort [grøːnt (fœˇʂɛːkriŋs)ˈkuʈ]
gültig	giltig [ˇjilti]
internationaler Impfpass	internationellt vaccinationskort [intəɳatʃuˈnɛlt vaksinaˇʃuːnsˈkuʈ]
Nationalitätskennzeichen	nationalitetsskylt, -en, -ar [natʃunaliˇteːtsʃylt]
Passkontrolle	passkontroll, -en, -er [ˇpaskɔnˈtrɔl]
Personalausweis	identitetskort, -et, - [idɛntiˇteːtskuʈ]
Reisepass	pass, -et, - [pas]

Tollwut	rabies ['rɑ:biəs]
Visum	visum, -et, visa [ˇvi:səm]
Zoll	tull, -en, -ar [tɵl]
~amt	tullkammare, -n, - [ˇtɵlkamarə]
~beamter	tulltjänsteman, -nen, -män [ˇtɵlçɛnstə'man]
~frei	tullfri [ˇtɵlfri:]
~gebühren	tullavgifter [ˇtɵlɑ:v'jiftər]
~kontrolle	tullkontroll, -en, -er [ˇtɵlkɔn'trɔl]
~pflichtig	tullpliktig [ˇtɵlplikti]

Auto Motorrad, Fahrrad

An der Tankstelle ➢ auch Werkstatt

Wo ist bitte die nächste Tankstelle?
Ursäkta, var ligger närmaste bensinstation/mack?
[ˇʉ:ʂɛkta vɑ: 'ligə ˇɳærmastə benˇsi:nsta'ʃu:n/'mak]

Ich möchte ... Liter ...
Jag ska ha ... liter ... [jɑ: ska hɑ: 'li:tər]
bleifreies Benzin mit ... Oktan.
blyfri bensin med ... oktan. [ˇbly:fri: ben'si:n me: ... ɔk'tɑ:n]
Super.
95 oktan. [niti'fɛm ɔk'tɑ:n]
Super Plus
98 oktan. [nitiˇɔta ɔk'tɑ:n]
Diesel.
diesel. ['di:səl]
Gemisch.
oljeblandad bensin. [ˇɔljə'blandad ben'si:n]

Super bitte, für ... Kronen.
95 oktan för ... kronor, tack. [niti'fɛm ɔk'tɑ:n fœ:r ˇkru:nur tak]

Das Tankstellennetz ist sehr gut ausgebaut. Für die einzelnen Benzinqualitäten ist an den Zapfsäulen die jeweilige Oktanzahl durch Knopfdruck einzustellen. In der Regel kann man mit Kreditkarten bezahlen. Die meisten Tankstellen haben auch Selbstbedienungszapfsäulen mit Geldautomaten für 20- und 100-Kronen-Scheine.

Voll tanken, bitte.
Full tank, tack. [fɵl taŋk tak]

Prüfen Sie bitte ...
Skulle du kunna kontrollera ... [ˇskɵlə dʉ: kɵna kɔntrɔ'le:ra]

den Ölstand.
oljan. [ˇɔljan]
den Reifendruck.
lufttrycket i ringarna. [ˇløftrykət i ˇriŋaŋa]

Sehen Sie bitte auch das Kühlwasser nach.
Kan du kontrollera kylarvattnet också.
[kan dʉ: kɔntrɔˈle:ra ˇçy:larˈvatnət ˇɔkso:]

Könnten Sie mir einen Ölwechsel machen?
Skulle du kunna byta olja åt mig? [ˇskølə dʉ: køna by:ta ˇɔlja o:t mɛj]

Ich möchte den Wagen waschen lassen.
Jag skulle vilja få bilen tvättad. [jɑ: ˇskølə vilja fo: ˈbi:lən ˇtvɛtad]

Ich möchte eine Straßenkarte dieser Gegend, bitte.
Jag skulle vilja ha en vägkarta över det här området.
[jɑ: ˇskølə vilja hɑ: en ˇvɛ:gkɑ:ʈa ø:və ɖe ˈhæ:r ˇɔmro:dət]

Wo ist bitte die Toilette?
Förlåt, var är toaletten? [føˈɭo:t vɑ:r e: tuaˈlɛtən]

Parken

Gibt es hier in der Nähe eine Parkmöglichkeit?
Finns det någon parkeringsplats i närheten?
[fins de nɔn parˇke:riŋsˈplats i ˇnæ:rhe:tən]

Kann ich den Wagen hier abstellen?
Kan jag parkera bilen här? [kan jɑ: parˈke:ra ˈbi:lən hæ:r]

Ist der Parkplatz bewacht?
Är parkeringsplatsen bevakad? [e: parˇke:riŋsˈplatsən beˈvɑ:kad]

Wie lange kann ich hier parken?
Hur länge får jag parkera här? [hʉ: ˇlɛŋə fo:r jɑ: parˈke:ra hæ:r]

Wie hoch ist die Parkgebühr pro ...
Vad är parkeringsavgiften per ... [vɑ: e: parˇke:riŋsɑ:vˈjiftən pæ:r]
Stunde?
timme? [ˇtimə]
Tag?
dag? [dɑ:g]
Nacht?
natt? [nat]

Ist das Parkhaus die ganze Nacht geöffnet?
Är parkeringshuset öppet hela natten?
[e: parˇke:riŋsˈhʉ:sət ˇøpət ˇhela ˈnatən]

Eine Panne

Ich habe eine Panne/einen Platten.
Min bil har gått sönder/Jag har fått punktering.
[min bi:l hɑ:r gɔt ˈsøndər/jɑ: hɑ:r fɔt poŋkˈte:riŋ]

Würden Sie bitte den Pannendienst anrufen?
Vill du vara vänlig och ringa efter en bärgningsbil?
[vil dʉ: vɑ:ra ᵛvɛnli ɔ ᵛriŋa ɛftər en ᵛbærjniŋsˈbi:l]

Meine Auto-/Motorradnummer ist ...
Mitt registreringsnummer är ... [mit rejiᵛstre:riŋsˈnɵmər e:]

Würden Sie mir bitte einen Mechaniker/einen Abschleppwagen schicken?
Vill du vara vänlig och skicka hit en mekaniker/ bärgningsbil?
[vil dʉ: vɑ:ra ᵛvɛnli ɔ ᵛʃika ˈhi:t en meˈkɑ:nikər/ᵛbærjniŋsˈbi:l]

Könnten Sie mir mit Benzin aushelfen?
Skulle du kunna låna mig lite bensin?
[ᵛskɵlə dʉ: kɵna ᵛlo:na mɛj ᵛli:tə benˈsi:n]

Könnten Sie mir beim Reifenwechsel helfen?
Skulle du kunna hjälpa mig att byta däck?
[ᵛskɵlə dʉ: kɵna ᵛjɛlpa mɛj at ᵛby:ta ˈdɛk]

Würden Sie mich bis zur nächsten Werkstatt/ Tankstelle abschleppen/ mitnehmen?
Skulle du kunna bogsera/ta med mig till närmaste verkstad/ bensinmack? [ᵛskɵlə dʉ: kɵna bukˈse:ra/ tɑ: ˈme: mɛj til ᵛnærmastə ˈværksta/benᵛsi:nmak]

In der Werkstatt

Wo ist hier in der Nähe eine Werkstatt?
Finns det någon verkstad här i närheten?
[fins de: nɔn ˈværksta hæ:r i ᵛnæ:rhe:tən]

Mein Wagen springt nicht an.
Min bil startar inte. [min bi:l ᵛstɑ:ʈar ᵛintə]

Ich weiß nicht, woran es liegt.
Jag vet inte vad det beror på. [jɑ: ve:t ᵛintə vɑ: de beˈru:r po:]

Können Sie mit mir kommen/mich abschleppen?
Kan du komma med mig/bogsera mig?
[kan dʉ: kɔma ˈme: mɛj/bukˈse:ra mɛj]

Mit dem Motor stimmt was nicht.
Det är något fel på motorn. [de e: nɔt fe:l pɔ ᵛmu:tɔɳ]

Die Bremsen funktionieren nicht.
Bromsarna fungerar inte. [ᵛbrɔmsaɳa fɵŋˈge:rar ᵛintə]

... ist/sind defekt.
... är trasig(a) [e: ˇtrɑ:sig(a)]

Der Wagen verliert Öl.
Det läcker olja. [de ˈlɛkər ˇɔlja]

Können Sie mal nachsehen?
Kan du undersöka vad det är för fel?
[kan dʉ: ˇɵndəˈʂø:ka vɑ: de e: fœr ˈfe:l]

Wechseln Sie bitte die Zündkerzen aus.
Vill du vara vänlig och byta tändstiften?
[vil dʉ: vɑ:ra ˇvɛnli ɔ ˇby:ta ˇtɛndstiftən]

Haben Sie (Original-)Ersatzteile für diesen Wagen?
Har du (original)reservdelar till den här modellen?
[hɑ: ɖʉ: (ɔrgiˈnɑ:l)reˇsærvde:la ʈil den ˈhæ:r muˈdɛlən]

Machen Sie bitte nur die nötigsten Reparaturen.
Var snäll och gör bara de nödvändigaste reparationerna.
[vɑ: ʂɳɛl ɔ jœ:r ˇbɑ:ra dɔm ˇnø:dvɛndigastə reparaˈʃu:nəɳa]

Wann ist der Wagen/das Motorrad fertig?
När blir bilen/motorcykeln klar? [næ:r bli:r ˈbi:lən/ˇmu:tɔˈʂykəln klɑ:r]

Was wird es kosten?
Vad kommer det att kosta? [vɑ: ˈkɔmə ɖe at ˇkɔsta]

abbiegen	svänga, -de, -t [ˇsvɛŋa]
abblenden	blända (-ade, -at) av [blɛnda ˈɑ:v]
Abblendlicht	halvljus, -et, - [ˇhalvjʉ:s]
Abschleppdienst	bärgningstjänst, -en [ˇbærjniŋsˈçɛnst], räddningstjänst, -en [ˇrɛdniŋsˈçɛnst]
abschleppen	bogsera (-ade, -at) bort [bukˈse:ra ˈbɔʈ]
Abschlepp|seil	bogserlina, -n, -or [bukˇse:ˈɭi:na]
~wagen	bärgningsbil, -en, -ar [ˇbærjniŋsˈbi:l]
Achse	axel, -n, axlar [ˈaksəl]
Hinter~	bakaxel [ˇbɑ:kaksəl]
Vorder~	framaxel [ˇframaksəl]
Alarmanlage	larmanläggning, -en, -ar [ˇlarmanˈlɛgniŋ]
Allradantrieb	fyrhjulsdrift, -en [ˇfy:rjʉ:lsˈdrift]
Anhänger	släp, -et, - [slɛ:p]
Anlasser	startmotor, -n, -er [ˇstɑ:ʈmu:tɔr]
auskuppeln	frikoppla, -ade, -at [ˇfri:kɔpla]
Auspuff	avgasrör, -et, - [ˇɑ:vgɑ:sˈrœ:r]
Autobahn	motorväg, -en, -ar [ˇmu:tɔrˈvɛ:g]
Automatik(getriebe)	automatisk växel, -n, växlar [autɔˈmɑ:tisk ˈvɛksəl]
Autoreifen	bildäck, -et, - [ˇbi:ldɛk]

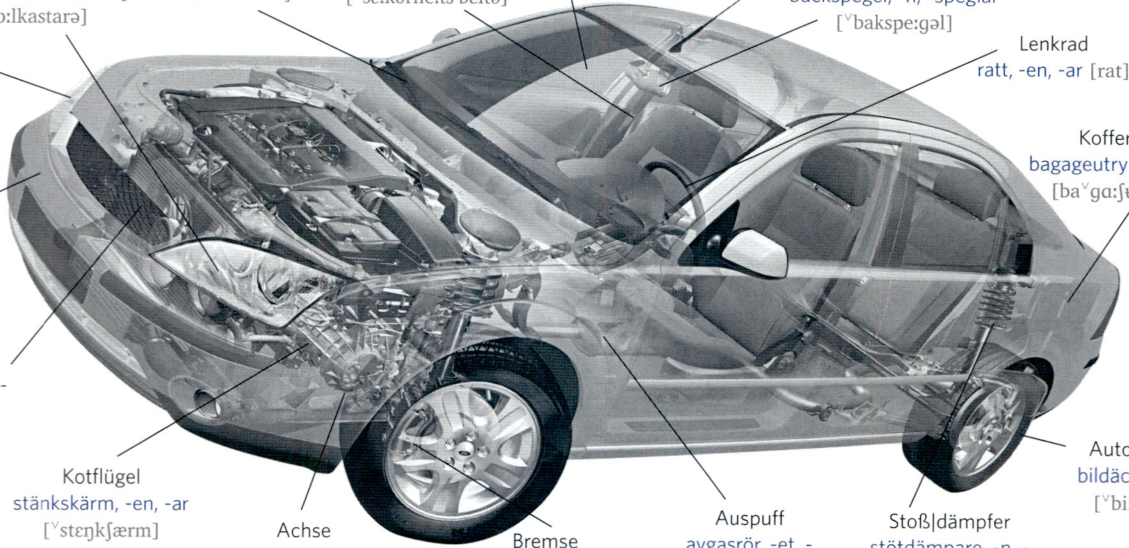
Scheinwerfer
strålkastare, -n, -
[ˇstro:lkastarə]
Scheibenwischer
vindrutetorkare, -n, -
[ˇvindrʉ:təˈtɔrkarə]
Sicherheitsgurt
säkerhetsbälte, -t, -n
[ˇsɛ:kərhe:tsˈbɛltə]
Windschutzscheibe
vindruta, -n, -or
[ˇvindrʉ:ta]
Rückspiegel
backspegel, -n, -speglar
[ˇbakspe:gəl]
Lenkrad
ratt, -en, -ar [rat]
Blinker
blinker, -n, -s
[ˈbliŋkər]
Kofferraum
bagageutrymme, -t, -n
[baˇgɑ:ʃʉ:tˈrymə]
Stoßstange
kofångare, -n, -
[ˇku:fɔŋarə]
Kühler
kylare, -n, -
[ˇçy:larə]
Autoreifen
bildäck, -et, -
[ˇbi:ldɛk]
Kotflügel
stänkskärm, -en, -ar
[ˇstɛŋkʃærm]
Achse
axel, -n, axlar
[ˈaksəl]
Bremse
broms, -en, -ar
[brɔms]
Auspuff
avgasrör, -et, -
[ˇɑ:vgɑ:sˈrœ:r]
Stoß|dämpfer
stötdämpare, -n, -
[ˇstø:tdɛmparə]

Baustelle	vägarbete, -t, -n [ˇvɛ:gar'be:tə]
Benzin	bensin, -en [ben'si:n]
~kanister	bensindunk, -en, -ar [benˇsi:ndɵŋk]
~pumpe	bensinpump, -en, -ar [benˇsi:npɵmp]
blenden	blända, -ade, -at [ˇblɛnda]
Blinker	blinker, -n, -s ['bliŋkər], körriktningsvisare, -n, - [ˇçœ:riktniŋs'vi:sarə]
Bremsbelag	bromsbelägg, -et, - [ˇbrɔmsbe'lɛg]
Bremse	broms, -en, -ar [brɔms]
bremsen	bromsa, -ade, -at [ˇbrɔmsa]
Brems|flüssigkeit	bromsvätska, -n, -or [ˇbrɔmsvɛtska]
~hebel	bromsspak, -en, -ar [ˇbrɔmspɑ:k]
~lichter	bromsljus, -et, - [ˇbrɔmsjʉ:s]
Bußgeld	böter *(pl)* ['bø:tər]
Defekt	fel, -et, - [fe:l]
Delle	buckla, -n, -or [ˇbɵkla]
Dichtung	packning, -en, -ar [ˇpakniŋ]
Düse	munstycke, -t, -n [ˇmɵnstykə]
Einspritzpumpe	insprutningspump, -en, -ar [ˇinsprʉ:tniŋs'pɵmp]
Erdgastankstelle	naturgasmack [naˇtʉ:rgɑ:s'mak]
Ersatz|rad	reservhjul, -et, - [reˇsærvjʉ:l]
~teile	reservdelar [reˇsærvde:lar]
Fahrrad	cykel, -n, cyklar ['sykəl]
Rennrad	tävlingscykel [ˇtɛ:vliŋ'sykəl]
Fahrradweg	cykelväg, -en, -ar [ˇsykəl'vɛ:g]
Fahrspur	körfil, -en, -er [ˇçœ:rfi:l], körfält, -et, - [ˇçœ:rfɛlt]
Fehlzündung	feltändning, -en, -ar [ˇfe:ltɛndniŋ]
Felge	fälg, -en, -ar [fɛlj]
Fernlicht	helljus, -et [ˇhe:ljʉ:s]
Flickzeug	reparationsverktyg, -et, - [reparaˇʃu:nsværk'ty:g]
Frostschutzmittel	frostskyddsmedel, -medlet, - [ˇfrɔstʃyts'me:dəl]
Fußbremse	fotbroms, -en, -ar [ˇfu:tbrɔms]
Gang	växel, -n, växlar ['vɛksəl]
erster ~	första växeln/ettan [ˇfœʂʈa 'vɛksəln/ˇetan]
Leerlauf	tomgång, -en [ˇtumgɔŋ]
Rückwärts~	back, -en [bak]
Gangschaltung	växel, -n, växlar ['vɛksəl]
Gas geben	ge gas [je: 'gɑ:s]
Gaspedal	gaspedal, -en, -er [ˇgɑ:spe'dɑ:l]
Gebläse	fläkt, -en, -ar [flɛkt]
gebrochen	sönder ['søndər], trasig [ˇtrɑ:si]
Gepäckträger	pakethållare, -n, - [paˇke:thɔlarə]

Getriebe	växellåda, -n, -or [ˇvɛksəˈlo:da]
Handbremse	handbroms, -en, -ar [ˇhandbrɔms]
Hebel	spak, -en, -ar [spɑ:k]
Heizung	värme, -n [ˇværmə]
Hinterrad	bakhjul, -et, - [ˇbɑ:kjʉ:l]
~antrieb	bakhjulsdrift, -en [ˇbɑ:kjʉ:lsˈdrift]
Hupe	signalhorn, -et, - [siŋˇnɑ:lhu:ɳ]
Licht~	ljustuta, -n, -or [ˇjʉ:stʉ:ta], ljussignal, -en, -er [ˇjʉ:siŋˈnɑ:l]
Karosserie	karosseri, -et, -er [karɔsəˈri:]
Keilriemen	fläktrem, -men, -mar [ˇflɛktrɛm]
Kette	kedja, -n, -or [ˇçe:dja]
Klingel	ringklocka, -n, -or [ˇriŋklɔka]
klopfen *(Motor)*	hacka, -ade, -at [ˇhaka]
Kofferraum	bagageutrymme, -t, -n [baˇgɑ:ʃʉ:tˈrymə]
Kolben	kolv, -en, -ar [kɔlv]
Kotflügel	stänkskärm, -en, -ar [ˇstɛŋkʃærm]
Kratzer	repa, -n, -or [ˇre:pa]
Kugellager	kullager, -lagret, - [ˇkʉ:lɑ:gər]
Kühler	kylare, -n, - [ˇçy:larə]
Kühlwasser	kylarvatten, -vattnet [ˇçy:larˈvatən]
Kupplung	koppling, -en, -ar [ˇkɔpliŋ]
Kupplungshebel	kopplingsspak, -en, -ar [ˇkɔpliŋˈspɑ:k]
Kurzschluss	kortslutning, -en, -ar [ˇkɔʈʂlʉ:tniŋ]
Lastwagen	lastbil, -en, -ar [ˇlastbi:l]
Lenker *(Fahrrad)*	styre, -t, -n [ˇsty:rə]
Lenkrad	ratt, -en, -ar [rat]
Lichtmaschine	generator, -n, -er [jenəˈrɑ:tɔr]
Luft|filter	luftfilter, -filtret, - [ˇløftfiltər]
~pumpe	luftpump, -en, -ar [ˇløftpømp]
Mantel *(Reifen)*	däck, -et, - [dɛk]
Moped	moped, -en, -er [muˈpe:d]
Motor	motor, -n, -er [ˇmu:tɔr]
~haube	motorhuv, -en, -ar [ˇmu:tɔrˈhʉ:v]
~rad	motorcykel, -n, -cyklar [ˇmu:tɔˈʂykəl]
~roller	skoter, -n, skotrar [ˈsku:tər]
Mountainbike	mountainbike, -n, -bikar [ˈmauntinˈbajk]
Nabe	(hjul)nav, -et, - [(ˇjʉ:l)nɑ:v]
Notrufsäule	hjälptelefon, -en, -er [ˇjɛlpteləˈfo:n]
Nummernschild	nummerskylt, -en, -ar [ˇnømərˈʃylt]
Oktanzahl	oktantal, -et, - [ɔkˇtɑ:ntɑ:l]
Öl	olja, -n [ˇɔlja]
~messstab	oljesticka, -n, -or [ˇɔljəˈstika]
~wechsel	oljebyte, -t, -n [ˇɔljəˈby:tə]

Packtasche	packväska, -n, -or [ˇpakvɛska]
Panne	missöde, -t, -n [ˇmisø:də]
(Motor)	motorstopp, -et, - [ˇmu:tɔ'ʂtɔp]
(Reifen)	punktering, -en, -ar [pəŋk'te:riŋ]
Pannendienst	bilbärgning, -en, -ar [ˇbi:lbærjniŋ]
Park|haus	parkeringshus, -et, - [parˇke:riŋs'hʉ:s]
~platz	parkeringsplats, -en, -er [parˇke:riŋs'plats]
~uhr	parkeringsautomat, -en, -er [parˇke:riŋsautɔ'mɑ:t]
Pedal	pedal, -en, -er [pe'dɑ:l]
Plattfuß	punktering, -en, -ar [pəŋk'te:riŋ]
Promille	promille, -n, - [pruˇmilə]

Die Promillegrenze beträgt 0,2.

PS	hästkrafter *(pl)* [ˇhɛstkraftər]
Rad	hjul, -et, - [jʉ:l]
Radarkontrolle	radarkontroll, -en, -er [ˇrɑ:darkɔn'trɔl]
Radkreuz	fälgkors, -et, - [ˇfɛljkɔʂ]
Rastplatz	rastplats, -en -er [ˇrastplats]
Raststätte	rastplats med servering [ˇrastplats me: sær've:riŋ]
Reifen	däck, -et, - [dɛk]
Rück|licht	baklykta, -n, -or [ˇbɑ:klykta]
~spiegel	backspegel, -n, -speglar [ˇbakspe:gəl]
~trittbremse *(Fahrrad)*	fotbroms, -en, -ar [ˇfu:tbrɔms]
Sattel	sadel, -n, sadlar ['sɑ:dəl]
Schalthebel	växelspak, -en, -ar [ˇvɛksəl'spɑ:k]
Scheibenwischer	vindrutetorkare, -n, - [ˇvindrʉ:tə'tɔrkarə]
Scheinwerfer	strålkastare, -n, - [ˇstro:lkastarə]
Schlauch *(Reifen)*	slang, -en, -ar [slaŋ]
schmieren	smörja, smorde, smort [ˇsmœrja, ˇsmu:ɖə, smu:ʈ]
Schmirgelpapier	smärgelpapper, -et, - [ˇsmærjəl'papər]
Schraube	skruv, -en, -ar [skrʉ:v]
Schrauben|mutter	skruvmutter, -n, -muttrar [ˇskrʉ:vmɵtər]
~schlüssel	skruvnyckel, -n, -nycklar [ˇskrʉ:vnykəl]
~zieher	skruvmejsel, -n, -mejslar [ˇskrʉ:vmɛjsəl]
Schutzblech	stänkskärm, -en, -ar [ˇstɛŋkʃærm]

Sicherheitsgurt	säkerhetsbälte, -t, -n [ˇsɛ:kərhe:tsˈbɛltə]
Sicherung	säkring, -en, -ar [ˇsɛ:kriŋ]
Speiche	eker, -n, ekrar [ˈe:kər]
Ständer	(cykel)ställ, -et, - [(ˇsykəl)stɛl]
Standlicht	parkeringsljus, -et, - [parˇke:riŋsˈjʉ:s]
Starthilfekabel	startkabel, -n, -kablar [ˇstɑ:ʈkɑ:bəl]
Steckschlüssel	hylsnyckel, -n, -nycklar [ˇhylsnykəl]
Stoß|dämpfer	stötdämpare, -n, - [ˇstø:tdɛmparə]
~stange	kofångare, -n, - [ˇku:fɔŋarə]
Straßenkarte	vägkarta, -n, -or [ˇvɛ:gkɑ:ʈa]
Stau	trafikstockning, -en, -ar [traˇfi:kstɔkniŋ]
Tachometer	hastighetsmätare, -n, - [ˇhastihe:tsˈmɛ:tarə]
Tank	tank, -en, -ar [tank]
~stelle	bensinstation, -en, -er [benˇsi:nstaˈʃu:n]
trampen	lifta, -ade, -at [ˇlifta]
Tramper	liftare, -n, - [ˇliftarə]
Umleitung	trafikomläggning, -en, -ar [traˇfi:kɔmˈlɛgniŋ]
Ventil	ventil, -en, -er [vɛnˈti:l]
Verbandskasten	förbandslåda, -n, -or [fœrˇbantslo:da]
Vergaser	förgasare, -n, - [fœrˈgɑ:sarə]
Verteiler	fördelare, -n, - [fœˈɖe:larə]
vierspurig	fyrfilig [ˇfyrfi:lig]
Vorder|licht	framlykta, -n, -or [ˇframlykta]
~rad	framhjul, -et, - [ˇframjʉ:l]
~radantrieb	framhjulsdrift, -en [ˇframjʉ:lsˈdrift]
Wagen|heber	domkraft, -en, -er [ˇdumkraft]
~wäsche	biltvätt [ˇbi:ltvɛt]
Warn|blinker	varningsblinker, -n, -s [ˇvɑ:ɳiŋsˈbliŋkər]
~dreieck	varningstriangel, -n, -trianglar [ˇvɑ:ɳiŋstriˈaŋəl]
Wegweiser	vägvisare, -n, - [ˇvɛ:gvi:sarə]
Werk|statt	verkstad, -en, -städer [ˈværksta]
~zeug	verktyg, -et, - [ˇværkty:g]
Windschutzscheibe	vindruta, -n, -or [ˇvindrʉ:ta]
Winterreifen	vinterdäck, -et, - [ˇvintəˈɖɛk]
Zünd|kerze	tändstift, -et, - [ˇtɛndstift]
~schloss	tändningslås, -et, - [ˇtɛndniŋsˈlo:s]
Zündung	tändning, -en [ˇtɛndniŋ]
Zylinder	cylinder, -n, cylindrar [syˈlindər]
~kopf	topplock, -et, - [ˇtɔplɔk]

Verkehrsunfall

Polizei, Feuerwehr, Krankenwagen und Notarzt sind in ganz Schweden unter der Notrufnummer 112 zu erreichen. Pannenhilfe erhalten Sie rund um die Uhr unter der Nummer 020 912 912.

Es ist ein Unfall passiert.
Det har hänt en olycka. [de hɑːr hɛnt en ˅uːlyka]

Rufen Sie bitte schnell ...
Var snäll och ring genast efter ... [vɑː ˈʂnɛl ɔ ˈriŋ ˅jeːnast ɛftər]
einen Krankenwagen.
en ambulans. [en ambɵˈlans]
die Polizei.
polisen. [pɔˈliːsən]
die Feuerwehr.
brandkåren. [˅brandkoːrən]

Können Sie sich um die Verletzten kümmern?
Kan du ta hand om de skadade?
[kan dʉː tɑː ˈhand ɔm dɔm ˅skɑːdadə]

Haben Sie Verbandszeug?
Har du förbandsartiklar? [hɑː ɖʉː fœr˅bantsaˈʈiklar]

Es war meine/Ihre Schuld.
Det var mitt/ditt fel. [deː vɑː mit/dit feːl]

Sie haben ...
Du ... [dʉː]
die Vorfahrt nicht beachtet.
lämnade inte företräde. [˅lɛmnadə intə ˅fœːrəˈtrɛːdə]
die Kurve geschnitten.
körde över på fel sida i kurvan. [çœːɖə ˈøːvər pɔ feːl ˅siːda i ˅kɵrvan]
die Fahrspur gewechselt, ohne zu blinken.
bytte fil utan att ge tecken. [bytə ˈfiːl ˅ʉːtan at jeː ˈtekən]

Sie sind ...
Du ... [dʉː]
zu schnell gefahren.
körde för fort. [˅çœːɖə fœr fuʈ]
zu dicht aufgefahren.
körde för nära inpå. [˅çœːɖə fœ ɳæːra inˈpoː]
bei Rot über die Kreuzung.
körde mot rött ljus. [˅çœːɖə muːt røt ˈjʉːs]

Können Sie als Zeuge aussagen?
Kan du fungera som vittne? [kan dʉː fɵŋˈgeːra sɔm ˅vitnə]

Ich bin ... km/h gefahren.
Jag körde ... km i timmen. [jɑː ˅çœːɖə çiluˈmeːtər i ˅timən]

Die Höchstgeschwindigkeit beträgt in geschlossenen Ortschaften 50 km/h, auf Nebenstraßen 70 km/h, auf gut ausgebauten Landstraßen 90 km/h und auf Autobahnen und Schnellstraßen 110 km/h.

Sollen wir die Polizei holen, oder können wir uns so einigen?
Ska vi hämta polisen, eller kan vi komma överens?
[ska vi: ˇhɛmta puˈli:sən ɛlər kan vi: kɔma øverˈɛns]

Ich möchte den Schaden durch meine Versicherung regeln lassen.
Jag vill att skadan regleras genom min försäkring.
[jɑ: vil at ˇskɑ:dan reˈgle:ras je:nɔm min fœˈʂɛ:kriŋ]

Ich gebe Ihnen meine Anschrift und Versicherungsnummer.
Du ska få min adress och mitt försäkringsnummer.
[dʉ: skɑ: fo: min aˈdrɛs ɔ mit fœˇʂɛ:kriŋsˈnɵmər]

Geben Sie mir bitte Ihren Namen und Ihre Anschrift/Namen und Anschrift Ihrer Versicherung.
Kan jag få ditt namn och din adress/namnet på och adressen till ditt försäkringsbolag? [kan jɑ: fo: dit ˈnamn ɔ din aˈdrɛs/ˈnamnet po: ɔ aˈdrɛsən til dit fœˇʂɛ:kriŋsbu:ˈlɑ:g]

Können Sie für mich Zeuge sein?
Kan du vara mitt vittne? [kan dʉ: ˇvɑ:ra mit ˇvitnə]

Vielen Dank für Ihre Hilfe.
Tack så mycket för hjälpen! [tak sɔ ˇmykə fœr ˈjɛlpən]

Auto-, Motorrad- und Fahrradvermietung

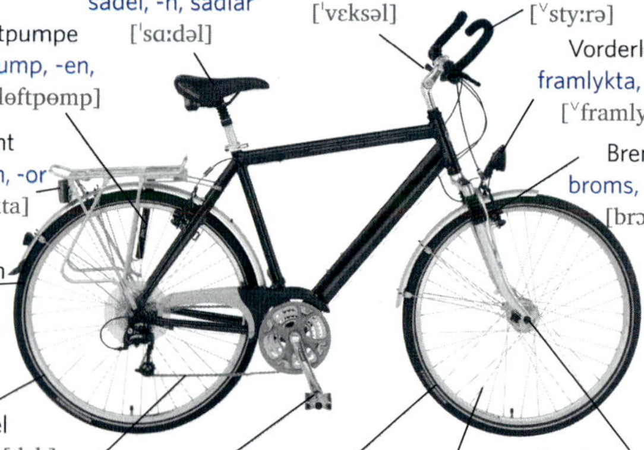

Ich möchte für zwei Tage/eine Woche ... mieten.
Jag skulle vilja hyra ... för två dagar/en vecka.
[jɑː ᵛskələ vilja ᵛhyːra fœr tvoː ᵛdɑːgar/en ᵛvɛka]

ein Auto
en bil [en biːl]
einen Geländewagen
en terrängbil [en tæᵛrɛŋbiːl]
ein Motorrad/Moped/ einen Motorroller
en motorcykel/moped/skoter [en ᵛmuːtɔˈʂykəl/muˈpeːd/ˈskuːtər]
ein Fahrrad
en cykel [en ˈsykəl]

Bitte ein Fahrzeug mit Navigationssystem.
Jag skulle vilja ha ett fordon med GPS.
[jɑː ᵛskələ vilja ˈhɑː et ᵛfuːɖun meː geːpeːˈɛs]

Wie hoch ist die Tages-/Wochenpauschale?
Hur mycket kostar det per dag/vecka?
[hʉːr ᵛmykə ᵛkɔsta ɖe pæːr dɑːg/ᵛveka]

Wie viel verlangen Sie pro gefahrenen km?
Vad kostar det per km? [vɑː ᵛkɔsta ɖeː pæːr çiluˈmeːtər]

Wie viel muss ich als Kaution hinterlegen?
Hur stor är depositionsavgiften? [hʉː ʂʈuːr eː depusiᵛʃuːnsɑvˈjiftən]

Ich nehme den .../das ...
Jag tar ... [jɑː tɑːr]

Ist das Fahrzeug vollkaskoversichert?
Är fordonet helförsäkrat? [eː ᵛfuːɖuːnət ᵛheːlfœˈʂɛːkrat]

Möchten Sie eine Zusatzversicherung?
Vill du ha en extra försäkring? [vil dʉː hɑː en ˈɛkstra fœˈʂɛːkriŋ]

Darf ich Ihren Führerschein sehen?
Kan jag få se ditt körkort? [kan jɑː fɔ seː dit ᵛçœːrkuʈ]

Ist es möglich, das Fahrzeug in ... abzugeben?
Kan jag lämna bilen/motorcykeln i ...?
[kan jɑː ᵛlɛmna ˈbiːlən/ᵛmuːtɔˈʂykəln i]

Ich möchte auch einen Schutzhelm leihen.
Jag skulle också vilja hyra/låna en hjälm.
[jɑː ᵛskələ ˈɔksɔ vilja ᵛhyːra/ ᵛloːna en ˈjɛlm]

Führerschein	körkort, -et, - [ᵛçœːrkuʈ]
Kindersitz	barnsits, -en, -ar [ᵛbɑːɳʂits]
Kaution	borgen [ᵛbɔrjən]
Nierengurt	njurbälte, -t, -n [ᵛnjʉːrbɛltə]
Papiere	papper *(pl)* [ᵛpapər]
Schiebedach	taklucka, -n, -or [ᵛtɑːkləka]

Sturzhelm	hjälm, -en, -ar [jɛlm]
Teilkasko	delförsäkring, -en, -ar [ˇde:lfœˈʂɛ:kriŋ]
Vollkasko	helförsäkring, -en, -ar [ˇhe:lfœˈʂɛ:kriŋ]
Versicherungskarte, grüne	grönt försäkringskort [grø:nt ˇfœ:ˈʂɛkriŋsˈkuʈ]
Zündschlüssel	tändningsnyckel, -n, -nycklar [ˇtɛndniŋsˈnykəl]

Flugzeug

Einen Flug buchen

Gibt es für den Flug einen Vorabend-/Telefon-/ Internet-Checkin?
Kan man checka in för flyget kvällen innan/per telefon/via internet?
[kan man çɛkaˈin fœ:r ˈfly:gət ˈkvɛlən ˇinan/pæ:r teləˈfo:n/ˇvi:a ˈintəˈɳɛt]

Wann fliegt die nächste Maschine nach ...?
När går nästa flyg till ...? [næ:r go: ˇɳɛsta ˈfly:g til]

Ich möchte einen einfachen Flug/Hin- und Rückflug nach ... buchen.
Jag skulle vilja boka en enkel flygbiljett/en flygbiljett tur och retur till ...
[jɑ: ˇskələ vilja ˇbu:ka en ˈɛŋkəl ˇfly:gbilˈjɛt/en ˇfly:gbilˈjɛt tʉ:r ɔ reˈtʉ:r til]

Sind noch Plätze frei?
Finns det några lediga platser? [fins de ˇno:ra ˇle:diga ˇplatsər]

Gibt es auch Charterflüge?
Går det charterflyg också? [go: ɖe ˇçɑ:ʈərfly:g ˈɔksɔ]

Was kostet der Flug Touristenklasse/1. Klasse?
Vad kostar en flygbiljett i turistklass/första klass?
[vɑ: ˇkɔstar en ˇfly:gbilˈjɛt i təˇristklas/ˇfœʂʈa klas]

Wie viel Gepäck ist frei?
Hur mycket bagage får man ha? [hʉ:r mykə baˈgɑ:ʃ fo:r man hɑ:]

Was kostet das Kilo Übergepäck?
Vad kostar det per kilo övervikt? [vɑ: ˇkɔsta ɖe pæ:r ˈçi:lu ˇø:vərˈvikt]

Ich möchte diesen Flug stornieren/umbuchen.
Jag skulle vilja avbeställa/boka om den här flygbiljetten.
[jɑ: ˇskələ vilja ˇɑ:vbeˈstɛla/bu:ka ˈɔm den ˈhæ:r ˇfly:gbilˈjɛtən]

Wann muss ich am Flughafen sein?
När måste jag vara på flygplatsen?
[nær ᵛmɔstə jɑ: ᵛvɑ:ra pɔ ᵛfly:gplatsən]

Am Flughafen

Wo ist Terminal...?
Var är terminal ...? [vɑ:r ɛ: tærmiˈnɑ:l ...]

Wo ist der Schalter der ...-Fluggesellschaft?
Var är ... disken? [vɑ:r e: ...ˈdiskən]

Wo ist der Informationsschalter/Warteraum?
Var är informationsdisken/väntrummet?
[vɑ:r e: infɔrmaᵛʃu:nsdiskən/ ᵛvɛntrɵmət]

Kann ich das als Handgepäck mitnehmen?
Kan jag ta med det här som handbagage?
[kan jɑ: tɑ: ˈme: de ˈhæ:r sɔm ᵛhandbaˈgɑ:ʃ]

Hat die Maschine nach ... Verspätung?
Är planet till ... försenat? [e: ˈplɑ:nət til fœˈʂe:nat]

Wie viel Verspätung hat sie?
Hur mycket är det försenat? [hʉ:r ᵛmykə e: de fœˈʂe:nat]

Ist die Maschine aus ... schon gelandet?
Har planet från ... redan landat? [hɑ:r ˈplɑ:nət frɔn ᵛre:dan ᵛlandat]

Wann landet die Maschine aus ...?
När landar planet från ...? [næ:r ᵛlandar ˈplɑ:nət fro:n ...]

Ankunft ➢auch Fundbüro

Ich finde mein Gepäck/meinen Koffer nicht.
Jag kan inte hitta mitt bagage/min resväska.
[jɑ: kan ᵛintə ᵛhita mit baˈgɑ:ʃ/min ᵛre:svɛska]

Mein Gepäck ist verloren gegangen.
Mitt bagage har kommit bort. [mit baˈgɑ:ʃ hɑ:r kɔmit ˈbɔʈ]

Mein Koffer ist beschädigt worden.
Min resväska har blivit skadad. [min ᵛre:svɛska hɑ:r bli:vit ᵛskɑ:dad]

An wen kann ich mich wenden?
Vem kan jag vända mig till? [vem kan jɑ: ᵛvɛnda mɛj til]

Von wo fährt der Bus zum Air Terminal ab?
Varifrån avgår bussen till flygterminalen?
[ˈvɑ:rifro:n ᵛɑ:vgo:r ˈbɵsən til ᵛfly:gtærmiˈnɑ:lən]

Abflug	start, -en, -er [stɑ:ʈ]
Air Terminal	flygterminal, -en, -er [ˇfly:gtærmi'nɑ:l]
Anhänger *(am Koffer)*	adresslapp, -en, -ar [aˇdrɛslap]
Ankunft	ankomst, -en [ˇankɔmst]
Ankunftszeit	ankomsttid, -en, -er [ˇankɔms'ti:d]
Anschluss	anslutning, -en, -ar [ˇanslʉ:tniŋ]
anschnallen, sich	spänna (-de, -t) fast sig [spɛna 'fast sɛj]
Anschnallgurt	säkerhetsbälte, -t, -n [ˇsɛ:kərhe:ts'bɛltə]
auschecken	checka (-ade, -at) ut [çɛka 'ʉ:t]
Auslandsflug	utrikesflyg, -et, - [ˇʉ:tri:kəs'fly:g]
Besatzung	besättning, -en, -ar [be'sɛtniŋ]
an Bord	ombord [ɔm'bu:ɖ]
Bordkarte	boarding card ['bo:ɖiŋ 'ka:ɖ]
buchen	boka, -ade, -at [ˇbu:ka]
Buchung	bokning, -en, -ar [ˇbu:kniŋ], beställning, -en, -ar [be'stɛlniŋ]
Business Class	business class ['bisnis 'klɑ:s]
Chartermaschine	charterplan, -et, - [ˇçɑ:ʈər'plɑ:n]
Direktflug	direktflyg, -et, - [diˇrɛktfly:g]
Düsenmaschine	jetplan, -et, - [ˇjɛtplɑ:n]
Economy Class	economy class [i'kɔnɔmi 'klɑ:s]
einchecken	checka (-ade, -at) in [çɛka 'in]
Fenstersitz	fönsterplats, -en, -er [ˇfønstər'plats]
Flug	flyg, -et, - [fly:g]
~gast	passagerare, -n, - [pasa'ʃe:rarə]
~gesellschaft	flygbolag, -et, - [ˇfly:gbu'lɑ:g]
~hafen	flygplats, -en, -er [ˇfly:gplats]
~hafengebühr	flygplatsavgift, -en, -er [ˇfly:gplatsɑ:v'jift]
~plan	flygtidtabell, -en, -er [ˇfly:gti:dta'bɛl]
~schein	flygbiljett, -en, -er [ˇfly:gbil'jɛt]
~zeug	flygplan, -et, - [ˇfly:gplɑ:n]
Gang	gång, -en, -ar [gɔŋ]
Gepäck	bagage, -t [ba'gɑ:ʃ]
~abfertigung	incheckning, -en, -ar [ˇinçɛkniŋ]
~ausgabe	utcheckning, -en, -ar [ˇutçɛkniŋ]
Handgepäck	handbagage, -t [ˇhandba'gɑ:ʃ]
Heck	stjärtparti, -et, -er [ˇʃæʈpa'ʈi:]
Hubschrauber	helikopter, -n, helikoptrar [heli'kɔptər]
Inlandsflug	inrikesflyg, -et, - [ˇinri:kəs'fly:g]
Kapitän	kapten, -en, -er [kap'te:n]
Kofferkuli	bagagevagn, -en, -ar [baˇgɑ:ʃ'vaŋn]

landen	landa, -ade, -at [ˇlanda]
Landung	landning, -en, -ar [ˇlandniŋ]
Last-Minute-Flug	stand-by flyg [stɛnd'bai 'fly:g]
Linienflug	reguljärflyg, -et, - [regəlˇjæ:rfly:g]
Nichtraucher	icke-rökare, -n, - [ˇikə'rø:karə]
Not|ausgang	nödutgång, -en, -ar [ˇnø:dʉ:t'gɔŋ], reservutgång, -en, -ar [reˇsærvʉ:t'gɔŋ]
~landung	nödlandning, -en, -ar [ˇnø:dlandniŋ]
~rutsche	nödrutschbana, -n, -or [ˇnø:drətʃ'bɑ:na]
Passagier	passagerare, -n, - [pasa'ʃe:rarə]
Pilot	pilot, -en, -er [pi'lu:t]
planmäßiger Abflug	start enligt tidtabellen [stɑ:ʈ e:nlit ˇti:dta'bɛlən]
Raucher	rökare, -n, - [ˇrø:karə]
Reiseziel	resmål, -et, - [ˇre:smo:l], destination, -en, -er [destina'ʃu:n]
Rollfeld	start- och landningsbana, -n, -or [stɑ:ʈ ɔ ˇlandniŋs'bɑ:na]
Schalter	lucka, -n, -or [ˇləka], disk, -en, -ar [disk]
Schwimmweste	flytväst, -en, -ar [ˇfly:tvɛst]
Sicherheitskontrolle	säkerhetskontroll, -en, -er [ˇsɛ:kərhe:tskɔn'trɔl]
Steward/ess	steward, -en, -er/-ar ['stju:aɖ], flygvärdinna, -n, -or [ˇfly:gvæ'ɖina]
stornieren	avbeställa, -de, -t [ˇɑ:vbe'stɛla]
umbuchen	boka (-ade, -at) om [bu:ka 'ɔm]
Verspätung	försening, -en, -ar [fœ'ʂe:niŋ]
zollfreier Laden	taxfree shop, -en, -ar ['tɛksfri: 'ʃɔp]
Zwischenlandung	mellanlandning, -en, -ar [ˇmɛlan'landniŋ]

Bahnfahrt

Fahrkarten kaufen

Eine einfache Fahrt 2. Klasse/1. Klasse nach ..., bitte.
En enkel biljett andra klass/första klass till ..., tack.
[en 'ɛŋkəl ˇbil'jɛt ˇandra klas/ˇfœʂʈa klas til tak]

Zweimal ... hin und zurück, bitte.
Två tur och retur till ..., tack. [tvo: tʉ:r ɔ re'tʉ:r til tak]

Gibt es eine Ermäßigung für Kinder/Studenten?
Finns det barnrabatt/studentrabatt?
[fins de ᵛbɑːɳraˈbat/stɵᵛdɛntraˈbat]

Bitte eine Platzkarte für den Zug um ... Uhr nach ...
En platsbiljett på tåget till ... klockan ..., tack.
[en ᵛplatsbilˈjɛt pɔ ˈtoːgət til klɔkan ... tak]

Einen Fensterplatz?
En fönsterplats? [en ᵛfønstərˈplats]

Ich möchte einen Liegewagenplatz/Schlafwagenplatz buchen.
Jag skulle vilja boka en liggvagnsplats/sovvagnsplats.
[jɑː ᵛskɵlə vilja ᵛbuːka en ᵛligvaŋnsˈplats/ᵛsoːvaŋnsˈplats]

Im Bahnhofsgebäude

Ich möchte diesen Koffer als Reisegepäck aufgeben.
Jag skulle vilja pollettera den här resväskan som resgods.
[jɑː ᵛskɵlə vilja pɔlɛˈteːra den ˈhæːr ᵛreːsvɛskan sɔm ᵛreːsguts]

Kann ich ein Fahrrad mitnehmen?
Kan jag ta med mig en cykel? [kan jɑː tɑˈmɛːmɛj en ˈsykəl]

Wo kann ich mein Fahrrad aufgeben?
Var kan jag pollettera min cykel? [vɑːr kan jɑː pɔlɛˈteːra min ˈsykəl]

Hat der Zug aus ... Verspätung?
Är tåget från ... försenat? [eː ˈtoːgət frɔn fœˈʂeːnat]

(Wo) Muss ich umsteigen?
(Var) Måste jag byta (tåg)? [(vɑːr) mɔstə jɑː ᵛbyːta (toːg)]

Von welchem Gleis fährt der Zug nach ... ab?
Från vilket spår går tåget till ...? [frɔn ᵛvilkət ˈspoːr goː ˈʈoːgət til]

Im Zug

Verzeihung, ist dieser Platz noch frei?
Ursäkta, är den här platsen ledig? [ᵛʉːʂɛkta eː den ˈhæːr ˈplatsən ᵛleːdi]

Können Sie mir bitte helfen?
Förlåt, kan du hjälpa mig? [fœˈɭoːt kan dʉː ᵛjɛlpa mɛj]

Darf ich das Fenster öffnen/schließen?
Får jag öppna/stänga fönstret? [foːr jɑː ᵛøpna/ᵛstɛŋa ˈfønstrət]

Entschuldigen Sie, bitte. Dies ist ein Nichtraucherabteil.
Ursäkta, men det här är en kupé för icke-rökare.
[ᵛʉːʂɛkta men de ˈhæːr eː en kɵˈpeː fœr ᵛikəˈrøːkarə]

Entschuldigen Sie, das ist mein Platz. Ich habe eine Platzkarte.
Ursäkta, men det här är min plats. Jag har platsbiljett.
[ˇʉ:ʂɛkta men de ˈhæ:r e: ˈmin plats jɑ: hɑ:r ˇplatsbilˈjɛt]

Die Fahrkarten, bitte.
Får jag besvära om biljetterna? [fo:r jɑ: beˈsvæ:ra ɔm bilˈjɛtəɳa]

Ist noch jemand zugestiegen?
Nypåstigna? [ˇny:po:ˈsti:gna]

Hält dieser Zug in ...?
Stannar det här tåget i ...? [ˇstana ɖe ˈhæ: ˈʈo:gət i]

Wo sind wir jetzt?
Var är vi nu? [vɑ:r e: vi: nʉ:]

Wie lange haben wir hier Aufenthalt?
Hur långt uppehåll gör vi här? [hʉ: ɭoŋt ˇɵpəˈhɔl jœ:r vi: hæ:r]

Kommen wir pünktlich an?
Kommer vi fram i tid? [ˈkɔmər vi: fram i ti:d]

➣ **auch Wortliste Flugzeug**

Abfahrt	avgång, -en, -ar [ˇɑ:vgɔŋ]
Abfahrtszeit	avgångstid, -en, -er [ˇɑ:vgɔŋsˈti:d]
Abteil	kupé, -n, -er [kɵˈpe:]
ankommen	komma (kom, kommit) fram [kɔma ˈfram]
Aufenthalt	uppehåll, -et, - [ˇɵpeˈhɔl]
aussteigen	stiga (steg, stigit) av [sti:ga ˈɑ:v]
Autoreisezug	biltåg, -et, - [ˇbi:lto:g]
Bahnhof	järnvägsstation, -en, -er [ˇjæ:ɳvɛ:kstaˈʃu:n]
besetzt	upptagen [ˇɵptɑ:gən]
D-Zug	expresståg, -et, - [ɛksˇprɛsto:g]
Eilzug	snälltåg, -et, - [ˇsnɛlto:g]
einsteigen	stiga (steg, stigit) på [sti:ga ˈpo:]
Eisenbahn	järnväg, -en, -ar [ˇjæ:ɳvɛ:g]
Ermäßigung	rabatt, -en, -er [raˈbat]
Fahr|karte	biljett, -en, -er [bilˈjɛt]
~kartenschalter	biljettlucka, -n, -or [bilˇjɛtlɵka]
~plan	tidtabell, -en, -er [ˇti:dtaˈbɛl]
~preis	biljettpris, -et, - [bilˇjɛtpri:s]
Fensterplatz	fönsterplats, -en, -er [ˇfønstərˈplats]
frei	ledig [ˇle:dig]
Gang	gång, -en, -ar [gɔŋ], korridor, -en, -er [kɔriˈdo:r]

Gepäck	bagage, -t [ba'gɑ:ʃ]
~annahme	resgodsinlämning, -en [ˇre:sgutsin'lɛmniŋ]
~aufbewahrung	resgodsförvaring, -en [ˇre:sgutsfœr'vɑ:riŋ]
~ausgabe	resgodsutlämning, -en [ˇre:sgutsʉ:t'lɛmniŋ]
~schalter	resgodsexpedition, -en [ˇre:sgutsɛkspedi'ʃu:n]
~schein	polletteringskvitto, -t, -n [pɔlɛˇte:riŋs'kvitu]
~schließfach	förvaringsbox, -en, -ar [fœrˇvɑ:riŋs'bɔks]
~träger	bärare, -n, - [ˇbæ:rarə]
~wagen	godsvagn, -en, -ar [ˇgutsvaŋn]
Gleis	spår, -et, - [spo:r]
Großraumwagen	öppen vagn, -en, -ar [ˇøpən vaŋn]
Hauptbahnhof	centralstation, -en, -er [sɛnˇtrɑ:lsta'ʃu:n]
Interrailkarte	interrailkort, -et, - [intəˇrɛjlkuʈ], tågluffarkort, -et, - [ˇto:gløfar'kuʈ]
Kinderfahrkarte	barnbiljett, -en, -er [ˇbɑ:ɳbil'jɛt]
Kurswagen	direktvagn, -en, -ar [diˇrɛktvaŋn]
Liegewagenkarte	liggvagnsbiljett, -en, -er [ˇligvaŋnsbil'jɛt]
Lokomotive	lokomotiv, -et, - [lɔkɔmu'ti:v], lok, -et, - [lu:k]
nachlösen	köpa biljett på tåget [ˇçø:pa bil'jɛt po: 'to:gət]
Nichtraucherabteil	kupé för icke-rökare, -n, -er [kə'pe: fœr ˇikə'rø:karə]
Notbremse	nödbroms, -en, -ar [ˇnø:dbrɔms]
Platzkarte	platsbiljett, -en, -er [ˇplatsbil'jɛt]
Raucherabteil	rökkupé, -n, -er [ˇrø:kə'pe:]
Reservierung	reservering, -en, -ar [resær've:riŋ]
Rückfahrkarte	returbiljett, -en, -er [reˇtʉ:rbil'jɛt]
Rundreisefahrschein	rundresebiljett, -en, -er [ˇrəndre:səbil'jɛt]
Sammelfahrschein	gruppbiljett, -en, -er [ˇgrəpbil'jɛt]
Schlafwagenkarte	sovvagnsbiljett, -en, -er [ˇso:vaŋnsbil'jɛt]
Schnellzug	snälltåg, -et, - [ˇsnɛlto:g]
Speisewagen	restaurangvagn, -en, -ar [restɔˇraŋvaŋn]
Toilette	toalett, -en, -er [tua'lɛt]
Wagennummer	vagnnummer, -numret, - [ˇvaŋnəmər]

Wartesaal	väntsal, -en, -ar [ˇventsɑ:l]
Waschraum	tvättrum, -met, - [ˇtvetrɵm]
Zug	tåg, -et, - [to:g]
~begleitpersonal	tågpersonal [ˇto:gpæʂu'nɑ:l]
Zuschlag	tilläggsavgift, -en, -er [ˇtileksɑ:v'jift]

Schifffahrt

Auskunft

Welche ist die beste Schiffsverbindung nach ...?
Vilken är den bästa båtförbindelsen till ...?
[ˇvilkən e: den ˇbesta ˇbo:tfœr'bindəlsən til]

Wo/Wann fährt das nächste Schiff/die nächste Fähre nach ... ab?
Var/När går nästa båt/nästa färja till ...?
[vɑ:r/næ:r go:r/ˇnesta 'bo:t/ ˇnesta ˇfærja til]

Wie lange dauert die Überfahrt?
Hur lång tid tar överfarten? [hʉ: lɔŋ ti:d tɑ:r ˇø:vər'fɑ:ʈən]

Welche Häfen werden angelaufen?
Vilka hamnar anlöper vi? [ˇvilka ˇhamnar ˇanlø:pər vi:]

Wann legen wir in ... an?
När lägger vi till i ...? [næ: legər vi: 'til i]

Wie lange haben wir Aufenthalt in ...?
Hur länge gör vi uppehåll i ...? [hʉ: ˇleŋə jœ:r vi: ˇɵpə'hɔl i]

Ich möchte eine Schiffskarte nach ...
Jag skulle vilja ha en (båt)biljett till ...
[jɑ: ˇskɵlə vilja hɑ: en (ˇbo:t)bil'jet til]

1. Klasse
första klass [ˇfœʂʈa klas]
Touristenklasse
turistklass [tɵˇristklas]
eine Einzelkabine
en enkelhytt [en ˇeŋkəl'hyt]
eine Zweibettkabine
en dubbelhytt [en ˇdɵbəl'hyt]

Ich möchte eine Karte für die Rundfahrt um ... Uhr.
Jag skulle vilja ha en biljett till rundturen klockan ...
[jɑ: ˇskɵlə vilja hɑ: en bil'jet til ˇrɵndtʉ:rən klɔkan]

Ich suche Kabine Nr. ...
Jag letar efter hytt nummer ... [jɑ: ˇle:tar ˈɛftər hyt ˈnɵmər ...]

Kann ich eine andere Kabine haben?
Kan jag få en annan hytt? [kan jɑ: fo: en ˇanan hyt]

Wo ist mein Koffer/mein Gepäck?
Var är min resväska/mitt bagage?
[vɑ:r e: min ˇre:svɛska/mit baˈgɑ:ʃ]

Wo ist der Speisesaal/der Aufenthaltsraum?
Var är matsalen/salongen? [vɑ:r e: ˇmɑ:tsɑ:lən/saˈlɔŋən]

Wann wird gegessen?
När serveras måltiderna? [næ: ʂærˈve:ras ˇmo:lti:dəɳa]

Ich fühle mich nicht wohl.
Jag mår inte bra. [jɑ: mo:r ˇintə brɑ:]

Rufen Sie bitte den Schiffsarzt!
Var snäll och kalla på skeppsläkaren!
[vɑ: ʂɳɛl ɔ ˇkala pɔ ˇʃɛpslɛ:karən]

Geben Sie mir bitte ein Mittel gegen Seekrankheit.
Var snäll och ge mig något medel mot sjösjuka.
[vɑ: ʂɳɛl ɔ je: mɛj nɔt ˈme:dəl mu:t ˇʃø:ʃʉ:ka]

➣ **auch Wortliste Flugzeug und Wortliste Eisenbahn**

Anker	ankare, -t, - [ˇaŋkarə]
anlaufen	anlöpa, -te, -t [ˇanlø:pa]
anlegen in	lägga (lade, lagt) till i [lɛga ˈtil i:]
auslaufen	segla (-ade, -at) ut [se:gla ˈʉ:t]
Backbord	babord [ˈbɑ:buɖ]
an Bord	ombord [ɔmˈbu:ɖ]
Buchung	bokning, -en, -ar [ˇbu:kniŋ], reservering, -en, -ar [resærˈve:riŋ]
Dampfer	ångbåt, -en, -ar [ˇɔŋbo:t]
Deck	däck, -et, - [dɛk]
Fähre	färja, -n, -or [ˇfærja]
Auto~	bilfärja, -n, or [ˇbi:lfærja]
Eisenbahn~	tågfärja, -n, -or [ˇto:gfærja]
Fahrkarte	biljett, -en, -er [bilˈjɛt]
Festland	fastland, -et [ˇfastland]
Hafen	hamn, -en, -ar [hamn]
~gebühr	hamnavgift, -en, -er [ˇhamnɑ:vˈjift]
Heck	akter, -n [ˈaktər]
Jacht	jakt, -en, -er [jakt]

Kabine	hytt, -en, -er [hyt]
Kai	kaj, -en, -er [kaj]
Kajüte	kajuta, -n, -or [kaˇjʉ:ta]
Kapitän	kapten, -en, -er [kapˈte:n]
Knoten	knop, -en, - [knu:p]
Kreuzfahrt	kryssning, -en, -ar [ˇkrysniŋ]
Kurs	kurs, -en, -er [kɵʂ]
Küste	kust, -en, -er [kɵst]
Landausflug	utflykt på land, -en, -er [ˇʉ:tflykt pɔ land]
Landungssteg	båtbrygga, -n, -or [ˇbo:tbryga], landgång, en, -ar [ˇlandgɔŋ]
Leuchtturm	fyr, -en, -ar [fy:r]
Luftkissenboot	svävare, -n, - [ˇsvɛ:varə]
Mannschaft	besättning, -en, -ar [beˈsɛtniŋ]
Matrose	matros, -en, -er [maˈtru:s]
Motorboot	motorbåt, -en, -ar [ˇmu:tɔrˈbo:t]
Passagier	passagerare, -n, - [pasaˈʃe:rarə]
Rettungs|boot	livbåt, -en, -ar [ˇli:vbo:t]
-ring	livboj, -en, -ar [ˇli:vbɔj]
Ruder	åra, -n, -or [ˇo:ra]
-boot	roddbåt, -en, -ar [ˇrudbo:t]
Rundfahrt	rundtur, -en, -er [ˇrɵndtʉ:r]
Schwimmweste	flytväst, -en, -ar [ˇfly:tvɛst]
Seegang	sjögång, -en [ˇʃø:gɔŋ]
seekrank	sjösjuk [ˇʃø:ʃʉ:k]
Segelboot	segelbåt, -en, -ar [ˇse:gəlˈbo:t]
Sonnendeck	soldäck, -et, - [ˇsu:ldɛk]
Steuerbord	styrbord [ˈsty:rbuɖ]
Steward	steward, -en, -er/-ar [ˈstju:aɖ]
Tragflächenboot	flygbåt, -en, -ar [ˇfly:gbo:t]
Überfahrt	överfart, -en, -er [ˇø:vərfɑ:ʈ]
Welle	våg, -en, -or [vo:g]
Zwischendeck	mellandäck, -et, - [ˇmɛlanˈdɛk]

Nahverkehrsmittel

Welcher Bus/Welche Straßenbahn/Welche U-Bahnlinie fährt nach ...?
Vilken buss/spårvagn/tunnelbana går till ...?
[ˇvilkən bɵs/ˇspo:rvaŋn/ˇtɵnəlˈbɑ:na go: ʈil]

Bitte, wo ist die nächste ...
Förlåt, var ligger närmaste ... [fœˈɭo:t vɑ: ˈɭigər ˇnærmastə]
Bushaltestelle?
busshållplats? [ˇbɵshɔlˈplats]

Straßenbahnhaltestelle?
spårvagnshållplats? [ˇspo:rvaŋnshɔl'plats]
U-Bahnstation?
tunnelbanestation (T-banestation)?
[ˇtɵnəlbɑ:nəsta'ʃu:n (ˇte:bɑ:nəsta'ʃu:n)]

Welche Linie fährt nach ...?
Vilken linje går till ...? [ˇvilkən 'li:njə go: ţil]

Ist dies der richtige Bus nach ...?
Är det här rätt buss till ...? [e: de 'hæ:r rɛt 'bɵs til]

Wann/Wo fährt der Bus ab?
När/Varifrån avgår bussen? [næ:r/'vɑ:rifro:n ˇɑ:vgo:r 'bɵsən]

Wann fährt die erste/letzte U-Bahn nach ...?
När går första/sista tunnelbanan till ...?
[nær go:r ˇfœʂ'ţa/ˇsista ˇtɵnəl'bɑ:nan til]

In welche Richtung muss ich fahren?
Åt vilket håll ska jag åka? [o:t ˇvilkət 'hɔl skɑ: jɑ: ˇo:ka]

Wie viele Haltestellen sind es?
Hur många hållplatser är det? [hʉ:r mɔŋa ˇhɔlplatsər e: de]

Wo muss ich aussteigen/umsteigen?
Var måste jag stiga av/byta? [vɑ:r mostə jɑ: sti:ga 'ɑ:v/ˇby:ta]

Geben Sie mir bitte Bescheid, wenn ich aussteigen muss.
Vill du vara snäll och säga till när jag skall gå av.
[vil dʉ: vɑ:ra 'snɛl ɔ sɛja 'til næ:r jɑ: skɑ: go: 'ɑ:v]

Wo kann ich den Fahrschein kaufen?
Var kan jag köpa biljetten? [vɑ:r kan jɑ: ˇçø:pa bil'jɛtən]

Bitte, einen Fahrschein nach ...
En biljett till ..., tack. [en bil'jɛt til tak]

abfahren	(av)gå [(ˇɑ:v)go:]
Abfahrt	avgång, -en, -ar [ˇɑ:vgɔŋ]
aussteigen	stiga (steg, stigit) av [sti:ga 'ɑ:v]
Bus	buss, -en, -ar [bɵs]
~bahnhof	busstation, -en, -er [ˇbɵsta'ʃu:n]
einsteigen	stiga (steg, stigit) på [sti:ga 'po:]
Endstation	ändstation, -en, -er [ˇɛndsta'ʃu:n]
entwerten	stämpla, -ade, -at [ˇstɛmpla]
Fahr|er	chaufför, -en, -er [ʃɔ'fœ:r]
~kartenautomat	biljettautomat, -en, -er [bilˇjɛtatɔ'mɑ:t]
~plan	tidtabell, -en, -er [ˇti:dta'bɛl]
~preis	biljettpris, -et, - [bilˇjɛtpri:s]
~schein	(buss)biljett, -en, -er [(ˇbɵs)bil'jɛt]

~scheinentwerter	biljettstämplingsmaskin, -en, -er [bilˇjɛtstɛmpliŋsmaˈʃi:n]
halten	stanna, -ade, -at [ˇstana]
Haltestelle	hållplats, -en, -er [ˇhɔlplats]
Kontrolleur	biljettkontrollör, -en, -er [bilˇjɛtkɔntrɔˈlœ:r]
lösen *(Fahrschein)*	lösa (biljett) [ˇlø:sa (bilˈjɛt)]
Monatskarte	månadskort, -et, - [ˇmo:natsˈkuʈ]
Richtung	riktning, -en, -ar [ˇriktniŋ]
S-Bahn	pendeltåg, -et, - [ˇpɛndəlˈto:g]
Schaffner	konduktör, -en, -er [kɔndɵkˈtœ:r]
Straßenbahn	spårvagn, -en, -ar [ˇspo:rvaŋn]
Tageskarte	biljett som gäller en dag [bilˇjɛt sɔm ˈjɛlər en dɑ:g]
U-Bahn	tunnelbana, -n, -or [ˇtɵnəlˈbɑ:na], T-bana [ˇte:bɑ:na]
Wochenkarte	veckokort [ˇvekuˈkuʈ]

Taxi

Hallo! Bitte ein Taxi an die Adresse ... für jetzt gleich/für (morgen) ... Uhr.
Hallå! Kan jag få en taxi till adressen ... nu genast/(i morgon) klockan ...
[haˈlo: kan jɑ: fo: en ˈtaksi til aˈdrɛsən ... nʉ: ˇje:nast/(iˇmɔrɔn) ˇklɔkan]

Könnten Sie mir bitte ein Taxi rufen?
Skulle du kunna ringa efter en taxi åt mig?
[ˇskɵlə dʉ: kɵna ˇriŋa ˇɛftər en ˈtaksi o:t mɛj]

Wo ist der nächste Taxistand?
Var ligger närmaste taxistation? [vɑ: ˈligə ˇɳærmastə ˇtaksistaˈʃu:n]

Zum Bahnhof.
Till järnvägsstationen. [til ˇjæ:ɳvɛ:kstaˈʃu:nən]

Zum ... Hotel.
Till hotell ... [til hɔˈtɛl]

Nach ..., bitte.
Till ..., tack. [til ... tak]

Halten Sie bitte hier.
Var snäll och stanna här. [vɑ: ʂɳɛl ɔ ˇstana hæ:r]

Wie viel kostet es nach ...?
Hur mycket kostar det till ...? [hʉ:r ˇmykə ˇkɔsta ɖe til]

Das ist zu viel.
Det är för mycket. [de: ɛ: fœ:r ˈmykə]

Könnten Sie mir bitte eine Quittung ausstellen?
Skulle jag kunna få ett kvitto? [ˇskɵlə jɑː kɵna ˈfoː et ˇkvitu]

Das ist für Sie.
Det är till dig. [de eː til ˈdɛj]

halten	stanna, -ade, -at [ˇstana]
Hausnummer	husnummer, -numret, - [ˇhʉːsnɵmər]
Quittung	kvitto, -t, -n [ˇkvitu]
Taxi|fahrer	taxichaufför, -en, -er [ˇtaksiʃɔˈfœːr]
~stand	taxistation, -en, -er [ˇtaksistaˈʃuːn]
Trinkgeld	drickspengar *(pl)* [ˇdrikspɛŋar]

Reisen mit Kindern

Kinder willkommen
Schweden ist ein sehr kinderfreundliches Land. In Parks und Grünanlagen gibt es fast immer einen Kinderspielplatz. Restaurants bieten preiswerte Kindermenüs an und stellen Kinderstühle zur Verfügung. Auf den Toiletten vieler Restaurants gibt es Wickeltische. Man bekommt Kinderermäßigung auf Fahrkarten, Eintrittskarten usw. Auch die Ferienhäuser sind kindgerecht ausgestattet.

Nützliche Fragen

Gibt es hier einen Kinderspielplatz?
Finns det någon lekplats här? [fins de nɔn ᵛle:kplats hæ:r]

Gibt es hier Kinderbetreuung?
Kan man få hjälp med barnpassning här?
[kan man fɔ ˈjɛlp me: ᵛbɑ:ɳpasniŋ hæ:r]

Ab welchem Alter?
Från vilken ålder? [frɔn vilkən ˈɔldər]

Kennen Sie jemand, der bei uns babysitten kann?
Känner du någon som kan sitta barnvakt hos oss?
[ˈçɛnə ɖʉ: nɔn sɔm kan ᵛsita ᵛbɑ:ɳvakt hus ɔs]

Gibt es Veranstaltungen für Kinder?
Finns det arrangemang för barn? [fins de araŋʃəˈmaŋ fœr ˈbɑ:ɳ]

Bekommen Kinder eine Ermäßigung?
Är det nedsatt pris för barn? [e: de ᵛne:dsat pri:s fœr ˈbɑ:ɳ]

Wo ist das nächste Spielwarengeschäft?
Var är närmaste leksaksaffär? [vɑ:r e: ᵛnærmastə ᵛle:ksɑ:ksaˈfæ:r]

Wo bekomme ich Windeln?
Var får jag tag på blöjor? [vɑ:r fo:r jɑ: tɑ:g pɔ ᵛbløjur]

Unterwegs

Wir reisen mit Kind. Können wir einen Platz ganz vorn bekommen?
Vi reser med barn. Kan vi få en plats längst fram?
[vi: ˈre:sər me: ˈbɑ:ɳ kan vi: fo: en plats lɛŋst ˈfram]

Haben Sie einen Kindersicherheitsgurt?
Har du/ni något säkerhetsbälte för barn?
[hɑ: ɖʉ:/ɳi: nɔt ᵛsɛ:kərhe:tsˈbɛltə fœ:r bɑ:ɳ]

Haben Sie vielleicht Stifte und Papier / ein Malbuch für unser Kind?
Har du/ni möjligen färgpennor och papper / en målarbok till barnet? [hɑː ɖʉː/ɳiː ᵛmøjligən ᵛfærjpɛnur ɔ ᵛpapər / en ᵛmoːlarˈbuːk til ˈbɑːɳət]

Verleihen Sie Kinderautositze?
Lånar du/ni ut bilbarnsitsar? [ᵛloːna ɖʉː/ɳiː ˈʉːt ᵛbiːlbɑːɳˈʂitsar]

Im Restaurant

Bringen Sie bitte noch einen Kinderstuhl.
Skulle vi kunna få en barnstol till? [ᵛskɵlə viː kɵna foː en ᵛbɑːɳʂʈuːl til]

Gibt es auch Kinderportioner?
Finns det barnportioner också? [fins de ᵛbɑːɳpɔʈˈʃuːnər ˈɔksɔ]

Könnten Sie mir bitte das Fläschchen warm machen?
Kan du värma flaskan åt mig? [kan dʉː ᵛværma ᵛflaskan oːt mɛj]

Gibt es hier einen Wickelraum?
Finns det något skötrum här? [fins de nɔt ᵛʃøːtrɵm hæːr]

Wo kann ich stillen?
Var kan jag amma? [vɑːr kan jɑː ᵛama]

Abenteuerspielplatz	bygglekplats, -en, -er [ᵛbygleːkˈplats]
Babyfon	„barnvakt“, -en, -er [ᵛbɑːɳvakt]
Babyschale *(fürs Auto)*	bilsits för baby [ᵛbiːlsits fœr ˈbɛːbi]
Babysitter	barnvakt, -en, -er [ᵛbɑːɳvakt]
Fläschchenwärmer	flaskvärmare, -n, - [ᵛflaskværmarə]
Junge	pojke, -n, pojkar [ᵛpɔjkə]
Kinderbecken	barnbassäng, -en, -er [ᵛbɑːɳbaˈsɛŋ]
Kinderbetreuung	barnpassning, -en [ᵛbɑːɳpasniŋ]
Kinderbett	barnsäng, -en -ar [ᵛbɑːɳʂɛŋ]
Kinderermäßigung	barnrabatt, -en, -er [ᵛbɑːɳraˈbat]
Kinderkleidung	barnkläder *(pl)* [ᵛbɑːɳklɛːdər]
Kindernahrung	barnmat, -en [ᵛbɑːɳmaːt]
Kindersitz *(fürs Auto/Fahrrad)*	barnsits, -en, -ar [ᵛbɑːɳʂits]
Kindersitzkissen *(fürs Auto)*	sittdyna för barn [ᵛsitdyːna fœr bɑːɳ]
Kinderspielplatz	lekplats, -en, -er [ᵛleːkplats]
Mädchen	flicka, -n, -or [ᵛflika]
Malbuch	målarbok, -en, -böcker [ᵛmoːlarˈbuːk]
Mückenschutz	myggmedel, -medlet, - [ᵛmygmeːdəl]
Planschbecken	plaskdamm, -en, -ar [ᵛplaskdam]
Sandburg	sandslott, -et, - [ᵛsandslɔt]
Sandkasten	sandlåda, -n, -or [ᵛsandloːda]
Sauger	napp, -en, -ar [nap]

Saugflasche	nappflaska, -n, -or [ᵛnapflaska]
Schildmütze	skärmmössa, -n, -or [ᵛʃærmøsa]
Schnuller	napp, -en, -ar [nap]
Schwimmflügel	simkuddar *(pl)* [ᵛsimkɵdar]
Schwimmkurs	simkurs, -en, -er [ᵛsimkɵʂ]
Schwimmring	badring, -en, -ar [ᵛbadriŋ]
Sonnenschutz	solskydd, -et [ᵛsu:lʃyd]
Spielkamerad	lekkamrat, -en, -er [ᵛle:kamˈrɑ:t]
Spielsachen	leksaker *(pl)* [ᵛle:ksɑ:kər]
Spielwarengeschäft	leksaksaffär, -en, -er [ᵛle:ksɑ:ksaˈfæ:r]
Trinkflasche	nappflaska, -n, -or [ᵛnapflaska]
Vergnügungspark	nöjespark, -en, -er [ᵛnøjəspark]
Wickeltisch	skötbord, -et, - [ᵛʃø:tbu:ɖ]
Windel	blöja, -n, -or [ᵛbløja]

Gesundheit ➢ auch Kapitel Gesundheit

Gibt es hier einen Kinderarzt?
Finns det någon barnläkare här? [fins de: nɔn ᵛbɑ:ɳlɛ:karə hæ:r]

Mein Kind hat ...
Mitt barn har ... [mit bɑ:ɳ hɑ:r]

Mein Kind ist allergisch gegen ...
Mitt barn är allergiskt mot ... [mit bɑ:ɳ e: aˈlærgiskt mu:t]

Mein Kind ist gestochen worden.
Mitt barn har blivit stucket. [mit bɑ:ɳ hɑ:r bli:vit ᵛstɵkət]

Allergie	allergi, -n, -er [alærˈgi:]
Ausschlag	utslag, -et, - [ᵛʉ:tslɑ:g]
Elektrolytlösung	elektrolytlösning, -en [elɛktrɔᵛly:tlø:sniŋ]
Fieber	feber, -n [ˈfe:bər]
Heilnahrung	diet, -en, -er [diˈe:t]
Impfpass	vaccinationskort, -et, - [vaksinaᵛʃu:nskuʈ]
Kinderkrankenhaus	barnsjukhus, -et, - [ᵛbɑ:ɳʃʉ:kˈhʉ:s]
Kinderkrankheit	barnsjukdom, -ẹn, -ar [ᵛbɑ:ɳʃʉ:kˈdum]
Masern	mässling, -en [ᵛmɛsliŋ]
Mumps	påssjuka, -n [ᵛpo:sʃʉ:ka]
Pilz	svamp, -en [svamp]
Röteln	röda hund [ᵛrø:da hɵnd]
Scharlach	scharlakansfeber, -n [ʃaᵛɭɑ:kansˈfe:bər]
Windpocken	vattkoppor *(pl)* [ᵛvatkɔpur]

Unterwegs mit Handicap

Behinderungen und Hindernisse
Schweden hat sehr viel für Behinderte getan. Viele Hotels und Campingplätze bieten behindertengerechte Übernachtungsmöglichkeiten. Die Bürgersteige an Zebrastreifen wurden abgeflacht, viele Busse haben Rampen und der Zugang zu Hotels, Restaurants, Läden und öffentlichen Gebäuden wurde erleichtert. Akustische Signale erleichtern Sehbehinderten das Überqueren der Straße.
Fachkundige Auskünfte zum barrierefreien Reisen bietet auch der deutsche Bundesverband Selbsthilfe Körperbehinderter e.V. an. (E-Mail: **Reiseservice@bsk-ev.org**; Internet: **www.bsk-ev.org**).

Ich bin ...
Jag är ... [jɑ: e:]
körperbehindert.
rörelsehindrad. [ˇrœ:relsəˈhindrad]
sehbehindert.
synskadad. [ˇsy:nskɑ:dad]

Ich habe ...
Jag har ... [jɑ: hɑ:r]
eine Gehbehinderung.
svårt att gå. [svo:ʈ at go:]
Multiple Sklerose.
multipel skleros. [mɵlˈtipəl sklæˈro:s]

Unterwegs

Gibt es einen besonderen Betreuungsdienst für behinderte Fluggäste?
Finns det någon speciell service för handikappade flygpassagerare?
[fins de nɔn spesiˈɛl ˈsœ:rvis fœr ˇhandiˈkapadə ˇfly:gpasaˈʃe:rarə]

Kann ich einen eigenen faltbaren Rollstuhl im Flugzeug mitnehmen?
Kan jag ta med en egen hopfällbar rullstol på flygplanet.
[kan jɑ: tɑ ˈmɛ: en ˇe:gən ˇhu:pfɛlˈbɑ:r ˇrɵlstu:l pɔ ˇfly:gplɑ:nət]

Wird ein Rollstuhl am Abflug-/Zielflughafen bereitgestellt?
Ställs en rullstol till förfogande på avgångs-/destinationsflygplatsen?
[stɛls en ˇrɵlstu:l til fœrˈfu:gandə pɔ ˇɑvgɔŋs/destinaˇʃu:nsfly:gˈplatsən]

Ich möchte einen Sitz am Gang.
Jag skulle vilja sitta vid mittgången. [jɑ: ˇskɵlə vilja ˇsita vid ˇmitgɔŋən]

Gibt es eine Behindertentoilette?
Finns det någon handikapptoalett? [fins de nɔn ˇhandikaptuaˈlɛt]

Gibt es einen Behindertenwaschraum?
Finns det något handikapptvättrum? [fins de nɔt ˇhandikaptvɛtˈrɵm]

Könnte mir jemand beim Umsteigen behilflich sein?
Skulle någon kunna hjälpa mig när jag ska byta?
[ˇskɵlə nɔn kɵna ˇjɛlpa mɛj næ:r jɑ: ska ˇby:ta]

Ist der Einstieg in die Wagen ebenerdig?
Är ingången till vagnarna i marknivå?
[e: ᵛingɔŋən til ᵛvaŋnaɳa i ᵛmarkniˈvo:]

Gibt es Niederflurbusse?
Finns det låga bussar utan fotsteg?
[fins de ᵛlo:ga ᵛbɵsar ʉ:tan ᵛfu:tste:g]

Sind die öffentlichen Bahnen / Busse mit integrierten Hubliften ausgestattet?
Är de offentliga tågen / bussarna utrustade med integrerade lyftanordningar? [e: dɔm ɔˈfɛntliga ˈto:gən/ ᵛbɵsaɳa ᵛʉ:trɵstadə mɛ: intəˈgre:radə ᵛlyftanˈo:ɖɳiŋar]

Sind die Bahnsteige über Rampen für Rollstuhlfahrer zugänglich?
Är perrongerna tillgängliga för rullstolsbundna över ramper?
[e: pæˈrɔŋəɳa ᵛtiljɛŋliga fœr ᵛrɵlstu:lsˈbɵndna ø:vər ᵛrampər]

Wird eine Begleitperson unentgeltlich befördert?
Får en ledsagare resa med gratis?
[fo:r en ᵛle:dsɑ:garə re:sa ˈmɛ: ˈgrɑ:tis]

Vermieten Sie rollstuhlgerechte Wohnmobile?
Hyr du/ni ut rullstolsanpassade husbilar?
[hy: ɖʉ:/ɳi: ˈʉ:t ᵛrɵlstu:lsanˈpasadə ᵛhʉ:sbi:lar]

Unterkunft

Können Sie mir bitte Informationen senden, welche Hotels in ... für Rollstuhlfahrer geeignet sind.
Kan du/ni skicka mig informationer om vilka hotell i ... som är lämpliga för rullstolsbundna? [kan dʉ:/ni: ᵛʃika mɛj infɔrmaˈʃu:nər ɔm vilka hɔˈtɛl i sɔm e: ᵛlɛmpliga fœr ᵛrɵlstu:lsˈbɵndna]

Gibt es dort Hotels mit speziell für Rollstuhlfahrer eingerichteten Zimmern?
Finns det hotell där med rum som är inrättade speciellt för rullstolsbundna? [fins de hɔˈtɛl dæ:r me: rɵm sɔm e: ᵛinrɛtadə spesiˈɛlt fœr ᵛrɵlstu:lsˈbɵndna]

Welche Hotels und Campingplätze haben behindertengerechte Einrichtungen?
Vilka hotell och campingplatser är inrättade speciellt för handikappade?
[vilka hɔˈtɛl ɔ ᵛkampiŋˈplatsər e: ᵛinrɛtadə spesiˈɛlt fœr ᵛhandiˈkapadə]

Wie breit sind die Türen?
Hur breda är dörrarna? [hʉ:r ᵛbre:da e: ᵛdœraɳa]

Wie hoch ist das Bett?
Hur hög är sängen? [hʉ:r hø:g e: ˈsɛŋən]

Was für einen Bodenbelag hat das Zimmer?
Vad har rummet för golvbeläggning?
[vɑ: hɑ:r rɵmət fœr ᵛgɔlvbeˈlɛgniŋ]

Sind die Badezimmer behindertengerecht ausgestattet?
Är badrummen handikappvänligt utrustade?
[e: ˇbɑ:drɵmən ˇhandikap'vɛnlit ˇʉ:trɵstadə]

Meine Rollstuhlmaße sind folgende: Wendekreis ..., Gesamtlänge ..., Gesamtbreite ..., Gewicht ...
Min rullstol har följande mått: vändradie ..., totallängd ..., totalbredd ..., vikt ... [min ˇrɵlstu:l hɑ:r ˇføljandə mɔt ˇvɛndrɑ:djə tuˇtɑ:lɛŋd tuˇtɑ:lbred vikt]

Museen, Sehenswürdigkeiten, Theater ...

Ist die Ausstellung für Gehbehinderte über Aufzüge / stufenlose Zugänge erreichbar?
Är utställningen tillgänglig för rörelsehindrade med hjälp av hissar/ingångar utan trappsteg? [e: ˇʉ:tstɛlniŋən ˇtiljɛŋlig fœr ˇrœ:relsə'hindradə mɛ: jɛlp ɑ:v ˇhisar/ˇingɔŋar ʉ:tan ˇtrapste:g]

Ist das Museum behindertengerecht ausgestattet?
Är museet handikappvänligt utrustat?
[e: mʉˇse:et ˇhandikap'vɛnlit ˇʉ:trɵstat]

Gibt es spezielle Vergünstigungen für Behinderte?
Finns det speciell rabatt för handikappade?
[fins de spesi'ɛl ra'bat fœr ˇhandi'kapadə]

Gibt es behindertengerecht konzipierte Führungen/Stadtführungen für Gehörlose?
Finns det handikappanpassade visningar/stadsrundturer för döva?
[fins de ˇhandikapan'pasadə ˇvi:sniŋar/ˇstatsrɵnd'tʉ:rər fœr ˇdø:va]

Gibt es Museumsführungen/ Theateraufführungen für Taubstumme / Blinde?
Finns det museivisningar/teaterföreställningar för dövstumma/ blinda? [fins de mʉˇse:i'vi:sniŋar/ teˇɑ:tərfœrə'stɛlniŋar fœr ˇdø:vstɵma/ˇblinda]

amputiert	amputerad [ampʉ'te:rad]
Auffahrtrampe (für Rollstuhlfahrer)	uppfartsramp (för rullstolsbundna) [ˇɵpfɑ:ʈʂ'ramp (fœ ˇrɵlstu:ls'bɵndna)]
barrierefrei	utan hinder för rullstolar [ʉ:tan 'hindər fœr ˇrɵlstu:lar]
befahrbar	som går att köra på [sɔm go:r at ˇçœ:ra po:]
Begleitperson	ledsagare, -n, - [ˇle:dsɑ:garə]
Begleitung	sällskap, -et [ˇsɛlskɑ:p]
Behindertenausweis	legitimationskort för handikappade [legitimaˇʃu:nskuʈ fœr ˇhandi'kapadə]

behindertengerecht	handikappanpassad [˅handikapan'pasad]
Behindertenparkplatz	parkeringsplats för handikappade [par˅ke:riŋs'plats fœr ˅handi'kapadə]
Behindertentoilette	handikapptoalett, -en, -er [˅handikaptua'lɛt]
Behindertenverband	handikappförbund, -et, - [˅handikapfœr'bɵnd]
Betreuungsdienst	service, -en ['sœ:rvis]
blind, Blinde/r	blind [blind]
Blindenhund	blindhund, -en, -ar [˅blindhɵnd]
Braille	blindskrift, -en, -er [˅blindskrift]
Breite	bredd, -en, -er [bred]
Duschsitz	duschpall, -en, -ar [˅dɵʃpal]
ebenerdig	i marknivå [i ˅markni'vo:]
Einhebelmischer	ettgreppsblandare, -n, - [˅etgrɛps'blandarə]
Einstiegshilfe	hjälp att stiga på [jɛlp at sti:ga 'po:]
Epilepsie	epilepsi, -n [epilɛp'si:]
Fahrdienst	färdtjänst, -en [˅fæ:ɖçɛnst]
Flurbreite	korridorbredd, -en [kɔri˅do:rbred]
gehbehindert	som har svårt att gå [sɔm hɑ:r svo:ʈ at go:]
Gehbehinderte/r	rörelsehindrad [˅rœ:relsə'hindrad]
Gehhilfe	gånghjälpmedel, -medlet, - [˅gɔŋjɛlp'me:del]
gehörlos, Gehörlose/r	döv [dø:v]
geistig behindert	psykiskt handikappad ['psy:kiskt ˅handi'kapad]
Haltegriff	handtag, -et, - [˅handtɑ:g]
Haltegurt	säkerhetsbälte, -t, -n [˅sɛ:kərhe:ts'bɛltə]
Handbike	handdriven cykel, -n, cyklar [˅handri:vən 'sykəl]
Handlauf	ledstång, -en, ledstänger [˅le:dstɔŋ]
Hebebühne	lyftanordning, -en, -ar [˅lyftan'o:ɖɳiŋ]
Höhe	höjd, -en, -er [højd]
Hörbehinderte/r	hörselhandikappad [˅hœʂəlhandi'kapad]
hörgeschädigt, Hörgeschädigte/r	hörselskadad [˅hœʂəl'skɑ:dad]
Hublift	lyftanordning, -en, -ar [˅lyftan'o:ɖɳiŋ]
Kopfhörer	hörlur, -en, -ar [˅hœ:ɭʉ:r]
Körperbehinderung	fysiskt handikapp, -et, - ['fy:siskt ˅handi'kap]

Krücke	krycka, -n, -or [ˇkryka]
Lenkrad-Drehknopf *(Auto)*	rattstyrknapp, -en, -ar [ˇratsty:r'knap]
Mobilitätsbehinderte/r	rörelsehindrad [ˇrœ:relsə'hindrad]
pflegebedürftig	vårdbehövande [ˇvo:ɖbe'hø:vandə]
querschnittsgelähmt	dubbelsidigt förlamad [ˇdəbəl'si:dit fœ'ɭɑ:mad]
Rampe	ramp, -en, -er [ramp]
Rollstuhl	rullstol, -en, -ar [ˇrəlstu:l]
batteriebetriebener Rollstuhl	batteridriven rullstol [batəˇri:dri:vən ˇrəlstu:l]
Elektrorollstuhl	elektrisk rullstol [e'lektrisk ˇrəlstu:l]
Faltrollstuhl	hopfällbar rullstol [ˇhu:pfɛl'bɑ:r ˇrəlstu:l]
Rollstuhlfahrer/in	rullstolsbunden (person) [ˇrəlstu:ls'bəndən (pæ'ʂu:n)]
rollstuhlgerecht	rullstolsanpassad [ˇrəlstu:lsan'pasad]
Rollstuhlkabine *(Schiff)*	rullstolshytt, -en, -er [ˇrəlstu:ls'hyt]
Rollstuhllifter *(Auto)*	lyftanordning för rullstolar [ˇlyftan'o:ɖɳiŋ fœr ˇrəlstu:lar]
Sanitäreinrichtungen	sanitära inrättningar *(pl)* [sani'tæ:ra ˇinrɛtniŋar]
Schwerstbehinderte/r	gravt handikappad [grɑ:ft ˇhandi'kapad]
sehbehindert	synskadad [ˇsy:nskɑ:dad]
Steigung	stigning, -en, -ar [ˇsti:gniŋ]
Stufe	trappsteg, -et, - [ˇtrapste:g]
stufenloser Zugang	ingång utan trappsteg [ˇingɔŋ ʉ:tan ˇtrapste:g]
stumm	stum [stəm]
Taststock	käpp för blinda [çɛp fœr ˇblinda]
taub	döv [dø:v]
taubstumm	dövstum [ˇdø:vstəm]
Treppenstufe	trappsteg, -et, - [ˇtrapste:g]
Tür, automatische	automatisk dörr, -en, -ar [atɔ'mɑ:tisk dør]
Türbreite	dörrbredd, -en, -er [ˇdørbred]
Türöffner, automatischer	automatisk dörröppnare [autɔ'mɑ:tisk ˇdørøpnarə]
Türschwelle	tröskel, -n, trösklar [ˇtrøskəl]
unterfahrbahr	möjlig att köra under [ˇmøjlig at ˇçø:ra əndər]
Zeichensprache	teckenspråk, -et, - [ˇtekən'spro:k]
Zugänge	ingångar *(pl)* [ˇingɔŋar]
Zugänglichkeit	tillgänglighet, -en [ˇtiljɛŋlig'he:t]

Unterkunft

Wie man sich bettet ...
Die Palette der Unterkunftsmöglichkeiten reicht vom Campingplatz bis zum Fünf-Sterne-Hotel. Sehr beliebt sind die Jugendherbergen „vandrarhem", die meist einen sehr hohen Standard haben und nicht nur jugendlichen Gästen vorbehalten sind. Die schwedischen Campingplätze liegen meist in landschaftlich schöner Umgebung. Oft bieten sie auch Campinghütten an. Die Campingplätze zählen zu den saubersten und komfortabelsten in ganz Europa und bieten einen sehr guten Service. Für die Übernachtung braucht man eine Campingkarte - „ett campingkort", die man auf den Campingplätzen kaufen kann. Die Schweden selbst verbringen ihre Sommerferien am liebsten im Ferienhaus am Meer oder am Waldsee. Wenn man ein Ferienhaus mieten möchte, muss man sich sehr zeitig darum kümmern.

Auskunft

Können Sie mir bitte ... empfehlen?
Kan du rekommendera mig ...? [kan dʉː rekɔmenˈdeːra mɛj]
ein gutes Hotel
ett bra hotell [et brɑː hɔˈtɛl]
ein einfaches Hotel
ett enkelt hotell [et ˈɛŋkəlt hɔˈtɛl]
eine Pension
ett pensionat [et paŋʃuˈnɑːt]
ein Privatzimmer
ett privatrum [et priˇvɑːtrɵm]

Ist es zentral/in Strandnähe gelegen?
Ligger det centralt?/Ligger det i närheten av stranden?
[ˈligə ɖe sɛnˈtrɑːlt/ˈligə ɖe i ˇnæːrheːtən ɑːv ˈstrandən]

Ist es ruhig gelegen?
Ligger det i ett lugnt kvarter? [ˈligə ɖe i et lɵŋt kvaˈʈeːr]

Was wird eine Übernachtung etwa kosten?
Vad kommer en övernattning att kosta på ett ungefär?
[vɑː ˈkɔmər en ˇøvəˈɳatniŋ at ˇkɔsta pɔ et ɵnjəˈfæːr]

Gibt es hier eine Jugendherberge/einen Campingplatz?
Finns det något vandrarhem/någon campingplats här?
[fins de nɔt ˇvandrarˈhɛm/nɔn ˇkampiŋˈplats hæːr]

Hotel - Pension - Privatzimmer

An der Rezeption

Ich habe bei Ihnen ein Zimmer reserviert. Mein Name ist ...
Jag har reserverat ett rum hos er. Mitt namn är ...
[jɑ: hɑ:r resær've:rat et 'rɵm hus e:r mit namn e:]

Wir haben reserviert.
Vi har reserverat. [vi: hɑ:r resær've:rat]

Haben Sie noch Zimmer frei?
Har ni något rum ledigt? [hɑ: ɳi: nɔt rɵm ˇle:dit]
... für eine Nacht.
... för en natt. [fœr en 'nat]
... für zwei Tage/für eine Woche.
... för två dagar/för en vecka. [fœ ʈvo: ˇdɑ:gar/ fœr en ˇvɛka]

Nein, wir sind leider vollständig belegt.
Nej det är tyvärr fullbelagt. [nɛj de e: ty'vær ˇfɵlbe'lakt]

Haben Sie Familienzimmer?
Har ni familjerum? [hɑ: ɳi: faˇmiljə'rɵm]

Ja, was für ein Zimmer wünschen Sie?
Ja, vad för slags rum vill du ha? [jɑ: vɑ: fœ ʂɭaks rɵm ˇvil dʉ: hɑ:]
ein Einzelzimmer
ett enkelrum [et ˇɛŋkəl'rɵm]
ein Zweibettzimmer
ett dubbelrum [et ˇdɵbəl'rɵm]
ein ruhiges Zimmer
ett lugnt rum [et lɵŋt 'rɵm]
ein sonniges Zimmer
ett soligt rum [et su:lit 'rɵm]
mit Dusche
med dusch [me: 'dɵʃ]
mit Bad
med bad [me: 'bɑ:d]
mit Balkon/Terrasse
med balkong/terrass [me: bal'kɔŋ/te'ras]
mit Blick aufs Meer
med havsutsikt [me: ˇhafsʉ:t'sikt]

Kann ich das Zimmer ansehen?
Kan jag få se på rummet? [kan jɑ: fɔ 'se: pɔ 'rɵmət]

Dieses Zimmer gefällt mir nicht. Zeigen Sie mir bitte ein anderes.
Jag tycker inte om det här rummet. Kan du visa mig ett annat?
[jɑ: tykər ˇintə 'ɔm de 'hæ: 'rɵmət kan dʉ: ˇvi:sa mɛj et ˇanat]

Dieses Zimmer ist sehr hübsch. Ich nehme es.
Det här rummet är mycket trevligt. Jag tar det.
[de ˈhæ: ˈrɵmət e: ˇmykə ˇtre:vlit jɑ: tɑ: ˈɖe:]

Können Sie noch ein drittes Bett/Kinderbett dazustellen?
Kan du ställa in en säng till/en barnsäng?
[kan dʉ: stɛla ˈin en ˈsɛŋ ˈtil/en ˇbɑ:ɳʂɛŋ]

Was kostet das Zimmer mit ...
Vad kostar rummet med ... [vɑ: ˇkɔsta ˈrɵmət me:]

Frühstück?
frukost? [ˈfrɵkɔst]
Halbpension?
halvpension? [ˇhalvpaŋˈʃu:n]
Vollpension?
helpension? [ˇhe:lpaŋˈʃu:n]

Wollen Sie bitte den Anmeldeschein ausfüllen?
Vill du vara vänlig och fylla i anmälningsblanketten?
[vil dʉ: vɑ:ra ˇvɛnli ɔ fyla ˈi: ˇanmɛ:lniŋsblaŋˈkɛtən]

Darf ich Ihren Reisepass/Personalausweis sehen?
Kan jag få se ditt pass/identitetskort?
[kan jɑ: fɔ se: dit ˈpas/idɛntiˇte:tskuʈ]

Wo kann ich den Wagen abstellen?
Var kan jag parkera bilen? [vɑ:r kan jɑ: parˈke:ra ˈbi:lən]

In unserer Garage./Auf unserem Parkplatz.
I vårt garage./På vår parkeringsplats.
[i vo:ʈ gaˈrɑ:ʃ/pɔ vo:r parˇke:riŋsˈplats]

Hat das Hotel ein Schwimmbad/einen eigenen Strand?
Har hotellet swimmingpool/egen strand?
[hɑ:r hɔˈtɛlət ˇsvimiŋˈpu:l/ˇe:gən ˈstrand]

Fragen und Bitten

Ab wann gibt es Frühstück?
När får man frukost? [næ:r fo:r man ˈfrɵkɔst]

Wann sind die Essenszeiten?
När serveras måltiderna? [næ: ʂærˈve:ras ˇmo:lti:dəɳa]

In Schweden werden üblicherweise drei Mahlzeiten serviert: Frühstück (frukost), mittags ein leichtes warmes Essen (lunch) und abends die Hauptmahlzeit (middag).

Wo ist der Speisesaal?
Var ligger matsalen? [vɑ: ˈl̩igər ˇmɑ:tsɑ:lən]

Wecken Sie mich bitte morgen früh um ... Uhr.
Kan du väcka mig i morgon bitti klockan ...?
[kan dʉ: ˇvɛka mɛj i ˇmɔrɔn ˇbiti klɔkan]

Würden Sie mir bitte ... bringen?
Skulle jag kunna få ... [ˇskɵlə jɑ: kɵna fo:]
  noch ein Handtuch
  en handduk till? [en ˇhandʉ:k ˈtil]
  ein Stück Seife
  en tvål? [en tvo:l]
  einige Kleiderbügel
  några klädhängare? [ˇno:ra ˇklɛ:dhɛŋarə]

Wie funktioniert ...?
Hur fungerar ...? [hʉ:r fɵŋˈge:rar]

Bitte meinen Schlüssel.
Kan jag få min nyckel? [kan jɑ: fo: min ˇnykəl]

Hat jemand nach mir gefragt?
Har någon sökt mig? [hɑ: ɳɔn ˈsø:kt mɛj]

Ist Post für mich da?
Har det kommit någon post till mig? [hɑ: ɖe ˇkɔmit nɔn pɔst til mɛj]

Haben Sie Ansichtskarten/ Briefmarken?
Har ni vykort/frimärken? [hɑ: ɳi: ˇvy:kuʈ/ˇfri:mærkən]

Wo kann ich diesen Brief einwerfen?
Var kan jag posta det här brevet? [vɑ:r kan jɑ: ˇpɔsta de ˈhæ:r ˈbre:vət]

Wo kann ich ... mieten/ausleihen?
Var kan jag hyra/låna ...? [vɑ:r kan jɑ: ˇhyˈra/ˇlo:na]

Wo kann ich telefonieren?
Var kan jag telefonera? [vɑ:r kan jɑ: teləfɔˈne:ra]

Wo kann ich hier ins Internet?
Var kan jag komma in på internet här?
[vɑ:r kan jɑ: kɔmaˈin po: ˈintəˈɳɛt hæ:r]

Kann ich meine Wertsachen bei Ihnen in den Safe geben?
Kan jag deponera mina värdeföremål i ert kassaskåp?
[kan jɑ: depɔˈne:ra ˇmina ˇvæ:ɖəfœrəˈmo:l i e:ʈ ˇkasaˈsko:p]

Beanstandungen

Das Zimmer ist nicht gereinigt worden.
Rummet har inte blivit städat. [ˈrɵmət hɑ:r ˇintə bli:vit ˇstɛ:dat]

Die Dusche ...
Duschen ... [ˈdɵʃən]

Die Spülung ...
WC-spolningen ... [ˇve:se:ˈspu:lniŋən]
Die Heizung ...
Värmen ... [ˇværmən]
Das Licht ...
Ljuset ... [ˈjʉ:sət]
Das Radio ...
Radion ... [ˈrɑ:diun]
Der Fernseher ...
TV:n [ˇte:ve:n]

funktioniert nicht.
fungerar inte. [fəŋˈge:rar ˇintə]

Der Wasserhahn tropft.
Vattenkranen droppar. [ˇvatənˈkrɑ:nən ˇdrɔpar]

Es kommt kein (warmes) Wasser.
Det kommer inget (varmt) vatten. [de kɔmər ˇiŋət (varmt) ˈvatən]

Die Toilette/Das Waschbecken ist verstopft.
Det är stopp i toaletten/handfatet.
[de e: stɔp i tuaˈlɛtən/ˇhandfɑ:tət]

Das Fenster schließt nicht/geht nicht auf.
Fönstret går inte att stänga/öppna.
[ˈfønstrət go:r ˇintə at ˇstɛŋa/ˇøpna]

Der Schlüssel passt nicht.
Nyckeln passar inte. [ˇnykəln ˇpasar ˇintə]

Abreise

Ich reise heute Abend/morgen um ... Uhr ab.
Jag reser i kväll/i morgon klockan ...
[jɑ: ˈre:sər i ˈkvɛl/i ˇmɔrɔn klɔkan]

Bis wann muss ich das Zimmer räumen?
Hur länge får jag ha rummet? [hʉ: ˇlɛŋə fo:r jɑ: ˈhɑ: ˈrəmət]

Machen Sie bitte die Rechnung fertig.
Var snäll och gör i ordning notan. [vɑ: ʂɳɛl ɔ jœ:r i ˇo:ɖɳiŋ ˇnu:tan]

Getrennte Rechnungen bitte.
Kan vi få varsin räkning? [kan vi: fo: ˇvɑ:ʂin ˇrɛ:kniŋ]

Kann ich mit Kreditkarte bezahlen?
Kan jag betala med kreditkort? [kan jɑ: beˈtɑ:la me: kre:ˇdi:tkuʈ]

Rufen Sie mir bitte ein Taxi.
Kan du ringa efter en taxi åt mig? [kan dʉ: ˇriŋa ɛftər en ˈtaksi o:t mɛj]

Vielen Dank! Auf Wiedersehen!
Tack så mycket! Adjö! [tak sɔ ˅mykə a'jø:]

Abendessen	middag, -en, -ar ['mida]
Anmeldung	anmälan [˅anmɛ:lan]
Aschenbecher	askkopp, -en, -ar [˅askɔp]
Aufenthaltsraum	uppehållsrum, -met, - [˅ɵpəhɔls'rɵm]
Aufzug	hiss, -en, -ar [his]
Bade|wanne	badkar, -et, - [˅bɑ:dkɑ:r]
~zimmer	badrum, -met, - [˅bɑ:drɵm]
Balkon	balkong, -en, -er [bal'kɔŋ]
Bett	säng, -en, -ar [sɛŋ]
~decke	filt, -en, -ar [filt], täcke, -t, -n [˅tɛkə]
~laken	lakan, -et, - [˅lɑ:kan]
~wäsche	sänglinne, -t [˅sɛŋlinə]
Dusche	dusch, -en, -ar [dɵʃ]
Empfangshalle	hotellhall, -en, -ar [hɔ˅tɛlhal]
Etage	våning, -en, -ar [˅vo:niŋ]
Fenster	fönster, fönstret, - ['fønstər]
Fernseher	TV, -n [˅te:ve:]
Fernsehraum	TV-rum [˅te:ve:'rɵm]
Frühstück	frukost, -en, -ar ['frɵkɔst]
Frühstücks|büfett	frukostbuffé, -n, -er [˅frɵkɔstbɵ'fe:]
~raum	frukostrum, -met, - [˅frɵkɔst'rɵm]
Grillabend	grillkväll, -en, -ar [˅grilkvɛl]
Halbpension	halvpension, -en [˅halvpaŋ'ʃu:n]
Handtuch	handduk, -en, -ar [˅handʉ:k]
Hauptsaison	högsäsong, -en, -er [˅hø:gsɛ'sɔŋ]
Hausbar	bar, -en, -er [bɑ:r]
Heizung	värme, -n [˅værmə]
Kategorie	kategori, -n, -er [katəgu'ri:]
Kinder|betreuung	barnpassning, -en [˅bɑ:ɳpasniŋ]
~bett	barnsäng, -en, -ar [˅bɑ:ɳʂɛŋ]
~spielplatz	lekplats, -en, -er [˅le:kplats]
Kleiderbügel	klädhängare, -n, - [˅klɛ:dhɛŋarə]
Klimaanlage	luftkonditionering, -en [˅lɵftkɔndiʃu'ne:riŋ]
Kopfkissen	kudde, -n, -ar [˅kɵdə]
Kost und Logis	kost och logi [kɔst ɔ lɔ'ʃi:]
Lampe	lampa, -n, -or [˅lampa]
Lichtschalter	strömbrytare, -n, - [˅strømbry:tarə]
Matratze	madrass, -en, -er [ma'dras]
Mittagessen	lunch, -en, -er [lɵnʃ]
Motel	motell, -et, - [mu'tɛl]
Nachsaison	lågsäsong, -en, -er [˅lo:gʂɛ'sɔŋ]

Nachttisch	nattduksbord, -et, - [ˇnatdʉ:ks'bu:ɖ]
~lampe	läslampa, -n, -or [ˇlɛ:slampa]
Papierkorb	papperskorg, -en, -ar [ˇpapəʂ'kɔrj]
Pension	pensionat, -et, - [paŋʃu'nɑ:t]
Planschbecken	plaskbassäng, -en, -er [ˇplaskba'sɛŋ]
reinigen	göra (gjorde, gjort) rent [ˇjœ:ra 're:nt], städa, -ade, -at [ˇstɛ:da]
Reservierung	reservering, -en, -ar [resær've:riŋ]
Rezeption	reception, -en, -er [resɛp'ʃu:n]
Safe	kassaskåp, -et, - [ˇkasa'sko:p]
Schlüssel	nyckel, -n, nycklar [ˇnykəl]
Schrank	skåp, -et, - [sko:p]
Sessel	fåtölj, -en, -er [fɔ'tølj]
Speisesaal	matsal, -en, -ar [ˇmɑ:tsɑ:l]
Spiegel	spegel, -n, speglar [ˇspe:gəl]
Steckdose	väggkontakt, -en, -er [ˇvɛgkɔn'takt], uttag, -et, - [ˇʉ:tɑ:g]
Stecker	stickkontakt, -en, -er [ˇstikɔn'takt]
Terrasse	terrass, -en, -er [tɛ'ras]
Toilette	toalett, -en, -er [tua'lɛt]
Toilettenpapier	toalettpapper, -et [tuaˇlɛtpapər]
Übernachtung	övernattning, -en, -ar [ˇø:və'ɳatniŋ]
Ventilator	fläkt, -en, -ar [flɛkt]
Verlängerungs|schnur	förlängningssladd, -en, -ar [fœˇɭɛŋniŋ'slad], skarvsladd, -en, -ar [ˇskarvslad]
~woche	ytterligare en vecka [ˇytəɭi(g)arə en ˇveka]
Vollpension	helpension, -en [ˇhe:lpaŋ'ʃu:n]
Vorsaison	försäsong, -en, -er [ˇfœ:ʂɛ'sɔŋ]
Waschbecken	tvättfat, -et, - [ˇtvɛtfɑ:t]
Wäschewechsel	byte av lakan och handdukar [ˇby:tə ɑ:v ˇlɑ:kan ɔ ˇhandʉ:kar]
Wasser	vatten, vattnet ['vatən]
kaltes ~	kallt vatten [kalt 'vatən]
warmes ~	varmt vatten [varmt 'vatən]
~glas	vattenglas, -et, - [ˇvatən'glɑ:s]
~hahn	vattenkran, -en, -ar [ˇvatən'krɑ:n]
Wolldecke	yllefilt, -en, -ar [ˇylə'filt]
Zimmer	rum, -met, - [rɵm]
~mädchen	städerska, -n, -or [ˇstɛ:dəʂka]
~telefon	rumstelefon, -en, -er [ˇrɵmstelə'fo:n]
Zwischenstecker	adapter, -n, adaptrar [a'daptər]

Ferienhäuser und Ferienwohnungen

Ist der Strom-/Wasserverbrauch im Mietpreis enthalten?
Ingår el och vatten i hyran? [ˇingoːr eːl ɔ ˈvatən i ˇhyːran]

Wo bekommen wir die Schlüssel für das Haus/die Wohnung?
Var kan vi få/hämta nycklarna till huset/lägenheten?
[vɑːr kan viː ˈfoː/ˇhɛmta ˇnyklaɳa til ˈhʉːsət/ ˇlɛːgənˈheːtən]

Müssen wir sie dort auch wieder abgeben?
Måste vi lämna tillbaka dem där också?
[ˇmɔstə viː lɛmna tilˈbɑːka dɔm dæːr ˈɔksɔ]

Wo befinden sich die Mülltonnen?
Var finns soptunnorna? [vɑːr fins ˇsuːptɵnuɳa]

Müssen wir die Endreinigung selbst übernehmen?
Måste vi städa innan vi åker? [ˇmɔste vi ˇstɛːda ˇinan viː ˈoːkər]

Allgemeines

Anreisetag	ankomstdag, -en, -ar [ˇankɔmstˈdɑːg]
Appartement	lägenhet, -en -er [ˇlɛːgənˈheːt]
Bungalow	bungalow, -en, -er [ˈbɵŋalɔ], fritidshus, -et, - [ˇfriːtitsˈhʉːs]
Endreinigung	städning före avresan [ˇstɛːdniŋ ˌfœːrə ˇɑːvreːsan]
Ferien|anlage	semesterby, -n, -ar [seˇmɛstərˈbyː], fritidsanläggning, -en, -ar [ˇfriːtitsanˈlɛgniŋ]
~haus	fritidshus, -et, - [ˇfriːtitsˈhʉːs]
~wohnung	semesterlägenhet, -en, -er [seˇmɛstəɭɛːgənˈheːt]
Haus|besitzer	husägare, -n, - [ˇhʉːsɛːgarə]
~tier	husdjur, -et, - [ˇhʉsjʉːr]
Kochnische	kokvrå, -n, -r [ˇkuːkvroː]
Miete	hyra, -n, -or [ˇhyːra]
Müll	sopor [ˇsuːpur]
Mülltrennung	källsortering, -en [ˇçɛlsɔˈʈeːriŋ]
Schlafzimmer	sovrum, -met, - [ˇsoːvrɵm]
Schlüsselübergabe	överlämnande av nycklar [ˇøːvəˈɭɛmnandə ɑːv ˇnyklar]
Strom	ström, -men [strøm]
~pauschale	strömavgift, -en, -er [ˇstrømɑːvˈjift]
~spannung	(el)spänning, -en [ˇ(eːl)spɛniŋ]
Studio	studio, -n, -r [ˈstʉːdiɔ]
vermieten	hyra (-de, -t) ut [hyːra ˈʉːt]
Zentralheizung	centralvärme, -n [sɛnˇtrɑːlværmə]

Ausstattung

Backofen	bakugn, -en, -ar [ˇbɑ:kɵŋn]
Bräter	stekgryta, -n, -or [ˇste:kgry:ta]
Bügeleisen	strykjärn, -et, - [ˇstry:kjæ:ɳ]
Eierbecher	äggkopp, -en, -ar [ˇɛgkɔp]
Eimer	hink, -en, -ar [hiŋk]
Essecke	matvrå, -n, -r [ˇmɑ:tvro:]
Etagenbett	våningssäng, -en -ar [ˇvo:niŋ'sɛŋ]
Geschirr|spülmaschine	diskmaskin, -en, -er [ˇdiskma'ʃi:n]
~tuch	kökshandduk, -en, -ar [ˇçøkshan'dʉ:k]
Glas/Gläser	glas, -et, - [glɑ:s]
Herd	spis, -en, -ar [spi:s]
Elektro~	elspis [ˇe:lspi:s]
Gas~	gasspis [ˇgɑ:spi:s]
Kaffeemaschine	kaffebryggare, -n, - [ˇkafə'brygarə]
Kaffeefilter	kaffefilter, -filtret, - [ˇkafə'filtər]
Kaffeelöffel	kaffesked, -en, -ar [ˇkafə'ʃe:d]
Küchensieb	kökssil, -en, -ar [ˇçøksi:l]
Kühlschrank	kylskåp, -et, - [ˇçy:lsko:p]
Mixer	mixer, -n, mixrar ['miksər]
Mülleimer	sophink, -en , -ar [ˇsu:phiŋk]
Pfanne	(stek)panna, -n, -or [(ˇste:k)pana]
Putzmittel	rengöringsmedel, -medlet, - [ˇre:njœriŋs'me:dəl]
Reibe	rivjärn, -et, - [ˇri:vjæ:ɳ]
Rührlöffel	slev, -en, -ar [sle:v]
Schneebesen	visp, -en, -ar [visp]
Schneidebrett	skärbräde, -t, -n [ˇʃæ:rbrɛ:də]
Schöpfkelle	skopa, -n, -or [ˇsku:pa]
Staubsauger	dammsugare, -n, - [ˇdamsʉ:garə]
Wasserkocher	vattenkokare, -n, - [ˇvatən'ku:karə]
Wischmopp	golvmopp, -en, -ar [ˇgɔlvmɔp]
Schlafcouch	bäddsoffa, -n, -or [ˇbɛdsɔfa]
Waschmaschine	tvättmaskin, -en, -er [ˇtvɛtma'ʃi:n]
Wasserverbrauch	vattenförbrukning, -en [ˇvatənfœr'brʉ:kniŋ]
Wohnzimmer	vardagsrum, -met, - [ˇvɑ:ɖas'rɵm]

Camping

Gibt es in der Nähe einen Campingplatz?
Finns det någon campingplats i närheten?
[fins de nɔn ˇkampiŋ'plats i ˇnæ:rhe:tən]

Haben Sie noch Platz für einen Wohnwagen/ein Zelt?
Har ni plats för ytterligare en husvagn/ett tält?
[hɑ: ɳi: plats fœr ˇytəɭiarə en ˇhʉ:svaŋn/et 'tɛlt]

Wie hoch ist die Gebühr pro Tag und Person?
Vad kostar det per dag och person?
[vɑ: ᵛkɔsta ɖe pæ: ˈɖɑ:g ɔ pæˈʂu:n]

Wie hoch ist die Gebühr für ...
Vad kostar det för ... [vɑ: ᵛkɔsta ɖe fœr]
das Auto?
bilen? [ˈbi:lən]
den Wohnwagen?
husvagnen [ᵛhʉ:svaŋnən]
das Wohnmobil?
husbilen? [ᵛhʉ:sbi:lən]
das Zelt?
tältet? [ˈtɛltət]

Vermieten Sie Ferienhäuser/Wohnwagen?
Hyr ni ut fritidsjus/husvagnar?
[hy: ɳi: ˈʉ:t ᵛfri:titsˈhʉ:s/ᵛhʉ:svaŋnar]

Wo kann ich meinen Wohnwagen aufstellen/mein Zelt aufschlagen?
Var kan jag ställa min husvagn/slå upp mitt tält?
[vɑ:r kan jɑ: ᵛstɛla min ᵛhʉ:svaŋn/slo: ˈɵp mit ˈtɛlt]

Wir bleiben ... Tage/Wochen.
Vi stannar ... dagar/veckor. [vi: ᵛstanar ᵛdɑ:gar/ᵛvɛkur]

Gibt es hier ein Lebensmittelgeschäft?
Finns det någon livsmedelsaffär här?
[fins de nɔn ᵛlifsme:dəlsaˈfæ:r hæ:r]

Wo sind die ...
Var är ... [vɑ:r e:]
Toiletten?
toaletterna? [tuaˈlɛtəɳa]
Waschräume?
tvättrummen? [ᵛtvɛtrɵmən]
Duschen?
duscharna? [ᵛdɵʃaɳa]

Gibt es hier Stromanschluss?
Finns det elanslutning här? [fins de: ᵛe:lanˈslʉ:tniŋ hæ:r]

Wo kann ich Gasflaschen umtauschen/ausleihen?
Var kan jag byta/hyra gasolflaskor?
[vɑ:r kan jɑ: ᵛby:ta/ᵛhy:ra gaᵛso:lflaskur]

Ist der Campingplatz bei Nacht bewacht?
Är campingplatsen bevakad på natten?
[e: ᵛkampiŋˈplatsən beˈvɑ:kad pɔ ˈnatən]

Gibt es hier einen Kinderspielplatz?
Finns det någon lekplats här? [fins de nɔn ᵛle:kplats hæ:r]

Bauernhof	bondgård, -en, -ar [ˇbundgoːɖ]
Camping	camping, -en [ˈkampiŋ]
~ausweis	campingkort, -et, - [ˇkampiŋˈkuʈ]
~führer	campingguide, -n, -r [ˇkampiŋˈgajd]
~platz	campingplats, -en, -er [ˇkampiŋˈplats]
Gas|flasche	gasolflaska, -n, -or [gaˇsoːlflaska]
~kartusche	gasoltub, -en, -er [gaˇsoːltʉːb]
~kocher	gasolkök, -et, - [gaˇsoːlçøːk]
Gemeinschaftsraum	sällskapsrum, -met, - [ˇsɛlskɑːpsˈrɵm]
Geschirrspülbecken	diskbänk, -en, -ar [ˇdiskbɛŋk]
Hering	tältpinne, -n, -ar [ˇtɛltpinə]
Jugendherberge	vandrarhem, -met, - [ˇvandrarˈhɛm]
Jugendherbergsausweis	vandrarhemskort [ˇvandrarhɛmsˈkuʈ]
Kocher	fotogenkök, -et, - [futuˇʃeːnçøːk]
leihen	låna, -ade, -at [ˇloːna]
Mitgliedskarte	medlemskort, -et, - [ˇmeːdlɛmsˈkuʈ]
Petroleumlampe	fotogenlampa, -n, -or [futuˇʃeːnlampa]
Propangas	propangas, -en [prɔˇpɑːngɑːs]
Schlafsack	sovsäck, -en, -ar [ˇsoːvsɛk]
Steckdose	väggkontakt, -en, -er [ˇvɛgkɔnˈtakt]
Stecker	stickkontakt, -en, -er [ˇstikɔnˈtakt]
Strom	ström, -men [strøm]
~anschluss	elanslutning, -en [ˇeːlanˈslʉːtniŋ]
Tagesraum	uppehållsrum, -met, - [ˇɵpehɔlsˈrɵm]
Trinkwasser	dricksvatten, -vattnet [ˇdriksvatən]
Voranmeldung	reservering, -en, -ar [resærˈveːriŋ]
Waschraum	tvättrum, -met, - [ˇtvɛtrɵm]
Wäschetrockner	torktumlare, -n, - [ˇtɔrktɵmlarə]
Wasser	vatten, vattnet [ˈvatən]
~kanister	vattendunk, -en, -ar [ˇvatənˈdɵŋk]
Wohn|mobil	husbil, -en, -ar [ˇhʉsbiːl]
~wagen	husvagn, -en, -ar [ˇhʉːsvaŋn]
Zelt	tält, -et, - [tɛlt]
zelten	tälta, -ade, -at [ˇtɛlta]
Zelt|schnur	tältlina, -n, -or [ˇtɛltliːna]
~stange	tältstång, -en, -stänger [ˇtɛltstɔŋ]

Gastronomie

Bezeichnungen schwedischer Gaststätten
bar - Lokal, in dem man allerlei Getränke bekommt, aber auch Restaurant mit Selbstbedienung
kafé - Café, einfaches Lokal, in dem man Kaffee, Tee, Bier, kleine Gerichte und belegte Brote bekommt
kafeteria - Cafeteria, Selbstbedienungsrestaurant
konditori - entspricht der deutschen Konditorei
restaurang - Restaurant
pizzeria - Pizzeria
snackbar / gatukök - Schnellimbiss
korvkiosk - Würstchenbude

Essen gehen

Wo gibt es hier ...
Var finns det ... [vɑːr fins de]
ein gutes Restaurant?
en bra restaurang? [en brɑː restɔˈraŋ]
ein typisches Restaurant?
en typiskt svensk restaurang? [en ˈtyːpis(k)t svensk restɔˈraŋ]
ein nicht zu teures Restaurant?
en inte alltför dyr restaurang? [en ᵛintə ᵛaltfœ ˈɖyːr restɔˈraŋ]
einen Schnellimbiss?
en snackbar/ett gatukök? [en ˈsnakbɑːr/et ᵛgɑːtʉˈçøːk]

Im Restaurant

Ich möchte für heute Abend einen Tisch für 4 Personen reservieren lassen.
Jag skulle vilja reservera ett bord för fyra personer till i kväll.
[jɑː ᵛskɵlə vilja resærˈveːra et buːɖ fœr ᵛfyːra pæˈʂuːnər til i ˈkvɛl]

Ist dieser Tisch/Platz noch frei?
Är det här bordet ledigt/den här platsen ledig?
[eː de ˈhæːr ˈbuːɖət ᵛleːdit /den ˈhæːr ˈplatsən ᵛleːdi]

Einen Tisch für 2/3 Personen, bitte.
Kan vi få ett bord för två/tre personer?
[kan viː foː et buːɖ fœ ʈvoː/ʈreː pæˈʂuːnər]

Wo sind bitte die Toiletten?
Ursäkta, var är toaletterna? [ᵛʉːʂɛkta vɑːr eː tuːaˈlɛtəɳa]

Bitte hier entlang.
Den här vägen. [den ˈhæːr ˈvɛːgən]

Bestellung

Wann und was?
Restaurants servieren „lunch" [lɵnʃ] bereits ab 11 Uhr. Die Hauptmahlzeit, „middag" genannt, gibt es meist zwischen 17 und 19 Uhr. Viele Restaurants bieten zwischen 11 und 14 Uhr preiswerte Tagesgerichte an. Diese Mittagsmenüs, die „dagens rätt" genannt werden, bestehen aus einem warmen Hauptgericht, Brot und Butter, Salat, einem alkoholfreien Getränk und Kaffee. In fast jedem schwedischen Ort findet man auch eine Pizzeria und eine Würstchenbude.

Herr Ober/Bedienung,
Kan jag få ... [kan jɑː foː]
die Speisekarte,
matsedeln, [ˇmɑːtseːdəln]
die Getränkekarte,
vinlistan, [ˇviːnlistan]
bitte!
tack! [tak]

Vielen Dank für die Einladung!
Tack så mycket för inbjudan! [tak soː ˇmykə fœːr ˇinbjʉːdan]

Was können Sie mir empfehlen?
Vad kan du rekommendera? [vɑː kan dʉː rekɔmenˈdeːra]

Haben Sie vegetarische Gerichte/Diätkost?
Har ni vegetarisk mat/dietmat? [hɑː ɳiː vegeˈtɑːrisk mɑːt/diˇeːtmɑːt]

Gibt es auch Kinderportionen?
Serverar ni barnportioner också? [særˈveːrɑː ɳiː ˇbɑːɳpɔʈˈʃuːnər ˈɔksɔ]

Haben Sie schon gewählt?
Har du bestämt dig? [hɑː ɖʉː beˈstɛmt dɛj]

Ich nehme ...
Jag tar ... [jɑː tɑːr]

Als Vorspeise/Hauptgericht/Nachtisch nehme ich ...
Till förrätt/huvudrätt/efterrätt tar jag ...
[til ˇfœːrɛt/ˇhʉːvədˈrɛt/ˇɛftəˈrɛt tɑːr jɑː]

Ich möchte keine Vorspeise, danke.
Jag vill inte ha någon förrätt, tack. [jɑː vil ˇintə hɑː nɔn ˇfœːrɛt tak]

Wir haben leider kein/e ... (mehr).
Tyvärr är det slut på ... [tyˈvær eː de slʉːt pɔ]

Könnte ich statt ... ... haben?
Kan jag få ... i stället för ...? [kan jɑː foː i ˇstɛlət fœr]

Ich vertrage kein/e ..., könnten Sie das Gericht ohne ... zubereiten?
Jag tål inte ..., kan ni laga rätten utan ...?
[jɑ: to:l ˅intə kan ni: ˅lɑ:ga ˈrɛtən ˅ʉ:tan]

Wie möchten Sie Ihr Steak haben?
Hur vill du ha biffen? [hʉ:r vil dʉ: hɑ: ˈbifən]
gut durch
väl genomstekt [vɛ:l ˅je:nɔmˈste:kt]
medium
medium [ˈme:djɵm]
englisch
blodig [˅blu:di]

Was wollen Sie trinken?
Vad vill du ha att dricka? [vɑ: vil dʉ: hɑ: ɔ ˅drika]

Bitte ein Glas ...
Ett glas ..., tack. [et glɑ:s tak]

Bitte eine (halbe) Flasche ...
En (halv) flaska ..., tack. [en (halv) ˅flaska tak]

Mit Eis, bitte.
Med is, tack. [me: ˈi:s tak]

Guten Appetit!
Smaklig måltid! [˅smɑ:kli ˅mo:lti:d]

Haben Sie noch einen Wunsch?
Önskas det något mer? [˅ønskas de nɔt me:r]

Bitte bringen Sie uns ...
Vi skulle vilja ha ... [vi: ˅skɵlə vilja hɑ:]

Ich bin satt, danke.
Tack, jag är mätt. [tak jɑ: ɛ: mɛt]

Könnten wir noch etwas Brot/Wasser/Wein bekommen?
Kan vi få litet mer bröd/vatten/vin?
[kan vi: fo: ˅li:tə me:r ˈbrø:d/ˈvatən/ˈvi:n]

Beanstandungen

Hier fehlt ein/e ...
Det fattas en/ett ... [de ˅fatas en/et]

Haben Sie mein/e ... vergessen?
Har du glömt min/mitt/mina ...? [hɑ: dʉ: glømt min/mit/˅mi:na]

Das habe ich nicht bestellt.
Det här har jag inte beställt. [de ˈhæ:r hɑ:r jɑ: ˅intə beˈstɛlt]

Das Essen ist kalt/versalzen.
Maten är kall/för salt. [ˈmɑːtən eː ˈkal/fœ ˈʂalt]

Das Fleisch ist zäh/zu fett.
Köttet är segt/för fett. [ˈçøtət eː ˈsɛːkt/fœr ˈfɛt]

Der Fisch ist nicht frisch.
Fisken är inte färsk. [ˈfiskən eː ˇintə ˈfæʂk]

Nehmen Sie es bitte zurück.
Var snäll och ta tillbaka det. [vɑː ʂɳɛl ɔ tɑː tilˈbɑːka deː]

Holen Sie bitte den Chef.
Kan du hämta källarmästaren? [kan dʉː ˇhɛmta ˇçɛlarˈmɛstaɳ]

Die Rechnung

Bezahlen, bitte.
Kan jag/vi få betala? [kan jɑː/viː fɔ beˈtɑːla]

Bitte alles zusammen.
Allt på samma nota, tack. [alt pɔ ˇsama ˇnuːta tak]

Getrennte Rechnungen, bitte.
Kan vi få varsin nota? [kan viː foː ˇvɑːʂin ˇnuːta tak]

Die Rechnung scheint mir nicht zu stimmen.
Det verkar som om notan inte stämmer.
[de ˇværka ʂɔm ɔm ˇnuːtan ˇintə ˈstɛmər]

Das habe ich nicht gehabt. Ich hatte ...
Det fick jag inte. Jag fick ... [deː fik jɑː ˇintə. jɑː fik]

Hat es geschmeckt?
Smakade det bra? [ˇsmɑːkadə de ˈbrɑː]

Das Essen war ausgezeichnet.
Maten var utmärkt. [ˈmɑːtən vɑː ˇʉːtmærkt]

Das ist für Sie.
Det är till dig. [ˈdeː eː til ˈdɛj]

Es stimmt so.
Det är bra så. [de eː ˈbrɑː soː]/Det är jämnt. [de eː jɛmt]

Café

Was möchten Sie trinken?
Vad vill du ha att dricka? [vɑ: vil dʉ: hɑ: ɔ ˇdrika]

Ich möchte einen Kaffee, bitte.
En kaffe, tack. [en ˇkafə tak]
... einen schwarzen Kaffee
... en kaffe utan mjölk [en ˇkafə ˇʉ:tan mjølk]
... mit Milch
... med mjölk [me: mjølk]
... mit Sahne
... med grädde [me: ˇgrɛdə]
... mit Zucker
... med socker [me: ˈsɔkər]
... einen Espresso
... en espresso [en ɛsˈprɛsɔ]
... einen Capuccino
... en capuccino [en kapuˈtçi:nɔ]

Ich hätte gern einen Tee mit Zitrone.
En te med citron, tack. [en te: me: siˈtru:n tak]

Ich hätte gern eine kleine Flasche Mineralwasser.
Jag skulle vilja ha en liten flaska mineralvatten.
[jɑ: ˇskələ vilja ˈhɑ: en ˇli:tən ˇflaska minəˈrɑ:lvatən]

Ein Glas Orangensaft, bitte.
Ett glas apelsinjuice, tack. [et glɑ:s apəlˇsi:nju:s tak]

Ein Glas Apfelsaft, bitte.
Ett glas äppelmust, tack. [et glɑ:s ˇɛpəlˈməst tak]

Ein leichtes Bier, bitte.
En lättöl, tack. [en ˇlɛtø:l tak]

Was gibt es bei Ihnen zu essen?
Vad kan man få att äta här? [vɑ: kan man fo: ɔ ˇɛ:ta hæ:r]

Wir haben belegte Brötchen.
Vi har smörgåsar med pålägg. [vi: hɑ: ˇʂmœrgɔsar me: ˇpo:lɛg]
... mit Käse
... med ost [me: ust]
... mit Schinken
... med skinka [me: ˇʃiŋka]
... mit Wurst
... med korv [me: kɔrv]

Wir haben auch frisch gebackene Zimtschnecken und Kleingebäck.
Vi har också nybakade kanelbullar och småkakor.
[vi: hɑ:r ˈɔksɔ ˇny:bɑ:kadə kaˇne:lbəlar ɔ ˇsmo:kɑ:kur]

➢ **auch Wortliste Lebensmittel (Kap. Einkaufen)**

Abendessen	middag, -en, -ar ['mida]
alkoholfrei	alkoholfri [alkɔᵛho:lfri:]
Aschenbecher	askkopp, -en, -ar [ᵛaskɔp]
Bar	bar, -en, er [bɑ:r]
Beilage	tillbehör, -et, - [ᵛtilbe'hœ:r]
Besteck	bestick, -et, - [be'stik]
Bestellung	beställning, -en, -ar [be'stɛlniŋ]
Brot	bröd, -et, - [brø:d]
Butter	smör, -et [smœ:r]
Diabetiker/in	diabetiker, -n, - [dia'be:tikər]
Ei	ägg, -et, - [ɛg]
Eierbecher	äggkopp, -en, -ar [ᵛɛgkɔp]
Essig	vinäger, -n [vi'nɛ:gər]
Fass, vom	fat, -et, -, fat... [fɑ:t]
Fett	fett, -et, -er [fet]
fettarm	mager ['mɑ:gər]
Frühstück	frukost, -en, -ar ['frɵkɔst]
Füllung	fyllning, -en, -ar [ᵛfylniŋ]
Gabel	gaffel, -n, gafflar ['gafəl]
Gang	rätt, -en, -er [rɛt]
Gedeck	kuvert, -et, - [kʉ'væ:r]
Gericht	rätt, -en, -er [rɛt]
Getränk	dryck, -en, -er [dryk]
Gewürz	krydda, -n, -or [ᵛkryda]
Glas	glas, -et, - [glɑ:s]
Wasser~	vattenglas, -et, - [ᵛvatən'glɑ:s]
Wein~	vinglas, -et, - [ᵛvi:nglɑ:s]
Gräte	fiskben, -et, - [ᵛfiskbe:n]
Hauptspeise	huvudrätt, -en, -er [ᵛhʉ:vəd'rɛt]
hausgemacht	hemlagad [ᵛhɛmlɑ:gad]
hungrig sein	vara hungrig [vɑ:ra ᵛhɵŋri]
Kaffeekanne	kaffekanna, -n, -or [ᵛkafə'kana]
kalorienarm	kalorifattig [kalɔᵛri:fati]
Karaffe	karaff, -en, -er [ka'raf]
Kellner/in	servitör, -en, -er [særvi'tœ:r]/ servitris, -en, -er [særvi'tri:s]
Kinderteller	barnportion, -en, -er [ᵛbɑ:ɳpɔʈ'ʃu:n]
Knoblauch	vitlök, -en [ᵛvi:tlø:k]
Knochen	ben, -et, - [be:n]
Koch	kock, -en, -ar [kɔk]
kochen	koka, -ade, -at/-t [ᵛku:ka]
Korkenzieher	korkskruv, -en, -ar [ᵛkɔrkskrʉ:v]
Löffel	sked, -en, -ar [ʃe:d]
Tee~	tesked [ᵛte:ʃe:d]
Lorbeer	lagerblad, -et, - [ᵛlɑ:gər'blɑ:d]

Mayonnaise	majonnäs, -en [maju'nɛ:s]
Menü	meny, -n, -er [me'ny:]
Messer	kniv, -en, -ar [kni:v]
Mittagessen	lunch, -en, -er [lønʃ]
Nachtisch	efterrätt, -en, -er [ˇɛftə'rɛt]
Öl	olja, -n [ˇɔlja]
Petersilie	persilja, -n [ˇpæʂilja]
Pfeffer	peppar, -n [ˇpɛpar]
~streuer	pepparströare, -n, - [ˇpɛpa'ʂtrø:arə]
Portion	portion, -en, -er [pɔʈ'ʃu:n]
Reis	ris, -et [ri:s]
Rost	grill, -en, -ar [gril]
Salat	sallad, -en, -er [ˇsalad]
~büfett	salladsbuffé, -n, -er [ˇsalatsby'fe:]
Salz	salt, -et [salt]
~streuer	saltströare, -n, - [ˇsaltstrø:arə]
Scheibe	skiva, -n, -or [ˇʃi:va]
Schonkost	dietmat, -en [diˇe:tmɑ:t]
Schüssel	karott, -en, -er [ka'rɔt]
Senf	senap, -en [ˇse:nap]
Serviette	servett, -en, -er [sær'vɛt]
Soße	sås, -en, -er [so:s]
Speise	maträtt, -en, -er [ˇmɑ:trɛt]
~karte	meny, -n, -er [me'ny:], matsedel, -n, matsedlar [ˇmɑ:tse:dəl]
Spezialität	specialitet, -en, -er [spesiali'te:t]
Strohhalm	sugrör, -et, - [ˇsʉ:grœ:r]
Suppenteller	sopptallrik, -en, -ar [ˇsɔptalrik]
Süßstoff	sötningsmedel [ˇsø:tniŋs'me:dəl]
Tagesgericht	dagens rätt, -en, -er ['dɑ:gəns 'rɛt]
Tasse	kopp, -en, -ar [kɔp]
Unter~	tefat, -et, - [ˇte:fɑ:t], kaffefat, -et, - [ˇkafə'fɑ:t]
Teekanne	tekanna, -n, -or [ˇte:kana]
Teller	tallrik, -en, -ar [ˇtalrik]
Tischtuch	duk, -en, -ar [dʉ:k]
Trinkgeld	dricks(pengar) [driks(pɛŋar)]
trocken *(Wein)*	torrt [tɔʈ]
vegetarisch	vegetarisk [vɛge'tɑ:risk]
Vorspeise	förrätt, -en, -er [ˇfœ:rɛt]
Wasser	vatten, vattnet ['vatən]
Wein	vin, -et, -er [vi:n]
würzen	krydda, -ade, -at [ˇkryda]
Zitrone	citron, -en, -er [si'tru:n]
Zuckerdose	sockerskål, -en, -ar [ˇsɔkə'ʂko:l]
Zwiebel	lök, -en, -ar [lø:k]

Zubereitung

durchgebraten	genomstekt [ˇje:nɔmˈste:kt]
gebacken	bakad [ˇbɑ:kad]
gebraten	stekt [ste:kt]
am Spieß	grillad på spett [ˇgrilad pɔ spet]
vom Grill	grillad [ˇgrilad]
in der Pfanne	i (stek-)panna [i ˇpana/ˇste:kpana]
gedämpft	ångkokt [ˇɔŋkukt]
gedünstet	ångkokt [ˇɔŋkukt], stuvad [ˇstʉ:vad]
gefüllt	fylld [fyld]
gekocht	kokt [kukt]
geräuchert	rökt [rø:kt]
geröstet	halstrad [ˇhalstrad]
geschmort	grytstekt [ˇgry:tste:kt]
überbacken	gratinerad [gratiˈne:rad]
frisch	färsk [fæʂk]
gar	genomstekt [ˇje:nɔmˈste:kt]
hart	hård [ho:ɖ]
heiß	varm [varm]
kalt	kall [kal]
mager	mager [ˈmɑ:gər]
roh	rå [ro:]
saftig	saftig [ˇsafti]
sauer	sur [sʉ:r]
scharf	stark [stark]
süß	söt [sø:t]
zäh	seg [se:g]
zart	mör [mœ:r]

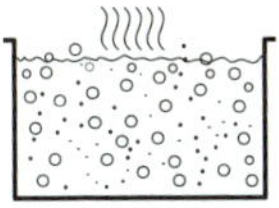
gekocht
kokt

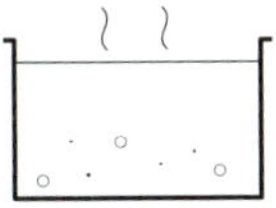
gegart
genomkokt

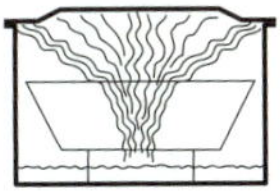
gedämpft
ångkokt

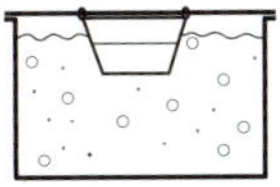
im Wasserbad
i vattenbad

gebraten
stekt

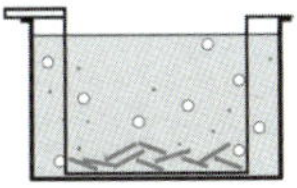
frittiert
friterad

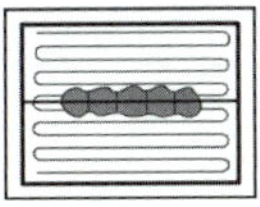
gegrillt
grillad

Ich hätte gern ...
Jag skulle vilja ha ...

Ingwer ingefära, -n [ˇiŋəˈfæ:ra]

Knoblauch
vitlök, -en, -ar
[ˇvi:tlø:k]

Zwiebeln
lök, -en, -ar [lø:k]

Dill
dill, -en [dil]

Lorbeer
lagerbärsblad, -et, -
[ˇlɑ:gərbæʂˈblɑ:d]

Rosmarin
rosmarin, -en
[ˇro:smaˈri:n]

Oregano
oregano, -n
[ɔrəˈgɑ:nɔ]

Koriander
koriander, -n
[kɔriˈandər]

Petersilie
persilja, -n
[ˇpæʂilja]

Basilikum
basilika, -n
[baˈsi:lika]

Muskatnuss muskotnöt, -en, -nötte [ˇmɵskɔtˈnøːt]

Chili
chili, -n [ˈçiːli]

Peperoni
peperoni *(pl)*
[pepeˈroːni]

Schnittlauch
gräslök, -en
[ˇgrɛːsløːk]

Salbei
salvia, -n
[ˈsalvja]

Kerbel
körvel, -n
[ˇçœrvəl]

Thymian
timjan, -en
[ˇtimjan]

Bohnenkraut
kyndel, -n
[ˇçyndəl]

Liebstöckl
libsticka, n
[ˇlibstika]

Ich hätte gern ...
Jag skulle vilja ha ...

Ich hätte gern ...
Jag skulle vilja ha ...

Matsedel	Speisekarte
Frukost	**Frühstück**
Kaffe utan mjölk [ˇkafə ˇʉ:tan ˈmjølk]	schwarzer Kaffee
Kaffe med mjölk [ˇkafə me: ˈmjølk]	Kaffee mit Milch
Koffeinfritt kaffe [kɔfeˇi:nfrit ˇkafə]	koffeinfreier Kaffee
Te med mjölk/citron [te: me: ˈmjølk/siˈtru:n]	Tee mit Milch/Zitrone
Örtte [ˇœʈe:]	Kräutertee
Choklad [ʃɔˈklɑ:d]	Schokolade
Fruktjuice [ˇfrɵktju:s]	Fruchtsaft
Löskokt ägg [ˇlø:skukt ɛg]	weiches Ei
Äggröra [ˇɛgrœ:ra]	Rühreier
Ägg med skinka/bacon [ɛg me: ˇʃiŋka/ˈbejkɔn]	Eier mit Speck
Bröd/småfranska/rostat bröd [brø:d/ˇsmo:franska/ˇrɔstat ˈbrø:d]	Brot/Brötchen/Toast
Giffel [ˈjifəl]	Hörnchen
Smör [smœ:r]	Butter
Ost [ust]	Käse
Korv [kɔrv]	Wurst
Skinka [ˇʃiŋka]	Schinken
Honung [ˇho:nɵŋ]	Honig
Marmelad [marməˈlɑ:d]	Marmelade
Yoghurt [ˈjo:gɵʈ]	Joghurt
Frukt [frɵkt]	Obst
Förrätter	**Vorspeisen**
Böcklinglåda [ˇbøkliŋˈlo:da]	Bücklingsauflauf
Gravad lax [ˇgrɑ:vad laks]	rohgebeizter Lachs
Janssons frestelse [ˈjɑ:nsɔns ˇfrɛstəlsə]	Janssons Versuchung: Auflauf aus Kartoffelscheiben, Anschovis, Zwiebeln und Sahne
Kallskuret [ˇkalskʉ:rət]	kalte Platte
Kryddsill [ˇkrydsil]	Gewürzhering
Leverpastej [ˇle:vərpaˈstɛj]	Leberpastete
Löksill [ˇlø:ksil]	Zwiebelhering
Rökt lax med pepparrotsgrädde [rø:kt laks me: ˇpɛparu:tsˈgrɛdə]	geräucherter Lachs mit Meerrettichsahne

Rökt renkött [rø:kt ˇre:nçøt]	geräuchertes Rentierfleisch
Tomatsill [tuˇmɑ:tsil]	Tomatenhering

Soppor	Suppen
Fisksoppa [ˇfisksɔpa]	Fischsuppe
Grönsakssoppa [ˇgrø:nsɑ:kˈsɔpa]	Gemüsesuppe
Hönsbuljong [ˇhønsbɵlˈjɔŋ]	Hühnerbrühe
Löksoppa [ˇlø:ksɔpa]	Zwiebelsuppe
Musselsoppa [ˇmɵsəlˈsɔpa]	Muschelsuppe
Sparrissoppa [ˇspariˈsɔpa]	Spargelcremesuppe
Ärtsoppa/Ärter med fläsk [ˇæʈsɔpa/ˇæʈər me: ˈflɛsk]	Erbsensuppe mit Schweinefleisch/Speck

Fisk och skaldjur	Fisch und Schaltiere
Abborre [ˇabɔrə]	Barsch
Fiskbullar [ˇfiskbɵlar]	Fischklößchen
Fiskgratäng [ˇfiskgraˈtɛŋ]	Fischauflauf
Forell [fɔˈrɛl]	Forelle
Gädda [ˇjɛda]	Hecht
Gös [jø:s]	Zander
Hummer [ˈhɵmər]	Hummer
Hälleflundra [ˇhɛləˈflɵndra]	Heilbutt
Krabba [ˇkraba]	Taschenkrebs
Kräftor [ˇkrɛftur]	Flusskrebse
Laxöring [ˇlaksœ:riŋ]	Lachsforelle
Lutfisk *(nur zu Weihnachten!)* [ˇlʉ:tfisk]	Eingeweichter Stockfisch
Makrill [ˇmakril]	Makrele
Piggvar [ˇpigvɑ:r]	Steinbutt
Räksallad [ˇrɛ:ksalad]	Krabbensalat
Rödspätta [ˇrø:spɛta]	Scholle
Sik [si:k]	Felchen
Sjötunga [ˇʃø:tɵŋa]	Seezunge
Strömming [ˇstrømiŋ]	Ostseehering
Torsk [tɔʂk]	Dorsch
Ål [o:l]	Aal

Das schwedische Smörgåsbord
Das berühmte schwedische „smörgåsbord" ist ein Buffet mit einer großen Auswahl an Heringssorten, Räucherfisch, warmen Fischgerichten, Eierspeisen, Salaten, warmen und kalten Fleischgerichten, Käse, Obst und süßen Nachspeisen. Dazu trinkt man Bier und Aquavit, zum Nachtisch gibt es Kaffee.

Kötträtter	Fleischgerichte
Anka [ˇaŋka]	Ente
Biff [bif]	Steak
Falukorv [ˇfɑːləˈkɔrv]	Fleischwurst
Fläskfilé [ˇflɛskfiˈleː]	Schweinelendchen
Fläskkotlett [ˇflɛskɔtˈlɛt]	Schweinekotelett
Grisstek [ˇgriːsteːk]	Schweinebraten
Harsadel [ˇhɑːʂɑːdəl]	Hasenrücken
Hjortstek [ˇjuʈʂʈeːk]	Hirschbraten
Kalkon [kalˈkuːn]	Truthahn
Kalvfrikassé [ˇkalvfrikaˈseː]	Kalbsfrikassee
Kyckling [ˇçykliŋ]	Hähnchen
Kåldolmar [ˇkoːldɔlmar]	Kohlrouladen
Köttbullar [ˇçøtbəlar]	Fleischklößchen
Lammstek [ˇlamsteːk]	Lammbraten
Lever [ˈleːvər]	Leber
Oxfilé [ˇuksfiˈleː]	Rinderfilet
Pannbiff [ˇpanbif]	Frikadelle
Renstek [ˇreːnsteːk]	Rentierbraten
Rådjurssadel [ˇroːjʉːˈʂɑːdəl]	Rehrücken
Tunga [ˇtəŋa]	Zunge
Älgstek [ˇɛljsteːk]	Elchbraten

Grönsaker	Gemüse
Blomkål [ˇblumkoːl]	Blumenkohl
Broccoli [ˈbrɔkɔli]	Brokkoli
Brysselkål [ˇbrysəlˈkoːl]	Rosenkohl
Bönor [ˇbøːnur]	Bohnen
Gurka [ˇgərka]	Gurke
Kål [koːl]	Kohl
Lök [løːk]	Zwiebeln

Morötter [ˇmu:røtər]	Karotten
Paprika [ˈpɑ:prika]	Paprika
Kokt potatis [kukt puˈtɑ:tis]	Salzkartoffeln
Potatismos [puˇtɑ:tisˈmu:s]	Kartoffelpüree
Potatisgratäng [puˇtɑ:tisgraˈtɛŋ]	Kartoffelauflauf
Stekt potatis [ste:kt puˈtɑ:tis]	Bratkartoffeln
Rädisor [ˇrɛdisur]	Radieschen
Rödbetor [ˇrø:(d)be:tur]	Rote Bete
Rödkål [ˇrø:(d)ko:l]	Rotkraut
Sallad [ˇsalad]	Salat
Spenat [speˈnɑ:t]	Spinat
Svamp [svamp]	Pilze
Champinjoner [ʃampinˈju:nər]	Champignons
Kantareller [kantaˈrɛlər]	Pfifferlinge
Tomater [tɔˈmɑ:tər]	Tomaten
Ärter [ˇæʈər]	Erbsen

Pasta och ris — Teigwaren und Reis

Makaroner [makaˈru:nər]	Makkaroni
Nudlar [ˇnʉ:dlar]	Nudeln
Spaghetti [spaˈgɛti]	Spaghetti
Ris [ri:s]	Reis

Efterrätter — Desserts

Citronsorbet [siˇtru:nsɔrˈbe:]	Zitronensorbet
Fruktkompott [ˇfrɵktkɔmˈpɔt]	Obstkompott
Fruktsallad [ˇfrɵktsalad]	Obstsalat
Glass [glas]	Eis
Chokladglass [ʃɔˇklɑ:(d)glas]	Schokoladeneis
Jordgubbsglass [ˇju:ɖgɵbsˈglas]	Erdbeereis
Vaniljglass med chokladsås [vaˇniljglas me: ʃɔˇklɑ:(d)so:s]	Vanilleeis mit Schokoladensoße
Jordgubbar med vispgrädde [ˇju:ɖgɵbar me: ˇvispgrɛdə]	Erdbeeren mit Schlagsahne
Plättar med hallon [ˇplɛtar me: ˇhalɔn]	kleine Pfannkuchen mit … Himbeeren
hjortron [ˇjuʈrɔn]	Moltebeeren
lingon [ˇliŋɔn]	Preiselbeeren
smultron [ˇsmɵltrɔn]	Walderdbeeren
Rabarberkräm [raˇbarbərˈkrɛ:m]	Rhabarberkaltschale

Rabarberpaj [raᵛbarbər'paj]	Rhabarberkuchen
Ostbricka [ᵛustbrika]	Käseplatte

Frukt — Obst

Apelsiner [apəl'si:nər]	Orangen
Aprikoser [apri'ku:sər]	Aprikosen
Bananer [ba'nɑ:nər]	Bananen
Druvor [ᵛdrʉ:vur]	Trauben
Melon [me'lu:n]	Melone
Persikor [ᵛpæʂikur]	Pfirsiche
Plommon [ᵛplumɔn]	Pflaumen
Päron [ᵛpæ:rɔn]	Birnen
Äpplen [ᵛɛplən]	Äpfel

Bakverk — Gebäck und Torten

Bullar [ᵛbəlar]	Hefegebäck
Bakelser [ᵛbɑ:kelsər]	kleine Törtchen
Mazariner [masaᵛri:nər]	Mandeltörtchen
Rulltårta [ᵛrəlto:ʈa]	Biskuitrolle
Småkakor [ᵛsmo:kɑ:kur]	Plätzchen
Sockerkaka [ᵛsɔkər'kɑ:ka]	Sandkuchen
Tårta [ᵛtɔ:ʈa]	Torte
Wienerbröd [ᵛvi:nər'brø:d]	Plundergebäck
Äppelkaka [ᵛɛpəl'kɑ:ka]	Apfelkuchen

Drycker — Getränke

Alkoholfria drycker — Alkoholfreie Getränke

Kaffe [ᵛkafə]	Kaffee

„Kaffe med påtår"
Der Begriff „kaffe med påtår" bedeutet, dass mindestens zwei Tassen Kaffee im Preis inbegriffen sind. In Cafés schenkt meistens die Bedienung nach, in Cafeterias bedient man sich selbst ein zweites oder drittes Mal.

Te [te:]	Tee *(schwarz)*
Te med citron [te: me: si'tru:n]	Tee mit Zitrone
Choklad [ʃɔ'klɑ:d]	Schokolade

Mjölk [mjølk]	Milch
Juice [juːs]	Juice
Läskedryck [ˇlɛskəˈdryk]	Limonade
Saft [saft]	Fruchtsaft
Mineralvatten [minəˇrɑːlvatən]	Mineralwasser
Vichyvatten [ˇviʃyˈvatən]	Selterswasser
Alkoholfritt vin [alkɔˇhoːlfrit ˈviːn]	alkoholfreier Wein

Alkoholhaltiga drycker	Alkoholische Getränke
Öl [øːl]	Bier
Lättöl [ˇlɛtøːl]	Bier mit geringem Alkoholgehalt
Folköl [ˇfɔlkøːl]	Bier mit mittlerem Alkoholgehalt
Starköl [ˇstarkøːl]	Bier mit hohem Alkoholgehalt
Pilsner [ˈpilsnər]	mildes Bier mit geringem Alkoholgehalt
Akvavit [ˇakvaˈviːt]	Aquavit
Brännvin [ˇbrɛnviːn]	Kümmelschnaps
Punsch [pɵnʃ]	Schwedenpunsch
Snaps [snaps]	klarer Schnaps
Vitt vin [vit viːn]	Weißwein
Rödvin [ˇrøː(d)viːn]	Rotwein
Starkvin [ˇstarkviːn]	Südwein
Likör [liˈkœːr]	Likör
Konjak [ˈkɔnjak]	Weinbrand
Rom [rɔm]	Rum
Whisky [ˈviski]	Whisky

Besichtigungen und Ausflüge

Sehenswertes
Stockholm zählt zu den schönsten Hauptstädten der Welt. Schon diese auf vierzehn Inseln erbaute Stadt bietet so viele Sehenswürdigkeiten, dass es für einen ganzen Urlaub reicht. Besonders zu empfehlen sind **Skansen**, das größte Freilichtmuseum der Welt, wo es auch ein Wildgehege mit typisch nordischen Tieren gibt, und das erst 1990 eingeweihte **Vasamuseet**. In diesem Museum befindet sich das stattliche königliche Kriegsschiff **Vasa**, das 1628 bereits auf seiner Jungfernfahrt im Stockholmer Hafen sank und erst 1961 geborgen und anschließend konserviert und restauriert wurde. Andererseits findet man über das ganze Land verstreut viele Sehenswürdigkeiten: Schlösser, Kirchen, Naturparks und Zeugnisse aus vorgeschichtlicher Zeit wie Runensteine und Felszeichnungen.

Im Fremdenverkehrsamt

Ich möchte einen Stadtplan von ... haben.
Jag skulle vilja ha en (stads)karta över ...
[jɑː ᵛskɵlə vilja hɑː en ᵛ(stats)kɑːʈa øːvər]

Haben Sie Prospekte von ...?
Har ni broschyrer om ...? [hɑː ɳiː brɔˈʃyːrər ɔm]

Haben Sie einen Veranstaltungskalender für diese Woche?
Har ni någon förteckning över de olika evenemangen den här veckan?
[hɑː ɳiː nɔn fœˈʈekniŋ øːvə ɖɔm ᵛuːliːka evenəˈmaŋən den ˈhœːr ᵛvɛkan]

Gibt es Stadtrundfahrten?
Finns det stadsrundturer? [fins deː ᵛstatsrɵndˈtʉːrər]

Was kostet die Rundfahrt?
Hur mycket/Vad kostar rundturen?
[hʉːr ᵛmykə/vɑː ᵛkɔstar ᵛrɵndtʉːrən]

Sehenswürdigkeiten – Museen

Wohin?
Beim Stockholm Information Service (SIS) im „Sverigehuset" (Schwedenhaus) am Kungsträdgården erhält man Prospekte und Karten über Stockholm und ganz Schweden. (Internet: www.turism.se und www.stockholm.se)
Man kann dort Karten für Veranstaltungen kaufen und Ausflüge buchen. Dort erhält man auch kostenlos die englischsprachige Broschüre „Stockholm This Week" des SIS, die die aktuellen Veranstaltungen nennt und auch Restaurants, Kneipen, Museen usw. vorstellt.

Welche Sehenswürdigkeiten gibt es hier?
Vad finns det för sevärdheter här?
[vɑ: fins de fœr ˇse:væɖˈhe:tər hæ:r]

Wir möchten ... besichtigen.
Vi skulle vilja titta på ... [vi: ˇskɵlə vilja ˇtita po:]

Öffnungszeiten, Führungen, Eintrittskarten

Wann ist das Museum geöffnet?
När är museet öppet? [næ:r e: mɵˈse:ət ˇøpət]

Wann beginnt die Führung?
När börjar visningen? [næ:r ˇbørjar ˇvi:sniŋən]

Gibt es auch eine Führung in Deutsch?
Finns det någon visning på tyska också?
[fins de nɔn ˇvi:sniŋ pɔ ˇtyska ˈɔksɔ]

Darf man hier fotografieren?
Får man fotografera här? [fo:r man futugraˈfe:ra hæ:r]

Zwei Eintrittskarten, bitte.
Två biljetter, tack. [tvo: bilˈjɛtər tak]

„Stockholmskortet"
Ist man in Stockholm viel unterwegs, so rentiert es sich, die Stockholmkarte („Stockholmskortet") zu kaufen. Damit kann man je nach Karte 1-3 Tage alle öffentlichen Nahverkehrsmittel benutzen, und außerdem gewährt einem die Karte unter anderem freien Eintritt in über 70 Museen. Man erhält auch Rabatte auf Sightseeingtouren und Schärenfahrten. Solche Karten gibt es übrigens auch in Göteborg und Malmö.

Zwei Erwachsene und ein Kind.
Två vuxna och ett barn. [tvo: ˇvɵksna ɔ et ˈbɑ:ɳ]

Gibt es Ermäßigungen für ...
Är det nedsatt pris för ... [e: de ˇne:dsat ˈpri:s fœr]
... Kinder?
... barn? [bɑ:ɳ]
... Studenten?
... studenter? [stʉˈdɛntər]
... Senioren?
... pensionärer? [paŋʃuˈnæ:rər]
...Gruppen?
... grupper? [ˇgrɵpər]

Gibt es einen Katalog zur Ausstellung?
Finns det någon katalog till utställningen?
[fins de nɔn kataˈlo:g til ˇʉ:tstɛlniŋən]

Besichtigung

Was für ein Platz/eine Kirche ist das?
Vad är det där för ett torg/en kyrka?
[vɑ: e: de ˈdæ:r fœr et ˈtɔrj/en ˇçyrka]

Ist das ...?
Är det här ...? [e: de ˈhæ:r]

Wann wurde dieses Gebäude erbaut/restauriert?
När byggdes/restaurerades den här byggnaden?
[næ:r ˇbygdəs/restauˈre:radəs den ˈhæ:r ˇbygnadən]

Wer hat dieses Bild gemalt?
Vem har målat den här tavlan? [vem hɑ:r mo:lat den ˈhæ: ˇtɑ:vlan]

Allgemeines

Besichtigung	(studie)besök, -et, - [(ˇstʉ:djə)beˈsø:k]
Bibliothek	bibliotek, -et, - [bibliɔˈte:k]
Bischofssitz	biskopssäte, -t, -n [ˇbiskɔpˈsɛ:tə]
Brauchtum	sed, -en, -er [se:d], bruk, -et, - [brʉ:k]
Bürgermeister/in	borgmästare, -n, - [ˇbɔrjmɛstarə]
Denkmalschutz	kulturminnesvård, -en [kɵlˇtʉ:rminəsˈvo:ɖ]
Einfluss	inflytande, -t, -n [ˇinfly:tandə]
Fremdenführer	guide, -n, -r [gajd]
Führung	visning, -en, -ar [ˇvi:sniŋ]
Fund	fynd, -et, - [fynd]
Geburtsstadt	födelsestad, -en, -städer [ˇfœ:delsəˈstɑ:d]
Geistlicher	präst, -en, -er [prɛst]
Geschichte	historia, historien [hiˈstu:ria]
Gottesdienst	gudstjänst, -en, -er [ˇgɵtsçɛnst]
Handelsstadt	handelsstad, -en, -städer [ˇhandəlˈstɑ:d]
Hof	gård, -en, -ar [go:ɖ], hov, -et, - [ho:v]
Innenstadt	centrum, -et, centra [ˈsɛntrɵm]
Kaiser	kejsare, -n, - [ˇçɛjsarə]
Kaiserin	kejsarinna, -n, -or [çɛjsaˇrina]
Kirche	kyrka, -n, -or [ˇçyrka]
Konfession	konfession, -en, -er [kɔnfɛˈʃu:n]
König	kung, -en, -ar [kɵŋ]
Königin	drottning, -en, -ar [ˇdrɔtniŋ]
Kunstgewerbe	konsthantverk, -et, - [ˇkɔnsthantˈværk]
Markt	marknad, -en, -er [ˇmarknad], salutorg, -et, - [ˇsɑ:lɵˈtɔrj]

Museum	museum, museet, -er [mʉˇse:əm]
Palast	palats, -et, - [pa'lats]
Pilger/in	pilgrim, -en, -ar [ˇpi:lgrim]
Pilgerfahrt	pilgrimsfärd, -en, -er [ˇpi:lgrims'fæ:ɖ]
Plünderung	plundring, -en, -ar [ˇpləndriŋ]
Religion	religion, -en, -er [rɛli'ju:n]
restaurieren	restaurera, -ade, -at [restau're:ra]
Restaurierung	restaurering, -en, -ar [restau're:riŋ]
Rundfahrt	rundtur, -en, -er [ˇrəndtʉ:r]
Sehenswürdigkeiten	sevärdheter [ˇse:væɖ'he:tər]
Stadtrundfahrt	stadsrundtur, -en, -er [ˇstatsrənd'tʉ:r]
Statue	staty, -n, -er [sta'ty:]
Überreste	kvarlevor [ˇkvɑ:ɭe:vur]
Volkskundemuseum	etnologiskt museum [etnɔ'lo:giskt mʉˇse:əm]
Wachablösung	vaktavlösning, -en, -ar [ˇvaktɑ:v'lø:sniŋ]
Wahrzeichen	symbol, -en, -er [sym'bo:l], känne-tecken, -tecknet, - [ˇçɛnə'tekən]

Architektur

Abtei	kloster, klostret, - ['klɔstər]
Altar	altare, -t, - [ˇaltarə]
Altstadt	gammal stadskärna [ˇgamal ˇstatsçæ:ɳa]
Archäologie	arkeologi, -en [arkeɔlɔ'gi:]
Architekt	arkitekt, -en, -er [arçi'tɛkt]
Architektur	arkitektur, -en, -er [arçitɛk'tʉ:r]
Ausgrabungen	utgrävningar [ˇʉ:tgrɛ:vniŋar]
Balustrade	balustrad, -en, -er [baləˈstrɑ:d]
Bauwerk	byggnadsverk, -et, - [ˇbygnats'værk]
Bogen	valvbåge, -n, -ar [ˇvalvbo:gə]
Rund~	rundbåge [ˇrəndbo:gə]
Spitz~	spetsbåge [ˇspetsbo:gə]
Brücke	bro, -n, -ar [bru:]
Brunnen	brunn, -en, -ar [brən]
Burg	borg, -en, -ar [bɔrj]
Dach	(ytter)tak, -et, - [(ˇytər)tɑ:k]
Decke	(inner)tak, -et, - [(ˇinər)tɑ:k]
Denkmal	minnesmärke, -t, -n [ˇminəs'mærkə], monument, -et, - [mɔnə'mɛnt]
Dom	domkyrka, -n, -or [ˇdumçyrka]
Empore	läktare, -n, - [ˇlɛktarə]
Erker	burspråk, -et, - [ˇbʉ:ʂpro:k]
Fassade	fasad, -en, -er [fa'sɑ:d]

Fenster	fönster, fönstret, - ['fønstər]
Festung	fästning, -en, -ar [ˇfɛstniŋ]
Flügel	flygel, -n, flyglar [ˇfly:gəl]
Friedhof	kyrkogård, -en, -ar [ˇçyrku'go:ɖ]
Fundament	fundament, -et, - [fəndа'mɛnt]
Gebäude	byggnad, -en, -er [ˇbygnad]
Gedenkstätte	minnesvård, -en, -ar [ˇminəs'vo:ɖ]
Gewölbe	valv, -et, - [valv]
Giebel	gavel, -n, -, gavlar ['gɑ:vəl]
Glocke	klocka, -n, -or [ˇklɔka]
Grab	grav, -en, -ar [grɑ:v]
Grabmal	gravvård, -en, -ar [ˇgrɑ:vo:ɖ]
Grabstein	gravsten, -en, -ar [ˇgrɑ:vste:n]
Grundriss	planritning, -en, -ar [ˇplɑ:nri:tniŋ]
Hünengrab	forngrav, -en, -ar [ˇfu:ɳgrɑ:v]
Innenhof	inre gård [ˇinrə go:ɖ]
Inschrift	inskrift, -en, -er [ˇinskrift]
Kanzel	predikstol, -en, -ar [ˇpredik'stu:l]
Kapelle	kapell, -et, - [ka'pɛl]
Kapitell	kapitäl, -et, - [kapi'tɛ:l]
Kathedrale	katedral, -en, -er [kate'drɑ:l]
Kirchturm	kyrktorn, -et, - [ˇçyrktu:ɳ]
Klosterkirche	klosterkyrka, -n, -or [ˇklɔstər'çyrka]
Kreuzgang	korsgång, -en, -ar [ˇkɔʂgɔŋ]
Krypta	krypta, -n, -or [ˇkrypta]
Kuppel	kupol, -en, -er [kʉ'po:l]
Langhaus	långskepp, -et, - [ˇlɔŋʃɛp]
Leuchter	ljusstake, -n, -ar [ˇjʉ:stɑ:kə]
Mittelschiff	mittskepp, -et, - [ˇmitʃɛp]
Markthalle	saluhall, -en, -ar [ˇsɑ:lə'hal]
Mauer	mur, -en, -ar [mʉ:r]
Oper	opera, -n, -or ['u:pəra]
Orgel	orgel, -n, orglar [ˇɔrjəl]
Pfeiler	pelare, -n, - [ˇpe:larə]
Platz	torg, -et, - [tɔrj], plats, -en, -er [plats]
Portal	portal, -en, -er [pɔ'ʈɑ:l]
Querschiff	tvärskepp, -et, - [ˇtvæ:ʂɛp]
Rathaus	rådhus, -et, - [ˇro:dhʉ:s]
Ruine	ruin, -en, -er [rʉ'i:n]
Sakristei	sakristia, -n, -or [ˇsakri'sti:a]
Sandstein	sandsten, -en [ˇsandste:n]
Säule	pelare, -n, - [ˇpe:larə]
Schatzkammer	skattkammare, -n, - [ˇskatkamarə]
Schiff	skepp, -et, - [ʃɛp], båt, -en, -ar [bo:t]
Schiffssetzung *(prähistorische Grabstätte)*	skeppssättning, -en, -ar [ˇʃɛpsɛtniŋ]

Schloss	slott, -et, - [slɔt]
Schule	skola, -n, -or [ˇsku:la]
Stabkirche	stavkyrka, -n, -or [ˇstɑ:vçyrka]
Stadtmauer	stadsmur, -en, -ar [ˇstatsmʉ:r]
Synagoge	synagoga, -n, -or [ˇsy:na'gu:ga]
Taufbecken	dopfunt, -en, -ar [ˇdu:pfɵnt]
Theater	teater, -n, teatrar [te'ɑ:tər]
Tor	port, -en, -ar [puʈ]
Turm	torn, -et, - [tu:ɳ]
Universität	universitet, -et, - [ɵnivæʂi'te:t]
Wallfahrtskirche	vallfärdskyrka, -n, -or [ˇvalfæʈʂ'çyrka]
wieder aufbauen	återuppbygga, -de, -t [ˇo:tərɵp'byga]

Bildende Künste

Akt	akt, -en, -er [akt]
Aquarell	akvarell, -en, -er [akva'rɛl]
Ausstellung	utställning, -en, -ar [ˇʉ:tstɛlniŋ]
Bild	bild, -en, -er [bild]
Bildhauer	skulptör, -en, -er [skɵlp'tœ:r]
Bronze	brons, -en [brɔns]
Büste	byst, -en, -er [byst]
Design	design, -en, -er [di'sajn]
Fels(en)zeichnung	hällristning, -en, -ar [ˇhɛlristniŋ]
Fotografie	fotografi, -et, -er [futugra'fi:]
Fries	fris, -en, -er [fri:s]
Galerie	galleri, -et, -er [galə'ri:]
Gemälde	målning, -en, -ar [ˇmo:lniŋ]
~sammlung	tavelsamling, -en, -ar [ˇtɑ:vəl'samliŋ]
Glasmalerei	glasmåleri, -et, -er [ˇglɑ:smolə'ri:]
Gobelin	gobeläng, -en, -er [gɔbe'lɛŋ]
Grafik	grafik, -en [gra'fi:k]
Holz|schnitt	träsnitt, -et, - [ˇtrɛ:snit]
~schnitzerei	träsnideri, -et, -er [ˇtrɛ:snidə'ri:]
Illustration	illustration, -en, -er [ilɵstra'ʃu:n]
Intarsien	intarsia, -n, -or [in'tarsja]
Keramik	keramik, -en [çera'mi:k]
Kopie	kopia, -n, -or [kuˇpi:a]
Kreuz	kors, -et, - [kɔʂ]
Kruzifix	krucifix, -et, - [krʉsi'fiks]
Kupferstich	kopparstick, -et, - [ˇkɔpa'ʂʈik]
Lithographie	litografi, -(e)n, -er [litɔgra'fi:]
Maler/in	målare, -n, - [ˇmo:larə]
Marmor	marmor, -n [ˇmarmɔr]
Material	material, -et, - [materi'ɑ:l]
Modell	modell, -en, -er [mu'dɛl]

Mosaik	mosaik, -en, -er [musa'i:k]
Original	original, -et, - [ɔrgi'nɑ:l]
Ornament	ornament, -et, - [ɔɳa'mɛnt]
Plakat	plakat, -et, - [pla'kɑ:t]
Plastik	skulptur, -en, -er [skɵlp'tʉ:r]
Porträt	porträtt, -et, - [pɔ'ʈrɛt]
Porzellan	porslin, -et [pɔ'ʂḷi:n]
Protestant	protestant, -en, -er [prɔtə'stant]
Radierung	radering, -en, -ar [ra'de:riŋ]
Relief	relief, -en, -er [reli'ɛf]
Siebdruck	serigrafi, -(e)n, -er [serigra'fi:]
Skulptur	skulptur, -en, -er [skɵlp'tʉ:r]
Stillleben	stilleben, -et, - ['stile:ben]
Töpferei	krukmakeri, -et, -er [ˇkrʉ:kmɑ:kə'ri:]
Vase	vas, -en, -er [vɑ:s]
Wandmalerei	väggmåleri, -et, -er [ˇvɛgmo:lə'ri:]
Weberei	väveri, -et, -er [ˇvɛvə'ri:]
Werk	verk, -et, - [værk], arbete, -t, -n [ˇarbe:tə]
Früh~	tidigt verk [ˇti:dit værk]
Spät~	sent verk [se:nt værk]
Zeichnung	teckning, -en, -ar [ˇtɛkniŋ]

Stilrichtungen und Epochen

antik	antik [an'ti:k]
Blütezeit	blomstringstid, -en, -er [ˇblɔmstriŋs'ti:d]
Bronzezeit	bronsålder, -n [ˇbrɔnsɔldər]
Christentum	kristendom, -en [ˇkristən'dum]
Dynastie	dynasti, -n, -er [dynas'ti:]
Epoche	epok, -en, -er [e'po:k]
Expressionismus	expressionism, -en [ekspreʃu'nism]
germanisch	germansk [jæ:r'mɑ:nsk]
heidnisch	hednisk ['he:dnisk]
Hochkultur	högkultur, -en, -er [ˇhø:gkɵl'tʉ:r]
Impressionismus	impressionism, -en [imprɛʃu'nism]
Jahrhundert	århundrade, -t, -n [ˇo:rhɵndradə]
Jude	jude, -n, -ar [ˇjʉ:də]
Katholik	katolik, -en, -er [katu'li:k]
Klassizismus	klassicism, -en [klasi'sism]
Kultstätte	kultplats, -en, -er [ˇkɵltplats]
Mittelalter	medeltid, -en [ˇme:dəl'ti:d]
mittelalterlich	medeltida [ˇme:dəl'ti:da]
modern	modern [mu'dæ:ɳ]
Runen	runor *(pl)* [ˇrʉ:nur]
Runenstein	runsten, -en, -ar [ˇrʉ:nste:n]
Steinzeit	stenålder, -n [ˇste:nɔldər]

Stil	stil, -en, -ar [sti:l]
Surrealismus	surrealism, -en [søre:a'lism]
vorgeschichtlich	förhistorisk [ˇfœ:rhis'tu:risk]
Wikinger	viking, -en, -ar [ˇvi:kiŋ]

Ausflüge

Kann man von hier aus ... sehen?
Kan man se ... härifrån? [kan man 'se: 'hæ:rifro:n]

In welcher Richtung liegt ...?
Åt vilket håll ligger ...? [o:t vilkət 'hɔl 'ligər]

Kommen wir am/an ... vorbei?
Kommer vi förbi ...? ['kɔmər vi: fœr'bi:]

Besichtigen wir auch ...?
Kommer vi att besöka ... också? ['kɔmər vi: at be'sø:ka 'ɔksɔ]

Wo fahren wir los?
Var startar vi? [vɑ: ˇʂʈɑ:ʈar vi:]

Wann fahren wir zurück?
När åker vi tillbaka? [nær 'o:kər vi: til'bɑ:ka]

Wann werden wir zurück sein?
När kommer vi att vara tillbaka? [næ:r 'komər vi: at vɑ:ra til'bɑ:ka]

Ausflug	utflykt, -en, -er [ˇʉ:tflykt]
Aussicht	utsikt, -en, -er [ˇʉ:tsikt]
Aussichtspunkt	utsiktspunkt, -en, -er [ˇʉ:tsikts'pɵŋkt]
Berg	berg, -et, - [bærj]
Bergdorf	fjällby, -n, -ar [ˇfjɛlby:]
Botanischer Garten	botanisk trädgård, -en, -ar [bu'tɑ:nisk 'trɛgoɖ]
Bucht	vik, -en, -ar [vi:k]
Fischer|hafen	fiskehamn, -en, -ar [ˇfiskə'hamn]
~ort	fiskeläge, -t, -n [ˇfiskə'lɛ:gə]
Fjord	fjord, -en, -ar [fjo:ɖ], vik, -en, -ar [vi:k]
Fluss	älv, -en, -ar [ɛlv], å, -n, -ar [o:]
Freilichtmuseum	friluftsmuseum, -museet, -er [ˇfri:lɵftsmʉ'se:ɵm]
Freizeitpark	fritidspark, -en, -er [ˇfri:tits'park]
Gebirge	fjäll [fjɛl], berg [bærj] *(pl)*
Gipfel	topp, -en, -ar [tɔp]
Grotte	grotta, -n, -or [ˇgrɔta]
Heide	hed, -en, -ar [he:d]
Hinterland	uppland, -et [ˇɵpland]
Höhle	grotta, -n, -or [ˇgrɔta]

Insel	ö, -n, -ar [øː]
Inselrundfahrt	skärgårdstur, -en, -er [ˇʃæːrgoɖsˈtʉːr]
Klippe	klippa, -n, -or [ˇklipa]
Landschaft	landskap, -et, - [ˇlanskɑːp]
Landsitz	lantgods, -et, - [ˇlantguts]
Lappenzelt	lappkåta, -n, -or [ˇlapkoːta]
Markt	marknad, -en, -er [ˇmarknad], (salu)torg, -et, - [(ˇsɑːlɵ)ˈtɔrj]
Museumsdorf	friluftsmuseum, -museet, -er [ˇfriːlɵftsmʉˈseːɵm]
Nationalpark	nationalpark, -en, -er [natʃuˇnɑːlpark]
Naturschutzgebiet	naturskyddsområde, -t, -n [naˇtʉːrʃytsɔmˈroːdə], naturreservat, -et, - [naˇtʉːresærˈvɑːt]
Pass	(bergs)pass, -et, - [(ˇbærjs)pas]
Planetarium	planetarium, planetariet, -er [planəˈtɑːrjɵm]
Platz	torg, -et, - [tɔrj], plats, -en, -er [plats]
Quelle	källa, -n, -or [ˇçɛla]
Riff	rev, -et, - [reːv]
Rundfahrt	rundtur, -en, -er [ˇrɵndtʉːr]
Schlucht	klyfta, -n, -or [ˇklyfta], ravin, -en, -er [raˈviːn], avgrund, -en, -er [ˇɑːvgrɵnd]
See	sjö, -n, -ar [ʃøː]
Stausee	uppdämd sjö [ˇɵpdɛmd ʃøː]
Sternwarte	observatorium, observatoriet, -er [ɔpsærvaˈtuːrjɵm]
Sumpf	träsk, -et, - [trɛsk], kärr, -et, - [çær], sumpmark, -en, -er [ˇsɵmpmark]
Tagesausflug	heldagsutflykt, -en, -er [ˇheːldɑː(g)sʉːtˈflykt]
Tal	dal, -en, -ar [dɑːl]
Teich *(Berg/Wald)*	tjärn, -en, -ar [çæːɳ]
Tropfsteinhöhle	droppstensgrotta, -n, -or [ˇdrɔpsteːnsˈgrɔta]
Umgebung	omgivningar *(pl)* [ˇɔmjiːvniŋar]
Vogelschutzgebiet	fågelreservat, -et, - [ˇfoːgəlresærˈvɑːt]
Wald	skog, -en, -ar [skuːg]
~brand	skogsbrand, -en, -bränder [ˇskuksbrand]
Wasserfall	vattenfall, -et, - [ˇvatənˈfal]
Wildreservat	viltreservat, -et, - [ˇviltresærˈvɑːt]
Windmühle	väderkvarn, -en, -ar [ˇvɛːdərˈkvɑːɳ]
Zoo	zoologisk trädgård, -en, -ar [sɔˈloːgisk ˈtrɛgɔɖ]

Bade-, Aktiv- und Kreativurlaub

Strände für jeden Geschmack
Berge, Flüsse, Seen und das Meer - Schwedens Natur bietet beste Voraussetzungen für Freizeitaktivitäten im Freien. Ob Schwimmen, Angeln, Wandern, Rad- oder Kanufahren: Überall können Sie in traumhafter Natur Aktivurlaub machen!

Badeurlaub

Gibt es hier ein ...
Finns det något/någon ... här? [fins de nɔt/nɔn hæ:r]
  Schwimmbad?
  bad (-et) [bɑ:d]
  Freibad?
  friluftsbad (-et) [ˇfri:lɵftsˈbɑ:d]
  Hallenbad?
  simhall (-en) [ˇsimhal]

Eine Eintrittskarte (mit Kabine), bitte.
En biljett (med hytt), tack! [en bilˈjɛt (me: hyt) tak]

Badning förbjuden!
Baden verboten!

Endast för simkunniga!
Nur für Schwimmer!

Dykning förbjuden!
Hineinspringen verboten!

Ist der Strand sandig/felsig?
Är det sandstrand/klippor? [e: de ˇsandstrand/ˇklipur]

Ist der Strand steinig?
Är stranden stenig? [e: ˈstrandən ˇste:ni]

Gibt es hier Seeigel/Quallen/Algen?
Finns det sjöborrar/maneter/alger här?
[fins de ˇʃø:bɔrar/maˈne:tər/ˈaljər hæ:r]

Wie weit darf man hinausschwimmen?
Hur långt ut får man simma? [hʉ: ɭɔŋt ˈʉ:t fo:r man ˇsima]

Ist die Strömung stark?
Är det stark ström här? [e: de stark ˈstrøm hæ:r]

Ist es für Kinder gefährlich?
Är det farligt för barn? [e: de ˇfɑ:ɭit fœr ˈbɑ:ɳ]

Ich möchte ... mieten.
Jag skulle vilja hyra ... [jɑ: ˇskɵlə vilja ˇhy:ra]
  ein Boot
  en båt. [en bo:t]

ein Paar Wasserski
ett par vattenskidor. [et pɑːr ˇvatənˈʃiːdur]

Was kostet es pro Stunde/Tag?
Vad kostar det per timme/dag? [vɑː ˇkɔsta ɖe pæː ˇʈimə/ɖɑːg]

Bade|bucht	badvik, -en, -ar [ˇbɑːdviːk]
~meister	badmästare, -n, - [ˇbɑːdmɛstarə]
~steg	badbrygga, -n, -or [ˇbɑːdbryga]
Bootsverleih	båtuthyrning, -en, -ar [ˇboːtʉːtˈhyːɳiŋ]
Dusche	dusch, -en, -ar [dɵʃ]
Freibad	friluftsbad, -et, - [ˇfriːlɵftsˈbɑːd]
Hallenbad	simhall, -en, -ar [ˇsimhal]
Luftmatratze	luftmadrass, -en, -er [ˇlɵftmaˈdras]
Nichtschwimmer	icke-simkunnig [ˇikəsimˈkɵnig]
Qualle	manet, -en, -er [maˈneːt]
Rettungs|weste	flytväst, -en, -ar [ˇflyːtvɛst]
~ring	livboj, -en, -ar [ˇliːvbɔj]
Sand	sand, -en [sand]
Schlauchboot	gummibåt, -en, -ar [ˇgɵmiˈboːt]
Schnorchel	snorkel, -n, snorklar [ˇsnɔrkəl]
Schwimmbad	bad, -et, - [bɑːd]
Schwimmbecken	simbassäng, -en, -er [ˇsimbaˈsɛŋ]
schwimmen	simma [ˇsima]

Schweden hat eine lange Küste mit vielen Buchten und Schären und außerdem noch 96 000 Seen. Dort findet jeder einen Badeplatz nach seinem Geschmack. Das Wasser hat den ganzen Sommer über Badetemperatur und die Wasserqualität ist gut. Wenn es einmal regnen sollte: Fast jede Gemeinde hat ein Hallenbad.

Schwimmer	simmare, -n, - [ˇsimarə]
Schwimm|flossen	simfötter [ˇsimføtər]
~flügel	simkuddar *(pl)* [ˇsimkɵdar]
~ring	badring, -en, -ar [ˇbɑːdriŋ]
Sonnenschirm	parasoll, -et, - [paraˈsɔl]
Sprungbrett	trampolin, -en, -er [trampuˈliːn]
Surfbrett	surfingbräda, -n, -or [ˇsɵrfiŋˈbrɛːda]
surfen	surfa, -ade, -at [ˇsɵrfa]
Swimmingpool	(swimming)pool, -en, -er [(ˈsvimiŋ)ˈpuːl]
Umkleidekabinen	omklädningshytter *(pl)* [ˇɔmklɛdniŋsˈhytər]

Aktivurlaub und Sport

Welche Sportmöglichkeiten gibt es hier?
Vad kan man utöva för sport här?
[vɑː kan man ˇʉːtøːva fœ ʂpɔʈ hæːr]

Gibt es hier einen Golfplatz/einen Tennisplatz/eine Pferderennbahn?
Finns det någon golfbana/ tennisbana/hästkapplöpningsbana här?
[fins de nɔn ˇgɔlfbɑːna/ˇtɛnisˈbɑːna/ˇhɛstkapløːpniŋsˈbɑːna hæːr]

Wo kann man hier angeln?
Var kan man fiska här? [vɑːr kan man ˇfiska hæːr]

Gibt es in den Bergen gute Skipisten?
Finns det bra skidbackar i fjällen? [fins de brɑː ˇʃiːdbakar i ˈfjɛlən]

Wo kann ich ... ausleihen?
Var kan jag låna/hyra ...? [vɑːr kan jɑː ˇloːna/ˇhyːra]

Ich möchte einen ...kurs für Anfänger/Fortgeschrittene machen.
Jag skulle vilja gå på en ...kurs för nybörjare/avancerade.
[jɑː ˇskɵlə vilja ˈgoː pɔ en kɵʂ fœr ˇnyːbœrjarə/avaŋˈseːradə]

Wassersport

Bootserfahrung	erfarenhet av båtar [ˇæːrfɑrənˈheːt ɑːv ˇboːtar]
Canyoning	kanjonvandring, -en, -ar [ˇkanjɔnˈvandriŋ]
Hausboot	husbåt, -en, -ar [ˇhʉːsboːt]
Kanadier	kanadensare, -n, - [kanaˇdensarə]

Die vielen Flüsse, die miteinander verbundenen Seen und die Schären eignen sich hervorragend für Kanutouren. Wer entspannte Fahrten mag, paddelt am besten auf den Binnengewässern im Süden. Raue Wildwassertouren sind in Värmland möglich. Auch durch die Stockholmer Schären kann man paddeln.

Kanu	kanot, -en, -er [kaˈnuːt]
Motorboot	motorbåt, -en, -ar [ˇmuːtɔrˈboːt]
Paddelboot	kanot, -en, -er [kaˈnuːt]
Regatta	regatta, -n, -or [reˇgata]
Ruder	åra, -n, -or [oːra]; roder, rodret, - [ˈruːdər]
Ruderboot	roddbåt, -en, -ar [ˇrudboːt]
rudern	ro, -dde, -tt [ruː]
Rückholservice	hämtservice, -en [ˇhɛmtsœːrvis]
Schwimmweste	flytväst, -en, -ar [ˇflyːtvɛst]
Segelboot	segelbåt, -en, -ar [ˇseːgəlˈboːt]
segeln	segla, -ade, -at [ˇseːgla]

Segeltörn	segeltur, -en, -er [ˇse:gəl'tʉ:r]
Tretboot	vattencykel, -n, -cyklar [ˇvatən'sykəl]
Wasserball	vattenpolo, -n [ˇvatən'pu:lu]
Wasserski	vattenskida, -n, -or [ˇvatən'ʃi:da]
Wellenreiten	surfing, -en ['sərfiŋ]
windsurfen	vindsurfa [ˇvindsərfa]
Windsurfen	vindsurfing, -en [ˇvindsərfiŋ]

Tauchen

Gerätetauchen	dykning med dykarutrustning [ˇdy:kniŋ mɛ: ˇdy:karʉ:t'rəstniŋ]
Harpune	harpun, -en, -er [har'pʉ:n]
Neoprenanzug	våtdräkt, -en, -er [ˇvo:tdrɛkt]
Sauerstoffgerät	syrgasapparat, -en, -er [ˇsy:rgɑ:sapa'rɑ:t]
schnorcheln	snorkla [ˇsnɔrkla]
tauchen	dyka [ˇdy:ka]
Taucher|ausrüstung	dykarutrustning, -en, -ar [ˇdy:karʉ:t'rəstniŋ]
~brille	cyklopöga, -t, -ögon [syˇklo:p'ø:ga]

Angeln

Angel	metspö, -t, -n [ˇme:tspø:]
angeln	fiska, -ade, -at [ˇfiska], meta, -ade, -at [ˇme:ta]
Angelschein	fiskekort, -et, - [ˇfiskə'kuʈ]
Hochseefischen	havsfiske, -t [ˇhafsfiskə]
Köder	agn, -et, - [aŋn], bete, -t, -n [ˇbe:tə]
Schonzeiten	fridlysningstider *(pl)* [ˇfri:dlysniŋs'ti:dər]

Schweden ist ein Eldorado für Angler. Fischreich sind vor allem die Flüsse Ätran, Lagan und Nissan an der Westküste und der Mörrumsån bei Karlshamn in Blekinge. Hier und an den Seen darf man nur mit einem „fiskekort" (Angelschein) angeln, den es im örtlichen Touristenbüro und häufig auch in Sportgeschäften gibt. An der Küste und an den großen Seen Vänern und Vättern benötigt man keinen Angelschein.

Ballspiele

Ball	boll, -en, -ar [bɔl]
Basketball	basketboll [ˇbɑ:sket'bɔl]

Fußball	fotboll, -en, -ar [ˇfu:tbɔl]
~mannschaft	fotbollslag, -et, - [ˇfu:tbɔls'lɑ:g]
~platz	fotbollsplan, -en, -er [ˇfu:tbɔls'plɑ:n]
~spiel	fotbollsmatch, -en, -er [ˇfu:tbɔls'matʃ]
Handball	handboll, -en [ˇhandbɔl]
Tor	mål, -et, - [mo:l]
~wart	målvakt, -en, -er [ˇmo:lvakt]
Volleyball	volleyboll, -en [ˇvɔli'bɔl]

Tennis und Badminton

Doppel	dubbel, -n, dubblar ['dɵbəl]
Einzel	singel, -n, singlar ['siŋəl]
Federball *(Spiel)*	badminton ['bɛdmintɔn]
(Ball)	fjäderboll, -en, -ar [ˇfjɛ:dər'bɔl]
Schläger	racket, -en, -ar ['rakət]
Squash	squash, -en [skvɔʃ]
Tennis	tennis, -en ['tɛnis]
~schläger	tennisracket, -en, -ar [ˇtɛnis'rakət]
Tischtennis	bordtennis, -en [ˇbu:ɖʈɛnis], pingpong, -en [ˇpiŋpɔŋ]

Fitness- und Krafttraining

Aerobic	aerobic(s) [æ'robik(s)]
Fitnesscenter	motionscenter, -centret, - [motˇʃu:nsɛntər]
Gymnastik	gymnastik, -en [jymna'sti:k]
Jazztanz	jazzbalett, -en [ˇjasba'lɛt]
joggen	jogga, -ade, -at [ˇjɔga]
Jogging	joggning, -en [ˇjɔgniŋ]
Konditionstraining	konditionsträning, -en [kɔndiˇʃu:ns'trɛ:niŋ]
Krafttraining	styrketräning, -en [ˇstyrkə'trɛ:niŋ]

Radfahren

Die relativ flache Landschaft macht Schweden zum perfekten Ort für Radfahrer, die gern gemütlich fahren und dabei viel sehen möchten. Herrlich fährt es sich auf der Insel Gotland, wo es nie weit zum nächsten Strand ist. Auf dem Festland sind die Strecken im Süden am schönsten.

Fahrrad	cykel, -n, cyklar ['sykəl]
Fahrradhelm	cykelhjälm, -en, -ar [ˇsykəl'jɛlm]

Luftpumpe	luftpump, -en, -ar [ˇløftpømp]
Fahrradweg	cykelväg, -en, -ar [ˇsykəl'vɛ:g]
Mountainbike	mountainbike, -n, -bikar ['mauntin'bajk]
Rad fahren	cykla, -ade, -at [ˇsykla]
Radrennen	cykeltävling, -en, -ar [ˇsykəl'tɛ:vliŋ]
Rad|sport	cykelsport, -en [ˇsykəl'spɔʈ]
~tour	cykeltur, -en, -er [ˇsykəl'tʉ:r]
Rennrad	tävlingscykel [ˇtɛ:vliŋ'sykəl]

Wandern und Bergsteigen

Die meisten Wanderwege sind gut ausgeschildert, detaillierte Wanderkarten gibt es in Sportgeschäften oder beim örtlichen Touristenbüro. Der berühmteste schwedische Wanderweg, der Kungsleden, geht von Abisko in Lappland bis hinunter nach Dalarna.

Ich möchte eine Bergtour machen.
Jag skulle vilja göra en fjällvandring.
[jɑ: ˇskølə vilja ˇjœ:ra en ˇfjɛlvandriŋ]

Können Sie mir eine interessante Route auf der Karte zeigen?
Skulle du kunna visa mig en intressant tur på kartan?
[ˇskølə dʉ: køna ˇvi:sa mɛj en intrɛ'sant 'tʉ:r pɔ ˇkɑ:ʈan]

Berg|station	fjällstation, -en, -er [ˇfjɛlsta'ʃu:n]
~steigen	bergsbestigning, -en, -ar [ˇbærjsbe'sti:gniŋ]
Fernwanderweg	långvandringsled, -en, -er [ˇlɔŋvandriŋs'le:d]
Route	rutt, -en, -er [røt]
Seilbahn	linbana, -n, -or [ˇli:nbɑ:na]
Sessellift	stollift, -en, -ar [ˇstu:lift]
Sicherungsseil	säkringsrep, -et, - [ˇsɛ:kriŋs're:p]
Tagestour	dagstur, -en, -er [ˇdakstʉ:r]
Wanderkarte	karta över vandringsleder [ˇkɑ:ʈa 'ø:vər ˇvandriŋs'le:dər]
wandern	vandra, -ade, -at [ˇvandra]
Wanderweg	vandringsled, -en, -er [ˇvandriŋs'le:d]

Reiten

Ausritt	ridtur, -en, -er [ˇri:dtʉ:r]
Pferd	häst, -en, -ar [hɛst]
Pferderennen	hästkapplöpning, -en, -ar [ˇhɛstkap'lø:pniŋ]

reiten	rida [ˇri:da]
Reiterferien	ridläger, -lägret, - [ˇri:dlɛ:gər]
Reitschule	ridskola, -n, -or [ˇri:dsku:la]
Reitsport	ridsport, -en [ˇri:dspɔʈ]
Parcours	*(in der Halle:)* hopparena, -n, -or [ˇhɔpa're:na], *(draußen:)* hoppbana, -n, -or [ˇhɔpbɑ:na]

Golf

Golf	golf, -en [gɔlf]
~schläger	golfklubba, -n, -or [ˇgɔlfkləba]
öffentliche Golfanlage	offentlig golfanläggning, -en, -ar [ɔ'fɛntlig) ˇgɔlfan'lɛgniŋ]
Übungsplatz	övningsbana, -n, -or [ˇøvniŋs'bɑ:na]
eine Runde Golf spielen	spelalgå en golfrunda [ˇspe:lalgo: en ˇgɔlfrənda]

Flugsport

Drachenfliegen	drakflygning, -en [ˇdrɑ:kfly:gniŋ]
Fallschirmspringen	fallskärmshoppning, -en [ˇfalʃærms'hɔpniŋ]
Gleitschirm	hängglidare, -n, - [ˇhɛŋgli:darə], flygskärm, -en, -ar [ˇfly:gʃærm]
Lenkdrachen	styrbar drake, -n, -ar [ˇsty:rbɑ:r ˇdrɑ:kə]
Paragliding	hängflygning, -en [ˇhɛŋfly:gniŋ], skärmflygning, -en [ˇʃærmfly:gniŋ]
Segelfliegen	segelflygning [ˇse:gəl'fly:gniŋ]

Winterurlaub

Eine Tageskarte, bitte!
Kan jag få ett kort för en dag? [kan jɑ: fo: et kuʈ fœ:r en dɑ:g]

Um wie viel Uhr ist die letzte Bergfahrt/Talfahrt?
Hur dags går sista turen upp/ner? [hʉ:'ɖaks go: ˇʂista 'tʉ:rən əp/ne:r]

Eis|bahn	skridskobana, -n, -or [ˇskrisku'bɑ:na]
~hockey	ishockey, -n [ˇi:shɔki]
~kunstlauf	konståkning, -en [ˇkɔnsto:kniŋ]
~lauf	skridskoåkning, -en [ˇskrisku'o:kniŋ]
Langlauf	längdlöpning, -en [ˇlɛŋdlø:pniŋ]
Loipe	skidspår, -et, - [ˇʃi:dspo:r]

Schlepplift	släplift, -en, -ar [ˇslɛ:plift]
Schlitten	släde, -n, -ar [ˇslɛ:də], kälke, -n, -ar [ˇçɛlkə]
~ fahren	åka kälke [ˇo:ka ˇçɛlkə]
Schlittschuhe	skridskor [ˇskriskur]
Ski	skida, -n, -or [ˇʃi:da]
~bindung	skidbindning, -en, -ar [ˇʃi:dbindniŋ]
~brille	skidglasögon *(pl)* [ˇski:dglɑ:s'ø:gɔn]
~kurs	skidkurs, -en, -er [ˇʃi:dkɵʂ]
~laufen	skidåkning, -en [ˇʃi:do:kniŋ]
~lehrer	skidlärare, -n, - [ˇʃi:dlæ:rarə]
~stöcke	skidstavar [ˇʃi:dstɑ:var]
Snowboard	snöbräda, -n, -or [ˇsnø:brɛ:da]
Tagespass	liftkort för en dag [ˇliftkuʈ fœ:r en dɑ:g]
Talstation	liftens nedre station ['liftəns 'ne:drə sta'ʃu:n]
Wochenpass	liftkort för en vecka/veckokort, -et, - [ˇliftkuʈ fœ:r en ˇvɛka/ˇvɛku'kuʈ]

Sonstige Sportarten

Boccia	boccia, -n ['bɔtça]
Bowling	bowling, -en ['bouliŋ]
Judo	judo, -n ['jʉ:dɔ]
kegeln	spela kägla [ˇspe:la ˇçɛ:gla]
Leichtathletik	friidrott, -en, -er [ˇfri:i'drɔt]
Minigolf	minigolf, -en [ˇmi:ni'gɔlf]
Motorsport	motorsport, -en [ˇmu:tɔ'ʂpɔʈ]
Ringkampf	brottningsmatch, -en, -er [ˇbrɔtniŋs'matʃ]
Rollschuhe	rullskridskor [ˇrɵlskriskur]
Skateboard	skateboard, -et, - ['skɛjtbo:ɖ]

Sportveranstaltungen besuchen

Ich möchte mir das Fußballspiel/das Pferderennen ansehen.
Jag skulle vilja titta på fotbollsmatchen/ hästkapplöpningen.
[jɑ: ˇskɵlə vilja ˇtita pɔ ˇfu:tbɔls'matʃən/ˇhɛstkap'lø:pniŋən]

Wann/Wo findet es statt?
När/Var äger den rum? [næ:r/vɑ:r 'ɛ:gə ɖen 'rɵm]

Was kostet der Eintritt?
Vad kostar inträdet? [vɑ: ˇkɔstar ˇintrɛ:dət]

Eintrittskarte	inträdesbiljett, -en, -er [ˇintrɛ:dəsbil'jɛt]
Ergebnis	resultat, -et, - [resəl'tɑ:t]
gewinnen	vinna [ˇvina]
Halbzeit	halvlek, -en, -ar [ˇhalvle:k]
Kasse	kassa, -n, -or [ˇkasa]
Mannschaft	lag, -et, - [lɑ:g]
Meisterschaft	mästerskap, -et, - [ˇmɛstə'ʂkɑ:p]
Niederlage	nederlag, -et, - [ˇne:də'ɭɑ:g]
Rennen	tävling, -en, -ar [ˇtɛ:vliŋ], lopp, -et, - [lɔp], (kapp)löpning, -en, -ar [ˇ(kap)lø:pniŋ]
Schiedsrichter	domare, -n, - [ˇdumarə]
Sieg	seger, -n, segrar ['se:gər]
Spiel	match, -en, -er [matʃ], spel, -et, - [spe:l]
Sportler/in	idrottsman, -nen, -män [ˇi:drɔts'man], idrottskvinna, -n, -or [ˇi:drɔtsˇkvina]
Sportplatz	idrottsplats, -en, -er [ˇi:drɔts'plats]
Start	start, -en [stɑ:ʈ]
unentschieden	oavgjort [ˇu:ɑ:v'juʈ]
verlieren	förlora, -ade, -at [fœ'ɭu:ra]
Wettkampf	tävling, -en, -ar [ˇtɛ:vliŋ]

Wellness

Wie viele Anwendungen bekomme ich noch?
Hur många behandlingar återstår för mig nu?
[hʉ:r ˇmɔŋa be'handliŋar ˇo:tə'ʂʈo:r fœ:r mɛj nʉ:]

Ich möchte noch einige zusätzliche ...
Jag skulle vilja ha ytterligare några ...
[jɑ: ˇskələ vilja 'hɑ: ˇytəɭigarə ˇno:ra ...]

Könnte ich einen anderen Termin bekommen?
Skulle jag kunna få en annan tid? [ˇskələ jɑ: kəna 'fo: en ˇanan ti:d]

Machen Sie auch eine ...
Gör ni/du också (en/ett) ... [jø: ɳi:/ɖʉ: 'ɔksɔ (en/et) ...]

Ich leide unter ...
Jag lider av ... [jɑ: 'li:dər ɑ:v ...]

Aqua-Jogging	vattengymnastik, -en [ˇvatənjymna'sti:k]
Akupunktur	akupunktur, -en [akʉpəŋk'tʉ:r]
Aromabad	bad med aromatiska oljor [bɑ:d me: arɔ'mɑ:tiska ˇɔljur]
Ayurveda	Ayurveda [ajər've:da]

Behandlung	behandling, -en, -ar [be'handliŋ]
Dampfbad	ångbad, -et, - [ˇɔŋbɑ:d]
entschlacken, entgiften	befria från avfallsprodukter, avgifta [be'fri:a fro:n ˇɑ:vfalspru'dɵktər, ˇɑ:vjifta]
Fango	fango ['faŋgɔ]
Fuß(reflexzonen)massage	fot(reflexzon)massage, -n [ˇfu:t(reflɛksu:n)ma'sɑ:ʃ]
Ganzkörpermassage	kroppsmassage, -n [ˇkrɔpsma'sɑ:ʃ]
Gesichtsbehandlung	ansiktsbehandling, -en, -ar [ˇansiktsbe'handliŋ]
Heilbad	medicinskt bad [medi'si:nskt bɑ:d]
Heilfasten	terapeutisk fasta [tæra'pɛftisk ˇfasta]
Kneipp-Anwendung	hydroterapi, -n [hydrɔtæra'pi:]
Kurtaxe	kurtaxa, -n [ˇkʉ:rtaksa]
Lymphdrainage	lymfdränage, -t [ˇlymfdrɛ'nɑ:ʃ]
Massage	massage, -n [ma'sɑ:ʃ]
Meditation	meditation, -en, -er [medita'ʃu:n]
Sauna	bastu, -n, -r [ˇbastɵ]
Solarium	solarium, solariet, solarier [su'lɑ:rjɵm]
Therapie	terapi, -n, -er [tæra'pi:]
Thermalbad	hälsobad i varm källa [ˇhɛlsu'bɑ:d i: varm ˇçɛla]
Wellenbad	vågbad, -et, - [ˇvo:gbɑ:d]
Whirlpool	bubbelpool, -en, -er [ˇbɵbəl'pu:l]
Yoga	yoga, -n ['jo:ga]

Kreativurlaub

Ich interessiere mich für ...
Jag är intresserad av ... [jɑ: ɛ: intrɛ'se:rad ɑ:v]
einen ...-Sprachkurs
en språkkurs i ... [en ˇspro:kkɵʂ i: ...]
- für Anfänger.
för nybörjare. [fœ:r ˇny:bœrjarə]
- für Fortgeschrittene.
för avancerade. [fœ:r avaŋ'se:radə]

Sind Vorkenntnisse erforderlich?
Krävs det förkunskaper? [krɛ:fs de: ˇfœ:rkɵn'skɑ:pər]

Bis wann muss man sich anmelden?
Tills när måste man anmäla sig? [tils næ:r ˇmɔstə man ˇanmɛ:la sɛj]

Sind die Materialkosten inklusive?
Ingår materialkostnaderna i priset?
[ˇingo:r matriˇɑ:lkɔstnadəɳa i: 'pri:sət]

Was ist mitzubringen?
Vad ska man ha med sig? [vɑː skɑː man hɑː'mɛːsɛj]

(Akt-)Zeichnen	(akt-)teckning, -en [(ˇakt)tekniŋ]
(Aquarell-)Malen	(akvarell-)målning, -en [(akvaˇrɛl)moːlniŋ]
(Bauch-)Tanz	(mag-)dans, -en [(ˇmɑːg)dans]
Fotografieren	fotografering, -en [futugra'feːriŋ]
Goldschmieden	guldsmide, -t [ˇgɵldsmiːdə]
Holzwerkstatt	träslöjd, -en [ˇtrɛːsløjd]
Kochen	matlagning, -en [ˇmɑːtlɑːgniŋ]
Kurs	kurs, -en, -er [kɵʂ]
Nähen	sömnad, -en [ˇsømnad]
Ölmalerei	oljemålning, -en [ˇɔljə'moːlniŋ]
Trommeln	trumspelning, -en [ˇtrɵmspeːlniŋ]
Weben	vävning, -en [ˇvɛːvniŋ]
Workshop	workshop, -en, -ar ['wəːkʃɔp]

Unterhaltung

Im Original
In Schweden können Sie unter Umständen ins Kino gehen, auch wenn Sie kein Schwedisch beherrschen. Dort werden nämlich ausländische Kinofilme immer in Originalfassung mit schwedischen Untertiteln gezeigt.

Theater - Konzert - Kino

Welches Stück wird heute Abend im Theater gespielt?
Vad spelar de på teatern ikväll? [vɑː ˇspeːla ɖɔm pɔ teˈɑːtəɳ iˈkvɛl]

Was läuft morgen Abend im Kino?
Vilken film går på bion i morgon kväll?
[vilkən film goːr pɔ ˈbiːun i ˇmɔrɔn ˈkvɛl]

Werden im Dom Konzerte veranstaltet?
Ger de konserter i domkyrkan? [jeː ɖɔm kɔnˈsæːrər i ˇdumçyrkan]

Können Sie mir ein gutes Theaterstück empfehlen?
Kan du rekommendera mig en bra teaterpjäs?
[kan dʉː rekɔmənˈdeːra mɛj en brɑː ˇteɑːtərˈpjɛːs]

Wann beginnt die Vorstellung?
När börjar föreställningen? [næːr ˇbœrjar ˇfœːrəˈstɛlniŋən]

Wo bekommt man Karten?
Var får man tag i biljetter? [vɑːr foːr man ˈtɑːg i bilˈjɛtər]

Bitte zwei Karten für heute Abend/morgen Abend.
Kan jag få två biljetter till ikväll/ i morgon kväll?
[kan jɑː foː tvoː bilˈjɛtə ʈil iˈkvɛl/i ˇmɔrɔn ˈkvɛl]

Bitte zwei Plätze zu ...
Kan jag få två platser à ...kronor.
[kan jɑː foː tvoː ˇplatsər a ... ˇkruːnur]

Zwei Erwachsene, ein Kind.
Två vuxna och ett barn. [tvoː ˇvɵksna ɔ et ˈbɑːɳ]

Kann ich bitte ein Programm haben?
Kan jag få ett program? [kan jɑː ˈfoː et prɔˈgram]

Wann ist die Vorstellung zu Ende?
När slutar föreställningen? [næː ˇʂʈʉːtar ˇfœːrəˈstɛlniŋən]

Wo ist die Garderobe?
Var är garderoben? [vɑːr eː gaɖəˈroːbən]

Bühne	scen, -en, -er [seːn]
Eintrittskarte	inträdesbiljett, -en, -er [˅intrɛːdəsbilˈjɛt]
Festival	festival, -en, -er [fɛstiˈvɑːl]
Freilufttheater	friluftsteater, -n, -teatrar [˅friːlɵftsteˈɑːtər]
Garderobe	garderob, -en, -er [gaɖəˈroːb]
Kasse	kassa, -n, -or [˅kasa]
Opernglas	teaterkikare, -n, - [teː˅ɑːtərˈçiːkarə]
Pause	paus, -en, -er [ˈpaːɵs]
Premiere	premiär, -en, -er [premiˈæːr]
Programm	program, -met, - [pruˈgram]
~heft	programhäfte, -t, -n [pru˅gramˈhɛftə]
Vorhang	ridå, -n, -er [riˈdoː]
Vorstellung	föreställning, -en, -ar [˅fœːrəˈstɛlniŋ]
Vorverkauf	förköp, -et [˅fœːrçøːp]
Zirkus	cirkus, -en, -ar [ˈsirkɵs]

Theater

Akt	akt, -en, -er [akt]
Aufführung	föreställning, -en, -ar [˅fœːrəˈstɛlniŋ]
Ballett	balett, -en, -er [baˈlɛt]
Drama	drama, -t, dramer [˅drɑːma]
Inszenierung	inscenering, -en, -ar [inseˈneːriŋ]
Kabarett	kabaré, -n, -er [kabaˈreː]
Komödie	komedi, -n, -er [kɔməˈdiː]
Loge	loge, -n, -r [loːʃ]
Musical	musical, -en, -er [mʉsiˈkɑːl]
Oper	opera, -n, -or [ˈuːpəra]
Operette	operett, -en, -er [upəˈrɛt]
Parkett	parkett, -en [parˈkɛt]
Rang	läktare, -n, - [˅lɛktarə], rad, -en, -er [rɑːd]
Schauspiel	skådespel, -et, - [˅skoːdəˈspeːl]
Schauspieler/in	skådespelare, -n, - [˅skoːdəˈspeːlarə], skådespelerska, -n, -or [˅skoːdəˈspeːləʂka]
Singspiel	sångspel, -et, - [˅sɔŋspeːl]
Tänzer/in	dansare, -n, - [˅dansarə], dansös, -en, -er [danˈsøːs]
Theaterstück	pjäs, -en, -er [pjɛːs]
Tragödie	tragedi, -n, -er [traʃəˈdiː]

Konzert

Begleitung	ackompanjemang, -et, - [akɔmpanjəˈmaŋ]
Chor	kör, -en, -er [kœːr]
Dirigent	dirigent, -en, -er [diriˈʃɛnt]
Komponist/in	kompositör, -en, -er [kɔmpɔsiˈtœːr]
Konzert	konsert, -en, -er [kɔnˈsæːr]
Jazz~	jazzkonsert [ˇjaskɔnˈsæːr]
Kammer~	kammarkonsert [ˇkamarkɔnˈsæːr]
Kirchen~	kyrkokonsert, -en, -er [ˇçyrkukɔnˈsæːr]
Pop~	popkonsert [ˇpɔpkɔnˈsæːr]
Sinfonie~	symfonikonsert, -en, -er [symfɔˇniːkɔnˈsæːr]
Orchester	orkester, -n, orkestrar [ɔrˈkɛstər]
Sänger/in	sångare, -n, - [ˇsɔŋarə], sångerska, -n, -or [ˇsɔŋəʂka]
Singspiel	sångspel, -et, - [ˇsɔŋspeːl]
Solist/in	solist, -en, -er [suˈlist]

Kino

Film	film, -en, -er [film]
~schauspieler/in	(film)skådespelare, -n, - [ˇ(film)skoːdəˈspeːlarə]/ (film)skådespelerska, -n, -or [ˇ(film)skoːdeˈspeːləʂka]
Kino	bio, -n, biografer [ˈbiːu]
Originalfassung	originalversion, -en, -er [ɔrgiˇnɑːlværˈʃuːn]
Regie	regi, -n [reˈʃiː]
Rolle	roll, -en, -er [rɔl]
Haupt~	huvudroll, -en, -er [ˇhʉːvədˈrɔl]
Untertitel	text, -en [tɛkst]

Nachtleben

Schweden ist nicht gerade für sein Nachtleben berühmt, aber in den Großstädten gibt es eine Reihe guter Jazzklubs, Bars und Diskotheken. In Stockholm gibt die Broschüre „Stockholm This Week" entsprechende Hinweise.

Was kann man hier abends unternehmen?
Vad kan man göra här på kvällarna?
[vɑː kan man ˇjøːra hæːr pɔ ˇkvɛlarna]

Gibt es hier eine gemütliche Kneipe?
Finns det någon trevlig krog här? [fins de nɔn ˇtreːvli(g) ˈkruːg hæːr]

Wo kann man hier tanzen gehen?
Var kan man gå och dansa här? [vɑːr kan man ˇgoː ɔ ˇdansa hæːr]

Ein Bier, bitte.
En öl, tack. [en ˈøːl tak]

Das Gleiche noch einmal.
Kan jag få en till likadan? [kan jɑː ˈfoː en ˈtil ˇliːkaˈdan]

Diese Runde übernehme ich.
Det är jag som bjuder den här gången.
[de eː jɑː sɔm ˈbjʉːdər den ˈhæːr ˈgɔngən]

Wollen wir (noch einmal) tanzen?
Ska vi dansa (en gång till)? [skɑː viː ˇdansa (en gɔŋ ˈtil)]

ausgehen	gå ut [goː ˈʉːt]
Band	band, -et, - [band]
Bar	bar, -en, -er [bɑːr]
Discjockey	diskjockey, -n [ˇdiskjɔki]
Diskothek	diskotek, -et, - [diskuˈteːk]
Folklore	folklor, -en [ˇfɔlkloːr]
Kneipe	krog, -en, -ar [kruːg]
Live-Musik	levande musik [ˇleːvandə mʉˈsiːk]
Nachtclub	nattklubb, -en, -ar [ˇnatkləb]
Show	show, -en, -er [ʃɔv]
Spielcasino	spelkasino, -t, -n [ˇspeːlkaˈsiːnɔ]
tanzen	dansa, -ade, -at [ˇdansa]
Tanz|kapelle	danskapell, -et, - [ˇdanskaˈpɛl]
~musik	dansmusik, -en [ˇdansmʉˈsiːk]

Feste und Veranstaltungen

Vergnügungsparks
Die beiden großen Vergnügungsparks Schwedens sind **Gröna Lund** in Stockholm und **Liseberg** in Göteborg.

Könnten Sie mir bitte sagen, wann das ...-Festival stattfindet?
Skulle du kunna säga mig när ...-festivalen äger rum?
[ˇskələ dʉː kəna ˇsɛja mɛj næːr fɛstiˈvɑːlən ɛːgər ˈrəm]
vom ... bis ...
från ... till ... [froːn ... til ...]
jedes Jahr im August
varje år i augusti [ˇvarjə oːr iː aˈgəsti]
alle 2 Jahre
vartannat år [vaʈˇanat oːr]

Kann jeder teilnehmen?
Kan vem som helst delta? [kan vɛm sɔm hɛlst ˇdeːltɑː]

Typische Festivitäten und Veranstaltungen

Einige schwedische Feste und Feiertage kennt man im Ausland nicht:

Am ersten Sonntag im März findet seit 1922 jedes Jahr der Wasalauf – **„Vasaloppet"** – von Sälen nach Mora in Dalarna statt. Es ist ein berühmtes Skilanglaufrennen von 85 km, das zur Erinnerung an die Flucht Gustav Wasas vor den Dänen im Jahre 1521 ausgetragen wird und in Schweden viel Beachtung findet.
Am **30. April** feiern die Schweden die Walpurgisnacht **– „Valborgsmässoafton**". An diesem Abend begrüßt man die Ankunft des Frühlings mit großen Feuern und Gesang. Vor allem in den Universitätsstädten finden an diesem Tag überall Studentenfeste statt.
Seit 2005 ist der **6. Juni**, der seit 1983 der **schwedische Nationalfeiertag** ist, ein Feiertag. Dafür ist der Pfingstmontag kein Feiertag mehr.
Ganz wichtig ist in Schweden das **Mittsommerfest.** Der **Mittsommertag** ist ein beweglicher Feiertag, der auf den ersten Samstag nach der Sommersonnenwende fällt (20. bis 26. Juni). Am Vorabend des Mittsommertages feiern die Schweden das Mittsommerfest. Diese Feier hat eine uralte Tradition, die in den vorgeschichtlichen Sommersonnenwendfeiern wurzelt. Traditionell wird der mit Birkengrün und Blumen geschmückte „majstång" (Maibaum) aufgestellt. Oft in Trachten gekleidet tanzen Jung und Alt singend um den Maibaum herum.
Diese Nacht ist eine der kürzesten Nächte des hellen schwedischen Sommers und man feiert meistens bis die Sonne wieder aufgeht.
Beim **Stockholmer Jazzfestival** spielen **Ende Juli** eine Woche lang internationale Spitzenmusiker auf der Insel Skeppsholmen mitten in der Hauptstadt.
Krebse sind eine Delikatesse, die man in Schweden besonders schätzt. Das traditionelle **Krebsessen Mitte oder Ende August** bildet den Abschluss des zu Ende gehenden Sommers. Zu den Krebsen trinkt man Bier und Schnaps und singt schwedische Trinklieder.
Allerheiligen ist in Schweden ein beweglicher Feiertag, der auf den Samstag vor dem ersten Sonntag im November fällt (31. Oktober bis 6. November). An diesem Tag besucht man den Friedhof, um der verstorbenen Angehörigen zu gedenken und ihre Gräber mit Blumen und Kerzen zu schmücken.
Am **10. Dezember**, dem Nobeltag („nobeldagen"), findet in Stockholm die Verleihung der Nobelpreise durch König Carl XVI. Gustaf statt.
Der 10. Dezember war der Todestag des Stifters Alfred Nobel.
Am **13. Dezember** feiern die Schweden das Fest der **Lichterkönigin St. Lucia**. Die Lucia trägt einen Kranz mit brennenden Kerzen im Haar und wird von jungen Mädchen in langen, weißen Gewändern mit Kerzen in den Händen begleitet. Sie singen Lucia- und Weihnachtslieder.

Einkaufen

Schöne Mitbringsel
In einem Supermarkt („stormarknad") oder Selbstbedienungsladen („snabbköp") findet man fast alles, was man braucht. Viel spannender ist es aber, in kleineren Geschäften und in den schönen Kunsthandwerksläden („hemslöjdsaffärer") zu stöbern. Besonders beliebte Souvenirs sind Keramik- und Glasartikel, Kunsthandwerk, Kleidung und Sportausrüstung. Aus der Gegend um Växjö in Småland, auch „glasriket" (das Glasreich) genannt, können Sie bildschöne Vasen, Gläser und Schüsseln der Hersteller Orrefors oder Kosta Boda erwerben. Seit mehr als 250 Jahren bestehen diese südschwedischen Glashütten. Sie können zusehen, wie das Glas hergestellt wird, und es günstig ab Fabrik kaufen. Läden mit schwedischem Glas finden Sie aber auch in den Großstädten. Schöne Leinenwaren wie Tischdecken, Servietten und Küchenhandtücher aus schlichtem, hochwertigem Material gibt es überall zu kaufen. Sehr beliebt sind auch die dekorativen, handgemachten so genannten Dalarnapferdchen („dalahästar"). Auch schwedische Delikatessen wie „rökt lax" (Räucherlachs) oder ein Glas „hjortronsylt" (eine Marmelade aus den süß-säuerlichen, gelb-roten Moltebeeren) eignen sich gut als Mitbringsel.

Fragen

Ich suche ...
Jag letar efter ... [jɑ: ˇle:tar ɛftər]

Ich möchte ...
Jag skulle vilja ha ... [jɑ: ˇskɵlə vilja hɑ:]

Werden Sie schon bedient?
Kan jag hjälpa dig? [kan jɑ: ˇjɛlpa dɛj]/
Är det tillsagt? [e: de ˇtilsakt]

Danke, ich sehe mich nur um.
Tack, jag ska bara titta litet. [tak jɑ: skɑ: ˇbɑ:ra ˇtita ˇli:tə]

Haben Sie ...?
Har ni ...? [hɑ: ɳi:]

Zeigen Sie mir bitte ...
Kan du visa mig ... [kan dʉ: ˇvi:sa mɛj]

Können Sie mir bitte etwas anderes zeigen?
Kan du visa mig något annat? [kan dʉ: ˇvi:sa mɛj nɔt ˇanat]

Können Sie es mir einpacken?
Kan du packa in det åt mig? [kan dʉ: paka ˈin de: o:t mɛj]

Ich möchte dies umtauschen.
Jag skulle vilja byta det här/den här.
[jɑ: ˇskɵlə vilja ˇby:ta de ˈhæ:r/ˇden ˈhæ:r]

Handeln und kaufen

Wie viel kostet es?
Hur mycket/Vad kostar det? [hʉːr ᵛmykə/vɑː ᵛkɔsta ɖe]

„Rea" (= „realisation") steht auf den Schaufenstern, wenn es einen Schlussverkauf gibt. Sonderangebote sind mit „extrapris" und Gelegenheitskäufe mit „fynd" gekennzeichnet.

Das ist aber teuer.
Det var verkligen dyrt. [deː vɑː ᵛværkligən dyːrt]

Geben Sie einen Rabatt?
Ger du/ni rabatt? [jeː ɖʉː/ɳiː raˈbat]

Das gefällt mir. Ich nehme es.
Det tycker jag om. Jag tar det. [ˈdeː tykər jɑː ˈɔm jɑː tɑː ˈɖeː]

Nehmen Sie Kreditkarten?
Tar ni emot kreditkort? [tɑː ɳiː eˈmuːt kreᵛdiːtkuʈ]

Geschäfte

Die Öffnungszeiten der Geschäfte unterscheiden sich erheblich von denen in Deutschland. Insbesondere Lebensmittelgeschäfte sind auch samstagabends und sonntags zu bestimmten Zeiten geöffnet. Dies gilt auch meist für Einkaufszentren. Die genauen Öffnungszeiten lassen sich der örtlichen Presse entnehmen. In den Städten gibt es auch kleine Lebensmittelgeschäfte, so genannte „närbutiker" (Läden um die Ecke), die bis 22 Uhr geöffnet sind.

Öffnungszeiten
öppettider [ᵛøpəˈtiːdər]

öppet offen	stängt geschlossen	semesterstängt Betriebsferien

Wo finde ich ... ?
Var kan man köpa...? [vɑːr kan man ᵛçøːpa]

Können Sie mir ein ...geschäft empfehlen?
Kan du rekommendera mig någon ...affär?
[kan dʉː rekɔmənˈdeːra mɛj nɔn ᵛ...aˈfæːr]

Antiquariat	antikvariat, -et, - [antikvariˈɑːt]
Antiquitätengeschäft	antikvitetsaffär, -en, -er [antikviᵛteːtsaˈfæːr]
Apotheke	apotek, -et, - [apuˈteːk]

Bäckerei	bageri, -et, -er [bɑ:gə'ri:]
Bioladen	hälsokostbutik, -en, -er [ˇhɛlsukɔstbʉ'ti:k]
Blumengeschäft	blomsteraffär, -en, -er [ˇblɔmstəra'fæ:r]
Boutique	boutique, -n, -r [bu'tik]
Buchhandlung	bokhandel, -n, -handlar [ˇbu:khandəl]
Computerfachgeschäft	specialaffär för datorer [spesiˇɑ:la'fæ:r fœ: ɖa'tu:rər]
Drogerie	färghandel, -n, -handlar [ˇfærjhandəl]
Einkaufszentrum	shoppingcenter, -centret, - [ˇʃɔpiŋ'sɛntər], köpcenter, -centret, - [ˇçø:psɛntər]

Die Warteschlange
In Schweden steht man fast überall Schlange: auf der Bank, in der Apotheke, am Bahnhof, im Reisebüro, an der Fleisch- und Käsetheke im Supermarkt. Achten Sie darauf, ob es einen Automaten gibt, aus dem Sie einen Zettel mit einer Nummer ziehen müssen. Eine Tafel zeigt an, welche Nummer gerade an der Reihe ist. Haben Sie keinen Nummernzettel gezogen, riskieren Sie, nicht bedient zu werden. Dieses System wird ja auch in Deutschland langsam üblich.

Eisenwarengeschäft	järnhandel, -n, -handlar [ˇjæ:ɳhandəl]
Elektrohandlung	elaffär, -en, -er [ˇe:la'fæ:r]
Feinkostgeschäft	delikatessaffär, -en, -er [delikaˇtesɑ'fæ:r]
Fischgeschäft	fiskaffär, -en, -er [ˇfiska'fæ:r]
Flohmarkt	loppmarknad, -en, -er [ˇlɔpmarknad]
Fotogeschäft	fotoaffär, -en, -er [ˇfutua'fæ:r]
Friseur/in	frisör, -en, -er [fri'sœ:r], hårfrisörska, -n, -or [ˇho:rfri'sœ:ʂka]
Gemüsehändler	grönsakshandlare, -n, - [ˇgrø:nsɑ:ks'handlarə]
Handygeschäft	mobiltelefonaffär, -en, -er [muˇbi:ltelәfo:na'fæ:r]
Haushaltswaren(geschäft)	(affär med) hushållsartiklar [(a'fæ:r me:) ˇhʉ:shɔlsa'ʈiklar]
Juwelier	juvelerare, -n, - [jʉvəˇle:rarə]
Kaufhaus	varuhus, -et, - [ˇvɑ:rʉ'hʉ:s]
Konditorei	konditori, -et, -er [kɔnditɔ'ri:]
Kosmetiksalon	skönhetssalong, -en, -er [ˇʃø:nhe:tsa'lɔŋ]

Kunstgewerbe	konsthantverk, -et, - [ˇkɔnsthantˈværk]
Kunsthändler	konsthandlare, -n, - [ˇkɔnsthandlarə]
Lebensmittelgeschäft	livsmedelsaffär, -en, -er [ˇlifsmeːdəlsaˈfæːr]
Lederwarengeschäft	lädervaruaffär, -en, -er [ˇlɛːdərvɑːrʉaˈfæːr]
Markt	torg, -et, - [toːrj]
Metzgerei	köttaffär, -en, -er [ˇçøtaˈfæːr], charkuteri, -et, -er [ʃarkɵtəˈriː]
Möbelgeschäft	möbelaffär, -en, -er [ˇmøːbəlaˈfæːr]
Musikgeschäft	musikaffär, -en, -er [mʉˇsiːkaˈfæːr]
Obst- und Gemüsehändler	frukt- och grönsakshandlare, -n, - [ˇfrɵkt- oː ˇgrøːnsɑːksˈhandlarə]
Obsthandlung	fruktaffär, -en, -er [ˇfrɵktaˈfæːr]
Optiker	optiker, -n, - [ˈɔptikər]
Parfümerie	parfymeri, -et, -er [parfyməˈriː]
Pelzgeschäft	pälsaffär, -en, -er [ˇpɛlsaˈfæːr]
Plattenladen	skivaffär, -en, -er [ˇʃiːvaˈfæːr]
Reformhaus	hälsokostbutik, -en, -er [ˇhɛlsukɔstbʉˈtiːk]
Reinigung, chemische	kemtvätt, -en, -er [ˇçeːmtvɛt]
Reisebüro	resebyrå, -n, -er [ˇreːsəˈbyːrɔ]
Schneider/in	skräddare, -n, - [ˇskrɛdarə], sömmerska, -n, -or [ˇsøməʂka]
Schreibwarengeschäft	pappershandel, -n, -handlar [ˇpapəʂˈhandəl]
Schuhgeschäft	skoaffär, -en, -er [ˇskuːaˈfæːr]
Schuhmacher	skomakare, -n, - [ˇskuːmɑːkarə]
Selbstbedienungsladen	snabbköpsbutik, -en, -er [ˇsnabçøpsbʉˈtiːk]
Souvenirladen	souvenirbutik, -en, -er [suvəˇniːrbʉˈtiːk]
Spielwarengeschäft	leksaksaffär, -en, -er [ˇleːksɑːksaˈfæːr]
Spirituosengeschäft	systembolag, -et, - [syˇsteːmbuˈlɑːg]
Sportgeschäft	sportaffär, en, -er [ˇspɔʈaˈfæːr]
Supermarkt	stormarknad, -en, -er [ˇstuːrmarknad]
Süßwarengeschäft	gottaffär, -en, -er [ˇgɔtaˈfæːr]
Tabakladen	tobaksaffär, -en, -er [ˇtuːbaksaˈfæːr]
Uhrmacher	urmakare, -n, - [ˇʉːrmɑːkarə]
Wäscherei	tvättinrättning, -en, -ar [ˇtvɛtinˈrɛtniŋ]
Waschsalon	tvättomat, en, -er [tvɛtɔˈmɑːt]
Zeitungskiosk	tidningskiosk, -en, -er [ˇtiːniŋsˈçɔsk]

Ich hätte gern …
Jag skulle vilja ha … [jɑ: ˇskələ vilja hɑ:]
eine deutsche Zeitung.
en tysk tidning. [en tysk ˇti:(d)niŋ]
eine Zeitschrift.
en veckotidning. [en ˇvɛkuˈti:(d)niŋ]
einen Reiseführer.
en reseguide. [en ˇre:səˈgajd]
eine Briefmarke.
ett frimärke. [et ˇfri:mærkə]

Bücher, Zeitschriften und Zeitungen

Illustrierte	veckotidning, -en, -ar [ˇvɛkuˈti:(d)niŋ]
Kochbuch	kokbok, -en, -böcker [ˇku:kbu:k]
Landkarte	karta, -n, -or [ˇkɑ:ʈa]
Roman	roman, -en, -er [ruˈmɑ:n]
Kriminal~	deckare, -n, - [ˇdɛkarə]
Stadtplan	stadskarta, -n, -or [ˇstatskɑ:ʈa]
Straßenkarte	bilkarta, -n, -or [ˇbi:lkɑ:ʈa], vägkarta, -n, -or [ˇvɛ:gkɑ:ʈa]
Taschenbuch	pocketbok, -en, -böcker [ˇpɔkitbu:k]
Wanderkarte dieser Gegend	karta över vandringsleder i den här trakten [ˇkɑ:ʈa ˈø:vər ˇvandriŋsˈle:dər i: dɛnˈhæ: ˈʈraktən]
Zeitschrift	tidskrift, -en, -er [ˇti:dskrift]

Schreibwaren

Ansichtskarte	vykort, -et, - [ˇvy:kuʈ]
Bleistift	blyertspenna, -n, -or [ˇbly:æʈʂˈpɛna]
~spitzer	pennvässare, -n, - [ˇpɛnvɛsarə]
Brief|marke	frimärke, -t, -n [ˇfri:mærkə]
~papier	brevpapper, -pappereт, - [ˇbre:vpapər]
~umschlag	kuvert, -et, - [kəˈvæ:r]
Farbstift	färgpenna, -n, -or [ˇfærjpɛna]
Filzstift	spritpenna, -n, -or [ˇspri:tpɛna]
Füllfederhalter	reservoarpenna, -n, -or [resærvuˇɑ:rpɛna]
Geschenkpapier	presentpapper, -papperet, - [preˇsɛntpapər]
Klebstoff	klister, klistret [ˈklistər]
Kugelschreiber	kulspetspenna, -n, -or [ˇkʉ:lspetsˈpɛna]
Malbuch	målarbok, -en, -böcker [ˇmo:larˈbu:k]

Notiz|block	anteckningsblock, -et, - [ˇantekniŋsˈblɔk]
~buch	anteckningsbok, -en, -böcker [ˇantekniŋsˈbu:k]
Papier	papper, papperet, - [ˇpapər]
Radiergummi	radergummi, -t, -n [raˇde:rgɵmi]
Spielkarten	(spel)kort, -et, - [(ˇspe:l)kuʈ]
Tesafilm	tejp, -en [tɛjp]
Zeichenblock	ritblock, -et, - [ˇri:tblɔk]

Drogerieartikel

Augenbrauenstift	ögonbrynspenna, -n, -or [ˇø:gɔnbry:nsˈpɛna]
Bürste	borste, -n, -ar [ˇbɔʂʈə]
Creme	kräm, en, -er [krɛ:m]
Damenbinden	dambindor [ˇdɑ:mbindur]
Deo(dorant)	deodorant, -en, -er [deɔdɔˈrant]
Erfrischungstücher	våtservetter [ˇvo:tsærˈvɛtər]
Faden	tråd, -en, -ar [tro:d]
Fleckenwasser	fläckborttagningsmedel, -medlet, - [ˇflɛkbɔʈɑ:gniŋsˈme:dəl]
Haarbürste	hårborste, -n, -ar [ˇho:rbɔʂʈə]
Haarentferner	hårborttagningsmedel [ˇho:rbɔʈɑ:gniŋsˈme:dəl]
Haarfestiger	hårläggningsvätska, -n [ˇho:ɭɛgniŋsˈvɛtska]
Haarklammern	hårnålar [ˇho:ɳo:lar]
Haarspray	hårspray, -en [ˇho:ʂprɛj]
Haarwaschmittel	hårschampo, -t [ˇho:rʃampu]
Kajalstift	kajalpenna, -n, -or [kaˇjɑ:lpɛna]
Kamm	kam, -men, -mar [kam]
Kleiderbürste	klädborste, -n, -ar [ˇklɛ:dbɔʂʈə]
Lichtschutzfaktor	ljusskyddsfaktor, -n, -er [ˇjʉ:sʃytsˈfaktɔr]
Lidschatten	ögonskugga, -n, -or [ˇø:gɔnˈskɵga]
Lippenstift	läppstift, -et, - [ˇlɛpstift]
Lockenwickler	papiljotter *(pl)* [papilˈjɔtər]
Mundwasser	munvatten, -vattnet, - [ˇmɵnvatən]
Nadel	nål, -en, -ar [no:l]
Nagelbürste	nagelborste, -n, -ar [ˇnɑ:gəlˈbɔʂʈə]
Nagelfeile	nagelfil, -en, -ar [ˇnɑ:gəlˈfi:l]
Nagellack	nagellack, -et, - [ˇnɑ:gəˈlak]
Nagellackentferner	aceton, -et/-en [aseˈto:n]
Nagelschere	nagelsax, -en, -ar [ˇnɑ:gəlˈsaks]
Ohropax	öronproppar *(pl)* [ˇœ:rɔnˈprɔpar]
Papiertaschentücher	pappersnäsdukar [ˇpapəʂɳɛ:sˈdʉ:kar]

Einkaufen

Ich hätte gern ...
Jag skulle vilja ha ...

Parfüm	parfym, -en, -er [par'fy:m]
Pflaster	plåster, -plåstret, - ['plɔstər]
Pinzette	pincett, -en, -er [pin'sɛt]
Präservativ	kondom, -en, -er [kɔn'do:m]
Puder	puder, pudret ['pʉ:dər]
Rasierapparat	rakapparat, -en, -er [ˇrɑ:kapa'rɑ:t]
Rasierklinge	rakblad, -et, - [ˇrɑ:kblɑ:d]
Rasierpinsel	rakborste, -n, -ar [ˇrɑ:kbɔʂʈə]
Rasierseife	raktvål, -en, -ar [ˇrɑ:ktvo:l]
Rasierwasser	rakvatten, -vattnet [ˇrɑ:kvatən]
Reinigungsmilch	rengöringskräm, -en, -er [ˇre:njœ:riŋs'krɛ:m]
Reisenecessaire	necessär, -en, -er [nesə'sæ:r]
Schaumfestiger	hårskum, -met [ˇho:ʂkɵm]
Schwamm	svamp, -en, -ar [svamp]
Seife	tvål, -en, -ar [tvo:l]
Sicherheitsnadeln	säkerhetsnål, -en, -ar [ˇsɛ:kərhe:ts'no:l]
Sonnencreme	solkräm, -en, -er [ˇsu:lkrɛ:m]
Sonnenöl	sololja, -n [ˇsu:lɔlja]
Spiegel	spegel, -n, speglar [ˇspe:gəl]
Spülbürste	diskborste, -n, -ar [ˇdiskbɔʂʈə]
Spülmittel	diskmedel, -medlet, - [ˇdiskme:dəl]
Spültuch	disktrasa, -n, -or [ˇdisktrɑ:sa]
Tampon	tampong, -en, -er [tam'pɔŋ]
Toilettenpapier	toalettpapper, -et [tuaˇlɛtpapər]
Waschlappen	tvättlapp, -en, -ar [ˇtvɛtlap]
Waschmittel	tvättmedel, -medlet, - [ˇtvɛtme:dəl]
Watte	bomull [ˇbumɵl]
Wimperntusche	mascara, -n [maˇskɑ:ra]
Windel	blöja, -n, -or [ˇbløja]
Zahn|bürste	tandborste, -n, -ar [ˇtandbɔʂʈə]
~pasta	tandkräm, -en [ˇtandkrɛ:m]
Zahnseide	tandtråd, -en, -ar [ˇtandtro:d]

Elektroartikel/Computer

Akku	ackumulator, -n, -er [akʉmʉˇlɑ:tɔr]
Batterie	batteri, -et, -er [batə'ri:]
CD/DVD	CD/DVD [ˇse:de:/de:ve:'de:]
Drucker	skrivare, -n, - [ˇskri:varə]
Föhn	hårtork, -en, -ar [ˇho:ʈɔrk], varmluftsfläkt, en, -ar [ˇvarmlɵfts'flɛkt]
Glühbirne	glödlampa, -n, -or [ˇglø:dlampa]
Kopfhörer	hörlur, -en, -ar [ˇhœ:ɭʉ:r]

Ladekabel	laddningskabel, -n [ˇladniŋsˈkɑ:bəl]
Laptop	bärbar dator, -n, -er [ˇbæ:rbɑ: ˇɖɑ:tɔr]
Memorystick	USB-minne, -t, -n [ʉ:ɛsˇbe:minə]
MP3Player/iPod	MP3spelare/iPod [ɛmpe:ˇtre:spe:larə/ˈaipɔd]
Rohling	tom CD [tum ˇse:de:]
Scanner	skanner, -n, skannrar [ˈskanər]
Speicherkarte	minneskort, -et, - [ˇminəsˈkuʈ]
Stecker	stickpropp, -en, -ar [ˇstikprɔp]
Taschenlampe	ficklampa, -n, -or [ˇfiklampa]
Unterwasserkamera	undervattenskamera, -n, -or [ˇɵndərvatənsˈkɑ:məra]
Verlängerungsschnur	skarvsladd, -en, -ar [ˇskarvslad]
Walkman	freestyle, -n, freestylar [ˈfri:stajl]
Wecker	väckarklocka, -n, -or [ˇvɛkarˈklɔka]

Fotoartikel

Ich möchte ...
Jag skulle vilja ha ... [jɑ: ˇskɵlə vilja hɑ:]
einen Film für diesen Fotoapparat.
en film till den här kameran. [en film til den ˈhæ:r ˈkɑ:məran]
einen Farbfilm (für Dias).
en färgfilm (för diabilder). [en ˇfærjfilm (fœ ˇɖi:aˈbildər)]
einen Film mit 36/20/12 Aufnahmen.
en film med 36/20/12 bilder.
[en film me: trɛtiˈsɛks/ˇçʉ:gə/tɔlv ˇbildər]

Der Sucher/Der Auslöser funktioniert nicht.
Sökaren/Utlösaren fungerar inte.
[ˇsø:karən/ˇʉ:tlø:sarən fɵŋˈge:rar ˇintə]

Das ist kaputt. Können Sie es bitte reparieren?
Det här är trasigt. Skulle du kunna laga det?
[de ˈhæ:r e: ˇtrɑ:sit ˇskɵlə dʉ: kɵna ˇlɑ:ga de:]

Adapter	adapter, -n, adaptrar [aˈdaptər]
Auslöser	utlösare, -n, - [ˇʉ:tlø:sarə]
Belichtungsmesser	exponeringsmätare, -n, - [ɛkspɔˇne:riŋsˈmɛ:tarə]
Blende	bländare, -n, - [ˇblɛndarə]
Blitz|gerät	blixt, -en, -ar [blikst]
~würfel	blixtkub, -en, -er [ˇblikstkʉ:b]
Dia	dia, -n, -or [ˇdi:a]
Digitalkamera	digitalkamera, -n, -or [digiˇtɑ:lkɑ:məra]
~kamera	filmkamera, -n, -or [ˇfilmkɑ:məra]
~transport	filmframmatning, -en [ˇfilmfraˈmɑ:tniŋ]

Linse	lins, -en, -er [lins]
Objektiv	objektiv, -et, - [ɔbjɛk'ti:v]
Passbild	passfoto, -t, -n [ˇpasfu(:)tu]
Schwarzweiß-Film	svartvit film, -en, -er [ˇsvaʈvi:t film]
Selbstauslöser	självutlösare, -n, - [ˇʃɛlvʉ:t'lø:sarə]
Stativ	stativ, -et, - [sta'ti:v]
Sucher	sökare, -n, - [ˇsø:karə]
Teleobjektiv	teleobjektiv, -et, - [ˇte:ləɔbjɛk'ti:v]
Verschluss	slutare, -n, - [ˇslʉ:tarə]
Video|film	videofilm, -en, -er [ˇvi:djɔ'film]
~kamera	videokamera, -n, -or [ˇvi:djɔ'kɑ:məra]
~kassette	videokassett, -en, -er [ˇvi:djɔka'set]
~rekorder	videobandspelare, -n, - [ˇvi:djɔband'spe:larə]

Frisör

Waschen und föhnen, bitte.
Tvätta och föna håret, tack. [ˇtvɛta ɔ ˇfø:na 'ho:rət tak]

Schneiden mit/ohne Waschen, bitte.
Klippning och tvättning, tack./ Klippning men det behöver inte tvättas, tack. [ˇklipniŋ ɔ ˇtvɛtniŋ tak/ˇklipniŋ mɛn de be'hø:vər intə ˇtvɛtas tak]

Ich möchte ...
Jag skulle vilja (ha) ... [jɑ: ˇskɵlə vilja (hɑ:)]

Nur die Spitzen.
Bara topparna. [ˇbɑ:ra ˇtɔpaɳa]

Nicht zu kurz/Ganz kurz/Etwas kürzer, bitte.
Inte för kort/Väldigt kort/Litet kortare, tack.
[ˇintə fœr kɔʈ/vɛldit kɔʈ /li:tə ˇkɔʈarə tak]

Den Scheitel links/rechts, bitte.
Benan på vänster/höger sida, tack.
[ˇbe:nan pɔ 'vɛnstə/'hø:gə ˇʂi:da tak]

Bitte keinen/nur wenig Haarspray.
Ingen/Bara lite hårspray, tack. [ˇiŋən/ˇbɑ:ra ˇli:tə ˇho:ʂprɛj tak]

Rasieren, bitte.
Rakning, tack. [ˇrɑ:kniŋ tak]

Stutzen Sie mir bitte den Bart.
Kan du trimma mitt skägg? [kan dʉ: ˇtrima mit ʃɛg]

Vielen Dank. So ist es gut.
Tack så mycket. Det är bra så. [tak sɔ ˇmykə de e: brɑ: so:]

Augenbrauen zupfen	plocka ögonbrynen [ˇplɔka ˇø:gɔn'bry:nən]
Bart	skägg, -et, - [ʃɛg]
blond	blond [blɔnd]
färben	färga, -ade, -at [ˇfærja]
Föhn	hårtork, -en, -ar [ˇho:ʈɔrk]
föhnen	föna, -ade, -at [ˇfø:na]
frisieren	frisera, -ade, -at [fri'se:ra]
Frisur	frisyr, -en, -er [fri'sy:r]
Haar	hår, -et, - [ho:r]
fettiges ~	fett hår [fɛt ho:r]
trockenes ~	torrt hår [tɔʈ ho:r]
Haarschnitt	klippning, -en [ˇklipniŋ], frisyr, -en, -er [fri'sy:r]
Haarspray	hårspray, -en, -er [ˇho:ʂprɛj]
kämmen	kamma, -ade, -at [ˇkama]
legen	lägga [ˇlɛga]
Locken	lockar *(pl)* [ˇlɔkar]
Pony	lugg, -en, -ar [lɵg]
rasieren	raka, -ade, -at [ˇrɑ:ka]
Scheitel	bena, -n, -or [ˇbe:na]
Schnurrbart	mustasch, -en, -er [mɵ'stɑ:ʃ]
Schuppen	mjäll, -et, - [mjɛl]
Shampoo	schampo, -t, -n ['ʃampu]
Spitzen schneiden	klippa topparna [ˇklipa ˇtopaɳa]
Strähne	slinga, -n, -or [ˇsliŋa]
in Stufen schneiden	klippa i avsatser [ˇklipa i: ˇɑ:vsatsər]
stutzen	trimma, -ade, -at [ˇtrima]
tönen	tona, -ade, -at [ˇtu:na]

Haushaltswaren

Abfallbeutel	soppåse, -n, -ar [ˇsu:po:sə]
Alufolie	aluminiumfolie, -n, -r [alʉˇmi:njɵm'fu:ljə]
Besen	sopborste, -n, -ar [ˇsu:pbɔʂʈə]
Bindfaden	snöre, -t, -n [ˇsnœ:rə]
Brennspiritus	rödsprit, -en [ˇrø:dspri:t]
Dosenöffner	konservöppnare, -n, - [kɔnˇsærvøpnarə]
Eimer	hink, -en, -ar [hiŋk]
Essbesteck	bestick, -et, - [be'stik]
Flaschenöffner	flasköppnare, -n, - [ˇflaskøpnarə]
Frischhaltefolie	plastfolie, -n, -r [ˇplastfu:ljə]
Glas	glas, -et, - [glɑ:s]
Grill	grill, -en, -ar [gril]
Grillanzünder	grilltändare, -n, - [ˇgriltɛndarə]

Grillkohle	grillkol, -et, - [ˇgrilko:l]
Handfeger	sopborste, -n, -ar [ˇsu:pbɔʂʈə]
Kehrblech	sopskyffel, -n, -ar [ˇsu:pʃyfəl]
Kerzen	(stearin)ljus, -et, - [(steaˇri:n)jʉ:s]
Kochtopf	kastrull, -en, -er [ka'strɵl]
Korkenzieher	korkskruv, -en, -ar [ˇkɔrkskrʉ:v]
Kühlelement	kylklamp, -en, -ar [ˇçy:lklamp]
Kühltasche	kylväska, -n, -or [ˇçy:lvɛska]
Papierservietten	pappersservetter [ˇpapəʂɛr'vɛtər]
Petroleum	fotogen, -en/-et [futu'ʃe:n]
Plastikbeutel	plastpåse, -n, -ar [ˇplastpo:sə]
Schere	sax, -en, -ar [saks]
Sonnenschirm	parasoll, -et, -er [para'sɔl]
Taschenmesser	fickkniv, -en, -ar [ˇfikni:v]
Tauchsieder	doppvärmare, -n, - [ˇdɔpværmarə]
Thermosflasche	termosflaska, -n, -or [ˇtærmɔs'flaska]
Wäscheklammern	klädnypa, -n, -or [ˇklɛ:ny:pa]
Wäscheleine	tvättlina, -n, -or [ˇtvɛtli:na]

Lebensmittel

Was darf es sein?
Vad får det lov att vara? [vɑ: fo: ɖe lo:v ɔ ˇvɑ:ra]

Geben Sie mir bitte ...
Kan jag få ... [kan jɑ: fo:]
ein Kilo ...
ett kilo ... [et 'çi:lu]
10 Scheiben ...
tio skivor ... [ˇti:ə ˇʃi:vur]
ein Stück von ...
en bit av ... [en bi:t ɑ:v]
eine Packung ...
ett paket ... [et pa'ke:t]
ein Glas ...
ett glas ... [et glɑ:s]
eine Dose ...
en burk ... [en bɵrk]
eine Flasche ...
en flaska ... [en ˇflaska]
eine Plastiktüte.
en plastpåse. [en ˇplastpo:sə]

Bitte schneiden Sie es in Scheiben.
Var snäll och skär den/det i skivor. [vɑ: ʂɳɛl ɔ ʃæ: ɖɛn/ɖɛ: i: ˇʃi:vur]

Darf es auch etwas mehr sein?
Får det vara lite mer? [fo: ɖe ˇvɑ:ra ˇli:tə 'me:r]

Darf es sonst noch etwas sein?
Var det bra så? [vɑː ɖe ˈbrɑː soː]

Dürfte ich vielleicht etwas hiervon probieren?
Skulle jag kunna få provsmaka lite av det här?
[ˇskɵlə jɑː ˇkɵna foː ˇpruːvsmɑːka ˇliːtə ɑːv de ˈhæːr]

Danke, das ist alles.
Tack, det var allt. [tak de vɑː ˈalt]

abgelaufen	ej längre hållbar(t) [ɛj ˈlɛŋrə ˇhɔlbɑːr(t)]
Haltbarkeit	hållbarhet, -en [ˇhɔlbɑːrˈheːt]

Obst

Ananas	ananas, -en, -er [ˈananas]
Äpfel	äpple, -t, -n [ˇɛplə]
Apfelsinen	apelsin, -en, -er [apəlˈsiːn]
Aprikosen	aprikos, -en, -er [apriˈkuːs]
Bananen	banan, -en, -er [baˈnɑːn]
Birnen	päron, -et, - [ˇpæːrɔn]
Brombeeren	björnbär, -et, - [ˈbjœːɳbær]
Erdbeeren	jordgubbe, -n, -ar [ˇjuːɖgɵbə]
Feigen	fikon, -et, - [ˇfiːkɔn]
Heidelbeeren	blåbär, -et, - [ˈbloːbær]
Himbeeren	hallon, -et, - [ˇhalɔn]
Johannisbeeren	vinbär, -et, - [ˈviːnbær]
Kirschen	körsbär, -et, - [ˈçœʂbær]
Kiwi	kiwifrukt, -en, -er [ˇkiːviˈfrɵkt]
Mandarine	mandarin, -en, -er [mandaˈriːn]
Mandeln	mandel, -n, mandlar [ˇmandəl]
Mango	mango, -n [ˈmaŋgɔ]
Melone	melon, -en, -er [meˈluːn]
Moltebeeren	hjortron, -et, - [ˇjuʈrɔn]
Nüsse	nöt, -en, nötter [nøːt/ˈnøtər]
Obst	frukt, -en, -er [frɵkt]
Pampelmuse	grapefrukt, -en, -er [ˇgrɛjpfrɵkt]
Pfirsiche	persika, -n, -or [ˇpæʂika]
Pflaumen	plommon, -et, - [ˇplumɔn]
Preiselbeeren	lingon, -et, - [ˇliŋɔn]
Rhabarber	rabarber, -n [raˈbarbər]
Rosinen	russin, -et, - [ˇrɵsin]
Walderdbeeren	smultron, -et, - [ˇsmɵltrɔn]
Weintrauben	vindruva, -n, -or [ˇviːndrʉːva]
Zitronen	citron, -en, -er [siˈtruːn]

Gemüse, Kräuter

Artischocken	kronärtskocka, -n, -or [ˇkru:næʈˈʂkɔka]
Auberginen	aubergin, -en, -er [ɔbærˈʃin]
Avocado	avocado, -n, -r [avɔˈkɑ:dɔ]
Basilikum	basilika, -n [baˈsi:lika]
Blumenkohl	blomkål, -en [ˇblumko:l]
Bohnen	böna, -n, -or [ˇbø:na]
grüne ~	gröna bönor [ˇgrøna ˇbø:nur]
weiße ~	vita bönor [ˇvi:ta ˇbø:nur]
Brokkoli	broccoli, -n [ˈbrɔkɔli]
Champignons	champinjon, -en, -er [ʃampinˈju:n]
Erbsen	ärta, -n, ärtor/ärter [ˇæʈa]
Fenchel	fänkål, -en [ˇfɛ:nko:l]
Gemüse	grönsaker *(pl)* [ˇgrø:nsɑ:kər]
Gurke	gurka, -n, -or [ˇgɵrka]
Ingwer	ingefära, -n [ˇiŋəˈfæ:ra]
Karotten	morot, -en, morötter [ˇmu:ru:t/ˇmu:røtər]
Kartoffeln	potatis, -en, -ar [puˈtɑ:tis]
Kohl	kål, -en [ko:l]
Knoblauch	vitlök, -en, -ar [ˇvi:tlø:k]
Kohl	kål, -en [ko:l]
Kopfsalat	huvudsallad, -en [ˇhʉ:vɵdˈsalad]
Lauch	purjolök, -en, -ar [ˇpɵrjuˈlø:k]
Linsen	lins, -en, -er [lins]
Mais	majs, -en [majs]
Minze	mynta, -n [ˇmynta]
Oregano	oregano, -n [ɔrəˈgɑ:nɔ]
Paprika *(Gemüse, Gewürz)*	paprika, -n, -or [ˈpɑ:prika]
Peperoni	peperoni *(pl)* [pepeˈro:ni]
Petersilie	persilja, -n [ˇpæʂilja]
Pilze	svamp, -en, -ar [svamp]
Radieschen	rädisa -n, -or [ˇrɛdisa]
Rosenkohl	brysselkål, -en [ˇbrysəlˈko:l]
Rosmarin	rosmarin, -en [ˇro:smaˈri:n]
Salat	sallad, -en, -er [ˇsalad]
Salbei	salvia, -n [ˈsalvja]
Sellerie	selleri, -n [ˇsɛləri]
Spargel	sparris, -en, -ar [ˈsparis]
Spinat	spenat, -en [speˈnɑ:t]
Thymian	timjan, -en [ˇtimjan]
Tomaten	tomat, -en, -er [tuˈmɑ:t]
Zucchini	squash, -en, -er [ˈskvɔʃ]
Zwiebeln	lök, -en, -ar [lø:k]

Backwaren, Süßwaren

Brot	bröd, -et, - [brø:d]
belegte Brote	smörgåsar (med pålägg) [ˇsmœrgɔsar (me: ˇpo:lɛg)]
Knäckebrot	knäckebröd [ˇknɛkə'brø:d]
Schwarzbrot	mörkt bröd [mœrkt brø:d], rågbröd [ˇro:gbrø:d]
Sirupbrot	limpa, -n, -or [ˇlimpa]
Vollkornbrot	fullkornsbröd [ˇfɵlku:ɳʂ'brø:d]
Weißbrot	långfranska, -n, - [ˇlɔŋfranska]
Brötchen	småfranska, -n, - [ˇsmo:franska], kuvertbröd, -et, - [kɵˇvæ:rbrø:d]
Cornflakes	cornflakes *(pl)* ['ko:ɳflɛjks]
Gebäck	småkakor *(pl)* [ˇsmo:kɑ:kur]
Haferflocken	havregryn, et, - [ˇhɑ:vrə'gry:n]
Hefegebäck	bulle, -n, -ar [ˇbɵlə]
Honig	honung, -en [ˇho:nɵŋ]
Kekse	kex, -et, - [kɛks/çɛks]
Kuchen	kaka, -n, -or [ˇkɑ:ka]
Marmelade	marmelad, -en, -er [marmə'lɑ:d]
Mehl	mjöl, -et [mjø:l]
Müsli	müsli, -n ['mysli]
Plundergebäck	wienerbröd, -et, - [ˇvi:nər'brø:d]
Schokolade	choklad, -en [ʃɔ'klɑ:(d)]
Schokoriegel	chokladkaka, -n, -or [ʃɔˇklɑ:(d)kɑ:ka]
Süßigkeiten	sötsaker [ˇsø:tsɑ:kər], godis, -et [ˇgu:dis]
Waffeln	våffla, -n, -or [ˇvɔfla]
Zucker	socker, sockret ['sɔkər]

Eier und Milchprodukte

Butter	smör, -et [smœ:r]
Buttermilch	kärnmjölk, -en [ˇçæ:ɳmjølk]
Dickmilch	filmjölk, -en [ˇfi:lmjølk]
Eier	ägg, -et, - [ɛg]
Joghurt	yoghurt, -en, ar ['jo:gɵʈ]
Käse	ost, -en, -ar [ust]
Weichkäse	mjukost, -en, -ar [ˇmjʉ:kust]
Ziegenkäse	getost, -en, -ar [ˇje:tust]
Margarine	margarin, -et [marga'ri:n]
Mayonnaise	majonnäs, -en [maju'nɛ:s]
Milch	mjölk, -en [mjølk]
fettarme Milch	lättmjölk [ˇlɛtmjølk]
Vollmilch	oskummad mjölk [ˇu:skɵmad mjølk]
Quark	kvarg, -en [kvarg], keso, -n ['ke:sɔ]
Sahne	grädde, -n [ˇgrɛdə]
saure ~	gräddfil, -en [ˇgrɛdfi:l]
Schlag~	vispgrädde, -n [ˇvispgrɛdə]

Fleisch- und Wurstwaren

Aufschnitt	kallskuret [ˇkalskʉ:rət]
Dörrfleisch	torkat kött [ˇtɔrkat çøt]
Fleisch	kött, -et [çøt]
Fleischwurst	falukorv, -en, -ar [ˇfɑ:lɵ'korv]
Gulasch	gulasch, -en [gɵ'laʃ]
Hackfleisch	köttfärs, -en [ˇçøtfæʂ]
Hähnchen	kyckling, -en, -ar [ˇçykliŋ]
Hammelfleisch	fårkött, -et [ˇfo:rçøt]
Kalbfleisch	kalvkött, -et [ˇkalvçøt]
Kotelett	kotlett, -en, -er [kɔt'lɛt]
Lammfleisch	lammkött, -et [ˇlamçøt]
Leberpastete	leverpastej, -en, -er [ˇle:vərpas'tɛj]
Leberwurst	leverkorv, -en, -ar [ˇle:vər'kɔrv]
Rauchfleisch	rökt kött [røkt çøt]
Rindfleisch	nötkött, -et [ˇnø:tçøt]
Salami	salami, -n [sa'lɑ:mi]
Schinken	skinka, -n, -or [ˇʃiŋka]
gekochter ~	kokt skinka [kukt ˇʃiŋka]
roher ~	rökt skinka [rø:kt ˇʃiŋka]
Schweinefleisch/Speck	fläsk, -et [flɛsk]
Wurst	korv, -en, -ar [kɔrv]

Fisch und Meeresfrüchte

Aal	ål, -en, -ar [o:l]
Anschovis	ansjovis, -en, -ar [an'ʃu:vis]
Austern	ostron, -et, - [ˇustrɔn]
Barsch	abborre, -n, -ar [ˇabɔrə]
Bückling	böckling, -en, -ar [ˇbøkliŋ]
Dorsch	torsk, -en, -ar [tɔʂk]
Fisch	fisk, -en, -ar [fisk]
Forelle	forell, -en, -er [fɔ'rɛl]
Garnelen	räka, -n, -or [ˇrɛ:ka]
Hecht	gädda, -n, -or [ˇjɛda]
Hering	sill, -en, -ar [sil], *(klein)* strömming, -en, -ar [ˇstrømiŋ]
Krabben	räka, -n, -or [ˇrɛ:ka]
Lachs	lax, -en, -ar [laks]
Languste	langust, -en, -er [laŋ'gɵst]
Makrele	makrill, -en, -ar [ˇmakril]
Miesmuscheln	blåmussla, -n, -or [ˇblo:mɵsla]
Muscheln	mussla, -n, -or [ˇmɵsla]
Sardinen	sardin, -en, -er [sa'ɖi:n]
Scholle	rödspätta, -n, -or [ˇrø:spɛta]
Seezunge	sjötunga, -n, -or [ˇʃø:tɵŋa]
Thunfisch	tonfisk, -en, -ar [ˇtu:nfisk]
Zander	gös, -en, -ar [jø:s]

Dies und das

Eis	glass, -en [glas]
Essig	vinäger, -n [vi'nɛ:gər]
frisch	färsk [fæʂk]
Grieß	mannagryn, et, - [ˇmana'gry:n]
Kindernahrung	barnmat, -en [ˇbɑ:ɳmɑ:t]
Konserven	konserv, -en, -er [kɔn'særv]
Nudeln	nudlar *(pl)* [ˇnʉ:dlar]
Öl	olja, -n [ˇɔlja]
Oliven	oliv, -en, -er [u'li:v]
Olivenöl	olivolja, -n [uˇli:v'ɔlja]
Pfeffer	peppar, -n [ˇpɛpar]
Reis	ris, -et [ri:s]
Salz	salt, -et [salt]
Senf	senap, -en [ˇse:nap]
Spaghetti	spaghetti, -n [spa'gɛti]
Suppe	soppa, -n, -or [ˇsɔpa]
Toast	rostat bröd, -et [ˇrɔstat brø:d]

Getränke

Bier	öl, -et [ø:l]
alkoholfreies Bier	alkoholfritt öl [alkɔˇho:lfrit 'ø:l]

Ein Gläschen in Ehren ...
Alkohol ist in Schweden wesentlich teurer als in Deutschland und nur im „systembolaget", der Verkaufsstelle der staatlichen Monopolgesellschaft für alkoholische Getränke, zu haben. Nur Bier mit geringem und mittlerem Alkoholgehalt kann man im Supermarkt kaufen. Alkoholische Getränke sind übrigens nur in Lokalen mit besonderer Schankerlaubnis erhältlich.

Champagner	champagne, -n [ʃam'panj]
Kaffee	kaffe, -t [ˇkafə]
Kakao	kakao, -n [ˇkɑ:ka'u:]
Limonade	läskedryck, -en, -er [ˇlɛskə'dryk], lemonad, -en, -er [lemɔ'nɑ:d]
Mineralwasser	mineralvatten, -vattnet [minəˇrɑ:l'vatən]
Orangensaft	apelsinjuice, -n [apəlˇsi:nju:s]
Tee	te, -et, -er [te:]
~beutel	tepåse, -n, -ar [ˇte:po:sə]
Wein	vin, -et, -er [vi:n]
Rosé~	rosévin [rɔˇse:vi:n]
Rot~	rödvin [ˇrø:dvi:n]
Weiß~	vitt vin [vit vi:n]

Mode

➣ **auch Farben**

Kleidung

Können Sie mir ... zeigen?
Kan du visa mig ...? [kan dʉː ˇviːsa mɛj]

Ich möchte etwas in ...
Jag skulle vilja ha något i ... [jɑː ˇskɵlə vilja hɑː nɔt i]

Ich möchte etwas Passendes hierzu.
Jag skulle vilja ha något som passar till det här.
[jɑː ˇskɵlə vilja hɑː nɔt sɔm ˇpasa ʈil de ˈhæːr]

Kann ich es anprobieren?
Kan jag få prova den/det? [kan jɑː fɔ ˇpruːva den/deː]

Welche (Konfektions-)Größe haben Sie?
Vilken storlek har du? [vilkən ˇstuːɭeːk hɑː ɖʉː]

Das ist mir ...
Den/Det är ... (för mig). [den/deː eː (fœr mɛj)]
 zu eng.
 för trång/trångt [fœ ʈrɔŋ/ʈrɔŋt]
 zu weit.
 för vid/vitt [fœr viːd/vit]
 zu kurz.
 för kort [fœr kɔʈ]
 zu lang.
 för lång/långt [fœ ɭɔŋ/ɭɔŋt]
 zu klein.
 för liten/litet [fœ ˈɭiːtən/ˈɭiːtət]
 zu groß.
 för stor/stort [fœ ʂʈuːr/ʂʈuːʈ]

Das passt gut. Ich nehme es.
Den/Det passar bra. Jag tar den/det.
[ˈden/ˈdeː ˇpasar ˈbrɑː ˈjɑː tɑː ˈɖen/ˈɖeː]

Das ist nicht ganz, was ich wollte.
Det är inte riktigt vad jag ville ha. [de eː ˇintə ˇriktit vɑː jɑː vilə hɑː]

Anorak	anorak, -en, -er [ˈanurak]
Anzug	kostym, -en, -er [kɔˈstyːm]
Ärmel	ärm, -en, -ar [ærm]
Badeanzug	baddräkt, -en, -er [ˇbɑːdrɛkt]
Badehose	badbyxor *(pl)* [ˇbɑːdbyksur]
Bademantel	badrock, -en, -ar [ˇbɑːdrɔk]
Bademütze	badmössa, -n, -or [ˇbɑːdmøsa]

Baumwolle	bomull, -en [ᵛbumɵl]
BH	bh (behå), -n, -ar [ᵛbeːhoː]
Bikini	bikini, -n, - [biˈkiːni]
Blazer	blazer, -n, blazrar [ˈblɛːsər]
Bluse	blus, -en, -ar [blʉːs]
bügelfrei	strykfri [ᵛstryːkfriː]
Druckknopf	tryckknapp, -en, -ar [ᵛtryknap]
Farbe	färg, -en, -er [færj]
Fliege	fluga, -n, -or [ᵛflʉːga]
Frottee	frotté, -n [frɔˈteː]
Futter	foder, fodret, - [ˈfuːdər]
gestreift	randig [ᵛrandi(g)]
Halstuch	halsduk, -en, -ar [ᵛhalsdʉːk]
Handschuhe	handskar [ᵛhanskar]
Hemd	skjorta, -n, -or [ᵛʃuʈa]
Hose	byxor *(pl)* [ᵛbyksur]
kurze Hose	shorts *(pl)* [ʃoːʈʂ], kortbyxor *(pl)* [ᵛkɔʈbyksur]
Hut	hatt, -en, -ar [hat]
Sonnenhut	solhatt, -en, -ar [ᵛsuːlhat]
Jacke	jacka, -n, -or [ᵛjaka]
Jeans	jeans *(pl)* [jiːns]
Jogginganzug	joggingdress -en, -er [ᵛjɔgiŋˈdrɛs]
Jogginghose	joggingbyxor *(pl)* [ᵛjɔgiŋˈbyksur]
kariert	rutig [ᵛrʉːti(g)]
Kinderschuhe	barnskor [ᵛbɑːɳʂkuːr]
Kleid	klänning, -en, -ar [ᵛklɛniŋ]
Kniestrümpfe	knästrumpor [ᵛknɛːstrɵmpur]
Knopf	knapp, -en, -ar [knap]
Kostüm	dräkt, -en, -er [drɛkt]
Kragen	krage, -n, -ar [ᵛkrɑːgə]
Krawatte	slips, -en, -ar [slips]
Kunstfaser	konstfiber, -n, -fibrer [ᵛkɔnstfiːbər]
Leinen	linne, -t [ᵛlinə]
Mantel	kappa, -n, -or [ᵛkapa], rock, -en, -ar [rɔk]
Minirock	minikjol, -en, -ar [ᵛmiːniçuːl]
Morgenrock	morgonrock, -en, -ar [ᵛmɔrɔnˈrɔk]
Mütze	mössa, -n, -or [ᵛmøsa]
Nachthemd	nattlinne, -t, -n [ᵛnatlinə]
Pullover	pullover, -n, pullovrar [pɵˈloːvər], tröja, -n, -or [ᵛtrøja]
Pyjama	pyjamas, -en, -ar [pyˈjɑːmas]
Regenmantel	regnkappa, -n, -or [ᵛrɛŋnkapa], regnrock, -en, -ar [ᵛrɛŋnrɔk]
Reißverschluss	blixtlås, -et, - [ᵛblikstloːs]
Rock	kjol, -en, -ar [çuːl]

Sakko	blazer, -n, blazrar [ˈblɛ:sər]
Schal	schal, -en, -ar [ʃɑ:l]
Schirm	paraply, -et, -er [paraˈply:]
Seide	siden, -et [˅si:dən]
Shorts	shorts *(pl)* [ʃo:ʈʂ]
Skihose	skidbyxor *(pl)* [˅ʃi:dbyksur]
Slip	trosor *(pl)* [˅tru:sur]
Socke	socka, -n, -or [˅sɔka]
Sommerkleid	sommarklänning, -en, -ar [˅sɔmarˈklɛniŋ]
Strickjacke	kofta, -n, -or [˅kɔfta]
Strumpf	strumpa, -n, -or [˅strɵmpa]
~hose	strumpbyxor *(pl)* [˅strɵmpbyksur]
Taschentuch	näsduk, -en, -ar [˅nɛ:sdʉ:k]
Trainingsanzug	träningsoverall, -en, -er [˅trɛ:niŋso:vəˈro:l], joggingdress, -en, -er [˅jɔgiŋˈdrɛs]
T-Shirt	T-tröja, -n, -or [˅te:trøja], T-shirt, -en, -s [ˈti:ʃø:ʈ]
Unter|hemd	undertröja, -n, -or [˅ɵndəˈʈrøja]
~hose	*(Damen)* trosor *(pl)* [˅tru:sur], *(Herren)* kalsonger *(pl)* [kalˈsɔŋər]
~rock	underkjol, -en, -ar [˅ɵndərˈçu:l]
~wäsche	underkläder *(pl)* [˅ɵndərˈklɛ:dər]
Weste	väst, -en, -ar [vɛst]
Wolle	ylle, -t [˅ylə]

Reinigung

Ich möchte diese Sachen reinigen/waschen lassen.
Jag skulle vilja få de här sakerna kemtvättade/tvättade.
[jɑ: ˅skɵlə vilja fo: dɔm ˈhæ: ˈʂɑ:kəɳa ˅çe:mtvɛtadə/˅tvɛtadə]

Wann sind sie fertig?
När är de färdiga? [næ:r e: dɔm ˅fæ:ɖi(g)a]

bügeln	stryka, strök, strukit [˅stry:ka strø:k ˅strʉ:kit]
chemisch reinigen	kemtvätta, -ade, -at [˅çe:mtvɛta]

Optiker

Würden Sie mir bitte diese Brille/das Gestell reparieren?
Skulle du kunna laga de här glasögonen/den här bågen åt mig? [˅skɵlə dʉ: kɵna ˅lɑ:ga dɔm ˈhæ:r ˅glɑ:sø:gɔnən/den ˈhæ:r ˅bo:gən o:t mɛj]

Ich bin kurzsichtig/weitsichtig.
Jag är närsynt/långsynt. [jɑ: e: ˅næʂy:nt/˅lɔŋsy:nt]

Wie ist Ihre Sehstärke?
Vilken synskärpa har du? [vilkən ˇsy:nʃærpa hɑ: dʉ:]

rechts plus/minus ..., links ...
på högra ögat plus/minus ..., på vänstra ögat ...
[pɔ ˇhø:gra ˇø:gat pløs/ˈmi:nøs ... pɔ ˇvɛnstra ˇø:gat]

Wann kann ich die Brille abholen?
När kan jag hämta glasögonen? [næ:r kan jɑ: ˇhɛmta ˇglɑ:sø:gɔnən]

Ich brauche ...
Jag behöver ... [jɑ: beˈhø:vər]
Aufbewahrungslösung
förvaringsvätska [fœrˇvɑ:riŋsˈvɛtska]
Reinigungslösung
rengöringslösning [ˇre:njœ:riŋsˈlø:sniŋ]
für harte/weiche Kontaktlinsen.
för hårda/mjuka kontaktlinser. [fœr ˇho:ɖa/ˇmjʉ:ka kɔnˇtaktlinsər]

Ich suche ...
Jag letar efter ... [jɑ: ˇle:tar ɛftər]
eine Sonnenbrille.
ett par solglasögon. [et pɑ:r ˇsu:lglɑ:sˈø:gɔn]
ein Fernglas.
en kikare. [en ˇçi:karə]

Schuhe und Lederwaren

Ich möchte ein Paar Schuhe.
Jag skulle vilja ha ett par skor. [jɑ: ˇskələ vilja hɑ: et pɑ: ʂku:r]

Ich habe Schuhgröße ...
Jag har ... i skonummer. [jɑ: hɑ:r ... i: ˇsku:nəmər]

Sie drücken mich.
De klämmer. [dɔm ˈklɛmər]

Sie sind zu eng/weit.
De är för trånga/stora. [dɔm e: fœ ˈʈrɔŋa/ˈʂʈu:ra]

Bitte noch eine Tube Schuhkrem/ein Paar Schnürsenkel.
Jag skulle vilja ha en tub skokräm/ ett par skosnören också.
[jɑ: ˇskələ vilja hɑ: en tʉ:b ˇsku:krɛ:m/et pɑ: ˇʂku:snœ:rən ˈɔksɔ]

Ich möchte diese Schuhe neu besohlen lassen.
Jag skulle vilja ha nya sulor på de här skorna.
[jɑ: ˇskələ vilja hɑ: ny:a ˇsʉ:lur pɔ dɔm ˈhæ: ˇʂku:ɳa]

Können Sie bitte die Absätze neu machen?
Kan du sätta på nya klackar? [kan dʉ: sɛta ˈpo: ˇny:a ˇklakar]

Flipflops	flipflops *(pl)* [ˇflipflɔps]
Gummistiefel	gummistövlar *(pl)* [ˇgɵmiˈstøvlar]
Gürtel	bälte, -t, -n [ˇbɛltə], skärp, -et, - [ʃærp]
Handtasche	handväska, -n, -or [ˇhandvɛska]
Hausschuhe	toffel, -n, tofflor [ˈtɔfəl]
Lederjacke	skinnjacka, -n, -or [ˇʃinjaka]
Pelzjacke	pälsjacka, -n, -or [ˇpɛlsjaka]
Pelzmantel	päls, -en, -ar [pɛls]
Sandale	sandal, -en, -er [sanˈdɑːl]
Schuhe	sko, -n, -r [skuː]
Sohle	sula, -n, -or [ˇsʉːla]
Stiefel	stövel, -n, stövlar [ˈstøvəl]
Skistiefel	pjäxa, -n, -or [ˇpjɛksa]
Tasche	väska, -n, -or [ˇvɛska]
Turnschuhe	gymnastikskor [jymnaˇstiːkskuːr]
Umhängetasche	axelremsväska, -n, -or [ˇaksəlrɛmsˈvɛska]
Wander-/Trekkingschuh	vandrarkänga, -n, -or [ˇvandrarˈçɛŋa]
Wildlederjacke	mockajacka, -n, -or [ˇmɔkaˈjaka]
Wildledermantel	*(Damen)* mockakappa, -n, -or [ˇmɔkaˈkapa], *(Herren)* mockarock, -en, -ar [ˇmɔkaˈrɔk]

Souvenirs

Ich hätte gern ...
Jag skulle vilja ha ... [jɑː ˇskɵlə vilja ˈhɑː]
etwas Typisches aus dieser Gegend.
något typiskt från den här trakten. [nɔt ˈtyːpiskt froːn dɛnˈhæː ˈʈraktən]

Ich möchte ein hübsches Andenken/Geschenk.
Jag skulle vilja ha en snygg souvenir/present.
[jɑː ˇskɵlə vilja hɑː en snyg suvəˈniːr/preˈsɛnt]

Wie viel wollen Sie ausgeben?
Hur mycket får den kosta? [hʉːr ˇmykə foː ɖen ˇkɔsta]

Ich möchte etwas nicht zu Teures.
Den får inte vara alltför dyr. [den foːr ˇintə vɑːra ˇaltfœ ˈɖyːr]

Das ist aber hübsch.
Det var verkligen snyggt. [deː vɑː ˇværkligən snykt]

Danke schön, ich habe nichts gefunden, was mir gefällt.
Tack så mycket, jag har inte hittat något som jag tycker om.
[tak soː ˇmykə jɑː hɑːr ˇintə ˇhitat nɔt sɔm jɑː tykərˈɔm]

echt	äkta [ˇɛkta]
handgemacht	handgjord [ˇhandjuːɖ]
Keramik	keramik, -en [çæraˈmiːk]
Mitbringsel	liten present, -en, -er [ˇliːtən preˈsɛnt]
regionale Produkte/ Spezialitäten	regionala produkter/specialiteter *(pl)* [regjuˈnɑːla pruˈdɵktər/spesialiˈteːtər]
Schmuck	smycken *(pl)* [ˇsmykən]
Schnitzerei	träsnideri, -et, -er [ˇtrɛːsnidəˈriː]
Töpferwaren	lergods, -et, - [ˇleːrguts]

Tabakwaren

Ein Päckchen/Eine Stange ... Zigaretten mit/ohne Filter, bitte.
Ett paket/En limpa ... cigaretter med/utan filter, tack.
[et paˈkeːt/en ˇlimpa sigaˈrɛtər meː/ˇʉːtan ˈfiltər tak]

Zehn Zigarren/Zigarillos, bitte.
Tio cigarrer/cigarrcigaretter, tack. [ˇtiːə siˈgarər/siˇgarsigaˈrɛtər tak]

Ein Päckchen/Eine Dose Zigaretten-/Pfeifentabak, bitte.
Ett paket/En burk cigarettobak/piptobak, tack.
[et paˈkeːt/en bɵrk sigaˇrɛtuːbak /ˇpiːptuːbak tak]

Eine Schachtel Streichhölzer/Ein Feuerzeug, bitte.
En ask tändstickor/En cigarettändare, tack.
[en ask ˇtɛndstikur/en sigaˇrɛtɛndarə tak]

Uhren und Schmuck

Meine Uhr geht nicht mehr. Können Sie mal nachsehen?
Min klocka har stannat. Kan du se efter vad det är för fel på den?
[min ˇklɔka hɑː ˇʂtanat kan dʉː seː ˈɛftər vɑː de eː fœr ˈfeːl pɔ den]

Anhänger	berlock, -en, -er [bærˈlɔk]
Armband	armband, -et, - [ˇarmband]
Armbanduhr	armbandsur, -et, - [ˇarmbantsˈʉːr]
Brosche	brosch, -en, -er [broːʃ]
echt	äkta [ˇɛkta]
Gold	guld, -et [gɵld]
vergoldet	förgylld [fœrˈjyld]
Halskette	halsband, -et, - [ˇhalsband]
Kristall	kristall [kriˈstal]
Modeschmuck	similismycke, -t, -n [ˇsiːmiliˈsmykə]
Ohrringe	örhänge, -t, -n [ˇœːrhɛŋə]
Perle	pärla, -n, -or [ˇpæːɭa]
Ring	ring, -en, -ar [riŋ]
Schmuckstück	smycke, -t, -n [ˇsmykə]
Silber	silver, silvret [ˈsilvər]
wasserdicht	vattentät [ˇvatənˈtɛːt]

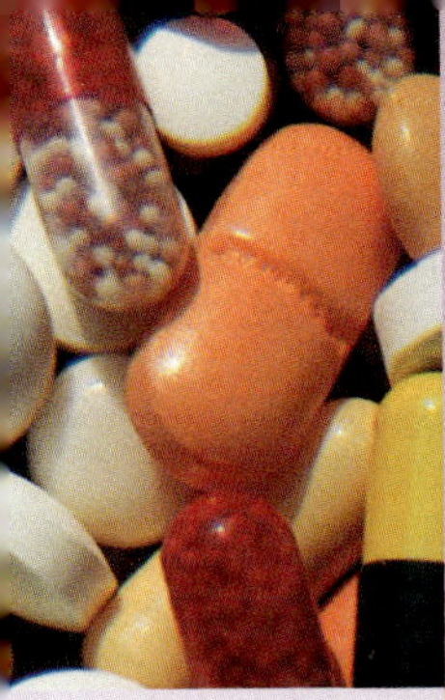

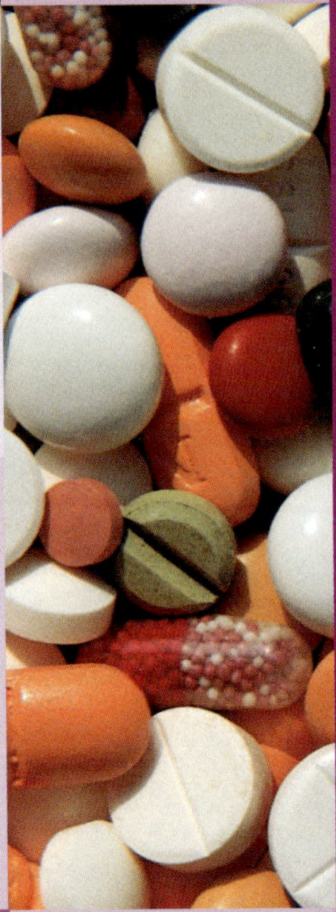

Gesundheit

Das „leibliche Wohl"
Mit einem Auslandskrankenschein können Deutsche die Leistungen schwedischer Kassenärzte in Anspruch nehmen. Für Arztbesuche und Rezepte ist allerdings eine Selbstbeteiligung zu zahlen. Bei akuten Erkrankungen oder Unfällen steht die Unfallambulanz eines Krankenhauses – „akutmottagningen" – oder das poliklinische Gesundheitszentrum – „vårdcentralen" – zur Verfügung. Bei kleineren gesundheitlichen Problemen kann man sich auch in der Apotheke Rat holen.

In der Apotheke

Wo ist die nächste Apotheke (mit Nachtdienst)?
Var ligger närmaste apotek (med nattjour)?
[vɑː ˈʅigə ˅ɳærmastə apuˈteːk (meː ˅natʃuːr)]

Geben Sie mir bitte etwas gegen ...
Kan du ge mig någonting mot ... ? [kan dʉː jeː mɛj ˅nɔntiŋ muːt]

Dieses Mittel ist rezeptpflichtig.
Den här medicinen är receptbelagd.
[den ˈhæːr mediˈsiːnən eː re˅sɛptbeˈlagd]

➢ **auch Arztbesuch**

Abführmittel	laxermedel, -medlet, - [lak˅seːrmeːdəl]
Antibabypille	p-piller [˅peːpilər]
Antibiotikum	antibiotikum, -et, -a [antibiˈoːtikɵm]
Aspirin	aspirin, -et/-en [aspiˈriːn]
Augentropfen	ögondroppar [˅øːgɔnˈdrɔpar]
äußerlich	utvärtes [˅ʉːtvæʈəs]
Beruhigungsmittel	lugnande medel, medlet, - [˅lɵŋnandə ˈmeːdəl]
Brandsalbe	salva (-n) mot brännsår [˅salva muːt ˅brɛnsoːr]
Desinfektionsmittel	desinfektionsmedel, -medlet, - [desinfɛk˅ʃuːnsmeːdəl]
Elastikbinde	elastisk binda, -n, -or [eˈlastisk ˅binda]
vor dem Essen	före maten [˅fœːrə ˈmɑːtən]
nach dem Essen	efter maten [ˈɛftər ˈmɑːtən]
Fieberthermometer	febertermometer, -n, -metrar [˅feːbəʈærmuˈmeːtər]
Halstabletten	halstabletter [˅halstaˈblɛtər]
Hustensaft	hostmedicin, -en, -er [˅hustmediˈsiːn]
innerlich	invärtes [˅invæʈəs]
Insektenmittel	insektsmedel, -medlet, - [˅insɛktsˈmeːdəl]
Insulin	insulin, -et [insʉˈliːn]

Jod(tinktur)	jodsprit, -en [ˇjɔdspri:t]
Kamillentee	kamomillte, -(e)t [kamɔˇmilte:]
Kohletabletten	koltabletter [ˇko:ltaˈblɛtər]
Kopfschmerztabletten	huvudvärkstabletter [ˇhʉ:vədværkstaˈblɛtər]
Kreislaufmittel	medicin (-en, -er) för ˇblodcirkulationen [mediˈsi:n fœr blu:dsirkəlaˈʃu:nən]
Läuse	löss *(pl)* [løs]
Mittel gegen ~	medel mot löss [ˈme:dəl mu:t løs]
auf nüchternen Magen	på fastande mage [pɔ ˇfastandə ˇmɑ:gə]
Magenmittel	magmedicin, -en, -er [ˇmɑ:gmediˈsi:n]
Medikament	medikament, -et, - [medikaˈmɛnt]
Mittel (gegen ...)	medel, -medlet, - (mot) [ˈme:dəl (mu:t)]
Mullbinde	gasbinda, -n, -or [ˇgɑ:sbinda]
im Mund zergehen lassen	låta smälta i munnen [ˇlo:ta ˇsmɛlta i ˈmənən]
Nebenwirkungen	biverkningar [ˇbi:værkniŋar]
Ohrentropfen	örondroppar [ˇœ:rɔnˈdrɔpar]
Pflaster	plåster, plåstret, - [ˈplɔstər]
Präservativ	kondom, -en, -er [kɔnˈdo:m]
Puder	puder, pudret [ˈpʉ:dər]
Rezept	recept, -et, - [reˈsɛpt]
Salbe	salva, -n, -or [ˇsalva]
Schlaftabletten	sömntabletter [ˇsømntaˈblɛtər]
Schmerztabletten	smärtstillande tabletter [ˇsmæʈʂʈilandə taˈblɛtər]
Sonnenbrand	svidande solbränna, -n [ˇsvi:dandə ˇsu:lbrɛna]
Tablette	tablett, -en, -er [taˈblɛt]
Traubenzucker	druvsocker, -sockret [ˇdrʉ:vsɔkər]
Tropfen	droppar [ˇdrɔpar]
Watte	bomull, -en [ˇbuməl], vadd, -en [vad]
Zäpfchen	stolpiller, -pillret, - [ˇstu:lpilər]

Arztbesuch ➤ auch Gesundheit (Kap. Reisen mit Kindern)

Können Sie mir einen guten ... empfehlen?
Kan du rekommendera mig en bra ...?
[kan dʉ: rekɔmenˈde:ra mɛj en brɑ:]

Arzt
läkare [ˇlɛ:karə]

Augenarzt
ögonläkare [ˇøːgɔnˈlɛːkarə]
Frauenarzt
gynekolog [jynəkɔˈloːg]
Hals-Nasen-Ohren-Arzt
öron-näsa-halsläkare [ˇœːrɔnɛːsahalsˈlɛːkarə],
öronläkare [ˇœːrɔnˈlɛːkarə], halsläkare [ˇhalslɛːkarə]
Hautarzt
hudläkare [ˇhʉːdlɛːkarə]
Heilpraktiker
naturläkare [naˇtʉːɭɛːkarə]
Internisten
invärtesläkare [ˇinvæʈəsˈlɛːkarə]
Kinderarzt
barnläkare [ˇbɑːɳɭɛːkarə]
Praktischen Arzt
allmänpraktiserande läkare [ˇalmɛnpraktiˈseːrandə ˇlɛːkarə]
Urologen
urolog [ʉrɔˈloːg]
Zahnarzt
tandläkare [ˇtandlɛːkarə]

Wo ist seine Praxis?
Var ligger hans praktik/mottagning?
[vɑː ˈɭigər hans prakˈtiːk/ˇmuːtɑːgniŋ]

Wann hat er Sprechstunde?
När har han mottagning? [næːr hɑːr han ˇmuːtɑːgniŋ]

Beschwerden

Was für Beschwerden haben Sie?
Vad har du för besvär? [vɑː hɑː ɖʉː fœr beˈsvæːr]

Ich fühle mich nicht wohl.
Jag mår inte bra. [jɑː moːr ˇintə ˈbrɑː]

Ich habe Fieber.
Jag har feber. [jɑː hɑːr ˈfeːbər]

Ich kann nicht schlafen.
Jag kan inte sova. [jɑː kan ˇintə ˇsoːva]

Mir ist oft schlecht.
Jag mår ofta illa. [jɑː moːr ɔfta ˇila]

Mir ist oft schwindelig.
Jag känner mig ofta yr. [jɑː ˈçɛnər mɛj ɔfta ˈyːr]

Ich bin ohnmächtig geworden.
Jag har svimmat. [jɑː hɑː ˇʂvimat]

Ich bin stark erkältet.
Jag är väldigt förkyld. [jɑː eː ˇvɛldit fœrˈçyːld]

Ich habe
Jag har [jɑː hɑːr]
  Kopfschmerzen.
  ont i huvudet. [unt i ˇhʉːvɵdət/hʉːvət]
  Halsschmerzen.
  ont i halsen. [unt i ˈhalsən]
  Husten.
  hosta. [ˇhusta]

Ich bin gestochen/gebissen worden.
Jag har blivit stucken/biten. [jɑː hɑːr bliːvit ˇstɵkən/ˇbiːtən]

Ich habe mir den Magen verdorben.
Jag har magbesvär. [jɑː hɑːr ˇmɑːgbeˈsvæːr]/
Jag har ont i magen. [jɑː hɑːr unt i ˇmɑːgən]

Ich habe Durchfall.
Jag har diarré. [jɑː hɑː d̨iaˈreː]

Ich habe Verstopfung.
Jag har förstoppning. [jɑː hɑːr fœˈʂt̨ɔpniŋ]

Ich vertrage das Essen/
die Hitze nicht.
Jag tål inte maten/värmen. [jɑː toːl ˇintə ˈmɑːtən/ˇværmən]

Ich habe mich verletzt.
Jag har skadat mig. [jɑː hɑː ˇʂkɑːdat mɛj]

Ich bin gestürzt.
Jag har ramlat. [jɑː hɑː ˇramlat]

Ich glaube, ich habe mir ... gebrochen/verstaucht.
Jag tror att jag har brutit/stukat ... [jɑː truːr at jɑː hɑːr ˇbrʉːtit/ˇstʉːkat]

Ich habe einen hohen/niedrigen Blutdruck.
Jag har högt/lågt blodtryck. [jɑː hɑːr ˈhøkt/ˈloːkt ˇbluːdtryk]

Ich bin Diabetiker.
Jag är diabetiker. [jɑː eː diaˈbeːtikər]

Ich bin schwanger.
Jag väntar barn. [jɑː vɛntar ˈbɑːɳ]/Jag är gravid. [jɑː eː graˈviːd]

Ich hatte vor kurzem ...
Nyligen hade jag ... [ˇnyːliən hadə jɑː]

Untersuchung

Wo tut es weh?
Var gör det ont? [vɑːr jœː ɖe ˈunt]

Ich habe hier Schmerzen.
Jag har ont här. [jɑː hɑːr ˈunt ˈhæːr]

Tut es hier weh?
Gör det ont här? [jœː ɖe ˈunt ˈhæːr]

Bitte, machen Sie sich/Ihren Arm frei.
Kan du vara snäll och klä av dig/kavla upp ärmen?
[kan dʉː vɑːra ˈsnɛl ɔ klɛː ˈɑːv dɛj/kɑːvla ˈɵp ˈærmən]

Bitte tief einatmen. Atem anhalten.
Andas djupt. Håll andan. [ˇandas ˈjʉːpt hol ˇandan]

Öffnen Sie den Mund.
Öppna munnen. [ˇøpna ˈmɵnən]

Zeigen Sie die Zunge.
Räck ut tungan. [rɛk ˈʉːt ˇtɵŋan]

Husten, bitte.
Hosta. [ˇhusta]

Wie lange fühlen Sie sich schon so?
Hur länge har du känt dig så här? [hʉː ˇɭɛŋə hɑː ɖʉː ˈçɛnt dɛj sɔ ˈhæːr]

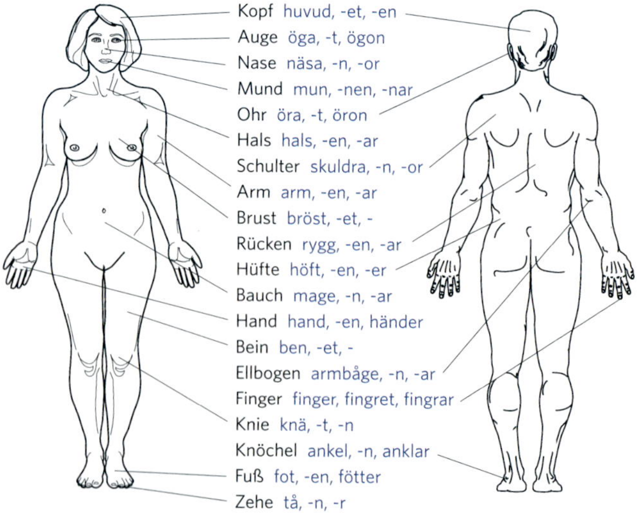

Sie müssen geröntgt werden.
Du måste röntgas. [dʉ: mɔstə ᵛrøntkas]

Ich brauche eine Blut-/Urinprobe.
Jag behöver ett blodprov/urinprov.
[jɑ: be'hø:vər et ᵛblu:dpru:v/ ʉᵛri:npru:v]

Ich muss Sie an einen Facharzt überweisen.
Jag måste remittera dig till en specialist.
[jɑ: mɔstə remi'te:ra dɛj til en spesia'list]

Sie müssen operiert werden.
Du måste opereras. [dʉ: mɔstə ɔpə're:ras]

Sie brauchen ein paar Tage Bettruhe.
Du måste ligga till sängs ett par dagar.
[dʉ: mɔstə ᵛliga til 'sɛŋs et pɑ: ᵛɖɑ:gar]

Es ist nichts Ernstes.
Det är inget allvarligt. [de e: ᵛiŋət ᵛalvɑ:ɭit]

Haben Sie einen Impfschein?
Har du ett vaccinationskort? [hɑ: ɖʉ: et vaksinaᵛʃu:nskuʈ]

Ich bin gegen ... geimpft.
Jag är vaccinerad mot ... [jɑ: e: vaksi'ne:rad mu:t]

Im Krankenhaus

Wie lange muss ich hier bleiben?
Hur länge måste jag stanna här? [hʉ: ᵛɭɛŋə mɔstə jɑ: ᵛstana hæ:r]

Ich habe Schmerzen.
Jag har ont/värk. [jɑ: hɑ:r 'unt/'værk]

Ich kann nicht einschlafen.
Jag kan inte somna. [jɑ: kan ᵛintə ᵛsomna]

Geben Sie mir bitte eine Schmerztablette/Schlaftablette.
Kan jag få en smärtstillande tablett/sömntablett.
[kan jɑ: fo: en ᵛsmæʈʂʈilandə ta'blɛt/ᵛsømnta'blɛt]

Wann darf ich aufstehen?
När får jag stiga upp? [næ:r fo:r jɑ: sti:ga 'ɵp]

Krankheiten und Beschwerden

Abszess	varbildning, -en, -ar [ᵛvɑ:rbildniŋ]
Abtreibung	abort, -en, -er [a'bɔʈ]
Aids	aids [ɛjds]
Allergie	allergi, -n, -er [alær'gi:]
allergisch sein gegen	vara allergisk mot [ᵛvɑ:rə a'lærgisk mu:t]

Anfall	anfall, -et, - [ˇanfal]
Angina	angina, -n, -or [aŋ'gi:na]
ansteckend	smitt(o)sam [ˇsmit(u)sam]
Appetitlosigkeit	bristande aptit, -en [ˇbristandə ap'ti:t]
Asthma	astma, -n [ˇastma]
Atembeschwerden	andningsbesvär, -et, - [ˇandniŋsbe'svæ:r]
Ausschlag	utslag, -et, - [ˇʉ:tslɑ:g]
Bänderriss	ledbandsbristning, -en, -ar [ˇle:dbands'bristniŋ]
bewusstlos	medvetslös [ˇme:dvets'lø:s]
Bindehautentzündung	bindehinneinflammation, -en [ˇbindəhinəinflama'ʃu:n]/ konjunktivit, -en [kɔnjəŋkti'vi:t]
Blähungen	väderspänning, -en, -ar [ˇvɛ:də'ʂpɛniŋ]
Blase	blåsa, -n, -or [ˇblo:sa]
Blinddarmentzündung	blindtarmsinflammation, -en [ˇblindtarmsinflama'ʃu:n]
bluten	blöda, -de, blött [ˇblø:da]
Bluterguss	blodutgjutning, -en, ar [ˇblu:dʉ:t'jʉ:tniŋ]
Blutung	blödning, -en, -ar [ˇblø:dniŋ]
Blutvergiftung	blodförgiftning, -en [ˇblu:dfœr'jiftniŋ]
Borreliose	borrelia, -n [bɔ're:lja]
Brechreiz	kväljningar *(pl)* [ˇkvɛljniŋar]
brennen	svida, sved, svidit [ˇsvi:da]
Bronchitis	luftrörskatarr, -en, -er [ˇləftrœ:ʂka'tar], bronkit, -en, -er [brɔŋ'ki:t]
Bruch	brott, -et, - [brɔt], fraktur, -en, -er [frak'tʉ:r]
Cholera	kolera, -n ['ku:lərа]
Diabetes	sockersjuka, -n [ˇsɔkər'ʃʉ:ka], diabetes [dia'be:təs]
Diphtherie	difteri, -n [diftə'ri:]
Durchfall	diarré, -n [dia're:]
Eiter	var, -et [vɑ:r]
eitern	vara sig, -ade, -at [ˇvɑ:ra sɛj]
Entzündung	inflammation, -en, -er [inflama'ʃu:n]
erbrechen, sich	kräkas, -tes, -ts [ˇkrɛ:kas]
erkälten, sich	bli förkyld [bli: fœr'çy:ld]
erkältet	förkyld [fœr'çy:ld]
Erkältung	förkylning, -en, -er [fœr'çy:lniŋ]
Fehlgeburt	missfall, -et, - [ˇmisfal]
Fieber	feber, -n ['fe:bər]

gebrochen	bruten [ˇbrʉ:tən]
Gehirnblutung	hjärnblödning, -en, -ar [ˇjæ:ɳblø:dniŋ]
Gehirnerschütterung	hjärnskakning, -en, -ar [ˇjæ:ɳʂkɑ:kniŋ]
Gehirnschlag	slaganfall, -et, - [ˇslɑ:gan'fal]
Gelbsucht	gulsot, -en [ˇgʉ:lsu:t]
Geschlechtskrankheit	könssjukdom, -en, -ar [ˇçø:nsʃʉ:k'dum]
Geschlechtsorgane	könsorgan *(pl)* [ˇçø:nsɔr'gɑ:n]
geschwollen	svullen [ˇsvɵlən]
Geschwulst	svulst, -en, -er [svɵlst], tumör, -en, -er [tʉ'mœ:r]
Geschwür	sår, -et, - [so:r], böld, -en, -er [bøld]
giftig	giftig [ˇjiftig]
Grippe	influensa, -n, -or [inflɵˇɛnsa]
Halsschmerzen	ont i halsen [unt i 'halsən]
Hämorrhoiden	hemorrojder *(pl)* [hɛmɔ'rɔjdər]
Hautkrankheit	hudsjukdom, -en, -ar [ˇhʉ:dʃʉ:k'dum]
heiser sein	vara hes [vɑ:ra 'he:s]
Herpes	herpes, -en ['hærpəs]
Herzanfall	hjärtattack, -en, -er [ˇjæʈa'tak]
Herzbeschwerden	hjärtbesvär *(pl)* [ˇjæʈbe'svæ:r]
Herzfehler	hjärtfel, -et, - [ˇjæʈfe:l]
Herzinfarkt	hjärtinfarkt, -en, -er [ˇjæʈin'farkt]
Heuschnupfen	hösnuva, -n [ˇhø:snʉ:va]
Hexenschuss	ryggskott, -et [ˇrygskɔt]
Hirnhautentzündung	hjärnhinneinflammation, -en, -er [ˇjæ:ɳhinəinflama'ʃu:n]
HIV-positiv	hiv-positiv [ˇhi:vpusi'ti:v]
Husten	hosta, -n [ˇhusta]
Infektion	infektion, -en, -er [infɛk'ʃu:n]
Ischias	ischias, -en ['iʃias]
Juckreiz	klåda, -n [ˇklo:da]
Keuchhusten	kikhosta, -n [ˇçi:khusta]
Kinderlähmung	polio, -n ['pu:lju]
Knochenbruch	benbrott, -et, - [ˇbe:nbrɔt]
Kolik	kolik, -en, -er [ku'li:k]
Kopfschmerzen	huvudvärk, -en [ˇhʉ:vɵd'værk/ˇhʉ:və'værk]
Krampf	kramp, -en, -er [kramp]
Krankheit	sjukdom, -en, -ar [ˇʃʉ:kdum]
Krebs	cancer, -n ['kansər]
Kreislaufstörung	cirkulationsrubbning, -en, -ar [sirkʉlaˇʃu:ns'rɵbniŋ]
Lähmung	förlamning, -en, -ar [fœ'ɭɑ:mniŋ]
Lebensmittelvergiftung	matförgiftning, -en, -ar [ˇmɑ:tfœr'jiftniŋ]

Leistenbruch	ljumskbråck, -et, - [ˇjəmskbrɔk]
Leukämie	leukemi, -n [lɛfkeˈmiː]
Lungenentzündung	lunginflammation, -en, -er [ˇləŋinflamaˈʃuːn]
Magengeschwür	magsår, -et, - [ˇmɑːgsoːr]
Magenschmerzen	ont i magen [unt i ˇmɑːgən]
Malaria	malaria, -n [maˈlɑːrja]
Mandelentzündung	halsfluss, -en, -er [ˇhalsfləs]
Masern	mässling, -en [ˇmɛsliŋ]
Migräne	migrän, -en [miˈgrɛːn]
Mittelohrentzündung	öroninflammation, -en, -er [ˇœːrɔninflamaˈʃuːn]
Mumps	påssjuka, -n [ˇpoːsʃʉːka]
Nasenbluten	näsblod, -et [ˇnɛːsbluːd]
nervös	nervös [nærˈvøːs]
Nierenentzündung	njurinflammation, -en, -er [ˇnjʉːrinflamaˈʃuːn]
Nierenstein	njursten, -en, -ar [ˇnjʉːʂteːn]
Ohnmacht	svimning, -en [ˇsvimniŋ]
Pilzinfektion	svampinfektion, -en, -er [ˇsvampinfɛkˈʃuːn]
Pocken	smittkoppor [ˇsmitkɔpur]
Prellung	blåmärke, -t, -n [ˇbloːmærkə]
Quetschung	kontusion, -en, -er [kɔntʉˈʃuːn]
Rheuma	reumatism, -en [rɛvmaˈtism]
Röteln	röda hund [ˇrøːda ˈhənd]
Rückenschmerzen	ont i ryggen [unt i ˈrygən]
Salmonellen	salmonella, -n [salmɔˇnɛla]
Scharlach	scharlakansfeber, -n [ʃaˇɭɑːkansˈfeːbər]
Schlaflosigkeit	sömnlöshet, -en [ˇsømnløːsˈheːt]
Schlaganfall	slaganfall, -et, - [ˇslɑːganˈfal]
Schmerzen	smärtor [ˇsmæʈur]
Schnittwunde	skärsår, -et, - [ˇʃæʂoːr]
Schnupfen	snuva, -n [ˇsnʉːva]
Schüttelfrost	frossbrytningar *(pl)* [ˇfrɔsbryːtniŋar]
Schwellung	svullnad, -en, -er [ˇsvəlnad]
Schwindel	svindel, -n [ˇsvindəl]
Seitenstechen	håll (i sidan) [hɔl (i ˇsiːdan)]
Sodbrennen	halsbränna, -n [ˇhalsbrɛna]
Sonnenstich	solsting, -et [ˇsuːlstiŋ]
Stirnhöhlenentzündung	bihåleinflammation, -en, -er [ˇbiːhoːləinflamaˈʃuːn]
Tetanus	stelkramp, -en [ˇsteːlkramp]
Typhus	tyfus, -en [ˈtyːfəs]
Übelkeit	illamående, -t [ˇilaˈmoːəndə]
Verbrennung	brännskada, -n, -or [ˇbrɛnskɑːda], brännsår, -et, - [ˇbrɛnsoːr]

Verdauung	matsmältning, -en [ˇma:tsmɛltniŋ]
Verdauungsstörung	matsmältningsbesvär, -et [ˇma:tsmɛltniŋsbeˈsvæ:r]
Vergiftung	förgiftning, -en, -ar [fœrˈjiftniŋ]
verletzen	skada, -ade, -at [ˇska:da]
Verletzung	skada, -n, -or [ˇska:da]
verstaucht	stukad [ˇstʉ:kad]
Verstopfung	förstoppning, -en [fœˈʂtɔpniŋ]
wehtun	göra ont [jœ:ra ˈunt]
Windpocken	vattkoppor [ˇvatkɔpur]
Wunde	sår, -et, - [so:r]
Zerrung	sträckning, -en, -ar [ˇstrɛkniŋ]
Zyste	cysta, -n, -or [ˇsysta]

Körper - Arzt- Krankenhaus

Ader	åder, -n, ådror [ˈo:dər]
Arm	arm, -en, -ar [arm]
atmen	andas, -ades, -ats [ˇandas]
Attest	intyg, -et, - [ˇinty:g]
Auge	öga, -t, ögon [ˇø:ga/ˇø:gɔn]
Bauch	mage, -n, -ar [ˇma:gə]
Bein	ben, -et, - [be:n]
Bescheinigung	intyg, -et, - [ˇinty:g]
Besuchszeit	besökstid, -en, -er [beˇsø:ksti:d]
Blinddarm	blindtarm, -en, -ar [ˇblindtarm]
Blut	blod, -et [ˇblu:d]
Blutdruck, hoher/niedriger	högt/lågt blodtryck, -et, [høkt/lo:kt ˇblu:dtryk]
Blutgruppe	blodgrupp, -en, -er [ˇblu:dgrɵp]
Blutprobe	blodprov, -et, - [ˇblu:dpru:v]
Bluttransfusion	blodtransfusion, -en, -er [ˇblu:dtransfʉˈʃu:n]
Bronchien	luftrör, -et, - [ˇlɵftrœ:r], bronker *(pl)* [ˈbrɔŋkər]
Brust	bröst, -et, - [brøst]
Brustkorb	bröstkorg, -en [ˇbrøstkɔrj]
Chirurg/in	kirurg, -en, -er [çiˈrɵrg]
Darm	tarm, -en, -ar [tarm]
desinfizieren	desinficera, -ade, -at [desinfiˈse:ra]
Diagnose	diagnos, -en, -er [diaˈgno:s]
Diät	diet, -en, -er [diˈe:t]
Drüse	körtel, -n, körtlar [ˇçœʈəl]
Ellbogen	armbåge, -n, -ar [ˇarmbo:gə]
Facharzt	specialist, -en, -er [spesiaˈlist]
Finger	finger, fingret, fingrar [ˈfiŋər]
Fuß	fot, -en, fötter [fu:t/ˈføtər]

Gallenblase	gallblåsa, -n, -or [ˇgalblo:sa]
Gehirn	hjärna, -n, -or [ˇjæ:ɳa]
Gehör	hörsel, -n [ˈhœʂəl]
Gelenk	led, -en, -er [le:d]
Gesicht	ansikte, -t, -n [ˇansiktə]
Glieder	lemmar *(pl)* [ˇlɛmar]
Hals	hals, -en, -ar [hals]
Hand	hand, -en, händer [hand/ˈhɛndər]
Haut	hud, -en [hʉ:d]
Herz	hjärta, -t, -n [ˇjæʈa]
Herzschrittmacher	pacemaker, -n, - [ˈpɛjsmɛjkər]
Herzspezialist	hjärtspecialist, -en, -er [ˇjæʈʂpesiaˈlist]
Höhensonne	kvartslampa, -n, -or [ˇkvaʈʂɭampa]
Hüfte	höft, -en, -er [høft]
impfen	vaccinera, -ade, -at [vaksiˈne:ra]
Impfpass	vaccinationskort, -et, - [vaksinaˇʃu:nskuʈ]
Impfung	vaccination, -en, -er [vaksinaˈʃu:n]
Infusion	infusion, -en, -er [infʉˈʃu:n]
Kiefer	käke, -n, -ar [ˇçɛ:kə]
Knie	knä, -t, -n [knɛ:]
Knöchel	ankel, -n, anklar [ˇaŋkəl], vrist, -en, -er [vrist]
Knochen	ben, -et, - [be:n]
Kopf	huvud, -et, -en [ˇhʉ:vəd/ˇhʉ:və]
krank	sjuk [ʃʉ:k]
Krankenhaus	sjukhus, -et, - [ˇʃʉ:khʉ:s]
Krankenkasse	sjukförsäkringskassa, -n, -or [ˇʃʉ:kfœʂɛ:kriŋsˈkasa]
Krankenschein	sjukförsäkringsbesked, -et, - [ˇʃʉ:kfœʂɛ:kriŋsbeˈʃe:d]
Krankenschwester	sjuksköterska, -n, -or [ˇʃʉ:kʃø:təʂka]
Leber	lever, -n [ˈle:vər]
Lippe	läpp, -en, -ar [lɛp]
Lunge	lunga, -n, -or [ˇləŋa]
Magen	mage, -n, -ar [ˇmɑ:gə]
Mandeln	tonsiller [tɔnˈsilər]
Menstruation	menstruation, -en, -er [menstrʉaˈʃu:n], mens, -en [mens]
Mund	mun, -nen, -nar [mən]
Muskel	muskel, -n, muskler [ˈməskəl]
nähen	sy, -dde, -tt [sy:]
Narbe	ärr, -et, - [ær]
Narkose	narkos, -en, -er [narˈko:s]
Nase	näsa, -n, -or [ˇnɛ:sa]
Nerv	nerv, -en, -er [ˇnærv]
Niere	njure, -n, -ar [ˇnjʉ:rə]

Ohr	öra, -t, öron [ᵛœ:ra/ᵛœ:rɔn]
Operation	operation, -en, -er [ɔpəra'ʃu:n]
Praxis	mottagning, -en, -ar [ᵛmu:tɑ:gniŋ], praktik, -en [prak'ti:k]
Prothese	protes, -en, -er [pru'te:s]
Puls	puls, -en [pəls]
Qualle	manet, -en, -er [ma'ne:t]
Rippe	revben, -et, - [ᵛre:vbe:n]
röntgen	röntga [ᵛrøntka]
Röntgenaufnahme	röntgenbild, -en, -er [ᵛrøntkən'bild]
Rücken	rygg, -en, -ar [ryg]
Rückgrat	ryggrad, -en, -er [ᵛrygrɑ:d]
Rücktransport	hemtransport, -en, -er [ᵛhɛmtran'spɔʈ]
Schädel	skalle, -n, -ar [ᵛskalə]
Schiene	skena, -n, -or [ᵛʃe:na]
Schienbein	skenben, -et, - [ᵛʃe:nbe:n]
Schlüsselbein	nyckelben, -et, - [ᵛnykəl'be:n]
Schulter	skuldra, -n, -or [ᵛskəldra], axel, -n, axlar ['aksəl]
Schwangerschaft	graviditet, -en, -er [gravidi'te:t]
Schweiß	svett, -en [svɛt]
schwitzen	svettas, -ades, -ats [ᵛsvɛtas]
Speiseröhre	matstrupe, -n [ᵛmɑ:tstrʉ:pə]
Sprechstunde	mottagning(stid) [ᵛmu:tɑ:gniŋ(s'ti:d)]
Spritze	spruta, -n, -or [ᵛsprʉ:ta]
Station	avdelning, -en, -ar [ᵛɑ:vde:lniŋ]
Stich	stick, -et, - [stik]
Stuhlgang	stolgång, -en, -ar [ᵛstu:lgɔŋ]
Trommelfell	trumhinna, -n, -or [ᵛtrəmhina]
Ultraschalluntersuchung	ultraljudsundersökning, -en, -ar [ᵛəltrajʉ:dsəndə'ʂø:kniŋ]
Unterleib	underliv, -et [ᵛəndə'ɭi:v]
Untersuchung	undersökning, -en, -ar [ᵛəndə'ʂø:kniŋ]
Urin	urin, -en [ʉ'ri:n]
Verband	förband, -et, - [fœr'band]
verbinden	lägga om [lɛga 'ɔm], förbinda [fœr'binda]
verschreiben	ordinera, -ade, -at [ɔɖi'ne:ra], skriva ut [skri:va 'ʉ:t]
Virus	virus, -et, - ['vi:rəs]
Wartezimmer	väntrum, -met, - [ᵛvɛntrəm]
Wirbelsäule	ryggrad, -en, -er [ᵛrygrɑ:d]
Zecke	fästing, -en, -ar [ᵛfɛstiŋ]
Zehe	tå, -n, -r [to:]
Zunge	tunga, -n, -or [ᵛtəŋa]

Beim Zahnarzt

Ich habe (starke) Zahnschmerzen.
Jag har (väldig) tandvärk. [jɑ: hɑ:r (ˇvɛldi) ˇtandværk]

Dieser Zahn (oben/unten/ vorn/hinten) tut weh.
Tanden här (uppe/nere/framme/ bak) gör ont.
[ˈtandən hæ:r (ˇɵpə/ˇne:rə/ˇframə/ˈbɑ:k) jœ:r ˈunt]

Ich habe eine Füllung verloren.
Jag har tappat en plomb. [jɑ: hɑ: ˇʈapat en ˈplɔmb]

Mir ist ein Zahn abgebrochen.
En tand har gått av. [en tand hɑ:r gɔt ˈɑ:v]

Ich muss ihn plombieren.
Jag måste plombera den. [jɑ: mɔstə plɔmˈbe:ra den]

Ich muss ihn ziehen.
Jag måste dra ut den. [jɑ: mɔstə drɑ: ˈʉ:t den]

Geben Sie mir bitte eine/keine Spritze.
Kan jag få bedövning?/Jag vill inte ha bedövning.
[kan jɑ: fo: beˈdø:vniŋ/jɑ: vil ˇintə hɑ: beˈdø:vniŋ]

Bitte spülen.
Varsågod och skölj. [vaʂəˈgu: ɔ ˈʃølj]

Backenzahn	kindtand, -en, -tänder [ˇçindtand]
Kiefer	käke, -n, -ar [ˇçɛ:kə]
Krone	krona, -n, -or [ˇkru:na]
Loch	hål, -et, - [ho:l]
Plombe	plomb, -en, -er [plɔmb]
Schneidezahn	framtand, -en, -tänder [ˇframtand]
Zahn	tand, -en, tänder [tand/ˈtɛndər]
Zahnfleisch	tandkött, -et [ˇtandçøt]
Zahnschmerzen	tandvärk, -en [ˇtandværk]
ziehen	dra ut [drɑ: ˈʉ:t]

Wichtiges von A bis Z

Geld und Kreditkarten
Schweden ist zwar Mitglied der Europäischen Union, die Landeswährung ist aber weiterhin die Schwedische Krone (SEK). Viele Geschäfte und Hotels akzeptieren auch Euros, allerdings zu einem oft schlechteren Wechselkurs. Fast überall kann man mit der Kreditkarte bezahlen. Die EC-Karte dagegen wird nicht als Zahlungsmittel akzeptiert. Geldautomaten, an denen Sie rund um die Uhr mit Ihrer EC-Karte und Geheimzahl Geld abheben können, gibt es an jeder Ecke. Die Banken haben in der Regel von 9.30 bis 15.00 Uhr (donnerstags bis 18.00 Uhr) geöffnet.

Bank

Wo ist hier bitte eine Bank/eine Wechselstube?
Ursäkta, var finns det en bank/ett växelkontor här?
[ᵛʉːʂɛkta vɑːr fins de en baŋk/et ᵛvɛksəlkɔnˈtuːr hæːr]

Ich möchte Euro (Schweizer Franken) in Kronen wechseln.
Jag skulle vilja växla euro (schweizerfrancs) till kronor.
[jɑː ᵛskɵlə vilja ᵛvɛksla ˈɛvrɔ (ᵛʃvɛjtsərˈfraŋ) til ᵛkruːnur]

Wie ist heute der Wechselkurs?
Vad är det för växelkurs idag? [vɑː eː de fœr ᵛvɛksəlˈkɵʂ iˈdɑː(g)]

Wie viel Kronen bekomme ich für 100 Euro?
Hur många kronor får jag för hundra euro?
[hʉːr mɔŋa ᵛkruːnur foːr jɑː fœr ˈhɵndra ˈɛvrɔ]

Ich möchte diesen Reisescheck einlösen.
Jag skulle vilja lösa in den här resechecken.
[jɑː ᵛskɵlə vilja løːsa ˈin den ˈhæːr ᵛreːsəˈçɛkən]

Auf welchen Betrag kann ich ihn maximal ausstellen?
Vilket är det högsta beloppet jag får skriva den på?
[ᵛvilkət eː de ᵛhøksta beˈlɔpət jɑː foːr ᵛskriːva den poː]

Darf ich bitte ... sehen?
Kan jag få se på ...? [kan jɑː fɔ ˈseː pɔ]
Ihren Pass
ditt pass [dit pas]
Ihren Ausweis
ditt identitetskort [dit idɛntiᵛteːtskuʈ]

Würden Sie bitte hier unterschreiben?
Vill du vara vänlig och skriva under här?
[vil dʉː vɑːra ᵛvɛnli ɔ skriːva ˈɵndər ˈhæːr]

Der Geldautomat akzeptiert meine Karte nicht.
Bankomaten accepterar inte mitt kort.
[baŋkuˈmɑːtən aksɛpˈteːrar ᵛintə mit ˈkuʈ]

Der Geldautomat gibt meine Karte nicht mehr heraus.
Bankomaten behåller mitt kort. [baŋkuˈmɑːtən beˈhɔlər mit ˈkuʈ]

auszahlen	betala (-ade, -at/-t) ut [beˈtɑːla ˈʉːt]
Bank	bank, -en, -er [baŋk]
bar	kontant [kɔnˈtant]
Bargeld	kontanter *(pl)* [kɔnˈtantər]
Betrag	belopp, -et, - [beˈlɔp]
Cent	cent, -en, - [sɛnt]
Devisen	utländsk valuta, -n, -or [ᵛʉːtlɛndsk vaᵛlʉːta]
Euro	euro, -n, - [ˈɛvrɔ]
Formular	blankett, -en, -er [blaŋˈkɛt]
Geheimzahl	kodnummer, -numret, - [ᵛkoːdnəmər]
Geld	pengar *(pl)* [ˈpɛŋar]
Geldautomat	bankomat, -en, -er [baŋkuˈmɑːt]
Geldanweisung	penninganvisning, -en, -ar [ᵛpɛniŋanˈviːsniŋ]
Geldschein	sedel, -n, sedlar [ˈseːdəl]
Geldwechsel	växling, -en (av utländsk valuta) [ᵛvɛksliŋ (ɑːv ᵛʉːtlɛndsk vaᵛlʉːta)]
Kleingeld	småpengar *(pl)* [ᵛsmoːpɛŋar]
Konto	konto, -t, -n [ᵛkɔntu]
Kreditkarte	kreditkort, -et, - [kreᵛdiːtkuʈ]
Kurs	kurs, -en, -er [kəʂ]
Ladeterminal	laddare, -n, - [ᵛladarə]
Münze	mynt, -et, - [mynt]
Quittung	kvitto, -t, -n [ᵛkvitu]
Reisescheck	resecheck, -en, -ar/-er [ᵛreːsəˈçɛk]
Schalter	lucka, -n, -or [ᵛləka], disk, -en, -ar [disk]
Scheck	check, -en, -ar/-er [çɛk]
einen ~ ausstellen	skriva ut en check [skriːva ˈʉːt en çɛk]
einen ~ einlösen	lösa (-te, -t) in en check [løːsa ˈin en çɛk]
Scheckgebühr	checkavgift, -en, -er [ᵛçɛkɑːvˈjift]
Scheckkarte	checkkort, -et, - [ᵛçɛkuʈ]
Schweizer Franken	schweizerfranc, -en, -(s) [ᵛʃvɛjtsərˈfraŋ]
Überweisung	överföring, -en, -ar [ᵛøːvərˈfœːriŋ]
telegrafische ~	telegrafisk överföring [teləˈgrɑːfisk ᵛøːvərˈfœːriŋ]

umtauschen	växla, -ade, -at [ˇvɛksla]
Unterschrift	underskrift, -en, -er [ˇɵndəˈʂkrift], namnteckning, -en, -ar [ˇnamnteknɪŋ]
Währung	valuta, -n, -or [vaˇlʉːta]
Wechsel|kurs	växelkurs, -en, -er [ˇvɛksəlˈkɵʂ]
~stube	växelkontor, -et, - [ˇvɛksəlkɔnˈtuːr]
zahlen	betala, -ade, -at/-t [beˈtɑːla]
Zahlkarte	inbetalningskort, -et, - [ˇinbetɑːlniŋsˈkuʈ]
Zahlung	betalning, -en, -ar [beˈtɑːlniŋ]

Filmen und Fotografieren

Wären Sie wohl so freundlich, ein Foto von uns zu machen?
Skulle du kunna ta (ett) kort på oss?
[ˇskɵlə dʉː ˇkɵna tɑː (et) ˈkuʈ poː ɔs]

Sie müssen auf diesen Knopf drücken.
Du måste trycka på den här knappen.
[dʉː ˇmɔstə ˇtryka poː dɛnˈhæːr ˈknapən]

Das ist sehr freundlich!
Det var mycket vänligt! [deː vɑː ˇmykə ˇvɛnlit]

Dürfte ich Sie wohl fotografieren?
Kan jag få ta kort på /fotografera dig?
[kan jɑː foː tɑː ˈkuʈ poː/futugraˈfeːra dɛj]

Fundbüro ➢ auch Polizei

Wo ist das Fundbüro, bitte?
Ursäkta, var ligger hittegodsmagasinet?
[ˇʉːʂɛkta vɑː ˈl̩igər ˇhitəguːtsmagaˈsiːnət]

Ich habe ... verloren.
Jag har tappat ... [jɑː hɑː ˇʈapat]

Ich habe meine Handtasche im Zug vergessen.
Jag har glömt min handväska på tåget.
[jɑː hɑːr glømt min ˇhandvɛska pɔ ˈtoːgət]

Benachrichtigen Sie mich bitte, wenn sie abgegeben/gefunden werden sollte.
Kan du vara snäll och meddela mig, om den blir inlämnad/upphittad?
[kan dʉː vara snɛl ɔ ˇmeːdeːla mɛj ɔm den blir ˇinlɛmnad/ˇɵphitad]

Hier ist meine Hotelanschrift/Heimatadresse.
Här är adressen till mitt hotell/min hemortsadress.
[hæːr eː aˈdrɛsən til mit hɔˈtɛl/min ˇhɛmuʈʂaˈdrɛs]

Internetcafé

Wo gibt es in der Nähe ein Internetcafé?
Var finns det något internetkafé i närheten?
[vɑ:r fins de: nɔt ᵛintəŋɛtka'fe: i ᵛnæ:rhe:tən]

Wieviel kostet eine Stunde?/Viertelstunde?
Hur mycket kostar det per timme/kvart?
[hʉ:r ᵛmykə ᵛkɔsta ɖe: pæ:r ᵛtimə/kvaʈ]

Ich möchte eine E-Mail senden.
Jag skulle vilja skicka ett e-mail. [jɑ: ᵛskələ vilja ᵛʃika et 'i:mɛil]

Kann ich von hier ein Fax versenden?
Kan jag skicka ett fax härifrån? [kan jɑ: ᵛʃika et faks 'hæ:ri'frɔn]

Kann ich eine Seite ausdrucken?
Kan jag printa ut en sida? [kan jɑ: printa 'ʉ:t en ᵛsi:da]

Bei mir klappt die Verbindung nicht.
Här fungerar inte uppkopplingen. [hæ:r fəŋ'ge:rar ᵛintə ᵛəpkɔpliŋən]

Ich habe Probleme mit dem Computer.
Jag har problem med datorn. [jɑ: hɑ:r pru'ble:m mɛ: ᵛdɑ:tɔɳ]

Kann ich bei Ihnen Fotos von meiner Digitalkamera auf CD brennen?
Kan jag bränna kort från min digitalkamera på CD hos er?
[kan jɑ: ᵛbrɛna kuʈ fro:n min digiᵛtɑ:lkɑ:məra po: ᵛse:de: hus e:r]

Polizei

Wo ist bitte das nächste Polizeirevier?
Ursäkta, var ligger närmaste polisstation?
[ᵛʉ:ʂɛkta vɑ: 'ɭigə ᵛɳærmastə pɔᵛli:sta'ʃu:n]

Ich möchte einen Diebstahl/Verlust/Unfall anzeigen.
Jag skulle vilja anmäla en stöld/förlust/olycka.
[jɑ: ᵛskələ vilja ᵛanmɛ:la en støld/fœ'ɭəst/ᵛu:lyka]

Mein/e ...
Min ... [min]
Handtasche
handväska [ᵛhandvɛska]
Brieftasche
plånbok [ᵛplo:nbu:k]
Fotoapparat
kamera ['kɑ:məra]
Auto/Fahrrad
bil/cykel [bi:l/'sykəl]

ist gestohlen worden.
har blivit stulen. [hɑ:r bli:vit ᵛstʉ:lən]

Mein Auto ist aufgebrochen worden.
Det har varit inbrott i min bil. [de hɑ:r vɑ:rit ˇinbrɔt i min ˈbi:l]

Aus meinem Auto ist ... gestohlen worden.
... har stulits ur min bil. [hɑ: ˇʂʈʉ:lits ʉ:r min ˈbi:l]

Ich habe ... verloren.
Jag har tappat ... [jɑ: hɑ: ˇʈapat]

Mein Sohn/Meine Tochter ist verschwunden.
Min son/dotter är försvunnen. [min so:n/ˇdɔtər e: fœˈʂvɵnən]

Dieser Mann belästigt mich.
Den här mannen antastar mig. [den ˈhæ:r ˈmanən ˇantastar mɛj]

Können Sie mir bitte helfen?
Förlåt, kan du hjälpa mig? [fœˈɭo:t kan dʉ: ˇjɛlpa mɛj]

Wann genau ist das passiert?
När exakt hände det? [næ:r ekˈsakt ˇhɛndə de:]

Wir werden der Sache nachgehen.
Vi ska undersöka saken. [vi: skɑ: ˇɵndəˈʂø:ka ˈsɑ:kən]

Ihren Namen und Ihre Anschrift, bitte.
Kan jag få ditt namn och din adress? [kan jɑ: fo: dit namn ɔ din aˈdrɛs]

Wenden Sie sich bitte an das deutsche/österreichische/Schweizer Konsulat.
Vänd dig till tyska/österrikiska/ schweiziska konsulatet.
[vɛn dɛj til ˇtyska/ˇøstəˈri:kiska/ˈʃvɛjtsiska kɔnsʉˈlɑ:tət]

anzeigen	anmäla, -de, -t [ˇanmɛ:la]
aufbrechen	bryta (bröt, brutit) upp [bry:ta ˈɵp]
Auto|radio	bilradio, -n [ˇbi:lrɑ:djɔ]
~schlüssel	bilnyckel, -n, -nycklar [ˇbi:lnykəl]
belästigen	antasta, -ade, -at [ˇantasta]
beschlagnahmen	beslagta [beˇslɑ:gtɑ:]
Dieb	tjuv, -en, -ar [ɕʉ:v]
~stahl	stöld, -en, -er [støld]
Gefängnis	fängelse, -t, -r [ˇfɛŋəlsə]
Geld	pengar *(pl)* [ˈpɛŋar]
Geldbörse	börs, -en, -ar [bœʂ], portmonnä, -n, -er [pɔʈmɔˈnɛ:]
Gericht	domstol, -en, -ar [ˇdumstu:l]
Kfz-Schein	registreringsbevis, -et, - [rejiˇstre:riŋsbeˈvi:s]
Papiere	legitimationshandlingar [lɛgitimaˇʃu:nshandliŋar], papper *(pl)* [ˇpapər]
Personalausweis	identitetskort, -et, - [idɛntiˇte:tskuʈ]

Polizei	polis, -en [pɔ'li:s]
-wagen	polisbil, -en, -ar [pɔ˅li:sbi:l]
Polizist/in	polis, -en, -er [pɔ'li:s]
Rauschgift	narkotika, -n [nar'ko:tika], droger *(pl)* [˅dro:gər]
Rechtsanwalt	advokat, -en, -er [advu'kɑ:t]
Reisepass	pass, -et, - [pas]
Richter	domare, -n, - [˅dumarə]
Scheck	check, -en, -ar/-er [çɛk]
Scheckkarte	checkkort, -et, - [˅çɛkuʈ]
Schlüssel	nyckel, -n, nycklar [˅nykəl]
Schmuggel	smuggling, -en [˅smɵgliŋ]
Schuld	skuld, -en [skɵld]
Taschendieb	ficktjuv, -en, -ar [˅fikçʉ:v]
Überfall	överfall, -et, - [˅ø:vər'fal]
Untersuchungshaft	rannsakningshäkte, -t, -n [˅ransɑ:kniŋs'hɛktə]
Verbrechen	brott, -et, - [brɔt]
Vergewaltigung	våldtäkt, -en, -er [˅vɔldtɛkt]
verhaften	arrestera, -ade, -at [arɛs'te:ra], häkta, -ade, -at [˅hɛkta]
verlieren	förlora, -ade, -at [fœ'ɭu:ra]
Zeuge	vittne, -t, -n [˅vitnə]
zusammenschlagen	slå ner [slo: 'ne:r]

Post

Wo ist das nächste Postamt?
In Schweden werden nicht nur auf dem Lande die Postämter immer häufiger durch so genannte Postagenturen - „postombud" - ersetzt. Diese mit einem gelben Posthorn und einer gelben Krone vor blauem Hintergrund gekennzeichneten Postagenturen sind in Lebensmittelgeschäften oder Tankstellen untergebracht. Hier bekommen Sie nicht nur Briefmarken, sondern können auch Briefe oder Pakete aufgeben bzw. abholen. Briefmarken gibt es auch in vielen Tabakgeschäften und Zeitungskiosken.

Wo ist das nächste Postamt/der nächste Briefkasten?
Var är närmaste postkontor/närmaste brevlåda?
[vɑ:r 'e: ˅nærmastə ˅pɔstkɔn'tu:r/˅nærmastə ˅bre:vlo:da]

Was kostet ein Brief/eine Postkarte ...
Vad kostar ett brev/ett vykort ... [vɑ: ˅kɔstar et 'bre:v/et ˅vy:kuʈ]
nach Deutschland?
till Tyskland? [til 'tyskland]

nach Österreich?
till Österrike? [til ˅østəˈriːkə]
in die Schweiz?
till Schweiz? [til ʃvɛjts]

Drei Briefmarken zu ... Kronen, bitte.
Kan jag få tre frimärken à ... kronor?
[kan jɑː foː treː ˅friːmærkən a ˅kruːnur]

Diesen Brief bitte per ...
Jag vill skicka det här brevet som ...
[jɑː vil ˅ʃika deː ˈhæːr ˈbreːvət sɔm]
Einschreiben.
rek (rekommenderat brev). [reːk (rekɔmenˈdeːrat breːv)]
Luftpost.
flygpost. [˅flyːgpɔst]
Express.
expressbrev. [ɛks˅prɛsbreːv]

Kann ich bei Ihnen auch Sondermarken bekommen?
Har ni jubileumsfrimärken också?
[hɑː ɳiː jʉbi˅leːɵmsfriːˈmærkən ˈɔksɔ]

Diesen Satz/Je eine Marke, bitte.
Kan jag få den här serien?/Ett märke av varje, tack.
[kan jɑː foː den ˈhæːr ˈseːrjən/et ˅mærkə ɑːv ˅varjə tak]

➢ **auch Wortliste Bank**

Absender	avsändare, -n, - [˅ɑːvsɛndarə]
Adresse	adress, -en, -er [aˈdrɛs]
aufgeben	posta, -ade, -at [˅pɔsta]
ausfüllen	fylla (-de, -t) i [fyla ˈi]
Brief	brev, -et, - [breːv]
~kasten	brevlåda, -n, -or [˅breːvloːda]
~marke	frimärke, -t, -n [˅friːmærkə]
~markenautomat	frimärksautomat, -en, -er [˅friːmærksautɔˈmɑːt]
~träger/in	brevbärare, -n, - [˅breːvbæːrarə]
~umschlag	kuvert, -et, - [kɵˈvæːr]
Eilbrief	expressbrev, -et, - [ɛks˅prɛsbreːv]
Einschreibebrief	rekommenderat brev/rek [rekɔmənˈdeːrat breːv/reːk]
Empfänger	adressat, -en, -er [adrɛˈsɑːt]
Fax *(Mitteilung)*	fax, -et, - [faks]
Fax *(Gerät)*	fax, -en, -ar [faks]
Formular	blankett, -en, -er [blaŋˈkɛt]
frankieren	frankera, -ade, -at [fraŋˈkeːra]
Gebühr	avgift, -en, -er [˅ɑːvjift]
Gewicht	vikt, -en, -er [vikt]

Hauptpostamt	huvudpostkontor, -et, - [ˇhʉ:vədpɔstkɔnˈtu:r]
Leerung	(brevlåds)tömning, -en, -ar [ˇbre:vlo:tsˈtømniŋ/ˇtømniŋ]
mit Luftpost	med flyg(post) [me: fly:g/ˇfly:gpɔst]
per Nachnahme	(per) postförskott [(pæ:r) ˇpɔstfœˈʂkɔt]
nachsenden	eftersända [ˇɛftəˈʂɛnda]
Päckchen	småpaket, -et, - [ˇsmo:paˈke:t]
Paket	paket, -et, - [paˈke:t]
~karte	adresskort, -et, - [aˇdrɛskuʈ]
Porto	porto, -t, -n [ˇpɔʈu]
Postamt	postkontor, -et, - [ˇpɔstkɔnˈtu:r]
Postkarte	vykort, -et, - [ˇvy:kuʈ]
postlagernd	poste restante [pɔst resˈtaŋt]
Postleitzahl	postnummer, -numret, - [ˇpɔstnɵmər]
Postsparbuch	postsparbanksbok, -en, -böcker [ˇpɔstspɑ:rbaŋksˈbu:k/-ˈbøkər]
Schalter	lucka, -n, -or [ˇlɵka], disk, -en, -ar [disk]
Schalterstunden	öppettider [ˇøpəˈti:dər]
Sondermarke	jubileumsfrimärke, -t, -n [jʉbiˇle:ɵmsfriˈmærkə]
Telegramm	telegram, -met, - [teləˈgram]
Vordruck	blankett, -en, -er [blaŋˈkɛt]
Wertangabe	värdeuppgift, -en, -er [ˇvæ:ɖəɵpˈjift]
Zollerklärung	tulldeklaration, -en, -er [ˇtɵldeklaraˈʃu:n]

Telefonieren

Praktische Hinweise
Wenn Sie von Deutschland nach Schweden telefonieren wollen, wählen Sie zuerst die Vorwahlnummer 0046, dann die Ortsvorwahl ohne „0" plus Teilnehmernummer.
Um von Schweden nach Deutschland zu telefonieren, wählen Sie genauso die deutsche Vorwahlnummer 0049, dann die Ortsvorwahl ohne „0" plus Teilnehmernummer.
Das Gleiche gilt für Österreich (Landeskennzahl 0043) und die Schweiz (Landeskennzahl 0041).
SOS
In ganz Schweden sind Krankenwagen, Feuerwehr, Polizei und Notarzt unter der nationalen Notrufnummer 112 zu erreichen.

Dürfte ich wohl Ihr Telefon benutzen?
Skulle jag kunna få låna din telefon?
[ˇskələ jɑ: ˇkəna fɔ ˇlo:na din telə'fo:n]

Wo ist die nächste Telefonzelle?
Var ligger närmaste telefonkiosk? [vɑ: 'ḷigə ˇɳærmastə teləˇfo:nçɔsk]

Können Sie mir bitte eine Telefonkarte geben?
Kan jag få ett telefonkort? [kan jɑ: 'fo: et teləˇfo:nkuʈ]

Telefonkarten
Öffentliche Fernsprecher funktionieren nur mit Telefonkarten – „telefonkort" –, die man in so genannten Telefonshops, „telebutiker", aber auch in Zeitungsgeschäften, Kiosken usw. kaufen kann. In Schweden gibt es keine Münzautomaten mehr.

Wie ist die Vorwahl von ...?
Vad är riktnumret till ...? [va e: ˇriktnəmrət til]

Haben Sie ein Telefonbuch von ...?
Har du en telefonkatalog över ...? [hɑ: ḓʉ: en teləˇfo:nkata'lo:g ø:vər]

Å, Ä, Ö
Beim Nachschlagen in schwedischen Telefonbüchern, Wörterbüchern und alphabetischen Verzeichnissen müssen Sie daran denken, dass die Buchstaben Å, Ä und Ö am Ende des Alphabets stehen.

Auskunft, bitte. Geben Sie mir die Nummer von ...
Kan jag få nummerupplysningen? [kan jɑ: fo: ˇnəmərəp'ly:sniŋən]
Kan jag få numret till ... ? [kan jɑ: 'fo: 'nəmrət til]

Bitte ein Ferngespräch nach ...
Jag skulle vilja ringa ett Sverigesamtal till ...
[jɑ: ˇskələ vilja ˇriŋa et ˇsværjəsam'tɑ:l til]

Können Sie mich bitte mit ... verbinden?
Kan du koppla mig till ...? [kan dʉ: ˇkɔpla mɛj til]

Gehen Sie in Kabine Nr. ...
Hytt nummer ... [hyt 'nəmər]

Die Leitung ist besetzt.
Det är upptaget. [de e: ˇəptɑ:gət]

Es meldet sich niemand.
Det är ingen som svarar. [de e: ˇiŋən sɔm ˇsvɑ:rar]

Bleiben Sie bitte am Apparat.
Var god dröj! [vɑ:r gu:d drøj]

Ein Telefongespräch

Hallo?
Die Schweden melden sich heutzutage am Telefon mit dem Vor- und Familiennamen oder nur mit dem Vornamen, nicht jedoch mit der Telefonnummer, und auch nicht mit „hallå“ oder „ja“ wie in vielen anderen Ländern.

Hier spricht ...
Det här är ... [de ˈhæːr eː]

Hallo, mit wem spreche ich?
Hallå, vem talar jag med? [haˈloː vɛm ˇtɑːlar jɑː meː]

Kann ich bitte Herrn/Frau ... sprechen?
Kan jag få tala med ... ? [kan jɑː foː ˇtɑːla meː]

Am Apparat.
Det är jag. [de eː ˈjɑː]

Ich verbinde.
Jag kopplar vidare. [jɑː ˇkɔplar ˇviːdarə]

Tut mir leid, er/sie ist nicht da/zuhause.
Jag är ledsen, han/hon är inte här/hemma.
[jɑː eː ˇlesən han/hun eː ˇintə hæːr/ˇhema]

Wann wird er/sie zurück sein?
När kommer han/hon tillbaka? [næːr ˈkɔmər han/hun tilˈbɑːka]

Kann er/sie Dich/Sie zurückrufen?
Kan han/hon ringa upp dig senare?
[kan han/hun riŋa ˈɵp dɛj ˇseːnarə]

Ja, meine Nummer ist ...
Ja, mitt nummer är ... [jɑː mit ˇnɵmər eː]

Möchten Sie eine Nachricht hinterlassen?
Vill du lämna ett meddelande? [vil dʉː ˇlɛmna et ˇmeːdeːlandə]

Würden Sie ihm/ihr bitte sagen, ich hätte angerufen?
Skulle du kunna tala om för honom/henne att jag har ringt?
[ˇskɵlə dʉː kɵna tɑːla ˈɔm fœr ˇhɔnɔm/ˇhɛnə at jɑː hɑː riŋt]

Könnten Sie ihm/ihr etwas ausrichten?
Kan du lämna ett meddelande till honom/henne?
[kan dʉː ˇlɛmna et ˇmeːdeːlandə til ˇhɔnɔm/ˇhɛnə]

Ich rufe später noch mal an.
Jag ringer igen/senare. [jɑː ˈriŋər iˈjɛn/ˇseːnarə]

Falsch verbunden.
Du har kommit fel. [dʉː hɑːr ˇkɔmit ˈfeːl]

Kein Anschluss unter dieser Nummer.
Det finns ingen abonnent med det numret.
[de fins ˇiŋən abɔ'nɛnt me: de: 'nɵmrət]

Anruf	påringning, -en, -ar [ˇpo:riŋniŋ], telefonsamtal, -et, - [teləˇfo:nsam'tɑ:l]
~beantworter	telefonsvarare, -n, - [teləˇfo:nsvɑ:rarə]
anrufen	ringa (-de, -t) (upp) [ˇriŋa/riŋa 'ɵp]
Auskunft	nummerbyrå, -n [ˇnɵmər'by:rɔ]
Auslandsgespräch	utlandssamtal, -et, - [ˇʉ:tlansam'tɑ:l]
besetzt	upptaget [ˇɵptɑ:gət]
durchwählen	ringa (-de, -t) direkt [riŋa di'rɛkt]
Fern|gespräch	Sverigesamtal, -et, - [ˇsværjəsam'tɑ:l]
~sprechamt	telefonstation, -en, -er [teləˇfo:nsta'ʃu:n]
Gebühr	avgift, -en -er [ˇɑ:vjift]
gelbe Seiten	gula sidor [ˇgʉ:la ˇsi:dur]
Gespräch	samtal, -et, - [ˇsamtɑ:l]
Handy	mobil(telefon), -en, -er [mu'bi:l/muˇbi:ltelə'fo:n]
Hörer	(telefon)lur, -en, -ar [teləˇfo:nlʉ:r/lʉ:r]
Mobiltelefon	mobiltelefon, -en, -er [muˇbi:ltelə'fo:n]
Ortsgespräch	närsamtal, -et, - [ˇnæ:rsam'tɑ:l]
Rufnummer	telefonnummer, -numret, - [teləˇfo:nɵmər]
Telefon	telefon, -en, -er [telə'fo:n]
~buch	telefonkatalog, -en, -er [teləˇfo:nkata'lo:g]
~gespräch	telefonsamtal, -et, - [teləˇfo:nsam'tɑ:l]
~karte	telefonkort, -et, - [teləˇfo:nkuʈ]
~nummer	telefonnummer, -numret, - [teləˇfo:nɵmər]
~zelle	telefonhytt, -en, -er [teləˇfo:nhyt], telefonkiosk, -en, -er [teləˇfo:nçɔsk]
Verbindung	förbindelse, -n, -r [fœr'bindəlsə]
Vermittlung	växel, -n ['vɛksəl]
Vorwahlnummer	riktnummer, -numret, - [ˇriktnɵmər]
wählen	slå (ett nummer) [slo: (et 'nɵmər)]

Mit dem Handy

Bitte eine SIM-Karte.
Kan jag få ett SIM-kort? [kan jɑ: fo: et ˇsimkuʈ]

Bitte eine internationale Telefonkarte.
Kan jag få ett internationellt telefonkort?
[kan jɑ: fo: et intəɳatʃuˈnɛlt teləˇfo:nkuʈ]

Wie viele Minuten kann ich mit einer Karte für ... sprechen?
Hur många minuter kan jag prata med ett kort för ...?
[hʉ:r ˇmɔŋa miˈnʉ:tər kan jɑ: ˇprɑ:ta mɛ: et kuʈ fæ:r ...]

Für welches Gebiet gilt diese SIM-Karte?
För vilket område gäller det här SIM-kortet?
[fæ:r ˇvilkət ˇɔmro:də ˈjɛlər dɛ ˈhæ:r ˇsimkuʈət]

Geben Sie mir bitte eine Tarifübersicht.
Skulle jag kunna få en tarifföversikt?
[ˇskɵlə jɑ: kɵna fo: en taˇrifø:vəˈʂikt]

Haben Sie Guthabenkarten der Mobilfunkgesellschaft...?
Har ni kontantkort från mobiltelefonbolaget ...?
[hɑ: ɳi: kɔnˇtantkuʈ fro:n muˇbi:ltelәfo:nbuˈlɑ:gət ...]

Toilette und Bad

Wo ist bitte die Toilette?
Ursäkta, var är toaletten? [ˇʉ:ʂɛkta vɑ:r ɛ: tuaˈlɛtən]

Dürfte ich wohl bei Ihnen die Toilette benutzen?
Skulle jag kunna få gå på toaletten här? [ˇskɵlə jɑ: kɵna fo: go: po: tuaˈlɛtən hæ:r]

Würden Sie mir bitte den Schlüssel für die Toilette geben?
Skulle dukunna ge mig nyckeln till toaletten?
[ˇskɵlə dʉ: kɵna je: mɛj ˇnykəln til tuaˈlɛtən]

Damen	damer *(pl)* [ˇdɑ:mər]
Handtuch	handduk, -en, -ar [ˇhandʉ:k]
Handwaschbecken	handfat, -et, - [ˇhandfɑ:t]
Herren	herrar *(pl)* [ˇhærar]
sauber	ren [re:n]
schmutzig	smutsig [ˇsmɵtsig]
Seife	tvål, -en, -ar [tvo:l]
Toilettenpapier	toalettpapper, -et [tuaˇlɛtpapər]

Kurzgrammatik

Substantiv (Hauptwort) **und Artikel** (Geschlechtswort)

Im Schwedischen werden nur zwei Geschlechter unterschieden, Utrum und Neutrum.

Der unbestimmte Artikel

Der unbestimmte Artikel heißt im Utrum *en*, im Neutrum *ett*.

Utrum	**en**	stol	ein Stuhl
	en	blomma	eine Blume
	en	bok	ein Buch
Neutrum	**ett**	äpple	ein Apfel
	ett	glas	ein Glas

Der bestimmte Artikel

Der bestimmte Artikel ist eine Endung, die an das Substantiv angehängt wird. In Verbindung mit Adjektiven wird ein zusätzlicher bestimmter Artikel gebraucht (siehe Adjektiv, Seite 204 ff.).
Im Singular (Einzahl) heißt der bestimmte Artikel im Utrum *-en* oder *-n*, im Neutrum *-et* oder *-t*. Bei Utrum-Wörtern auf *-an* sind bestimmte und unbestimmte Form gleich.
Der bestimmte Artikel wird im Wörterbuch jeweils angegeben.

	unbestimmte Form		bestimmte Form	
Utrum	stol	Stuhl	stol**en**	der Stuhl
	blomma	Blume	blomma**n**	die Blume
	bok	Buch	bok**en**	das Buch
	början	Anfang	början	der Anfang
	fordran	Forderung	fordran	die Forderung
Neutrum	glas	Glas	glas**et**	das Glas
	äpple	Apfel	äpple**t**	der Apfel

Im Plural (Mehrzahl) heißt der bestimmte Artikel bei allen Utrum-Wörtern und wenigen Neutrum-Wörtern *-na*, bei Neutrum-Wörtern der 5. Deklination *-en*, bei sonstigen Neutrum-Wörtern *-a*.

Die Pluralbildung

Die schwedischen Substantive lassen sich nach ihrer Pluralbildung in fünf Deklinationsgruppen einteilen. Die Pluralendung wird an den Stamm angehängt. Sie ist im Wörterbuch jeweils angegeben.

1. Pluralendung *-or* [ur]. Zu dieser Deklination gehören zwei- oder mehrsilbige Utrum-Wörter, die auf -a enden.

Singular		Plural	
en blomm**a**	eine Blume	två blomm**or**	zwei Blumen

2. Pluralendung *-ar* [ar]. Zu dieser Deklination gehören nur Utrum-Wörter, u. a. alle, die auf *-e, -ing* und *-ning* enden.

en stol	ein Stuhl	två stol**ar**	zwei Stühle
en pojk**e**	ein Junge	två pojk**ar**	zwei Jungen
en syster	eine Schwester	två systr**ar**	zwei Schwestern
en tid**ning**	eine Zeitung	två tidning**ar**	zwei Zeitungen

3. Pluralendung *-er* oder *-r*. Zu dieser Deklination gehören Utrum-Wörter und Neutrum-Wörter.

en bok	ein Buch	två böck**er**	zwei Bücher
en sko	ein Schuh	två sko**r**	zwei Schuhe
ett bageri	eine Bäckerei	två bageri**er**	zwei Bäckereien
ett museum	ein Museum	två muse**er**	zwei Museen
en student	ein Student	två student**er**	zwei Studenten

4. Pluralendung auf *-n*. Zu dieser Deklination gehören nur Neutrum-Wörter, die auf Vokal enden.

ett äpple	ein Apfel	två äpple**n**	zwei Äpfel

5. Keine Pluralendung. Zu dieser Deklination gehören Utrum-Wörter, u. a. alle, die auf *-are* enden, und viele Neutrum-Wörter, die auf Konsonant enden.

ett hus	ein Haus	två hus	zwei Häuser
ett problem	ein Problem	två problem	zwei Probleme
en lärare	ein Lehrer	två lärare	zwei Lehrer

6. Unregelmäßige Pluralbildungen sind im Wörterverzeichnis eigens angegeben.

Singular		Plural	
en dotter	eine Tochter	två döttrar	zwei Töchter
en man	ein Mann	två män	zwei Männer
ett öga	ein Auge	två ögon	zwei Augen

7. Einige Substantive kommen nur im Singular vor (besonders abstrakte Substantive auf *-an, -ande* und *-ende*):

    början Anfang

    Einige Substantive kommen nur im Plural vor:

    glasögon Brille
    grönsaker Gemüse
    pengar Geld

Übersicht über Deklination und Artikel

	Singular		Plural	
	unbestimmt	bestimmt	unbestimmt	bestimmt
1.	blomma Blume	blomman die Blume	blommor Blumen	blommorna die Blumen
2.	stol Stuhl	stolen der Stuhl	stolar Stühle	stolarna die Stühle
	pojke Junge	pojken der Junge	pojkar Jungen	pojkarna die Jungen
	syster Schwester	systern die Schwester	systrar Schwestern	systrarna die Schwestern
	tidning Zeitung	tidningen die Zeitung	tidningar Zeitungen	tidningarna die Zeitungen
3.	katt Katze	katten die Katze	katter Katzen	katterna die Katzen
	sko Schuh	skon der Schuh	skor Schuhe	skorna die Schuhe
	bok Buch	boken das Buch	böcker Bücher	böckerna die Bücher
	bageri Bäckerei	bageriet die Bäckerei	bagerier Bäckereien	bagerierna die Bäckereien
	museum Museum	museet das Museum	museer Museen	museerna die Museen
	student Student	studenten der Student	studenter Studenten	studenterna die Studenten

	Singular		Plural	
	unbestimmt	bestimmt	unbestimmt	bestimmt
4.	äpple Apfel	äpplet der Apfel	äpplen Äpfel	äpplena die Äpfel
5.	hus Haus	huset das Haus	hus Häuser	husen die Häuser
	problem Problem	problemet das Problem	problem Probleme	problemen die Probleme
	lärare Lehrer	läraren der Lehrer	lärare Lehrer	lärarna die Lehrer

Die Kasus (Fälle)

Im Schwedischen gibt es nur zwei verschiedene Fälle, Grundform und Genitiv. Der Genitiv wird durch Anfügen von *-s* gebildet. Bei den bestimmten Formen steht das *-s* nach dem Artikel.

	Singular		Plural	
	unbestimmt	bestimmt	unbestimmt	bestimmt
wer wem wen	pojke	pojken	pojkar	pojkarna
wessen	pojkes	pojkens	pojkars	pojkarnas

- Endet ein Wort bereits auf *-s*, so wird kein weiteres *-s* angefügt:
  Lars bok — Lars Buch
- Im Schwedischen geht der Besitzer dem Besitztum voraus.
  pojkens boll — der Ball des Jungen

Das Adjektiv (Eigenschaftswort)

Das Schwedische unterscheidet wie das Deutsche zwischen starkem und schwachem Adjektiv. Das starke Adjektiv steht allein oder mit dem unbestimmten Artikel (ein gute**r** Apfel - unbestimmte Form), das schwache Adjektiv steht mit dem bestimmten Artikel (der gut**e** Apfel - bestimmte Form).

Das starke Adjektiv

Das starke Adjektiv richtet sich in Geschlecht und Zahl nach dem zugehörigen Substantiv, auch in prädikativer Stellung. Das starke Adjektiv hat drei Formen:

1. ohne Endung im Utrum,
2. auf *-t* im Neutrum,
3. auf *-a* im Plural.

Utrum	en stor båt	ein großes Boot
	Båten är stor.	Das Boot ist groß
Neutrum	**ett** stor**t** glas	ein großes Glas
	Glaset är stor**t**.	Das Glas ist groß.
Plural	stor**a** båtar	große Boote
	Båtarna är stor**a**.	Die Boote sind groß.

- Bei der Bildung des neutralen Adjektivs sind folgende Regeln zu beachten:

a) Adjektive, die auf betonten Langvokal enden, erhalten Kurzvokal + *-tt*.

ny	[ny:]	ny**tt**	[nyt]	neu

b) Einsilbige Adjektive, die auf Langvokal + *-t* oder *-d* enden, erhalten Kurzvokal + *-tt*.

vi**t**	[vi:t]	vi**tt**	[vit]	weiß
rö**d**	[rø:d]	rö**tt**	[røt]	rot

c) Adjektive, die auf Konsonant + *-t* enden, erhalten **kein** zusätzliches *-t*.

intressan**t**	intressan**t**	interessant

d) Adjektive, die auf Konsonant + *-d* enden, verlieren das *-d* vor der Endung *-t*.

hår**d**	hår**t**	hart

e) Adjektive, die auf unbetontes *-en* enden, erhalten *-et*.

vak**en**	vak**et**	wach

Das schwache Adjektiv

Das schwache Adjektiv hat für alle Geschlechter im Singular und Plural nur eine Form auf *-a*.
Steht ein Adjektiv vor einer bestimmten Form, so muss noch ein zweiter Artikel vor das Adjektiv gesetzt werden. Dieser Artikel heißt im Utrum *den*, im Neutrum *det* und im Plural *de* [dɔm].

Utrum	**den** stora båten	das große Boot
Neutrum	**det** stora huset	das große Haus
Plural	**de** stora husen	die großen Häuser

- Einige Adjektive bleiben immer unverändert, z. B.:

bra	gut
extra	extra
äkta	echt
gammaldags	altmodisch
gratis	gratis

- Besondere Formen bilden *liten* (klein) und *gammal* (alt).

	starke Form			schwache Form		
Utrum	en	liten	bil	den	lilla	bilen
Neutr.	ett	litet	hus	det	lilla	huset
Plural	två	små	bilar/hus	de	små	bilarna/husen
Utrum	en	gammal	bil	den	gamla	bilen
Neutr.	ett	gammalt	hus	det	gamla	huset
Plural	två	gamla	bilar/hus	de	gamla	bilarna/husen

Die Steigerung

Die meisten Adjektive bilden den Komparativ auf *-are*, den Superlativ auf *-ast:*

fin	fin**are**	fin**ast**
fein	feiner	am feinsten
billig	billig**are**	billig**ast**
billig	billiger	am billigsten

Andere Adjektive bilden den Komparativ auf *-re*, den Superlativ auf *-st*. Sie haben meist Umlaut:

ung	yng**re**	yng**st**
jung	jünger	am jüngsten
lång	läng**re**	läng**st**
lang	länger	am längsten

Mehrsilbige Adjektive auf *-ad, -isk* und die Partizipien werden mit *mer* (mehr) und *mest* (meist) gesteigert:

typisk	**mer** typisk	**mest** typisk
typisch	typischer	am typischsten
strålande	**mer** strålande	**mest** strålande
strahlend	strahlender	am strahlendsten

Adjektive mit unregelmäßiger Steigerung

dålig	sämre	sämst
schlecht	schlechter	am schlechtesten
dålig	värre	värst
schlimm	schlimmer	am schlimmsten
god	bättre	bäst
gut	besser	am besten
gammal	äldre	äldst
alt	älter	am ältesten
liten	mindre	minst
klein	kleiner	am kleinsten
många	flera	flest
viele	mehr	die meisten

Der **Komparativ** hat nur eine Form; bestimmte und unbestimmte Form, Singular und Plural werden nicht unterschieden.

Båten är större.	Das Boot ist größer.
Huset är större.	Das Haus ist größer.
Båtarna/Husen är större.	Die Boote/Häuser sind größer.

Der **Superlativ** unterscheidet bestimmte und unbestimmte Form. Superlative auf *-ast* bilden die bestimmte Form auf *-e*. Superlative auf *-st* bilden die bestimmte Form auf *-a*.

den vackrast**e** flickan	das schönste Mädchen
den bäst**a** väninnan	die beste Freundin
de störst**a** båtarna	die größten Boote

Das Adverb (Umstandswort)

In vielen Fällen wird die neutrale Form des Adjektivs als Adverb verwendet:

Utrum	Neutrum	Adverb	
sen	sen**t**	sen**t**	spät

Han kommer sent. Er kommt spät.

Von Adjektiven auf *-lig* wird das Adverb durch die Endung *-en* oder *-tvis* gebildet:

trolig	trolig**en**	wahrscheinlich
möjlig	möjlig**tvis**	möglicherweise

Hon kommer troligen inte. Sie kommt wahrscheinlich nicht.
Hon kommer möjligtvis. Sie kommt möglicherweise.

Außerdem gibt es ursprüngliche Adverbien, wie z. B.

här	hier	där	dort
alldeles	ganz	aldrig	nie
genast	gleich	ibland	manchmal

Adverbien, die von Adjektiven abgeleitet sind, können wie diese gesteigert werden:

Han kommer senare. Er kommt später.
Hon kommer senast. Sie kommt am spätesten.

Auch einige der ursprünglichen Adverbien haben Steigerungsformen, z. B. *fort* (schnell):

Hon springer fort. Sie läuft schnell.
Hon springer fortare. Sie läuft schneller.
Han springer fortast. Er läuft am schnellsten.

Die Pronomen (Fürwörter)

Personalpronomen (Persönliche Fürwörter)

	Subjekt			Objekt		
Singular	jag	[jɑ:]	ich	mig	[mɛj]	mir, mich
	du	[dʉ:]	du	dig	[dɛj]	dir, dich
	han	[han]	er	honom	[ˇhɔnɔm]	ihm, ihn
	hon	[hun]	sie	henne	[ˇhɛnə]	ihr, sie
	den	[den]	er, sie, es	den	[den]	ihm, ihn, ihr, sie, ihm, es
	det	[de:]	er, sie, es	det	[de:]	ihm, es
				sig	[sɛj]	sich
Plural	vi	[vi:]	wir	oss	[ɔs]	uns
	ni	[ni:]	ihr, Sie	er	[e:r]	euch / Ihnen, Sie
	de	[dɔm]	sie	dem	[dɔm]	ihnen, sie
				sig	[sɛj]	sich

Possessivpronomen (Besitzanzeigende Fürwörter)

Die Possessivpronomen haben als Subjekt und Objekt dieselbe Form. In Geschlecht und Zahl richten sie sich nach dem zugehörigen Substantiv.

1. und 2. Person

Besitz / Besitzer	Singular Utrum		Singular Neutrum	Plural	
1. Pers. Sing.	min	mein(e)	mitt	mina	meine
2. Pers. Sing.	din	dein(e)	ditt	dina	deine
1. Pers. Pl.	vår	unser(e)	vårt	våra	unsere
2. Pers. Pl.	er	euer(e) / Ihr(e)	ert	era	euere / Ihre

3. Person

In der dritten Person werden zwei Arten von Possessivpronomen unterschieden, je nachdem ob der Besitzer zugleich auch Subjekt des Satzes ist oder nicht. Ist der Besitzer zugleich Subjekt, so richtet sich das Pronomen in Geschlecht und Zahl nach dem Besitztum.

Besitz / Besitzer	Singular: Utrum		Singular: Neutrum	Plural	
Sg. + Pl.	sin	sein(e) ihre	sitt	sina	ihre

Han tar sin bil. — Er nimmt sein (eigenes) Auto.
Hon tar sin bil. — Sie nimmt ihr (eigenes) Auto.

Han tar sitt äpple. — Er nimmt seinen Apfel.
Hon tar sitt äpple. — Sie nimmt ihren Apfel.

Han tar sina böcker. — Er nimmt seine Bücher.
Hon tar sina böcker. — Sie nimmt ihre Bücher.

Ist der Besitzer nicht Subjekt des Satzes, so richtet sich das Pronomen in Geschlecht und Zahl nach dem Besitzer.

Besitzer	Singular	männlich	hans	sein(e)
		weiblich	hennes	ihr(e)
		Utrum/Neutrum	dess	sein(e) ihr(e)
	Plural		deras	ihr(e)

Hans bil är röd. — Sein Auto ist rot.
Hennes hus är blått. — Ihr Haus ist blau.
Dess (bilens) färg är röd. — Seine (des Autos) Farbe ist rot.
Dess (husets) färg är blå. — Seine (des Hauses) Farbe ist blau.
Deras bil är gammal. — Ihr *(pl)* Auto ist alt.

- *Sin, sitt, sina* können **nie** als Bestimmung zum Subjekt stehen.

Vergleiche:

Han använder sin bil. — Er benützt sein (eigenes) Auto.
Han använder hans bil. — Er benützt sein (z. B. Kalles) Auto.
Hon läser sin bok. — Sie liest ihr (eigenes) Buch.
Hon läser hennes bok. — Sie liest ihr (z. B. Lenas) Buch.

Demonstrativpronomen (Hinweisende Fürwörter)

Die gebräuchlichsten Demonstrativpronomen sind *den här* und *den där*. *Den där* verwendet man für weiter entfernte Dinge.

Utrum	Neutrum	Plural	
den här	det här	de här	diese, -r, -s
den där	det där	de där	jene, -r, -s

Steht ein Substantiv nach dem Demonstrativpronomen, so erhält es die bestimmte Form.

Den här boken är bättre än den där. Dieses Buch ist besser als jenes.

Weiter gibt es die Formen des zusätzlichen bestimmten Artikels (vgl. Adjektiv, Seite 204 ff.) - dieser wird dann stark betont - ,

Utrum	Neutrum	Plural	
den	det	de	der, die, das

und die schriftsprachlichen Formen

denna	detta	dessa	diese, -r, -s

Den boken vill jag ha. Das Buch will ich haben (nicht das andere).
I detta hus bodde Linné. In diesem Haus wohnte Linné.

Relativpronomen (Bezügliche Fürwörter)

Am häufigsten steht im Schwedischen das unveränderliche Pronomen *som*. Wenn *som* nicht Subjekt ist, kann es wegbleiben.

huset, som vi bor i das Haus, in dem wir wohnen
Jag läste det i tidningen (som) du gav mig. Ich las es in der Zeitung, die du mir gabst.

Der Genitiv Singular zu *som* heißt *vars*, der Genitiv Plural *vars* oder *vilkas*.

	Singular	Plural
Grundform	som	
Genitiv	vars	vars, vilkas

huset, vars ägare jag känner das Haus, dessen Eigentümer ich kenne

barnen {vars / vilkas} föräldrar var bortresta die Kinder, deren Eltern verreist waren

Weiter gibt es noch flektierbare Relativpronomen, die in formellerer Sprache vorkommen.

	Utrum	Neutrum	Plural
Grundform	vilken	vilket	vilka
Genitiv	vilkens	vilkets	vilkas

Indefinitpronomen (Unbestimmte Fürwörter)

Die Indefinitpronomen werden wie Adjektive flektiert; sie haben im Allgemeinen keine bestimmte Form.

Utrum	Neutrum	Plural	
någon	något, någonting	några	(irgend) einer
ingen	inget, ingenting	inga	keiner
inte någon	inte något	inte några	keiner (im Nebensatz)
varje, var	varje, vart	–	jeder
var och en	vart och ett	–	jeder Einzelne

Har någon ringt mig?	Hat mich jemand angerufen?
Har något hänt?	Ist etwas passiert?
Ingenting har hänt.	Nichts ist passiert.
Jag har ingen bil.	Ich habe kein Auto.
Jag dricker mjölk varje dag.	Ich trinke jeden Tag Milch.
var och en av er	jede(r) Einzelne von euch

Das Indefinitpronomen *man* hat folgende Formen:

Subjekt	man	man
Objekt	en	einem, einen
Genitiv	ens	eines

bzw. im Genitiv *sin, sitt, sina* (vgl. Possessivpronomen Seite 208 f.).

In der Bedeutung *w- auch immer* verwendet man:

vem som helst	wer auch immer
vilken/vilket/vilka som helst	welcher auch immer
vad som helst	was auch immer
hur som helst	wie auch immer

Interrogativpronomen (Fragende Fürwörter) **und Fragewörter**

vem	wer, wem, wen
vems	wessen
vilken, vilket, vilka	welcher, welche, welches, welche
vad för en, ett	was für ein
var	wo
vart	wohin
varifrån	woher
när	wann
hur	wie
hur länge	wie lange
varför	warum

Wenn ein Interrogativpronomen als **Subjekt** im Nebensatz steht, muss *som* hinzugefügt werden.

Vem öppnar dörren ?	Wer öffnet die Tür ?
Vi undrar, vem som öppnar dörren.	Wir fragen uns, wer die Tür öffnet.

Das Verb (Zeitwort)

Die schwedischen Verben sind entweder stark (Bildung der Vergangenheit ohne Endung durch Ablaut, vgl. deutsch *singen - sang - gesungen)* oder schwach (Bildung der Vergangenheit durch eine Endung, vgl. deutsch *reisen - reiste - gereist).* Bei den meisten Verben endet der Infinitiv (Grundform) auf *-a.* Für die Personen (1., 2., 3. in Singular und Plural) gibt es nur eine Endung. Man unterscheidet drei schwache und eine starke Konjugation (Beugung).
Es gibt einfache und zusammengesetzte Zeiten. Einfache Zeiten sind **Präsens** (Gegenwart) und **Präteritum** (Vergangenheit). Zusammengesetzte Zeiten sind **Perfekt** (vollendete Gegenwart), **Plusquamperfekt** (vollendete Vergangenheit), **Futur** (Zukunft) und **Konditional** (Bedingungsform).
Das **Perfekt** wird mit dem Präsens von *haben (jag har, du har,* usw.) und dem Partizip Perfekt (Mittelwort der Vergangenheit) gebildet. Das **Plusquamperfekt** wird mit dem Präteritum von *haben (jag hade, du hade* usw.) und dem Partizip Perfekt gebildet. Das **Partizip** hat zwei Formen: die erste wird zur Bildung der zusammengesetzten Zeiten verwendet und endet immer auf *-t,* die zweite wird als Adjektiv gebraucht.
Das **Futur** wird mit dem Präsens von *werden (jag ska(ll), du ska(ll)* oder *jag kommer att, du kommer att* usw.) und dem Infinitiv gebildet. Der **Konditional** wird mit dem Präteritum von *werden (jag skulle, du skulle* usw.) und dem Infinitiv gebildet.
Das **Präteritum** wird in Sätzen mit einem **Zeitadverbial** verwendet.
I går regnade det. Gestern hat es geregnet.

Übersicht über die Hilfsverben

Infinitiv	Präsens	Präteritum	Partizip Perfekt	
bli	blir	blev	blivit	werden, bleiben
böra	bör	borde	bort	sollen
få	får	fick	fått	dürfen, bekommen
ha	har	hade	haft	haben
kunna	kan	kunde	kunnat	können
-	måste	måste	måst	müssen
skola	skall	skulle	skolat	sollen, werden
vara	är	var	varit	sein
vilja	vill	ville	velat	wollen

Die Konjugation (Beugung)

1. Konjugation: Stamm = Infinitiv
An den Stamm hängt man im Präsens die Endung *-r,* im Präteritum die Endung *-de,* im Partizip Perfekt die Endung *-t.* Im Wörterbuch werden die Verben der 1. Konjugation mit *-ade, -at* gekennzeichnet.

måla, -ade, -at – malen, anstreichen

Präsens	jag, du, han, hon, den, det, vi, ni, de	målar	ich male du malst etc.
Präteritum	jag, du, han, hon, den, det, vi, ni, de	målade	ich malte du maltest etc.
Perfekt	jag, du, han, hon, den, det, vi, ni, de	har målat	ich habe gemalt du hast gemalt etc.

- **Aber:** Stolen är målad. — Der Stuhl ist angestrichen
  Huset är målat. — Das Haus ist angestrichen.
  Stolarna är målade. — Die Stühle sind angestrichen.

2. Konjugation: Stamm = Infinitiv – *-a*

a) An den Stamm hängt man im Präsens die Endung *-er,* im Präteritum die Endung *-de,* im Partizip Perfekt die Endung *-t.* Im Wörterbuch werden die Verben der 2. Konjugation mit *-de, -t* gekennzeichnet.

stänga, -de, -t – schließen

Präsens	jag stänger	ich schließe
Präteritum	jag stängde	ich schloss
Perfekt	jag har stängt	ich habe geschlossen

- **Aber:** Dörren är stängd. Die Tür ist geschlossen.
  Fönstret är stängt. Das Fenster ist geschlossen.
  Dörrarna är stängda. Die Türen sind geschlossen.

b) An den Stamm hängt man im Präsens die Endung *-er,* im Präteritum die Endung *-te,* im Partizip Perfekt die Endung *-t*. Zu dieser Gruppe gehören Verben, deren Stamm auf *-p, -t, -k* oder *-s* endet und einige auf *-n* oder *-l*.

köpa, -te, -t – kaufen

Präsens	jag köper	ich kaufe
Präteritum	jag köpte	ich kaufte
Perfekt	jag har köpt	ich habe gekauft

- **Aber:** Bilen är köpt. Das Auto ist gekauft.
  Huset är köpt. Das Haus ist gekauft.
  Bilarna är köpta. Die Autos sind gekauft.

3. Konjugation: Stamm = Infinitiv
An den Stamm hängt man im Präsens die Endung *-r,* im Präteritum die Endung *-dde,* im Partizip Perfekt die Endung *-tt*. Im Wörterbuch werden die Verben der 3. Konjugation durch *-dde, -tt* gekennzeichnet.

sy, -dde, -tt – nähen

Präsens	jag syr	ich nähe
Präteritum	jag sydde	ich nähte
Perfekt	jag har sytt	ich habe genäht

- **Aber:** Klänningen är sydd. Das Kleid ist genäht.
  Förklädet är sytt. Die Schürze ist genäht.
  Klänningarna är sydda. Die Kleider sind genäht.

4. Konjugation: starke Verben
Endet der Infinitiv auf *-a,* so ist der Stamm = Infinitiv – *-a*. Im Präsens wird die Endung *-er* angehängt. Endet der Infinitiv auf einen anderen Vokal, so ist der Stamm = Infinitiv. Im Präsens wird die Endung *-r* angehängt.
Präteritum und Partizip Perfekt müssen für jedes Verb extra gelernt werden.

skriva – schreiben

Präsens	jag skriver	ich schreibe
Präteritum	jag skrev	ich schrieb
Perfekt	jag har skrivit	ich habe geschrieben

missförstå - missverstehen

Präsens	jag missförstår	ich missverstehe
Präteritum	jag missförstod	ich missverstand
Perfekt	jag har missförstått	ich habe missverstanden

- **Aber:** Boken är skriven. Das Buch ist geschrieben.
  Brevet är skrivet. Der Brief ist geschrieben.
  Böckerna är skrivna. Die Bücher sind geschrieben.
  Satsen är missförstådd. Der Satz ist missverstanden.
  Brevet är missförstått. Der Brief ist missverstanden.
  Breven är missförstådda. Die Briefe sind missverstanden.

Unregelmäßige Verben

Unregelmäßige Verben haben im Allgemeinen verschiedene Vokale in Präsens und Präteritum, werden aber sonst wie schwache Verben flektiert.

göra - machen

Präsens	jag gör	ich mache
Präteritum	jag gjorde	ich machte
Perfekt	jag har gjort	ich habe gemacht

- **Aber:** Läxan är gjord. Die Aufgabe ist gemacht.
  Arbetet är gjort. Die Arbeit ist gemacht.
  Läxorna är gjorda. Die Aufgaben sind gemacht.

Übersicht über die starken Verben

Infinitiv	Präsens	Präteritum	Perfekt	
be(dja)	jag ber	jag bad	jag har bett	bitten
binda	binder	band	bundit	binden
bita	biter	bet	bitit	beißen
bjuda	bjuder	bjöd	bjudit	bieten
brinna	brinner	brann	brunnit	brennen
brista	brister	brast	brustit	bersten
bryta	bryter	bröt	brutit	brechen
bära	bär	bar	burit	tragen
dra(ga)	drar	drog	dragit	ziehen
dricka	dricker	drack	druckit	trinken
driva	driver	drev	drivit	treiben
dö	dör	dog	dött	sterben
falla	faller	föll	fallit	fallen
finna	finner	fann	funnit	finden
flyga	flyger	flög	flugit	fliegen
flyta	flyter	flöt	flutit	fließen
frysa	fryser	frös	frusit	frieren
försvinna	försvinner	försvann	försvunnit	verschwinden
giva, ge	giver, ger	gav	givit, gett	geben
gjuta	gjuter	göt	gjutit	gießen
glida	glider	gled	glidit	gleiten
gnida	gnider	gned	gnidit	reiben
gripa	griper	grep	gripit	greifen
gråta	gråter	grät	gråtit	weinen
gå	går	gick	gått	gehen
hugga	hugger	högg	huggit	hauen
hålla	håller	höll	hållit	halten
kliva	kliver	klev	klivit	gehen, steigen
klyva	klyver	klöv	kluvit	spalten
knipa	kniper	knep	knipit	klemmen, kneifen
knyta	knyter	knöt	knutit	knüpfen, binden
komma	kommer	kom	kommit	kommen
le	ler	log	lett	lächeln
lida	lider	led	lidit	leiden
ligga	ligger	låg	legat	liegen
ljuda	ljuder	ljöd	ljudit	tönen, lauten
ljuga	ljuger	ljög	ljugit	lügen

Infinitiv	Präsens	Präteritum	Perfekt	
låta	låter	lät	låtit	lassen
njuta	njuter	njöt	njutit	genießen
nysa	nyser	nös, nyste	nyst	niesen
rida	rider	red	ridit	reiten
riva	river	rev	rivit	reißen, reiben
se	ser	såg	sett	sehen
sitta	sitter	satt	suttit	sitzen
sjunga	sjunger	sjöng	sjungit	singen
sjunka	sjunker	sjönk	sjunkit	sinken
skina	skiner	sken	skinit	scheinen
skjuta	skjuter	sköt	skjutit	schießen, schieben
skrika	skriker	skrek	skrikit	schreien
skriva	skriver	skrev	skrivit	schreiben
skära	skär	skar	skurit	schneiden
slita	sliter	slet	slitit	reißen
sluta	sluter	slöt	slutit	schließen
slå	slår	slog	slagit	schlagen
snyta	snyter	snöt	snutit	schneuzen
sova	sover	sov	sovit	schlafen
spinna	spinner	spann	spunnit	spinnen
spricka	spricker	sprack	spruckit	bersten, platzen
sprida	sprider	spred, spridde	spridit, spritt	verbreiten
springa	springer	sprang	sprungit	laufen
stiga	stiger	steg	stigit	steigen
stjäla	stjäl	stal	stulit	stehlen
strida	strider	stred	stridit	streiten
stryka	stryker	strök	strukit	bügeln, streichen
stå	står	stod	stått	stehen
svida	svider	sved	svidit	brennen, schmerzen
ta(ga)	tar	tog	tagit	nehmen
tiga	tiger	teg	tigit	schweigen
tvinga	tvingar	tvang, tvingade	tvungit, tvingat	zwingen
vika	viker	vek	vikit, vikt	weichen
vinna	vinner	vann	vunnit	gewinnen
vrida	vrider	vred	vridit	winden, drehen
växa	växer	växte	vuxit, växt	wachsen
äta	äter	åt	ätit	essen

Übersicht über die unregelmäßigen Verben

Infinitiv	Präsens	Präteritum	Perfekt	
dölja	döljer	dolde	dolt	verbergen
glädja	gläd(j)er	gladde	glatt	freuen
göra	gör	gjorde	gjort	machen, tun
heta	heter	hette	hetat	heißen
lägga	lägger	lade	lagt	legen
skilja	skiljer	skilde	skilt	trennen
smörja	smörjer	smorde	smort	schmieren
spörja	spörjer	sporde	sport	fragen
stödja	stöd(j)er	stödde	stött	stützen
säga	säger	sa(de)	sagt	sagen
sälja	säljer	sålde	sålt	verkaufen
sätta	sätter	satte	satt	setzen
veta	vet	visste	vetat	wissen
välja	väljer	valde	valt	wählen
vänja	vänjer	vande	vant	gewöhnen

Der Imperativ (Befehlsform)

Der Imperativ ist immer gleich dem Stamm.

	Infinitiv	Imperativ	
1. Konjugation	hoppa	hoppa !	spring !
2. Konjugation a)	stänga	stäng!	schließ!
b)	läsa	läs!	lies!
3. Konjugation	fly	fly!	flieh!
4. Konjugation	springa	spring!	lauf!
	gå	gå!	geh!
Unregelmäßige	göra	gör!	mach!

Tala högre! Sprich lauter!
Gå fortare! Geh schneller!

Das Partizip Präsens (Mittelwort der Gegenwart)

Das Partizip Präsens wird gebildet

a) auf *-ende,* wenn der Verbstamm auf betonten Vokal endet (z. B. 3. Konjugation und gewisse Verben der 4. Konjugation);

Infinitiv	Stamm	Partizip	
gå	gå	gående	gehend

b) auf *-ande* für die übrigen Stämme, dabei fällt das *-a* der 1. Konjugation aus.

Infinitiv	Stamm	Partizip	
leka	lek-	lekande	spielend
tala	tala	talande	sprechend

Das Partizip Präsens kann als Adjektiv, Substantiv und Adverb gebraucht werden.

ett lekande barn — ein spielendes Kind
en studerande — ein(e) Studierende(r)
strålande vacker — strahlend schön

Das Passiv (Leideform)

Im Schwedischen gibt es ein einfaches und ein zusammengesetztes Passiv. Das zusammengesetzte Passiv wird mit den Formen von *bli* (werden) oder *vara* (sein) + adjektivisches Partizip Perfekt gebildet. Das Passiv mit *bli* hebt die Handlung hervor, das Passiv mit *vara* den Zustand.

Bilen blev stulen. — Das Auto wurde gestohlen.
Bilen var stulen. — Das Auto war gestohlen.

Das einfache Passiv oder *-s*-Passiv wird nach folgendem Schema durch Anhängen von *-s* an die Aktivform gebildet.

	Präsens		Präteritum	Perfekt	
1. Dörren Die Tür Fönstret Das Fenster Dörrarna Die Türen	målas wird werden	 ange- strichen	målades wurde(n) ~	har målats ist sind	 ~ worden
2 a) Dörren Die Tür Fönstret Das Fenster Dörrarna Die Türen	stängs wird werden	 geschlos- sen	stängdes wurde(n) ~	har stängts ist sind	 ~ worden
b) Mjölken Die Milch Brödet Das Brot Böckerna Die Bücher	köps wird werden	 ge- kauft	köptes wurde(n) ~	har köpts ist sind	 ~ worden

3. Klänningen Das Kleid Förklädet Die Schürze Klänningarna Die Kleider	sys		syddes	har sytts	
	wird werden	genäht	wurde(n) ~	ist sind	~ worden

4. Boken Das Buch Brevet Der Brief Böckerna Die Bücher	skrivs		skrevs	har skrivits	
	wird werden	geschrie- ben	wurde(n) ~	ist sind	~ worden

- Manche Verben haben trotz Passivform aktive Bedeutung:

andas	atmen
hoppas	hoffen
lyckas	gelingen
minnas	sich erinnern
finnas	existieren, sein
det finns	es gibt

Die Wortstellung

Die regelmäßige Wortstellung im **Aussagesatz** ist:

Subjekt (Satzgegenstand)	Prädikat (Satzaussage)	Objekt (Ergänzung)
Barnet	äter	ett äpple.
Das Kind	isst	einen Apfel.

Das flektierte Verb steht wie im Deutschen immer an zweiter Stelle des Hauptsatzes. Also auch:

Adverbiale (Umstandsbest.)	Prädikat	Subjekt	Objekt
På torsdag	äter	vi	fisk.
Am Donnerstag	essen	wir	Fisch.

Objekt	Prädikat	Subjekt	Adverbiale
Fisken	äter	vi	med tomatsås.
Den Fisch	essen	wir	mit Tomatensoße.

Im **Fragesatz mit Fragewort** steht das Fragewort an erster Stelle, das Prädikat an zweiter Stelle.

Fragewort	Prädikat	Adverbiale
Vem	är	där?
Wer	ist	dort?

Im **Fragesatz ohne Fragewort** steht das Prädikat an erster Stelle.

Prädikat	Subjekt	Adverbiale
Är	Lena	hemma?
Ist	Lena	zu Hause?

Im **Nebensatz** ist die Wortstellung im Allgemeinen die gleiche wie in einem Hauptsatz, in dem das Subjekt an erster Stelle steht, im Gegensatz zum Deutschen.

Lena	kom,	när	jag	gick	hem.
Lena	kam,	als	ich	nach Hause	ging.

- Bei Platz- und Zeitangaben kommt immer Platz vor Zeit.
  Jag åker till Stockholm i morgon. Ich fahre morgen nach Stockholm.

Im Hauptsatz und im Nebensatz steht die **Verneinung** wie im Deutschen.

Hauptsatz

De	har	**inte**	ofta	lust	att	arbeta.
Sie	haben	nicht	oft	Lust	zu	arbeiten

Nebensatz

Folket,	som	jag	**inte**	känner, ...
Die Leute,	die	ich	nicht	kenne, ...

A

abborre [ˇabɔrə] ‹-n, -ar› Barsch
abort [a'bɔʈ] ‹-en, -er› Abtreibung
absolut [apsɔ'lʉ:t] *adv* unbedingt
acklimatisera sig [aklimati'se:ra sɛj] ‹-ade, -at› s. akklimatisieren
ackumulator [akʉmʉˇlɑ:tɔr] ‹-n, -er› Akku
adapter [a'daptər] ‹-n, adaptrar› Adapter, Zwischenstecker
administration [administra'ʃu:n] ‹-en› Verwaltung
adress [a'drɛs] ‹-en, -er› Adresse
adressat [adrɛ'sɑ:t] ‹-en, -er› Empfänger
adresslapp [aˇdrɛslap] ‹-en, -ar› Anhänger *(am Koffer)*
advokat [advu'kɑ:t] ‹-en, -er› Rechtsanwalt
aerobic(s) [æ'robik(s)] Aerobic
affisch [a'fiʃ] ‹-en, -er› Plakat
affär med hushållsartiklar [a'fæ:r me: ˇhʉ:shɔlsa'ʈiklar] Haushaltswarengeschäft
agentur [agɛn'tʉ:r] ‹-en, -er› Agentur
agn [aŋn] ‹-et, -› Köder
aids [ɛjds] Aids
akt [akt] ‹-en, -er› Akt; **ge akt på** [je: 'akt po:] Acht geben, beachten
akter ['aktər] ‹-n› Heck
akupunktur [akʉpɵŋk'tʉ:r] ‹-en› Akupunktur
akvarell [akva'rɛl] ‹-en, -er› Aquarell
aldrig [ˇaldrig] nie
alkoholfri [alkɔˇho:lfri:] alkoholfrei
alla [ˇala] *pl* alle, ganz
allergi [alær'gi:] ‹-n, -er› Allergie; **vara allergisk mot** [ˇvɑ:ra a'lærgisk mu:t] allergisch sein gegen
allmän [ˇalmɛn] öffentlich
allt [alt] alles
alltför [ˇaltfœ:r] *(mit adj)* zu
alltid [ˇalti:d] immer
allt-i-ett-pris [altiˇɛtpri:s] ‹-et, -› Pauschale
alltså [ˇaltsɔ] also
allvarlig [ˇalvɑ:ɭig] ernst
altare [ˇaltarə] ‹-t, -› Altar
aluminiumfolie [alʉˇmi:njɵm'fu:ljə] ‹-n, -r› Alufolie
ambassad [amba'sɑ:d] ‹-en, -er› Botschaft *(dipl. Vertretung)*
ambulans [ambʉ'lans] ‹-en, -er› Krankenwagen
amputerad [ampʉ'te:rad] amputiert
ananas ['ananas] ‹-en, -er› Ananas
andas [ˇandas] ‹-ades, -ats› atmen
andningsbesvär [ˇandniŋsbe'svæ:r] ‹-et, -› Atembeschwerden
andra [ˇandra] zweite(r, -s)
anfall [ˇanfal] ‹-et, -› Anfall
angenäm [ˇanje'nɛ:m] angenehm
angina [aŋ'gi:na] ‹-n, -or› Angina
angå [ˇango:] kümmern
ankare [ˇaŋkarə] ‹-t, -› Anker
ankel [ˇaŋkəl] ‹-n, anklar› Knöchel
ankomst [ˇankɔmst] ‹-en› Ankunft
ankomstdag [ˇankɔmst'dɑ:g] ‹-en, -ar› Anreisetag
ankomsttid [ˇankɔms'ti:d] ‹-en, -er› Ankunftszeit
anläggning [ˇanlɛgniŋ] ‹-en, -ar› Anlage
anlända [ˇanlɛnda] ‹-e, anlänt› eintreffen
anlöpa [ˇanlø:pa] ‹-te, -t› anlaufen
anmäla [ˇanmɛ:la] ‹-de, -t› (an)melden, anzeigen
anmälan [ˇanmɛ:lan] Anmeldung
anmärka [ˇanmærka] ‹-te -t› bemerken *(sagen)*
anmärkning [ˇanmærkniŋ] ‹-en, -ar› Beanstandung
annorlunda [ˇanɔ'ɭɵnda] *adv* anders
anorak ['anurak] ‹-en, -er› Anorak
ansikte [ˇansiktə] ‹-t, -n› Gesicht
ansiktsbehandling [ˇansiktsbe'handliŋ] ‹-en, -ar› Gesichtsbehandlung
anslutning [ˇanslʉ:tniŋ] ‹-en, -ar› Anschluss
ansträngande [ˇanstrɛŋandə] anstrengend
anstånd [ˇanstɔnd] ‹-et, -› Frist, Termin
ansvarig [ˇansvɑ:rig] zuständig, verantwortlich
antasta [ˇantasta] ‹-ade, -at› belästigen
anteckningsblock [ˇantekniŋs'blɔk] ‹-et, -› Notizblock
antibiotikum [antibi'o:tikɵm] ‹-et, -a› Antibiotikum
antik [an'ti:k] antik
antikvariat [antikvari'ɑ:t] ‹-et, -› Antiquariat
antikvitetsaffär [antikvi'te:tsa'fæ:r] ‹-en, -er› Antiquitätengeschäft
antingen ... eller [ˇantiŋən ... 'ɛlər] entweder ... oder
använda [ˇanvɛnda] ‹-e, använt› benutzen, verwenden, brauchen
apelsin [apəl'si:n] ‹-en, -er› Apfelsinen
apelsinjuice [apəlˇsi:nju:s] ‹-n› Orangensaft
apotek [apu'te:k] ‹-et, -› Apotheke
apparat [apa'rɑ:t] ‹-en, -er› Apparat
applåder [a'plo:dər] *pl* Beifall
aprikos [apri'ku:s] ‹-en, -er› Aprikosen
april [a'pril] April
aptit [ap'ti:t] ‹-en› Appetit
arbeta [ˇarbe:ta] ‹-ade, -at› arbeiten
arbete [ˇarbe:tə] ‹-t, -n› Arbeit
arbetslös [ˇarbe:ts'lø:s] arbeitslos
arg [arj] verärgert, zornig, böse
arkeologi [arkeɔlɔ'gi:] ‹-n› Archäologie
arkitekt [arçi'tɛkt] ‹-en, -er› Architekt
arkitektur [arçitɛk'tʉ:r] ‹-en, -er› Architektur
arm [arm] ‹-en, -ar› Arm
armband [ˇarmband] ‹-et, -› Armband
armbandsur [ˇarmbants'ʉ:r] ‹-et, -› Armbanduhr
armbåge [ˇarmbo:gə] ‹-n, -ar› Ellbogen
arrestera [arɛs'te:ra] ‹-ade, -at› verhaften
artig [ˇɑ:ʈig] höflich
askkopp [ˇaskɔp] ‹-en, -ar› Aschenbecher
aspirin [aspi'ri:n] ‹-et/-en› Aspirin
astma [ˇastma] ‹-n› Asthma
att [at] dass
aubergin [ɔbær'ʃin] ‹-en, -er› Auberginen
augusti [au'gɵsti] August
automat [autɔ'mɑ:t] ‹-en, -er› (Waren-)Automat

automatisk [autɔˈmɑːtisk] automatisch; **automatisk dörr** [autɔˈmɑːtisk dør] ‹-en, -ar› automatische Tür; **automatisk dörröppnare** [autɔˈmɑːtisk ᵛdørøpnarə] automatischer Türöffner; **automatisk växel** [autɔˈmɑːtisk ˈvɛksəl] ‹-n, växlar› Automatik(getriebe)
av [ɑːv] aus *(Material, Grund)*; durch, von *(Passiv)*; **av detta skäl** [ɑːv ᵛdɛta ʃɛːl] aus diesem Grund; **en klänning av siden** [en ᵛklɛniŋ ɑːv ᵛsiːdən] ein Kleid aus Seide
avbeställa [ᵛɑːvbeˈstɛla] ‹-de, -t› stornieren *(Zimmer, Fahr-, Flugkarten)*
avbryta [ᵛɑːvbryːta] unterbrechen
avböja [ᵛɑːvbøja] ‹-de, -t› ablehnen
avdelning [ᵛɑːvdeːlniŋ] ‹-en, -ar› Station
avfall [ᵛɑːvfal] ‹-et, -› Abfall
avgasrör [ᵛɑːvgɑːsˈrœːr] ‹-et, -› Auspuff
avgift [ᵛɑːvjift] ‹-en, -er› Gebühr
avgå [ᵛɑːvgoː] abfahren
avgång [ᵛɑːvgɔŋ] ‹-en, -ar› Abfahrt
avgångstid [ᵛɑːvgɔŋsˈtiːd] ‹-en, -er› Abfahrtszeit
avgöra [ᵛɑːvjœːra] entscheiden
avlägsen [ᵛɑːvlɛːksən] weit entfernt
avocado [avɔˈkɑːdɔ] ‹-n, -r› Avocado
avresa (från/till) [ᵛɑːvreːsa (froːn/til)] ‹-te, -t› abreisen (von/nach)
avsikt [ᵛɑːvsikt] ‹-en, -er› Absicht, Plan; **ha för avsikt att** [hɑː fœr ᵛɑːvsikt at] beabsichtigen
avsluta [ᵛɑːvslʉːta] ‹-ade, -at› (be)enden
avstånd [ᵛɑːvstɔnd] ‹-et, -› Entfernung
avsändare [ᵛɑːvsɛndarə] ‹-n, -› Absender
avtal [ᵛɑːvtɑːl] ‹-et, -› Vertrag
avtala [ᵛɑːvtɑːla] ‹-ade, -at› *(Preis)* ausmachen
axel [ˈaksəl] ‹-n, axlar› Achse
Ayurveda [ajɵrˈveːda] Ayurveda

B

babord [ˈbɑːbuɖ] Backbord
baby [bɛːbi] ‹-n› Baby
backe [ᵛbakə] ‹-n, -ar› Hügel
backspegel [ᵛbakspeːgəl] ‹-n, -speglar› Rückspiegel
bad [bɑːd] ‹-et, -› Schwimmbad; **bad med aromatiska oljor** [bɑːd meː arɔˈmɑːtiska ᵛɔljur] Aromabad
badbyxor [ᵛbɑːdbyksur] *pl* Badehose
baddräkt [ᵛbɑːdrɛkt] ‹-en, -er› Badeanzug
badkar [ᵛbɑːdkɑːr] ‹-et, -› Badewanne
badminton [ˈbɛdmintɔn] Federball
badmästare [ᵛbɑːdmɛstarə] ‹-n, -› Bademeister
badmössa [ᵛbɑːdmøsa] ‹-n, -or› Bademütze
badort [ᵛbɑːduʈ] ‹-en, -er› Badeort
badring [ᵛbɑːdriŋ] ‹-en, -ar› Schwimmring
badrock [ᵛbɑːdrɔk] ‹-en, -ar› Bademantel
badrum [ᵛbɑːdrɵm] ‹-met, -› Badezimmer
badvik [ᵛbɑːdviːk] ‹-en, -ar› Badebucht
bagage [baˈgɑːʃ] ‹-t› Gepäck
bagageutrymme [baᵛgɑːʃʉːtˈrymə] ‹-t, -n› Kofferraum
bagagevagn [baᵛgɑːʃˈvaŋn] ‹-en, -ar› Kofferkuli
bageri [bɑːgəˈriː] ‹-et, -er› Bäckerei
bak [bɑːk] hinten
bakad [ᵛbɑːkad] gebacken
bakhjul [ᵛbɑːkjʉːl] ‹-et, -› Hinterrad
bakhjulsdrift [ᵛbɑːkjʉːlsˈdrift] ‹-en› Hinterradantrieb
baklykta [ᵛbɑːklykta] ‹-n, -or› Rücklicht
bakom [ᵛbɑːkɔm] hinter
bakugn [ᵛbɑːkɵŋn] ‹-en, -ar› Backofen
bakåt [ˈbɑːkɔt] rückwärts
balkong [balˈkɔŋ] ‹-en, -er› Balkon
balustrad [balɵˈstrɑːd] ‹-en, -er› Balustrade
banan [baˈnɑːn] ‹-en, -er› Bananen
band [band] ‹-et, -› Band
bank [baŋk] ‹-en, -er› Bank *(Geldinstitut)*
bankomat [baŋkuˈmɑːt] ‹-en, -er› Geldautomat
bara [ᵛbɑːra] nur
barn [bɑːɳ] ‹-et, -› Kind
barnbassäng [ᵛbɑːɳbaˈsɛŋ] ‹-en, -er› Kinderbecken
barnbiljett [ᵛbɑːɳbilˈjɛt] ‹-en, -er› Kinderfahrkarte
barnkläder [ᵛbɑːɳklɛːdər] *pl* Kinderkleidung
barnmat [ᵛbɑːɳmɑːt] ‹-en› Kindernahrung
barnpassning [ᵛbɑːɳpasniŋ] ‹-en› Kinderbetreuung
barnportion [ᵛbɑːɳpɔʈˈʃuːn] ‹-en, -er› Kinderteller
barnrabatt [ᵛbɑːɳraˈbat] ‹-en, -er› Kinderermäßigung
barnsits [ᵛbɑːɳˈʂits] ‹-en, -ar› Kindersitz *(fürs Auto/Fahrrad)*
barnsjukdom [ᵛbɑːɳʃʉːkˈdum] ‹-en, -ar› Kinderkrankheit
barnsjukhus [ᵛbɑːɳʃʉːkˈhʉːs] ‹-et, -› Kinderkrankenhaus
barnskor [ᵛbɑːɳʂkuːr] Kinderschuhe
barnsäng [ᵛbɑːɳˈʂɛŋ] ‹-en, -ar› Kinderbett
barnvakt [ᵛbɑːɳvakt] ‹-en, -er› Babysitter; Babyfon
barometer [baruˈmeːtər] ‹-n, barometrar› Barometer
basilika [baˈsiːlika] ‹-n› Basilikum
basketboll [ᵛbɑːsketˈbɔl] Basketball
bastu [ᵛbastɵ] ‹-n, -r› Sauna
batteri [batəˈriː] ‹-et, -er› Batterie
be(dja) [beː/ᵛbeːdja] beten; **be någon om något** [beː nɔn ɔm nɔt] jdn um etw bitten; **be om ursäkt** [beː ɔm ᵛʉːʂɛkt] s. entschuldigen
bedrägeri [bedrɛːgəˈriː] ‹-et, -er› Betrug
bedårande [beˈdoːrandə] bezaubernd
befara [beˈfɑːra] ‹-ade, -at› befürchten
befinna sig [beˈfina sɛj] s. befinden
befria från avfallsprodukter [beˈfriːa froːn ᵛɑːvfalspruˈdɵktər] entschlacken
begeistrad [beˈgajstrad] begeistert
begära [beˈjæːra] ‹-de, -t› verlangen
begäran [beˈjæːran] Bitte
behaga [beˈhɑːga] ‹-ade, -at› gefallen
behandla [beˈhandla] ‹-ade, -at› behandeln
behandling [beˈhandliŋ] ‹-en, -ar› Behandlung
behålla [beˈhɔla] behalten
behållare [beˈhɔlarə] ‹-n, -› Behälter
behöva [beˈhøːva] ‹-de, -t› brauchen, benötigen
beige [beːʃ] beige
bekant [beˈkant] bekannt
bekant [beˈkant] ‹-, -a› der/die Bekannte
bekantskap [beᵛkantskɑːp] ‹-et, -er› Bekanntschaft
beklaga [beˈklɑːga] ‹-ade, -at› bedauern; **beklaga sig (över)** [beˈklɑːga sɛj (ˈøːvər)] s. beklagen (über)
bekräfta [beˈkrɛfta] ‹-ade, -at› bestätigen

bekväm [be'kvɛ:m] bequem
bekymmer [be'çymər] ‹-bekymret, -› Kummer
bekymra [be'çymra] ‹-ade, -at› kümmern
belopp [be'lɔp] ‹-et, -› Betrag
belöning [be'lø:niŋ] ‹-en, -ar› Belohnung
bemöda sig [be'mø:da sɛj] ‹-ade, -at› s. bemühen
ben [be:n] ‹-et, -› Bein; Knochen
bena [ˇbe:na] ‹-n, -or› Scheitel
benbrott [ˇbe:nbrɔt] ‹-et, -› Knochenbruch
bensin [ben'si:n] ‹-en› Benzin
bensindunk [benˇsi:ndəŋk] ‹-en, -ar› Benzinkanister
bensinpump [benˇsi:npəmp] ‹-en, -ar› Benzinpumpe
bensinstation [benˇsi:nsta'ʃu:n] ‹-en, -er› Tankstelle
beredd [be'red] bereit
berg [bærj] ‹-et, -› Berg; *pl* Gebirge
bergsbestigning [ˇbærjsbe'sti:gniŋ] ‹-en, -ar› Bergsteigen
bergspass [ˇbærjspas] ‹-et, -› Pass
berlock [bær'lɔk] ‹-en, -er› *(Schmuck)* Anhänger
berusad [be'rʉ:sad] betrunken
beräkna [be'rɛ:kna] ‹-ade, -at› berechnen
berätta [be'rɛta] ‹-ade, -at› erzählen
berömd [be'rømd] berühmt
berömma [be'røma] ‹-de, -t› loben
beröra [be'rœ:ra] ‹-de, -t› berühren
besiktiga [be'siktiga] ‹-ade, -at› besichtigen
besk [besk] bitter
beskriva [be'skri:va] beschreiben
beslagta [beˇslɑ:gtɑ:] beschlagnahmen
besluta [be'slʉ:ta] ‹-ade, -at› beschließen; **besluta sig** [be'slʉ:ta sɛj] ‹-ade, -at› s. entschließen
besläktad [be'slɛktad] verwandt
bestick [be'stik] ‹-et, -› Besteck
bestå [be'sto:] existieren, bestehen
beställning [be'stɛlniŋ] ‹-en, -ar› Bestellung
bestämd [be'stɛmd] *adj* bestimmt
bestämmelser [be'stɛmelsər] Bestimmungen
besviken [be'svi:kən] enttäuscht
besvär [be'svæ:r] ‹-et, -› Mühe
besvära sig (över) [be'svæ:ra sɛj ('ø:vər)] s. beschweren (über)
besvärlig [be'svæ:ḷig] lästig
besättning [be'sɛtniŋ] ‹-en, -ar› Besatzung, *(Schiff)* Mannschaft
besök [be'sø:k] ‹-et, -› Besuch, Besichtigung
besöka [be'sø:ka] ‹-te -t› besuchen, besichtigen
besökstid [beˇsø:ksti:d] ‹-en, -er› Besuchszeit
betala [be'tɑ:la] ‹-ade, -at/-t› (be)zahlen; **betala kontant** [be'tɑ:la kɔn'tant] ‹-ade, -at› bar zahlen
betalning [be'tɑ:lniŋ] ‹-en, -ar› Zahlung
beteckning [be'tɛkniŋ] ‹-en, -ar› Bezeichnung
betjäning [be'çɛ:niŋ] ‹-en› Bedienung
betoning [be'tu:niŋ] ‹-en, -ar› Betonung
beträda [be'trɛ:da] ‹-de, -t› betreten *verb*
betydelse [be'ty:delsə] ‹-n, -r› Sinn, Bedeutung
beundra [be'əndra] ‹-ade, -at› bewundern
bevaka [be'vɑ:ka] ‹-ade, -at› bewachen
bevilja [be'vilja] ‹-ade, -at› genehmigen
bevis [be'vi:s] ‹-et, -› Beweis
bh (behå) [ˇbe:ho:] ‹-n, -ar› BH
bi [bi] ‹-et, -n› Biene
bibliotek [bibliɔ'te:k] ‹-et, -› Bibliothek
bifall [ˇbi:fal] ‹-et› Beifall
bihåleinflammation [ˇbi:ho:ləinflama'ʃu:n] ‹-en, -er› Stirnhöhlenentzündung
bikini [bi'ki:ni] ‹-n, -› Bikini
bil [bi:l] ‹-en, -ar› Auto
bilaga [ˇbi:lɑ:ga] ‹-n, -or› Anlage *(Brief)*
bilbärgning [ˇbi:lbærjniŋ] ‹-en, -ar› Pannendienst
bild [bild] ‹-en, -er› Bild *(Foto, Abbildung)*
bilda [ˇbilda] ‹-ade, -at› bilden
bildäck [ˇbi:ldɛk] ‹-et, -› Autoreifen
bilfärja [ˇbi:lfærja] ‹-n, or› Autofähre
biljett [bil'jɛt] ‹-en, -er› Fahrkarte, Fahrschein; **biljett som gäller en dag** [bilˇjɛt sɔm 'jɛlər en dɑ:g] Tageskarte
biljettautomat [bilˇjɛtautɔ'mɑ:t] ‹-en, -er› Fahrkartenautomat
biljettkontrollör [bilˇjɛtkɔntrɔ'lœ:r] ‹-en, -er› Kontrolleur
biljettlucka [bilˇjɛtləka] ‹-n, -or› Fahrkartenschalter
biljettpris [bilˇjɛtpri:s] ‹-et, -› Fahrpreis
biljettstämplingsmaskin [bilˇjɛtstɛmpliŋsma'ʃi:n] ‹-en, -er› Fahrscheinentwerter
billig [ˇbilig] billig
bilnyckel [ˇbi:lnykəl] ‹-n, -nycklar› Autoschlüssel
bilradio [ˇbi:lrɑ:djɔ] ‹-n› Autoradio
biltvätt [ˇbi:ltvɛt] Wagenwäsche
biltåg [ˇbi:lto:g] ‹-et, -› Autoreisezug
bindehinneinflammation [ˇbindəhinəinflama'ʃu:n] ‹-en› Bindehautentzündung
bio ['bi:u] ‹-n, biografer› Kino
biskopssäte [ˇbiskɔp'sɛ:tə] ‹-t, -n› Bischofssitz
bit [bi:t] ‹-en, -ar› Stück
bita [ˇbi:ta] beißen
bitter ['bitər] bitter
biverkningar [ˇbi:værkniŋar] Nebenwirkungen
bjuda [ˇbjʉ:da] bieten; einladen
bjudning [bjʉ:dniŋ] ‹-en, -ar› Fest
björnbär ['bjœ:ɳbær] ‹-et, -› Brombeeren
blad [blɑ:d] ‹-et, -› Blatt
bland [bland] zwischen *(~ mehreren)*, unter; **bland annat** [bland ˇanat] unter anderem
blandat [ˇblandat] gemischt
blankett [blaŋ'kɛt] ‹-en, -er› Vordruck, Formular
blazer ['blɛ:sər] ‹-n, blazrar› Blazer, Sakko
blek [ble:k] bleich
bli [bli:] werden; **bli bekant med** [bli: be'kant me:] kennen lernen; **bli försenad** [bli: fœ'ʂe:nad] s. verspäten; **bli rasande** [bli: ˇrɑ:sandə] wütend werden; **bli sjuk** [bli: 'ʃʉ:k] krank werden; **bli över** [bli: 'ø:vər] übrig bleiben; **bli rädd** [bli: rɛd] erschrecken *(erschrocken sein)*
blick [blik] ‹-en, -ar› Blick
blind [blind] blind, Blinde/r
blindhund [ˇblindhənd] ‹-en, -ar› Blindenhund
blindskrift [ˇblindskrift] ‹-en, -er› Braille
blindtarm [ˇblindtarm] ‹-en, -ar› Blinddarm
blindtarmsinflammation [ˇblindtarmsinflama'ʃu:n] ‹-en› Blinddarmentzündung
blinker ['bliŋkər] ‹-n, -s› Blinker
blivande [ˇbli:vandə] zukünftig

blixt [blikst] ‹-en, -ar› Blitz, Blitzgerät
blixtkub [ˇblikstkʉ:b] ‹-en, -er› Blitzwürfel
blixtlås [ˇblikstlo:s] ‹-et, -› Reißverschluss
blod [ˇblu:d] ‹-et› Blut
blodförgiftning [ˇblu:dfœr'jiftniŋ] ‹-en› Blutvergiftung
blodgrupp [ˇblu:dgrɵp] ‹-en, -er› Blutgruppe
blodprov [ˇblu:dpru:v] ‹-et, -› Blutprobe
blodtransfusion [ˇblu:dtransfʉ'ʃu:n] ‹-en, -er› Bluttransfusion
blodtryck, högt/lågt ~ [høkt/lo:kt ˇblu:dtryk] ‹-et› hoher/niedriger Blutdruck
blodutgjutning [ˇblu:dʉ:t'jʉ:tniŋ] ‹-en, ar› Bluterguss
blomkål [ˇblumko:l] ‹-en› Blumenkohl
blomma [ˇbluma] ‹-n, -or› Blume
blomma [ˇbluma] blühen
blomsteraffär [ˇblɔmstəra'fæ:r] ‹-en, -er› Blumengeschäft
blomstringstid [ˇblɔmstriŋs'ti:d] ‹-en, -er› Blütezeit
blond [blɔnd] blond
blus [blʉ:s] ‹-en, -ar› Bluse
blyertspenna [ˇbly:æʈʂ'pɛna] ‹-n, -or› Bleistift
blyg [bly:g] schüchtern
blå [blo:] blau
blåbär ['blo:bær] ‹-et, -› Heidelbeeren
blåmussla [ˇblo:mɵsla] ‹-n, -or› Miesmuscheln
blåmärke [ˇblo:mærkə] ‹-t, -n› Prellung
blåsa [ˇblo:sa] ‹-n, -or› Blase
blända [ˇblɛnda] ‹-ade, -at› blenden; blända av [blɛnda 'ɑ:v] ‹-ade, -at› abblenden
bländare [ˇblɛndarə] ‹-n, -› Blende
blöda [ˇblø:da] ‹-de, blött› bluten
blödning [ˇblø:dniŋ] ‹-en, -ar› Blutung
blöja [ˇbløja] ‹-n, -or› Windel
blöt [blø:t] nass
bo [bu:] ‹-dde, -tt› wohnen
boarding card ['bo:ɖiŋ 'kɑ:ɖ] Bordkarte
boccia ['bɔtça] ‹-n› Boccia
bogsera bort [buk'se:ra 'bɔʈ] ‹-ade, -at› abschleppen
bogserlina [bukˇse:'ɭi:na] ‹-n, -or› Abschleppseil
bok [bu:k] ‹-en, böcker› Buch
boka [ˇbu:ka] ‹-ade, -at› *(Platz)* buchen; boka om [bu:ka 'ɔm] ‹-ade, -at› umbuchen
bokhandel [ˇbu:khandəl] ‹-n, -handlar› Buchhandlung
bokning [ˇbu:kniŋ] ‹-en, -ar› Buchung
bokstavera [buksta've:ra] ‹-ade, -at› buchstabieren
boll [bɔl] ‹-en, -ar› Ball
bomull [ˇbumɵl] ‹-en› Baumwolle; Watte
bondgård [ˇbundgo:ɖ] ‹-en, -ar› Bauernhof
bord [bu:ɖ] ‹-et, -› Tisch
bordtennis [ˇbu:ɖʈɛnis] ‹-en› Tischtennis
borg [bɔrj] ‹-en, -ar› Burg
borgen [ˇbɔrjən] Kaution
borgmästare [ˇbɔrjmɛstarə] ‹-n, -› Bürgermeister/in
borrelia [bɔ're:lja] ‹-n› Borreliose
borste [ˇbɔʂʈə] ‹-n, -ar› Bürste
bort [bɔʈ] fort, weg
bostad [ˇbu:stɑ:d] ‹-en, -städer› Wohnung
botanisk trädgård [bu'tɑ:nisk 'trɛgoɖ] ‹-en, -ar› Botanischer Garten
botemedel [ˇbu:tə'me:dəl] Heilmittel
Bottenviken [ˇbɔtən'vi:kən] Bottnischer Meerbusen
bottenvåning [ˇbɔtən'vo:niŋ] ‹-en, -ar› Erdgeschoss
boutique [bu'tik] ‹-n, -r› Boutique
bowling ['bouliŋ] ‹-en› Bowling
bra [brɑ:] *adj/adv* gut
brand [brand] ‹-en, bränder› Brand
brandkår [ˇbrandko:r] ‹-en, -er› Feuerwehr
brandskåp [ˇbrandsko:p] ‹-et, -› Feuermelder
brandsläckare [ˇbrandslɛkarə] ‹-n, -› Feuerlöscher
brant [brant] steil
bred [bre:d] breit
bredd [bred] ‹-en, -er› Breite
bredvid [ˇbre:(d)vi:d] neben
brev [bre:v] ‹-et, -› Brief
brevlåda [ˇbre:vlo:da] ‹-n, -or› Briefkasten
brevlådstömning [ˇbre:vlo:ts'tømniŋ] ‹-en, -ar› Leerung
brevpapper [ˇbre:vpapər] ‹-papperet, -› Briefpapier
brist [brist] ‹-en, -er› Mangel, Fehler
bristande aptit [ˇbristandə ap'ti:t] ‹-en› Appetitlosigkeit
bro [bru:] ‹-n, -ar› Brücke, Steg
bro(de)r [ˇbru:(də)r] ‹-n, bröder› Bruder
broccoli ['brɔkɔli] ‹-n› Brokkoli
brokig [ˇbru:ki] bunt, abwechslungsreich
broms [brɔms] ‹-en, -ar› Bremse
bromsa [ˇbrɔmsa] ‹-ade, -at› bremsen
bromsbelägg [ˇbrɔmsbe'lɛg] ‹-et, -› Bremsbelag
bromsljus [ˇbrɔmsjʉ:s] ‹-et, -› Bremslichter
bromsspak [ˇbrɔmspɑ:k] ‹-en, -ar› Bremshebel
bromsvätska [ˇbrɔmsvɛtska] ‹-n, -or› Bremsflüssigkeit
brons [brɔns] ‹-en› Bronze
bronsålder [ˇbrɔnsɔldər] ‹-n› Bronzezeit
brosch [bro:ʃ] ‹-en, -er› Brosche
broschyr [brɔ'ʃy:r] ‹-en, -er› Prospekt
brott [brɔt] ‹-et, -› Bruch; Verbrechen
brottningsmatch [ˇbrɔtniŋs'matʃ] ‹-en, -er› Ringkampf
bruka [ˇbrʉ:ka] verwenden
bruklig [ˇbrʉ:kli] üblich, gebräuchlich
brun [brʉ:n] braun
brunn [brɵn] ‹-en, -ar› Brunnen
bruten [ˇbrʉ:tən] *(Knochen)* gebrochen
bry sig om något [bry: sɛj 'ɔm nɔt] kümmern
brysselkål [ˇbrysəl'ko:l] ‹-en› Rosenkohl
bryta upp [bry:ta 'ɵp] ‹bröt, brutit› aufbrechen
brådskande [ˇbrɔskandə] eilig, dringend
bråttom, ha ~ [hɑ: ˇbrɔtɔm] es eilig haben
bränna upp [brɛna 'ɵp] verbrennen
brännskada [ˇbrɛnskɑ:da] ‹-n, -or› Verbrennung
bröd [brø:d] ‹-et, -› Brot; en brödskiva [en ˇbrø:dʃi:va] ein Stück Brot
bröllop [ˇbrølɔp] ‹-et, -› Hochzeit *(Feier)*
bröst [brøst] ‹-et, -› Brust
bröstkorg [ˇbrøstkɔrj] ‹-en› Brustkorb
bubbelpool [ˇbɵbəl'pu:l] ‹-en, -er› Whirlpool
buckla [ˇbɵkla] ‹-n, -or› Delle
bukett [bɵ'kɛt] ‹-en, -er› Strauß *(Blumen)*
bukt [bɵkt] ‹-en, -er› Bucht
bulle [ˇbɵlə] ‹-n, -ar› Hefegebäck
buller ['bɵlər] ‹bullret, -› Geräusch, Lärm
bungalow ['bɵŋalɔ] ‹-en, -er› Bungalow
bunt [bɵnt] ‹-en, -ar› Stapel, Stoß

burk [bɵrk] ‹-en, -ar› Dose
burspråk [ˇbʉ:ʂpro:k] ‹-et, -› Erker
buske [ˇbɵskə] ‹-n, -ar› Busch
buss [bɵs] ‹-en, -ar› Bus
busstation [ˇbɵsta'ʃu:n] ‹-en, -er› Busbahnhof
by [by:] ‹-n, -ar› Ortschaft, Dorf; Bö
bygglekplats [ˇbygle:k'plats] ‹-en, -er› Abenteuerspielplatz
byggnad [ˇbygnad] ‹-en, -er› Gebäude
byggnadsverk [ˇbygnats'værk] ‹-et, -› Bauwerk
byrå [by:'ro:] ‹-n, -er› Amt, Dienststelle
byst [byst] ‹-en, -er› Büste
byta (ut) [ˇby:ta/by:ta 'ʉ:t] ‹-te, -t›, (aus)tauschen
byte av lakan och handdukar [ˇby:tə ɑ:v ˇlɑ:kan ɔ ˇhandʉ:kar] Wäschewechsel
byxor [ˇbyksur] *pl* Hose
båda [ˇbo:da] beide
båt [bo:t] ‹-en, -ar› Schiff
båtbrygga [ˇbo:tbryga] ‹-n, -or› Landungssteg
båtuthyrning [ˇbo:tʉ:t'hy:ɳiŋ] ‹-en, -ar› Bootsverleih
bäddsoffa [ˇbɛdsɔfa] ‹-n, -or› Schlafcouch
bälte [ˇbɛltə] ‹-t, -n› Gürtel
bänk [bɛŋk] ‹-en, -ar› (Sitz-)Bank
bära [ˇbæ:ra] tragen
bärbar dator [ˇbæ:rbɑ: ˇɖɑ:tɔr] ‹-n, -er› Laptop
bärgningsbil [ˇbærjniŋs'bi:l] ‹-en, -ar› Abschleppwagen
bärgningstjänst [ˇbærjniŋs'çɛnst] ‹-en› Abschleppdienst
den/det/de bästa [den/de:/dɔm ˇbɛsta] beste(r, -s)
bättre (än) ['bɛtrə (ɛn)] besser (als)
böckling [ˇbøkliŋ] ‹-en, -ar› Bückling
böld [bøld] ‹-en, -er› Geschwür
bön [bø:n] ‹-en, -er› Bitte
böna [ˇbø:na] ‹-n, -or› Bohnen
böra [bœ:ra] sollen
börja [ˇbœrja] ‹-ade, -at› anfangen
början [ˇbœrjan] Anfang
börs [bœʂ] ‹-en, -ar› Beutel, Geldbörse
böter ['bø:tər] *pl* Bußgeld, Geldstrafe

C

camping ['kampiŋ] ‹-en› Camping
campingguide [ˇkampiŋ'gajd] ‹-n, -r› Campingführer
campingkort [ˇkampiŋ'kuʈ] ‹-et, -› Campingausweis
campingplats [ˇkampiŋ'plats] ‹-en, -er› Campingplatz
cancer ['kansər] ‹-n› Krebs
CD/DVD [ˇse:de:/de:ve:'de:] CD/DVD
cent [sɛnt] ‹-en, -› Cent
centimeter [sɛnti'me:tər] Zentimeter
central [sɛn'trɑ:l] zentral
centralstation [sɛnˇtrɑ:lsta'ʃu:n] ‹-en, -er› Hauptbahnhof
centralvärme [sɛnˇtrɑ:lværmə] ‹-n› Zentralheizung
charkuteri [ʃarkɵtə'ri:] ‹-et, -er› Metzgerei
charterplan [ˇçɑ:ʈər'plɑ:n] ‹-et, -› Chartermaschine
check [çɛk] ‹-en, -ar/-er› Scheck
checka in/ut [çɛka 'in/'ʉ:t] ‹-ade, -at› ein-, auschecken
checkavgift [ˇçɛkɑ:v'jift] ‹-en, -er› Scheckgebühr
checkkort [ˇçɛkuʈ] ‹-et, -› Scheckkarte
chef [ʃɛ:f] ‹-en, -er› Chef, Leiter/in
choklad [ʃɔ'klɑ:(d)] ‹-en› Schokolade
chokladkaka [ʃɔˇklɑ:(d)kɑ:ka] ‹-n, -or› Schokoriegel
cirkulationsrubbning [sirkʉlaˇʃu:ns'rɵbniŋ] ‹-en, -ar› Kreislaufstörung
cirkus ['sirkɵs] ‹-en, -ar› Zirkus
citron [si'tru:n] ‹-en, -er› Zitrone
civilstånd [siˇvi:lstɔnd] ‹-et› Familienstand
cykel ['sykəl] ‹-n, cyklar› Fahrrad
cykelhjälm [ˇsykəl'jɛlm] ‹-en, -ar› Fahrradhelm
cykelsport [ˇsykəl'spɔʈ] ‹-en› Radsport
cykeltur [ˇsykəl'tʉ:r] ‹-en, -er› Radtour
cykeltävling [ˇsykəl'tɛ:vliŋ] ‹-en, -ar› Radrennen
cykelväg [ˇsykəl'vɛ:g] ‹-en, -ar› Fahrradweg
cykla [ˇsykla] ‹-ade, -at› Rad fahren
cyklopöga [syˇklo:p'ø:ga] ‹-t, -ögon› Taucherbrille
cysta [ˇsysta] ‹-n, -or› Zyste

D

dag [dɑ:g] ‹-en, -ar› Tag
dagen, på ~ [pɔ 'dɑ:gən/dɑ:n] tagsüber, bei Tag
dagens rätt ['dɑ:gəns 'rɛt] ‹-en, -er› Tagesgericht
dagligen [ˇdɑ:gligən] täglich
dagstur [ˇdakstʉ:r] ‹-en, -er› Tagestour
dal [dɑ:l] ‹-en, -ar› Tal
dambindor [ˇdɑ:mbindur] Damenbinden
damer [ˇdɑ:mər] *pl* Damen
damm [dam] ‹-et› Staub
dammsugare [ˇdamsʉ:garə] ‹-n, -› Staubsauger
Danmark ['danmark] Dänemark
dans [dans] ‹-en, -er› Tanz
dansa [ˇdansa] ‹-ade, -at› tanzen
dansare [ˇdansarə] ‹-n, -› Tänzer/in
dansk [dansk] dänisch
datum [ˇdɑ:tɵm] ‹-et, -› Datum
de [dɔm] *pl* sie
december [de'sɛmbər] Dezember
deckare [ˇdɛkarə] ‹-n, -› Kriminalroman
del [de:l] ‹-en, -ar› Teil
dela (med någon) [ˇde:la (me: ˇno:gɔn)] ‹-ade, -at› (mit jdm) teilen
delförsäkring [ˇde:lfœ'ʂɛ:kriŋ] ‹-en, -ar› Teilkasko
delikatessaffär [delikaˇtesɑ'fæ:r] ‹-en, -er› Feinkostgeschäft
deltaga (i) [ˇde:ltɑ: (i:)] teilnehmen (an)
dem [dɔm] *obj pl* sie
den (*n* det) där [den (de:) 'dæ:r] jene(r, -s)
den här, det här, de här [den/de:/dɔm 'hæ:r] diese(r, -s)
deponera [depu'ne:ra] ‹-ade, -at› hinterlegen
deras [ˇde:ras] *poss prn pl* ihr
desinfektionsmedel [desinfɛkˇʃu:nsme:dəl] ‹-medlet, -› Desinfektionsmittel
desinficera [desinfi'se:ra] ‹-ade, -at› desinfizieren
dess [dɛs] *poss prn* sein

dessutom [dɛsˇʉ:tɔm] außerdem
det finns [de: fins] es gibt
dia [ˇdi:a] ‹-n, -or› Dia
diabetiker [dia'be:tikər] ‹-n, -› Diabetiker/in
diagnos [dia'gno:s] ‹-en, -er› Diagnose
diarré [dia're:] ‹-n› Durchfall
dietmat [diˇe:tma:t] ‹-en› Schonkost
difteri [diftə'ri:] ‹-n› Diphtherie
dig [dɛj] dich, dir
digitalkamera [digiˇtɑ:lkɑ:məra] ‹-n, -or› Digitalkamera
dimma [ˇdima] ‹-n, -or› Nebel
din [din] dein
direkt [di'rɛkt] *adj* direkt
dirigent [diri'ʃɛnt] ‹-en, -er› Dirigent
disig [ˇdi:si(g)] diesig
disk [disk] ‹-en, -ar› Schalter
diskborste [ˇdiskbɔʂʈə] ‹-n, -ar› Spülbürste
diskbänk [ˇdiskbɛŋk] ‹-en, -ar› Geschirrspülbecken
diskmaskin [ˇdiskma'ʃi:n] ‹-en, -er› Geschirrspülmaschine
diskmedel [ˇdiskme:dəl] ‹-medlet, -› Spülmittel
disktrasa [ˇdisktrɑ:sa] ‹-n, -or› Spültuch
djup [jʉ:p] tief
djur [jʉ:r] ‹-et, -› Tier
dock [dɔk] doch
domare [ˇdumarə] ‹-n, -› Richter, Schiedsrichter
domkraft [ˇdumkraft] ‹-en, -er› Wagenheber
domkyrka [ˇdumçyrka] ‹-n, -or› Dom
domstol [ˇdumstu:l] ‹-en, -ar› Gericht *(Justiz)*
dopfunt [ˇdu:pfɵnt] ‹-en, -ar› Taufbecken
doppvärmare [ˇdɔpværmarə] ‹-n, -› Tauchsieder
dotter [ˇdɔtər] ‹-n, döttrar› Tochter
dotterson [ˇdɔtə'ʂo:n] Enkel *(Sohn der Tochter)*
dra ut [drɑ: 'ʉ:t] ziehen
dra(ga) [drɑ:/drɑ:ga] ziehen
drakflygning [ˇdrɑ:kfly:gniŋ] ‹-en› Drachenfliegen
drama [ˇdrɑ:ma] ‹-t, dramer› Drama
dricka [ˇdrika] trinken; **dricka sig berusad** [drika sɛj bə'rʉ:sad] s. betrinken
dricksperger [ˇdrikspɛŋar] *pl* Trinkgeld
dricksvatten [ˇdriksvatən] ‹-vattnet› Trinkwasser
droppstensgrotta [ˇdrɔpste:ns'grɔta] ‹-n, -or› Tropfsteinhöhle
drottning [ˇdrɔtniŋ] ‹-en, -ar› Königin
druvsocker [ˇdrʉ:vsɔkər] ‹-sockret› Traubenzucker
dryck [dryk] ‹-en, -er› Getränk
dräkt [drɛkt] ‹-en, -er› Tracht, Kostüm
dröja [ˇdrøja] ‹-de, -t› dauern
dröm [drøm] ‹-men, -mar› Traum
du [dʉ:] du
dubbel [ˇdɵbəl] doppelt
dubbel ['dɵbəl] ‹-n, dubblar› Doppel
dubbelsidigt förlamad [ˇdɵbəl'si:dit fœ'ɭɑ:mad] querschnittsgelähmt
duggregn [ˇdɵgrɛŋn] ‹-et› Nieselregen
duk [dʉ:k] ‹-en, -ar› Tuch, Tischtuch
dum [dɵm] dumm, blöd(e)
dusch [dɵʃ] ‹-en, -ar› Dusche
duschpall [ˇdɵʃpal] ‹-en, -ar› Duschsitz
dy [dy:] ‹-n› Schlamm
dyka [ˇdy:ka] tauchen
dykarutrustning [ˇdy:karʉ:t'rɵstniŋ] ‹-en, -ar› Taucherausrüstung
dykning med dykarutrustning [ˇdy:kniŋ mɛ: ˇdy:karʉ:t'rɵstniŋ] Gerätetauchen
dyr [dy:r] teuer
då [do:] da *(Grund; Zeit)*, damals, dann; **då och då** [do: ɔ do:] von Zeit zu Zeit
dålig [ˇdo:li] *adj*, **dåligt** [ˇdo:lit] *adv* schlecht, schlimm
däck [dɛk] ‹-et, -› Deck; *(Reifen)* Mantel
dämpad [ˇdɛmpad] weich *(Ton, Farbe)*
där [dæ:r] dort, da *(Ort)*
därefter [ˇdæ:rɛftər] danach
därför ['dæ:rfœr] deshalb
därnere [dæˇɳe:rə] dort unten
däruppe [dæ:rˇɵpə] dort oben
dö [dø:] sterben
död [dø:d] tot
död [dø:d] ‹-en› Tod
dörr [dœr] ‹-en, -ar› Tür
dörrbredd [ˇdørbred] ‹-en, -er› Türbreite
döv [dø:v] gehörlos, Gehörlose/r
dövstum [ˇdø:vstɵm] taubstumm

E

ebb [ɛb] ‹-en› Ebbe
efter ['ɛftər] *(zeitlich)* nach
eftermiddag [ˇɛftər'mida] ‹-en, -ar› Nachmittag; **på eftermiddagen** [pɔ ˇɛftər'midan] nachmittags
efternamn [ˇɛftə'ɳamn] ‹-et, -› Familienname; **efternamn som ogift** [ˇɛftə'ɳamn sɔm ˇu:jift] ‹-et,-› Geburtsname
efterrätt [ˇɛftə'rɛt] ‹-en, -er› Nachtisch
eftersom [ˇɛftə'ʂɔm] weil
eftersända [ˇɛftə'ʂɛnda] nachsenden
egen [ˇe:gən] eigen
egendomlig [ˇe:gən'dumli] eigen(artig)
egenskap [ˇe:gən'skɑ:p] ‹-en, -er› Eigenschaft
egentligen [e'jɛntligən] eigentlich
ej bindande [ɛj ˇbindandə] unverbindlich
eker ['e:kər] ‹-n, ekrar› Speiche
elaffär [ˇe:la'fæ:r] ‹-en, -er› Elektrohandlung
elak [ˇe:lak] böse
elanslutning [ˇe:lan'slʉ:tniŋ] ‹-en› Stromanschluss
elastisk binda [e'lastisk ˇbinda] ‹-n, -or› Elastikbinde
eld [eld] ‹-en, -ar› Feuer
elda [ˇelda] heizen
eldfarlig [ˇeldfɑ:ɭig] feuergefährlich
eldsläckare [ˇeldslɛkarə] ‹-n, -› Feuerlöscher
elektrisk [e'lɛktrisk] elektrisch
elektrolytlösning [elɛktrɔˇly:tlø:sniŋ] ‹-en› Elektrolytlösung
eller ['ɛlər] oder
elspis [ˇe:lspi:s] Elektroherd
vara emot (det) [vɑ:ra e'mu:t (de:)] dagegen sein
en [en] ein
ena [ˇe:na] ‹-ade, -at› einigen
enastående [ˇe:na'sto:əndə] einzig(artig)
enda [ˇenda] einzig
enfärgad [ˇe:nfærjad] einfarbig
engelsk ['ɛŋəlsk] englisch
enkel ['ɛŋkəl] einfach
enligt min mening [ˇe:nlit 'min ˇme:niŋ] mei-

ner Meinung nach
ensam [ˇe:nsam] einsam, allein
entusiastisk [aŋtəsi'astisk] begeistert
epilepsi [epilɛp'si:] ‹-n› Epilepsie
epok [e'po:k] ‹-en, -er› Epoche
er [e:r] euer, euch; *obj* Sie
erbjuda [ˇe:rbjʉ:da] bieten
erfara [ˇæ:rfɑ:ra] *verb* erfahren
erfaren [ˇæ:rfɑ:rən] *adj* erfahren
erfarenhet av båtar [ˇæ:rfɑrən'he:t ɑ:v ˇbo:tar] Bootserfahrung
erhålla [ˇæ:rhɔla] erhalten
ersätta [ˇæ:ʂɛta] ersetzen
ersättning [ˇæ:ʂɛtniŋ] ‹-en, -ar› (Schaden-)Ersatz
etnologiskt museum [etnɔ'lo:giskt mʉˇse:əm] Volkskundemuseum
ett [et] eine
euro ['ɛurɔ/'ɛvrɔ] ‹-n, -› Euro
Europa [e'ru:pa] Europa
europé [erɔ'pe:] ‹-n, -er› Europäer
europeisk [erɔ'pe:isk] europäisch
exakt [ɛk'sakt] genau
exempel [ɛk'sɛmpəl] ‹exemplet, -› Beispiel
existera [ɛksi'ste:ra] ‹-ade, -at› existieren, bestehen
exponeringsmätare [ɛkspɔˇne:riŋs'mɛ:tarə] ‹-n, -› Belichtungsmesser
export [ɛks'pɔʈ] ‹-en, -er› Ausfuhr
expresståg [ɛksˇprɛsto:g] ‹-et, -› D-Zug
extra [ˇɛkstra] extra, zusätzlich
extra … [ˇɛkstra] Sonder…

F

fabrik [fa'bri:k] ‹-en, -er› Fabrik
faktum ['faktəm] ‹-, fakta› Tatsache
fall, i vanliga ~ [i: ˇvɑ:nliga 'fal] normalerweise
fall, i varje/alla ~ [i: ˇvarjə/ˇala fal] auf alle Fälle
falla [ˇfala] fallen
fallskärmshoppning [ˇfalʃærms'hɔpniŋ] ‹-en› Fallschirmspringen
falsk [falsk] falsch, betrügerisch
familj [fa'milj] ‹-en, -er› Familie
fango ['faŋgɔ] Fango
far [fɑ:r] ‹fadern, fäder› Vater
fara [ˇfɑ:ra] ‹-n, -or› Gefahr
farfar ['farfar] Großvater *(väterlicherseits)*
farlig [ˇfɑ:ɭig] gefährlich
farmor ['farmur] Großmutter *(väterlicherseits)*
fasad [fa'sɑ:d] ‹-en, -er› Fassade
fast [fast] fest
fastande [ˇfastandə] nüchtern *(Magen)*
fastland [ˇfastland] ‹-et› Festland
fastän [ˇfastɛn] obwohl
fat, fat… [fɑ:t] ‹-et, -› vom Fass
fattas [ˇfatas] ‹-ades, -ats› fehlen
fattig [ˇfatig] arm
feber ['fe:bər] ‹-n› Fieber
febertermometer [ˇfe:bəʈærmu'me:tər] ‹-n, -metrar› Fieberthermometer
februari [febrə'ɑ:ri] Februar
fel [fe:l] ‹-et, -› Fehler, Defekt, Schuld; falsch; **ta fel på** [tɑ: 'fe:l po:] verwechseln
fest [fest] ‹-en, -er› Fest
festival [fɛsti'vɑ:l] ‹-en, -er› Festival
fet [fe:t] fett
fetlagd [ˇfe:tlagd] beleibt
fett [fet] ‹-et, -er› Fett
ficka [ˇfika] ‹-n, -or› Tasche
fickkniv [ˇfikni:v] ‹-en, -ar› Taschenmesser
ficklampa [ˇfiklampa] ‹-n, -or› Taschenlampe
ficktjuv [ˇfikçʉ:v] ‹-en, -ar› Taschendieb
fikon [ˇfi:kɔn] ‹-et, -› Feigen
film [film] ‹-en, -er› Film
filmframmatning [ˇfilmfra'mɑ:tniŋ] ‹-en› Filmtransport
filmjölk [ˇfi:lmjølk] ‹-en› Dickmilch
filmkamera [ˇfilmkɑ:məra] ‹-n, -or› Filmkamera
filmkänslighet [ˇfilmçɛnsli(g)'he:t] ‹-en› Filmempfindlichkeit
filmskådespelare [ˇfilmsko:də'spe:larə] ‹-n, -› Filmschauspieler
filt [filt] ‹-en, -ar› Bettdecke
fin [fi:n] fein
finger ['fiŋər] ‹fingret, fingrar› Finger
Finland ['finland] Finnland
finna [ˇfina] finden
finnas [ˇfinas] *verb* sein
firma [ˇfirma] ‹-n, -or› Firma
fisk [fisk] ‹-en, -ar› Fisch
fiska [ˇfiska] ‹-ade, -at› angeln
fiskaffär [ˇfiska'fæ:r] ‹-en, -er› Fischgeschäft
fiskben [ˇfiskbe:n] ‹-et, -› Gräte
fiskehamn [ˇfiskə'hamn] ‹-en, -ar› Fischerhafen
fiskekort [ˇfiskə'kuʈ] ‹-et, -› Angelschein
fiskeläge [ˇfiskə'lɛ:gə] ‹-t, -n› Fischerort
fjord [fjo:ɖ] ‹-en, -ar› Fjord
fjäll [fjɛl] ‹-et, -› Berg
fjällby [ˇfjɛlby:] ‹-n, -ar› Bergdorf
fjällstation [ˇfjɛlsta'ʃu:n] ‹-en, -er› Bergstation
fjällstuga [ˇfjɛlstʉ:ga] Berghütte
flack [flak] flach
flaska [ˇflaska] ‹-n, -or› Flasche
flaskvärmare [ˇflaskværmarə] ‹-n, -› Fläschchenwärmer
flasköppnare [ˇflaskøpnarə] ‹-n, -› Flaschenöffner
flicka [ˇflika] ‹-n, -or› Mädchen
flipflops [ˇflipflɔps] *pl* Flipflops
flod [flu:d] ‹-en, -er› Fluss; Flut
fluga [ˇflʉ:ga] ‹-n, -or› Fliege
flyg [fly:g] ‹-et, -› Flug
flyga [ˇfly:ga] fliegen
flygbiljett [ˇfly:gbil'jɛt] ‹-en, -er› Flugschein
flygbolag [ˇfly:gbu'lɑ:g] ‹-et, -› Fluggesellschaft
flygbåt [ˇfly:gbo:t] ‹-en, -ar› Tragflächenboot
flygel [ˇfly:gəl] ‹-n, flyglar› Flügel
flygplan [ˇfly:gplɑ:n] ‹-et, -› Flugzeug
flygplats [ˇfly:gplats] ‹-en, -er› Flughafen
flygplatsavgift [ˇfly:gplatsɑ:v'jift] ‹-en, -er› Flughafengebühr
flygskärm [ˇfly:gʃærm] ‹-en, -ar› Gleitschirm
flygterminal [ˇfly:gtærmi'nɑ:l] ‹-en, -er› Air Terminal
flygtidtabell [ˇfly:gti:dta'bɛl] ‹-en, -er› Flugplan
flyta [ˇfly:ta] fließen
flytande [ˇfly:tandə] flüssig
flytväst [ˇfly:tvɛst] ‹-en, -ar› Schwimmweste, Rettungsweste
fläck [flɛk] ‹-en, -ar› Fleck(en)
fläkt [flɛkt] ‹-en, -ar› Gebläse, Ventilator
fläktrem [ˇflɛktrɛm] ‹-men, -mar› Keilriemen

fläsk [flɛsk] ‹-et› Speck
foder ['fu:dər] ‹fodret, -› Futter
folk [fɔlk] ‹-et, -› Volk; Leute
folkdräkt [ˇfɔlkdrekt] ‹-en, -er› Tracht
folklor [ˇfɔlklo:r] ‹-en› Folklore
fordra [ˇfu:ɖra] ‹-ade, -at› fordern, verlangen
forell [fɔ'rɛl] ‹-en, -er› Forelle
form [fɔrm] ‹-en, -ar› Form; i form [i: fɔrm] fit
forma [ˇfɔrma] ‹-ade, -at› bilden
formulär [fɔrmɵ'læ:r] ‹-et, -› Formular
forngrav [ˇfu:ŋgrɑ:v] ‹-en, -ar› Hünengrab
forntida [ˇfu:ɳʈi:da] alt *(aus früheren Zeiten)*
fot [fu:t/'føtər] ‹-en, fötter› Fuß
fot(reflexzon)massage [ˇfu:t(reflɛkssu:n) ma'sɑ:ʃ] ‹-n› Fuß(reflexzonen)massage
fotboll [ˇfu:tbɔl] ‹-en, -ar› Fußball
fotbroms [ˇfu:tbrɔms] ‹-en, -ar› Fußbremse, *(Fahrrad)* Rücktrittbremse
fotgängare [ˇfu:tjɛŋarə] ‹-n, -› Fußgänger
fotoaffär [ˇfutua'fæ:r] ‹-en, -er› Fotogeschäft
fotogen [futu'ʃe:n] ‹-en/-et› Petroleum
fotogenkök [futuˇʃe:nçø:k] ‹-et, -› Kocher
fotogenlampa [futuˇʃe:nlampa] ‹-n, -or› Petroleumlampe
fotografering [futugra'fe:riŋ] ‹-en› fotografieren
fotografi [futugra'fi:] ‹-et, -er› Fotografie
fram(me) [fram/ˇframə] vorn
framför [ˇframfœ:r] *(räumlich)* vor; framför allt [framfœr 'alt] vor allem
framhjul [ˇframjʉ:l] ‹-et, -› Vorderrad
framhjulsdrift [ˇframjʉ:ls'drift] ‹-en› Vorderradantrieb
framkalla [ˇframkala] ‹-ade, -at› *(Film)* entwickeln
framlykta [ˇframlykta] ‹-n, -or› Vorderlicht
framtand [ˇframtand] ‹-en, -tänder› Schneidezahn
framtid [ˇframti:d] ‹-en› Zukunft
framtida [ˇframti:da] zukünftig
framåt [ˇframo:t] vorwärts
frankera [fraŋ'ke:ra] ‹-ade, -at› frankieren
fransk [fransk] französisch
fredag ['fre:da] Freitag
freestyle ['fri:stajl] ‹-n, freestylar› Walkman
fri [fri:] frei
fridlysningstider [ˇfri:dlysniŋs'ti:dər] *pl* Schonzeiten
friidrott [ˇfri:i'drɔt] ‹-en, -er› Leichtathletik
friluftsbad [ˇfri:lɵfts'bɑ:d] ‹-et, -› Freibad
friluftsmuseum [ˇfri:lɵftsmʉ'se:ɵm] ‹-museet, -er› Freilichtmuseum, Museumsdorf
friluftsteater [ˇfri:lɵftste'ɑ:tər] ‹-n, -teatrar› Freilufttheater
frimärke [ˇfri:mærkə] ‹-t, -n› Briefmarke
fris [fri:s] ‹-en, -er› Fries
frisera [fri'se:ra] ‹-ade, -at› frisieren
frisk [frisk] frisch; gesund
frist [frist] ‹-en, -er› Frist, Termin
frisyr [fri'sy:r] ‹-en, -er› Frisur
frisör [fri'sœ:r] ‹-en, -er› Friseur
fritidshus [ˇfri:tits'hʉ:s] ‹-et, -› Ferienhaus
fritidspark [ˇfri:tits'park] ‹-en, -er› Freizeitpark
frossbrytningar [ˇfrɔsbry:tniŋar] *pl* Schüttelfrost
frost [frɔst] ‹-en› Frost
frostskyddsmedel [ˇfrɔstʃyts'me:dəl] ‹-medlet, -› Frostschutzmittel
frotté [frɔ'te:] ‹-n› Frottee
fru [frʉ:] Frau *(Anrede, vor Namen)*
frukost ['frɵkɔst] ‹-en, -ar› Frühstück
frukostbuffé [ˇfrɵkɔstbɵ'fe:] ‹-n, -er› Frühstücksbüfett
frukostrum [ˇfrɵkɔst'rɵm] ‹-met, -› Frühstücksraum
frukt [frɵkt] ‹-en, -er› Obst
frukt- och grönsakshandlare [ˇfrɵkt- o: ˇgrø:nsɑ:ks'handlarə] ‹-n, -› Obst- und Gemüsehändler
frukta [ˇfrɵkta] ‹-ade, -at› (be)fürchten
fruktaffär [ˇfrɵkta'fæ:r] ‹-en, -er› Obsthandlung
fruktansvärd [ˇfrɵktans'væ:ɖ] fürchterlich
frysa [ˇfry:sa] frieren
fråga [ˇfro:ga] ‹-n, -or› Frage
fråga [ˇfro:ga] ‹-ade, -at› fragen; fråga någon om råd [ˇfro:ga nɔn ɔm 'ro:d] jdn um Rat fragen
från [fro:n] *(Herkunft)* aus, von, ab; från Stockholm [fro:n ˇstɔkhɔlm] aus Stockholm
främling [ˇfrɛmliŋ] ‹-en, -ar› der/die Fremde
främmande [ˇfrɛmandə] fremd
fräsch [frɛ:ʃ] frisch *(Wäsche)*
fuktig [ˇfɵktig] feucht
ful [fʉ:l] hässlich
full [fɵl] voll, besetzt
fullmakt [ˇfɵlmakt] ‹-en, -er› Vollmacht
fullsatt [ˇfɵlsat] voll, besetzt
fundament [fɵnda'mɛnt] ‹-et, -› Fundament
fungera [fɵŋ'ge:ra] ‹-ade, -at› funktionieren
fylla (i) [fyla ('i)] ‹-de, -t› (aus)füllen
fylld [fyld] gefüllt
fyllning [ˇfylniŋ] ‹-en, -ar› Füllung
fynd [fynd] ‹-et, -› Fund
fyr [fy:r] ‹-en, -ar› Leuchtturm
fyrfilig [ˇfyrfi:lig] vierspurig
fyrhjulsdrift [ˇfy:rjʉ:ls'drift] ‹-en› Allradantrieb
fysiskt handikapp ['fy:siskt ˇhandi'kap] ‹-et, -› Körperbehinderung
få [fo:] erhalten, bekommen; få reda på [fo: ˇre:da 'po:] erfahren; få veta [fo: ˇve:ta] erfahren; få tillåtelse att [fo: ˇtilo:təlsə at] dürfen
fågel ['fo:gəl] ‹-n, fåglar› Vogel
fågelreservat [ˇfo:gəlresær'vɑ:t] ‹-et, -› Vogelschutzgebiet
fånga [ˇfɔŋa] ‹-ade, -at› fangen
fårkött [ˇfo:rçøt] ‹-et› Hammelfleisch
fåtölj [fɔ'tølj] ‹-en, -er› Sessel
fälg [fɛlj] ‹-en, -ar› Felge
fälgkors [ˇfɛljkɔʂ] ‹-et, -› Radkreuz
fält [fɛlt] ‹-et, -› Feld
fängelse [ˇfɛŋəlsə] ‹-t, -r› Gefängnis
fänkål [ˇfɛ:nko:l] ‹-en› Fenchel
färdig [ˇfæ:ɖig] fertig
färdtjänst [ˇfæ:ɖçɛnst] ‹-en› Fahrdienst
färg [færj] ‹-en, -er› Farbe
färga [ˇfærja] ‹-ade, -at› färben
färggrann [ˇfærjgran] bunt
färghandel [ˇfærjhandəl] ‹-n, -handlar› Drogerie
färgpenna [ˇfærjpɛna] ‹-n, -or› Farbstift
färgton [ˇfærjtu:n] Farbton
färja [ˇfærja] ‹-n, -or› Fähre
färre ['færə] weniger *(zählbar)*
färsk [fæʂk] frisch *(neu)*
fästing [ˇfɛstiŋ] ‹-en, -ar› Zecke
fästning [ˇfɛstniŋ] ‹-en, -ar› Festung

född [fød] geboren
födelsedag [ˇfø:delsəˈdɑ:g] ‹-en, -ar› Geburtstag
födelsedatum [ˇfø:delsəˈdɑ:təm] ‹-et, -› Geburtsdatum
födelseort [ˇfø:delsəˈuʈ] ‹-en, -er› Geburtsort
födelsestad [ˇfœ:delsəˈstɑ:d] ‹-en, -städer› Geburtsstadt
föga [ˇfø:ga] wenig
följa (med) [ˇfølja/følja ˈme:] ‹-de, -t› folgen, begleiten
föna [ˇfø:na] ‹-ade, -at› föhnen
fönster [ˈfønstər] ‹fönstret, -› Fenster
fönsterplats [ˇfønstərˈplats] ‹-en, -er› Fensterplatz
för [fœ:r] für; denn; **för det andra** [fœ: ɖe: ˇandra] zweitens; **vara för (det)** [vɑ:ra ˈfœ:r (de:)] dafür sein; **för mycket** [fœr ˈmykə] zu sehr, zuviel; **för närvarande** [fœ: ˇɳæ:rvɑ:randə] zurzeit
föra [ˇfœ:ra] ‹-de, -t› führen; **föra bort** [fœ:ra ˈbɔʈ] (weg)bringen
förare [ˇfœ:rarə] ‹-n, -› Fahrer
förband [fœrˈband] ‹-et, -› Verband
förbandslåda [fœrˇbantslo:da] ‹-n, -or› Verbandskasten
förbereda [ˇfœ:rbeˈre:da] ‹-de, -berett› vorbereiten
förbi [fœrˈbi:] vorüber sein
förbindelse [fœrˈbindelsə] ‹-n, -r› Verbindung *(Zug, tele)*
förbjuda [fœrˈbjʉ:da] verbieten
förbjudet! [fœrˈbjʉ:dət] verboten!
förbud [fœrˈbʉ:d] ‹-et, -› Verbot
förbättra [fœrˈbɛtra] ‹-ade, -at› verbessern
fördel [ˇfœ:ɖe:l] ‹-en, -ar› Vorteil
fördelare [fœˈɖe:larə] ‹-n, -› Verteiler
fördröja [fœˈɖrøja] ‹-de, -t› verzögern
fördärvad [fœˈɖærvad] verdorben
före [ˇfœ:rə] *(zeitlich)* vor
föredra [ˇfœ:rəˈdrɑ:] vorziehen, lieber haben
föremål [ˇfœ:rəˈmo:l] ‹-et, -› Ding, Gegenstand
förening [fœrˈe:niŋ] ‹-en, -ar› Verein
föreskrift [ˇfœ:rəˈskrift] ‹-en, -er› Vorschrift
föreståndare [ˇfœ:rəˈstɔndarə] ‹-n, -› Leiter/in
föreställa någon för någon [ˇfœ:rəˈstɛla nɔn fœ: ŋɔn] jdn mit jdm bekannt machen
föreställning [ˇfœ:rəˈstɛlniŋ] ‹-en, -ar› Vorstellung *(Begriff; Theater)*
förfluten tid [fœrˈflʉ:tən ti:d] ‹-en› Vergangenheit
förflyta [fœrˈfly:ta] *(Zeit)* vergehen
förfriskning [fœrˈfriskniŋ] ‹-en, -ar› Erfrischung
förgasare [fœrˈgɑ:sarə] ‹-n, -› Vergaser
förgiftning [fœrˈjiftniŋ] ‹-en, -ar› Vergiftung
förgäves [fœrˈjɛ:vəs] vergebens, umsonst
förhindra [fœrˈhindra] verhindern
förhistorisk [ˇfœ:rhisˈtu:risk] vorgeschichtlich
förklara [fœrˈklɑ:ra] ‹-ade, -at› erklären
förkortning [fœrˈkɔʈniŋ] ‹-en, -ar› Abkürzung
förkyld [fœrˈçy:ld] erkältet
förkylning [fœrˈçy:lniŋ] ‹-en, -ar› Erkältung
förköp [ˇfœ:rçø:p] ‹-et› Vorverkauf
förkörsrätt [ˇfœ:rçœʂˈrɛt] ‹-en› Vorfahrt
förlamning [fœˈɭɑ:mniŋ] ‹-en, -ar› Lähmung
förlora [fœˈɭu:ra] ‹-ade, -at› verlieren
förlust [fœˈɭɵst] ‹-en, -er› Verlust
förlänga [fœˈɭɛŋa] ‹-de, -t› verlängern
förmedlare [fœrˈme:dlarə] ‹-n, -› Vermittler
förmiddag [ˇfœ:rmida] ‹-en, -ar› Vormittag; **på förmiddagen** [pɔ ˇfœ:rmidan] vormittags
förmögen [fœrˈmø:gən] wohlhabend
förnamn [ˇfœ:ɳamn] ‹-et, -› Vorname
förnäm [fœˈɳɛ:m] vornehm
förolyckas [ˇfœ:ruˈˈlykas] ‹-ades, -ats› verunglücken
förolämpning [ˇfœ:ruˈlɛmpniŋ] ‹-en, -ar› Beleidigung
förordning [fœrˈo:ɖɳiŋ] ‹-en, -ar› Vorschrift
förorsaka [ˇfœ:ru:ˈʂɑ:ka] ‹-ade, -at› verursachen
förort [ˇfœ:ruʈ] ‹-en, -er› Vorort
förpackning [fœrˈpakniŋ] ‹-en, -ar› Verpackung
förplägnad [fœrˈplɛ:gnad] ‹-en› Verpflegung
förrförra [ˇfœrfœra] vorletzte(r, -s)
förrgår, i ~ [i ˈfœrgɔr] vorgestern
förråd [fœˈro:d] ‹-et, -› Vorrat
förrän [ˈfœrɛn] bevor
förrätt [ˇfœ:rɛt] ‹-en, -er› Vorspeise
förse med [fœˈʂe: me:] versorgen mit
försening [fœˈʂe:niŋ] ‹-en, -ar› Verspätung
försiktig [fœˈʂikti] vorsichtig
förskräcklig [fœʂˈkrɛklig] schrecklich, fürchterlich
förslag [fœˈʂɭɑ:g] ‹-et, -› Vorschlag
först [fœʂʈ] erst,zuerst
första [fœʂʈa] erste(r, -s); **första hjälpen** [ˇfœʂʈa ˈjɛlpən] erste Hilfe
förstoppning [fœˈʂʈɔpniŋ] ‹-en› Verstopfung
förstå [fœˈʂʈo:] verstehen
förstöra [fœˈʂʈœ:ra] ‹-de, -t› zerstören
försumma [fœˈʂɵma] ‹-ade, -at› verfehlen
försvinna [fœˈʂvina] verschwinden
försäkring [fœˈʂɛ:kriŋ] ‹-en, -ar› Versicherung
försäkringskort, grönt ~ [grø:nt fœˇʂɛ:kriŋsˈkuʈ] grüne Versicherungskarte
försäljning [fœˈʂɛljniŋ] ‹-en, -ar› Verkauf
försäsong [ˇfœʂɛˈsɔŋ] ‹-en, -er› Vorsaison
försöka [fœˈʂø:ka] ‹-te, -t› versuchen
förteckning [fœˈʈekniŋ] ‹-en, -ar› Verzeichnis
förtjusande [fœrˈçʉ:sandə] entzückend
förtjust [fœrˈçʉ:st] begeistert
förtroende [fœˈʈru:əndə] ‹-t› Vertrauen
förtvivlad [fœˈʈvi:vlad] verzweifelt
förut [ˈfœ:rʉ:t] vorher
förvaltning [fœrˈvaltniŋ] ‹-en, -ar› Verwaltung
förvara [fœrˈvɑ:ra] aufbewahren
förvaringsbox [fœrˇvɑ:riŋsˈbɔks] ‹-en, -ar› Gepäckschließfach; **vara/bli förvånad (över)** [ˇvɑ:ra/bli: fœrˈvo:nad (ˈø:vər)] s. wundern (über)
förväg, i ~ [i: ˇfœ:rvɛ:g] im Voraus
förväxla [fœrˈvɛksla] ‹-ade, -at› verwechseln
föräldrar [fœrˈɛldrar] *pl* Eltern
förändring [fœrˈɛndriŋ] ‹-en, -ar› Veränderung

G

gaffel [ˈgafəl] ‹-n, gafflar› Gabel
galen [ˇgɑ:lən] verrückt
gallblåsa [ˇgalblo:sa] ‹-n, -or› Gallenblase
gammal [ˇgamal] alt; **gammal stadskärna** [ˇgamal ˇstatsçæ:ɳa] Altstadt
ganska [ˇganska] ziemlich
garanti [garanˈti:] ‹-n, -er› Garantie
garderob [gaɖəˈro:b] ‹-en, -er› Garderobe
gas, ge ~ [je: ˈgɑ:s] Gas geben

gasbinda [ˇgɑːsbinda] ‹-n, -or› Mullbinde
gasolflaska [gaˇsoːlflaska] ‹-n, -or› Gasflasche
gasolkök [gaˇsoːlçøːk] ‹-et, -› Gaskocher
gasoltub [gaˇsoːltʉːb] ‹-en, -er› Gaskartusche
gaspedal [ˇgɑːspeˈdɑːl] ‹-en, -er› Gaspedal
gasspis [ˇgɑːspiːs] Gasherd
gata [ˇgɑːta] ‹-n, -or› Straße; på gatan [po ˇgɑːtan] auf der Straße
gavel [ˈgɑːvəl] ‹-n, -, gavlar› Giebel
ge [jeː] geben; ge bort [jeː ˈbɔʈ] schenken; ge tillbaka [geː tilˈbɑːka] zurückgeben, *(Geld)* herausgeben
gemensam [jeˇmeːnsam] *adj*, gemensamt [jeˇmeːnsamt] *adv* gemeinsam
genast [ˇjeːnast] sofort, gleich, direkt
generator [jenəˈrɑːtɔr] ‹-n, -er› Lichtmaschine
genom [ˈjeːnɔm] (quer) durch; durch *(Mittel)*
genomresa [ˇjeːnɔmˈreːsa] ‹-n, -or› Durchreise
genomsnittlig [ˇjeːnɔmˈsnitlig] *adj*, genomsnittligt [ˇjeːnɔmˈsnitlit] *adv* durchschnittlich
genomstekt [ˇjeːnɔmˈsteːkt] gar, durchgebraten
genväg [ˇjeːnvɛːg] ‹-en, -ar› *(Weg)* Abkürzung
germansk [jæːrˈmɑːnsk] germanisch
geting [ˇjeːtiŋ] ‹-en, -ar› Wespe
gift [jift] ‹-et, -er› Gift
giftig [ˇjiftig] giftig
gift (med) [jift (meː)] verheiratet (mit)
gift par [jift pɑːr] ‹-et, -› Ehepaar
gifta sig [ˇjifta sɛj] ‹gifte, gift› heiraten
giltig [ˇjilti] gültig
gissa [ˇjisa] ‹-ade, - at› (er)raten
glad [glɑːd] froh, lustig; glad över (åt) [glɑːd ˈøːvər (oːt)] erfreut (über)
glas [glɑːs] ‹-et, -› Glas
glasmåleri [ˇglɑːsmoləˈriː] ‹-et, -er› Glasmalerei
glass [glas] ‹-en› Eis *(zum Essen)*
glädja sig åt/över [ˇglɛːdja sɛj oːt/ˈøːvər] s. freuen auf/über
glädje [ˇglɛːdjə] ‹-n› Freude
glödlampa [ˇgløːdlampa] ‹-n, -or› Glühbirne
glömma [ˇgløma] ‹-de, -t› vergessen
gobeläng [gɔbeˈlɛŋ] ‹-en, -er› Gobelin
god [guːd] *adj* gut; vara god vän med [vɑːra guː ˈvɛn meː] befreundet sein mit
godkänna [ˇguːdçɛna] ‹-de, -t› genehmigen
gods [guts] ‹-et, -› Landgut
godsvagn [ˇgutsvaŋn] ‹-en, -ar› Gepäckwagen
golf [gɔlf] ‹-en› Golf
golfklubba [ˇgɔlfkløba] ‹-n, -or› Golfschläger
golv [gɔlv] ‹-et, -› Fußboden
gottaffär [ˇgɔtaˈfæːr] ‹-en, -er› Süßwarengeschäft
gram [gram] Gramm
granne [ˇgranə] ‹-n, -ar› Nachbar(in)
granska [ˇgranska] ‹-ade, -at› prüfen
gratinerad [gratiˈneːrad] überbacken
gratis [ˈgrɑːtis] gratis, kostenlos
gratulera [grateˈleːra] ‹-ade, -at› gratulieren
grav [grɑːv] ‹-en, -ar› Grab
graviditet [gravidiˈteːt] ‹-en, -er› Schwangerschaft
gravsten [ˇgrɑːvsteːn] ‹-en, -ar› Grabstein
gravt handikappad [grɑːft ˇhandiˈkapad] Schwerstbehinderte/r
gravvård [ˇgrɑːvoːɖ] ‹-en, -ar› Grabmal
grill [gril] ‹-en, -ar› Grill, Rost
grillkol [ˇgrilkoːl] ‹-et, -› Grillkohle
grillkväll [ˇgrilkvɛl] ‹-en, -ar› Grillabend
grilltändare [ˇgriltɛndarə] ‹-n, -› Grillanzünder
grotta [ˇgrɔta] ‹-n, -or› Höhle, Grotte
grumlig [ˇgrɵmlig] *(Flüssigkeit)* trüb
grund, på ~ av [poː ˈgrɵnd ɑːv] wegen
grupp [grɵp] ‹-en, -er› Gruppe
gruppbiljett [ˇgrɵpbilˈjɛt] ‹-en, -er› Sammelfahrschein
grytstekt [ˇgryːtsteːkt] geschmort
grå [groː] grau
gråta [ˇgroːta] weinen
grädde [ˇgrɛdə] ‹-n› Sahne
gräl [grɛːl] ‹-et› Streit
gräla [ˇgrɛːla] ‹-ade, -at› schimpfen
gränsövergång [ˇgrɛnsøːvərˈgɔŋ] ‹-en, -er› Grenzübergang
gräsmatta [ˇgrɛːsmata] ‹-n, -or› Rasen
grön [grøːn] grün
grönsaker [ˇgrøːnsɑːkər] *pl* Gemüse
grönsakshandlare [ˇgrøːnsɑːksˈhandlarə] ‹-n, -› Gemüsehändler
gud [gʉːd] ‹-en, -ar› Gott
gudskelov! [ˇgɵʃeːˈloːv] Gott sei Dank!
gudstjänst [ˇgɵtsçɛnst] ‹-en, -er› Gottesdienst
guide [gajd] ‹-n, -r› Fremdenführer, Reiseführer
gul [gʉːl] gelb
gulasch [gəˈlaʃ] ‹-en› Gulasch
guld [gɵld] ‹-et› Gold
guldfärgad [ˇgɵldfærjad] golden
gulsot [ˇgʉːlsuːt] ‹-en› Gelbsucht
gummibåt [ˇgɵmiˈboːt] ‹-en, -ar› Schlauchboot
gummistövlar [ˇgɵmiˈstøvlar] *pl* Gummistiefel
gurka [ˇgɵrka] ‹-n, -or› Gurke
gymnastik [jymnaˈstiːk] ‹-en› Gymnastik
gymnastikskor [jymnaˇstiːkskuːr] Turnschuhe
gyttja [ˇjytja] ‹-n› Schmutz *(Schlamm)*
gå [goː] gehen, (ab)fahren; gå bort [goː ˈbɔʈ] weggehen; gå in [goː ˈin] hineingehen; gå sin väg [goː sin vɛːg] weggehen; gå ut [goː ˈʉːt] hinausgehen; gå ut och gå [goː ʉːt ɔ ˈgoː] spazieren gehen; gå över [goː ˇøvər] überqueren
gång [gɔŋ] ‹-en, -ar› *(Zug)* Gang; en gång till [en gɔŋ ˈtil], än en gång [ɛn en ˈgɔŋ] noch einmal, wieder; en gång [en gɔŋ] einmal
gångbro [gɔŋbruː] ‹-n, -ar› Steg
gången, den ~ [den ˈgɔŋən] damals
gånghjälpmedel [ˇgɔŋjɛlpˈmeːdel] ‹-medlet, -› Gehhilfe
gård [goːɖ] ‹-en, -ar› Hof
gårdsplan [ˇgoːɖsplɑːn] ‹-en, -er› Hof
gåva [ˇgoːva] ‹-n, -or› Geschenk
gädda [ˇjɛda] ‹-n, -or› Hecht
gälla [ˇjɛla] ‹-de, -t› gelten
gällande [ˇjɛlandə] gültig
gärna [ˇjæːɳa] gern; gärna för mig [ˇjæːɳa fœːr ʻmɛj] meinetwegen
gäst [jɛst] ‹-en, -er› Gast
gästfrihet [ˇjɛstfriːˈheːt] ‹-en› Gastfreundschaft
göra [ˇjœːra] tun, machen, herstellen; göra av med [jœːra ˈɑːv meː] ausgeben; göra ont [jœːra ˈunt] wehtun, schmerzen; göra rent [ˇjœːra ˈreːnt]] ‹gjorde, gjort› reinigen, putzen; göra sig besvär att [jœːra sɛj beˈsvæːr at] s. Mühe geben; göra upp [jøra ˈɵp] regeln
gös [jøːs] ‹-en, -ar› Zander

H

ha [hɑː] ‹hade, haft› haben
hacka [ˇhaka] ‹-ade, -at› *(Motor)* klopfen
hagel [ˈhɑːgəl] ‹haglet› Hagel
hake [ˇhɑːkə] ‹-n, -ar› Haken
halka [ˇhalka] ‹-n› Glatteis
hallon [ˇhalɔn] ‹-et, -› Himbeeren
hals [hals] ‹-en, -ar› Hals
halsband [ˇhalsband] ‹-et, -› Halskette
halsbränna [ˇhalsbrɛna] ‹-n› Sodbrennen
halsduk [ˇhalsdʉːk] ‹-en, -ar› Halstuch
halsfluss [ˇhalsfløs] ‹-en, -er› Mandelentzündung
halstabletter [ˇhalstaˈblɛtər] Halstabletten
halstrad [ˇhalstrad] geröstet
halt! [halt] halt!
halv [halv] halb
halva [ˇhalva] ‹-n, -or› Hälfte
halvlek [ˇhalvleːk] ‹-en, -ar› Halbzeit
halvljus [ˇhalvjʉːs] ‹-et, -› Abblendlicht
halvpension [ˇhalvpaŋˈʃuːn] ‹-en› Halbpension
en halvtimme [en ˇhalvtimə] eine halbe Stunde
hamn [hamn] ‹-en, -ar› Hafen
hamnavgift [ˇhamnɑːvˈjift] ‹-en, -er› Hafengebühr
han [han] er
hand [hand/ˈhɛndər] ‹-en, händer› Hand
handbagage [ˇhandbaˈgɑːʃ] ‹-t› Handgepäck
handboll [ˇhandbɔl] ‹-en› Handball
handbroms [ˇhandbrɔms] ‹-en, -ar› Handbremse
handdriven cykel [ˇhandriːvən ˈsykəl] ‹-n, cyklar› Handbike
handduk [ˇhandʉːk] ‹-en, -ar› Handtuch
handelsstad [ˇhandəlˈstɑːd] ‹-en, -städer› Handelsstadt
handfat [ˇhandfɑːt] ‹-et, -› Handwaschbecken
handgjord [ˇhandjuːɖ] handgemacht
handikappanpassad [ˇhandikapanˈpasad] behindertengerecht
handikappförbund [ˇhandikapfœrˈbønd] ‹-et, -› Behindertenverband
handikapptoalett [ˇhandikaptuaˈlɛt] ‹-en, -er› Behindertentoilette
handla [ˇhandla] ‹-ade, -at› einkaufen, Besorgungen machen
handskar [ˇhanskar] Handschuhe
handtag [ˇhandtɑːg] ‹-et, -› Haltegriff
handväska [ˇhandvɛska] ‹-n, -or› Handtasche
hans [hans] *poss prn* sein
harpun [harˈpʉːn] ‹-en, -er› Harpune
hastighet [ˇhastigˈheːt] ‹-en, -er› Geschwindigkeit
hastighetsmätare [ˇhastiheːtsˈmɛːtarə] ‹-n, -› Tachometer
hatt [hat] ‹-en, -ar› Hut
hav [hɑːv] ‹-et, -› Meer
havregryn [ˇhɑːvrəˈgryːn] ‹et, -› Haferflocken
havsfiske [ˇhafsfiskə] ‹-t› Hochseefischen
hed [heːd] ‹-en, -ar› Heide
hederlig [ˇheːdəɭig] fair
hednisk [ˈheːdnisk] heidnisch
hel [heːl] *adj* voll, ganz
heldagsutflykt [ˇheːldɑː(g)sʉːtˈflykt] ‹-en, -er› Tagesausflug
helförsäkring [ˇheːlfœˈʂɛːkriŋ] ‹-en, -ar› Vollkasko
helg [ˈhɛlj] ‹-en, -er› Wochenende
helig [ˇheːlig] heilig
helikopter [heliˈkɔptər] ‹-n, helikoptrar› Hubschrauber
helljus [ˇheːljʉːs] ‹-et› Fernlicht
hellre [ˈhɛlrə] lieber
helpension [ˇheːlpaŋˈʃuːn] ‹-en› Vollpension
helt [heːlt] *adv* ganz; **helt nära** [heːlt ˇnæːra] nahe bei
hembygd [ˇhembygd] ‹-en, -er› Heimat
hemlagad [ˇhɛmlɑːgad] hausgemacht
hemland [ˇhemland] ‹-et› Heimat
hemlig [ˇhemlig] heimlich, geheim
hemma [ˇhɛma] daheim
hemorrojder [hɛmɔˈrɔjdər] *pl* Hämorrhoiden
hemort [ˇhɛmˈuʈ] ‹-en, -er› Wohnort
hemresa [ˇhemreːsa] ‹-n, -or› Heimreise
hemtransport [ˇhɛmtranˈspɔʈ] ‹-en, -er› Rücktransport
henne [ˇhɛnə] *dat sing* ihr; *obj* sie
hennes [ˇhɛnəs] *poss prn* ihr
herpes [ˈhærpəs] ‹-en› Herpes
herr [hær] Herr *(Anrede vor Namen)*
herre [ˇhærə] ‹-n, -ar› Herr
vara hes [vɑːra ˈheːs] heiser sein
het [heːt] heiß
heta [ˇheːta] ‹-hette, hetat› heißen
hetta [ˇheta] ‹-n› Hitze
himmel [ˇhiməl] ‹himlen, himlar› Himmel
hindra [ˇhindra] ‹-ade, -at› hindern
hink [hiŋk] ‹-en, -ar› Eimer
hiss [his] ‹-en, -ar› Fahrstuhl, Aufzug
historia [hiˈstuːria] ‹historien› Geschichte
hitta [ˇhita] ‹-ade, -at› finden
hittegodsmagasin [ˇhitəgutsmagaˈsiːn] ‹-et, - › Fundbüro
hittills [ˇhiːtils] bis jetzt
hiv-positiv [ˇhiːvpusiˈtiːv] HIV-positiv
hjortron [ˇjuʈrɔn] ‹-et, -› Moltebeeren
hjul [jʉːl] ‹-et, -› Rad
hjulnav [ˇjʉːlnɑːv] ‹-et, -› Nabe
hjälm [jɛlm] ‹-en, -ar› Sturzhelm
hjälp [jɛlp] ‹-en› Hilfe; **hjälp att stiga på** [jɛlp at stiːga ˈpoː] Einstiegshilfe
hjälpa någon [ˇjɛlpa nɔn] jdm helfen
hjälptelefon [ˇjɛlpteləˈfoːn] ‹-en, -er› Notrufsäule
hjärna [ˇjæːɳa] ‹-n, -or› Gehirn
hjärnblödning [ˇjæːɳbløːdniŋ] ‹-en, -ar› Gehirnblutung
hjärnhinneinflammation [ˇjæːɳhinəinflamaˈʃuːn] ‹-en, -er› Hirnhautentzündung
hjärnskakning [ˇjæːɳskɑːkniŋ] ‹-en, -ar› Gehirnerschütterung
hjärta [ˇjæʈa] ‹-t, -n› Herz
hjärtattack [ˇjæʈaˈtak] ‹-en, -er› Herzanfall
hjärtbesvär [ˇjæʈbeˈsvæːr] *pl* Herzbeschwerden
hjärtfel [ˇjæʈfeːl] ‹-et, -› Herzfehler
hjärtinfarkt [ˇjæʈinˈfarkt] ‹-en, -er› Herzinfarkt
hjärtlig [ˇjæʈlig] herzlich
hjärtspecialist [ˇjæʈʂpesiaˈlist] ‹-en, -er› Herzspezialist
hon [hun] *sing* sie
honung [ˇhoːnøŋ] ‹-en› Honig
hoppa [ˇhɔpa] ‹-ade, -at› springen
hoppas [ˇhɔpas] ‹-ades, -ats› hoffen
hos [hus] bei *(Person)*

hosta [ˇhusta] ‹-n› Husten
hostmedicin [ˇhustmediˈsi:n] ‹-en, -er› Hustensaft
hotellhall [hɔˇtɛlhal] ‹-en, -ar› Empfangshalle
hud [hʉ:d] ‹-en› Haut
hudsjukdom [ˇhʉ:dʃʉ:kˈdum] ‹-en, -ar› Hautkrankheit
hund [hɵnd] ‹-en, -ar› Hund
hungrig [ˇhɵŋrig] hungrig; vara hungrig [vɑ:ra ˇhɵŋri] hungrig sein
hur [hʉ:r] *(Frage)* wie; hur länge? [hʉ: ˇlæŋə] seit wann?; hur många [hʉ:r ˇmɔŋa] wie viele
hus [hʉ:s] ‹-et, -› Haus
husbil [ˇhʉsbi:l] ‹-en, -ar› Wohnmobil
husbåt [ˇhʉ:sbo:t] ‹-en, -ar› Hausboot
husdjur [ˇhʉsjʉ:r] ‹-et, -› Haustier
hushållsartiklar [ˇhʉ:shɔlsaˈʈiklar] Haushaltswaren
husnummer [ˇhʉ:snɵmər] ‹-numret, -› Hausnummer
hustru [ˇhɵstrɵ] ‹-n, -r› Ehefrau
husvagn [ˇhʉ:svaŋn] ‹-en, -ar› Wohnwagen
husägare [ˇhʉ:sɛ:garə] ‹-n, -› Hausbesitzer
huvud [ˇhʉ:vɵd/ˇhʉ:və] ‹-et, -en› Kopf
huvudpostkontor [ˇhʉ:vədpɔstkɔnˈtu:r] ‹-et, -› Hauptpostamt
huvudrätt [ˇhʉ:vɵdˈrɛt] ‹-en, -er› Hauptspeise
huvudsakligen [ˇhʉ:vɵdˈsɑ:kligən] *adv* hauptsächlich
huvudsallad [ˇhʉ:vɵdˈsalad] ‹-en› Kopfsalat
huvudstad [ˇhʉ:vɵdˈstɑ:d] ‹-en, -städer› Hauptstadt
huvudvärk [ˇhʉ:vɵdˈværk/ˇhʉ:vəˈværk] ‹-en› Kopfschmerzen
huvudvärkstabletter [ˇhʉ:vɵdværkstaˈblɛtər] Kopfschmerztabletten
hydda [ˇhyda] ‹-n, -or› Hütte
hydroterapi [hydrɔtæraˈpi:] ‹-n› Kneipp-Anwendung
hylsnyckel [ˇhylsnykəl] ‹-n, -nycklar› Steckschlüssel
hyra [ˇhy:ra] ‹-n, -or› Miete
hyra [ˇhy:ra] ‹-de, -t› mieten; hyra ut [hy:ra ˈʉ:t] ‹-de, -t› vermieten
hytt [hyt] ‹-en, -er› Kabine
hål [ho:l] ‹-et, -› Loch
hålla [ˇhɔla] (fest)halten
hållbar [ˇhɔlbɑ:r] haltbar
hållbar(t), ej längre ~ [ɛj ˈlɛŋrə ˇhɔlbɑ:r(t)] abgelaufen
hållbarhet [ˇhɔlbɑ:rˈhe:t] ‹-en› Haltbarkeit
hållplats [ˇhɔlplats] ‹-en, -er› Haltestelle
hår [ho:r] ‹-et, -› Haar
hårborste [ˇho:rbɔʂʈə] ‹-n, -ar› Haarbürste
hårborttagningsmedel [ˇho:rbɔʈɑ:gniŋsˈme:dəl] Haarentferner
hård [ho:ɖ] hart
hårläggningsvätska [ˇho:ɭɛgniŋsˈvɛtska] ‹-n› Haarfestiger
hårnålar [ˇho:ɳo:lar] Haarklammern
hårschampo [ˇho:rʃampu] ‹-t› Haarwaschmittel
hårskum [ˇho:ʂkɵm] ‹-met› Schaumfestiger
hårspray [ˇho:ʂprɛj] ‹-en, -er› Haarspray
hårtork [ˇho:ʈɔrk] ‹-en, -ar› Föhn
hälft [hɛlft] ‹-en, -er› Hälfte
hällristning [ˇhɛlristniŋ] ‹-en, -ar› Fels(en)zeichnung
hälsa (på) [ˇhɛlsa/ˇhɛlsa po:] ‹-ade, -at› (be)grüßen; hälsa på någon [hɛlsa ˈpo: nɔn] ‹-ade, -at› jdn besuchen
hälsobad i varm källa [ˇhɛlsuˈbɑ:d i: varm ˇçɛla] Thermalbad
hälsokostbutik [ˇhɛlsukɔstbʉˈti:k] ‹-en, -er› Reformhaus, Bioladen
hämta [ˇhɛmta] ‹-ade, -at› (ab)holen; hämta sig [ˇhɛmta sɛj] ‹-ade, -at› s. erholen
hämtservice [ˇhɛmtsœ:rvis] ‹-en› Rückholservice
hända [ˇhɛnda] ‹-e, hänt› geschehen, eintreffen, s. ereignen
händelse [ˇhɛndəlsə] ‹-n, -r›, av en ~ [ɑ:v en ˇhɛndelsə] *adv* zufällig
hängflygning [ˇhɛŋfly:gniŋ] ‹-en› Paragliding
hängglidare [ˇhɛŋgli:darə] ‹-n, -› Gleitschirm
hänsyn, ta ~ till [tɑ: ˇhɛnsy:n til] berücksichtigen, beachten
hänsynslös [ˇhɛnsy:nsˈlø:s] rücksichtslos
hänvisa [ˇhɛnvi:sa] ‹-ade, -at› hinweisen, zeigen
här [hæ:r] hier
härlig [ˇhæ:ɭig] herrlich
härstamma [ˇhæ:ʂʈama] ‹-ade, -at› stammen
häst [hɛst] ‹-en, -ar› Pferd
hästkapplöpning [ˇhɛstkapˈlø:pniŋ] ‹-en, -ar› Pferderennen
hästkrafter [ˇhɛstkraftər] *pl* PS
höft [høft] ‹-en, -er› Hüfte
hög [hø:g] ‹-en, -ar› Stapel, Stoß
hög [hø:g] hoch; hög(ljudd) [hø:g/ˇhø:gjɵd] laut
högkultur [ˇhø:gkɵlˈtʉ:r] ‹-en, -er› Hochkultur
högra [ˇhøgra] rechte(r, -s)
högst [høkst] höchstens
högsäsong [ˇhø:gsɛˈsɔŋ] ‹-en, -er› Hauptsaison
högtryck [ˇhø:gtryk] ‹-et› Hoch
höja [ˇhøja] ‹-de, -t› *(Preise)* erhöhen
höjd [højd] ‹-en, -er› Höhe
höjdpunkt [ˇhøjdpɵŋkt] ‹-en, -er› Höhepunkt
höra [ˇhœ:ra] ‹-de, -t› hören; höra på [ˇhœ:ra po:] ‹-de, -t› jdm zuhören; höra sig för [hœ:ra sɛj ˈfœ:r] s. erkundigen
hörlur [ˇhœ:ɭʉ:r] ‹-en, -ar› Kopfhörer
hörn [hœ:ɳ] ‹-et, -› Ecke
hörsel [ˈhœʂəl] ‹-n› Gehör
hörselhandikappad [ˇhœʂəlhandiˈkapad] Hörbehinderte/r
hörselskadad [ˇhœʂəlˈskɑ:dad] hörgeschädigt
hösnuva [ˇhø:snʉ:va] ‹-n› Heuschnupfen
höst [høst] ‹-en, -ar› Herbst
hövlig [ˇhø:vlig] höflich

I

i [i:] in
iaktta [ˇi:akˈta:] beobachten
ibland [i:ˈbland] manchmal, gelegentlich
icke-rökare [ˇikəˈrø:karə] ‹-n, -› Nichtraucher
icke-simkunnig [ˇikəsimˈkɵnig] Nichtschwimmer
idag [iˈdɑ:] heute
idé [iˈde:] ‹-n, -er› Idee
identitetskort [idɛntiˇte:tskuʈ] ‹-et, -› Personalausweis
idrottsman [ˇi:drɔtsˈman] ‹-nen, -män› Sportler

konsthantverk [ˇkɔnsthantˈværk] ‹-et, -› Kunstgewerbe
konståkning [ˇkɔnsto:kniŋ] ‹-en› Eiskunstlauf
konsulat [kɔnsɵˈlɑ:t] ‹-et, -› Konsulat
kontakt [kɔnˈtakt] ‹-en, -er› Kontakt
kontant [kɔnˈtant] bar
kontanter [kɔnˈtantər] *pl* Bargeld
konto [ˇkɔntu] ‹-t, -n› Konto
kontor [kɔnˈtu:r] ‹-et, -› Büro, Dienststelle, Amt
kontrakt [kɔnˈtrakt] ‹-et, -› Vertrag
kontrollera [kɔntrɔˈle:ra] ‹-ade, -at› kontrollieren
kontusion [kɔntʉˈʃu:n] ‹-en, -er› Quetschung
kopia [kuˇpi:a] ‹-n, -or› Kopie
kopp [kɔp] ‹-en, -ar› Tasse
kopparstick [ˇkɔpaˈʂʈik] ‹-et, -› Kupferstich
koppling [ˇkɔpliŋ] ‹-en, -ar› Kupplung
kopplingsspak [ˇkɔpliŋˈspɑ:k] ‹-en, -ar› Kupplungshebel
korg [kɔrj] ‹-en, -ar› Korb
korkskruv [ˇkɔrkskrʉ:v] ‹-en, -ar› Korkenzieher
korridorbredd [kɔriˇdo:rbred] ‹-en› Flurbreite
kors [kɔʂ] ‹-et, -› Kreuz
korsa [ˇkɔʂa] ‹-ade, at› überqueren
korsgång [ˇkɔʂgɔŋ] ‹-en, -ar› Kreuzgang
kort [kɔʈ] *(räumlich)* kurz
kort [kuʈ] ‹-et, -› (Spiel-)Karten; **grönt kort** [grø:nt ˈkuʈ] grüne Versicherungskarte
kortfattad [ˇkɔʈfatad] kurzgefasst
kortfristig [ˇkɔʈfristig] kurzfristig
kortslutning [ˇkɔʈʂlʉ:tniŋ] ‹-en, -ar› Kurzschluss
korv [kɔrv] ‹-en, -ar› Wurst
kost och logi [kɔst ɔ lɔˈʃi:] Kost und Logis
kosta [ˇkɔsta] ‹-ade, -at› kosten
kostnadsfri [ˇkɔstnatsˈfri:] kostenlos
kostym [kɔˈsty:m] ‹-en, -er› Anzug
kotlett [kɔtˈlɛt] ‹-en, -er› Kotelett
kraft [kraft] ‹-en, -er› Kraft
krage [ˇkrɑ:gə] ‹-n, -ar› Kragen
krama [krɑ:ma] umarmen
kramp [kramp] ‹-en, -er› Krampf
kreativ [ˈkre:aˈtiv] kreativ
kreditkort [kreˇdi:tkuʈ] ‹-et, -› Kreditkarte
kristall [kriˈstal] Kristall
kristendom [ˇkristənˈdum] ‹-en› Christentum
kritisera [kritiˈse:ra] ‹-ade, -at› kritisieren
krog [kru:g] ‹-en, -ar› Kneipe
krok [kru:k] ‹-en, -ar›, Haken
krona [ˇkru:na] ‹-n, -or› Krone
kronärtskocka [ˇkru:næʈˈʂkɔka] ‹-n, -or› Artischocken
kropp [krɔp] ‹-en, -ar› Körper
kroppsmassage [ˇkrɔpsmaˈsɑ:ʃ] ‹-n› Ganzkörpermassage
krucifix [krʉsiˈfiks] ‹-et, -› Kruzifix
krukmakeri [ˇkrʉ:kmɑ:kəˈri:] ‹-et, -er› Töpferei
krycka [ˇkryka] ‹-n, -or› Krücke
krydda [ˇkryda] ‹-ade, -at› würzen
krydda [ˇkryda] ‹-n, -or› Gewürz
krypta [ˇkrypta] ‹-n, -or› Krypta
kryssning [ˇkrysniŋ] ‹-en, -ar› Kreuzfahrt
kräm [krɛ:m] ‹-en, -er› Creme
kräva [ˇkrɛ:va] ‹-de, -t› fordern, verlangen
kudde [ˇkɵdə] ‹-n, -ar› Kopfkissen
kullager [ˇkʉ:lɑ:gər] ‹-lagret, -› Kugellager
kulle [ˇkɵlə] ‹-en, -ar›, Hügel
kulmen [ˇkɵlmən] Höhepunkt
kulspetspenna [ˇkʉ:lspetsˈpɛna] ‹-n, -or› Kugelschreiber
kultplats [ˇkɵltplats] ‹-en, -er› Kultstätte
kultur [kɵlˈtʉ:r] ‹-en, -er› Kultur
kulturminnesvård [kɵlˇtʉ:rminəsˈvo:ɖ] ‹-en› Denkmalschutz
kulört [kʉˈlœ:ʈ] farbig
kund [kɵnd] ‹-en, -er› Kunde
kung [kɵŋ] ‹-en, -ar› König
kunna [ˇkɵna] können
kupé [kɵˈpe:] ‹-n, -er› Abteil
kupol [kʉˈpo:l] ‹-en, -er› Kuppel
kupong [kɵˈpɔŋ] ‹-en, -er› Gutschein
kurs [kɵʂ] ‹-en, -er› Kurs
kurtaxa [ˇkʉ:rtaksa] ‹-n› Kurtaxe
kurva [ˇkɵrva] ‹-n, -or› Kurve
kusin [kɵˈsi:n] ‹-en, -er› Cousin/e
kust [kɵst] ‹-en, -er› Küste
kuvert [kɵˈvæ:r] ‹-et, -› Briefumschlag
kuvert [kʉˈvæ:r] ‹-et, -› Gedeck
kvadratmeter [kvɑˇdrɑ:tme:tər] Quadratmeter
kvalitet [kvaliˈte:t] ‹-en, -er› Qualität
kvarg [kvarg] ‹-en› Quark
kvarlevor [ˇkvɑ:ɭe:vur] Überreste
en kvart [en kvaʈ] eine Viertelstunde
kvartslampa [ˇkvaʈʂɭampa] ‹-n, -or› Höhensonne
kvav [kvɑ:v] schwül
kvickhet [ˇkvikhe:t] ‹-en, -er› Witz
kvinna [ˇkvina] ‹-n, -or› Frau
kvinnlig [ˇkvinlig] weiblich
kvitto [ˇkvitu] ‹-t, -n› Quittung
kväljningar [ˇkvɛljniŋar] *pl* Brechreiz
kväll [kvɛl] ‹-en, -ar› Abend; **på kvällen** [po: ˈkvɛlən] abends, am Abend
kyckling [ˇçykliŋ] ‹-en, -ar› Hähnchen
kylare [ˇçy:larə] ‹-n, -› Kühler
kylarvatten [ˇçy:larˈvatən] ‹-vattnet› Kühlwasser
kylklamp [ˇçy:lklamp] ‹-en, -ar› Kühlelement
kylskåp [ˇçy:lsko:p] ‹-et, -› Kühlschrank
kylväska [ˇçy:lvɛska] ‹-n, -or› Kühltasche
kyrka [ˇçyrka] ‹-n, -or› Kirche
kyrkogård [ˇçyrkuˈgo:ɖ] ‹-en, -ar› Friedhof
kyrkokonsert [ˇçyrkukɔnˈsæ:r] ‹-en, -er› Kirchenkonzert
kyrktorn [ˇçyrktu:ɳ] ‹-et, -› Kirchturm
kyss [çys] ‹-en, -ar› Kuss
kyssa [ˇçysa] ‹-te, -t› küssen
kål [ko:l] ‹-en› Kohl
käke [ˇçɛ:kə] ‹-n, -ar› Kiefer
kälke, åka ~ [ˇo:ka ˇçɛlkə] Schlitten fahren
källa [ˇçɛla] ‹-n, -or› Quelle
källsortering [ˇçɛlsɔˈʈe:riŋ] ‹-en› Mülltrennung
känd [çɛnd] berühmt, bekannt
känna [ˇçɛna] ‹-de, -t› kennen, fühlen; **känna till** [çɛna ˈtil] wissen
känsla [ˇçɛnsla] ‹-n, -or› Gefühl
vara känt/känd [vɑ:ra ˈçɛnt/ˈçɛnd] bekannt sein
käpp för blinda [çɛp fœr ˇblinda] Taststock
kärlek [ˇçæ:ɭe:k] ‹-en› Liebe
kärnmjölk [ˇçæ:ɳmjølk] ‹-en› Buttermilch
kö [kø:] ‹-n, -er› (Menschen-)Schlange
köa [ˇkø:a] ‹-ade, -at› Schlange stehen
kök [çø:k] ‹-et, -› Küche
kökshandduk [ˇçøkshanˈdʉ:k] ‹-en, -ar› Geschirrtuch

kökssil [ˇçøksiːl] ‹-en, -ar› Küchensieb
könsorgan [ˇçøːnsɔrˈgɑːn] *pl* Geschlechtsorgane
könssjukdom [ˇçøːnsʃʉːkˈdum] ‹-en, -ar› Geschlechtskrankheit
köpa [ˇçøːpa] ‹-te, -t› (ein)kaufen; köpa biljett [ˇçøːpa bilˈjɛt] Fahrschein lösen; köpa biljett på tåget [ˇçøːpa bilˈjɛt poː ˈtoːgət] nachlösen
köpslå [ˇçøːpsloː] feilschen
kör [kœːr] ‹-en, -er› Chor
köra [ˇçœːra] ‹-de, -t› fahren *(lenken)*; köra bil [ˇçœːra biːl] ‹-de, -t› Auto fahren; köra om [çœːra ˈɔm] ‹-de, -t› überholen
körfil [ˇçœːrfiːl] ‹-en, -er› Fahrspur
körkort [ˇçœːrkuʈ] ‹-et, -› Führerschein
körsbär [ˈçœʂbær] ‹-et, -› Kirschen
körtel [ˇçœʈəl] ‹-n, körtlar› Drüse
kött [çøt] ‹-et› Fleisch
köttaffär [ˇçøtaˈfæːr] ‹-en, -er› Metzgerei
köttfärs [ˇçøtfæʂ] ‹-en› Hackfleisch

L

laddare [ˇladarə] ‹-n, -› Ladeterminal
laddningskabel [ˇladniŋsˈkɑːbəl] ‹-n› Ladekabel
lag [lɑːg] ‹-et, -› *(Sport)* Mannschaft
laga [ˇlɑːga] ‹-ade, -at› reparieren, flicken; laga mat [lɑːga ˈmɑːt] ‹-ade, -at› kochen, Essen zubereiten
lager [ˈlɑːgər] ‹lagret, -› Vorrat
lagerblad [ˇlɑːgərˈblɑːd] ‹-et, -› Lorbeer
lakan [ˇlɑːkan] ‹-et, -› Bettlaken
lammkött [ˇlamçøt] ‹-et› Lammfleisch
lampa [ˇlampa] ‹-n, -or› Lampe
land [land] ‹-et, länder› Land
landa [ˇlanda] ‹-ade, -at› landen
landning [ˇlandniŋ] ‹-en, -ar› Landung
landskap [ˇlanskɑːp] ‹-et, -› Landschaft
landsman [ˇlansman] ‹-nen, -män› Landsmann
landsväg [ˇlansvɛːg] ‹-en, -ar› Landstraße
langust [laŋˈgəst] ‹-en, -er› Languste
lantegendom [ˇlanteːgənˈdum] ‹-en, -ar› Landgut
lantgods [ˇlantguts] ‹-et, -› Landsitz
lappa [ˇlapa] ‹-ade, -at› flicken
lappkåta [ˇlapkoːta] ‹-n, -or› Lappenzelt
Lappland [ˈlapland] Lappland
larmanläggning [ˇlarmanˈlɛgniŋ] ‹-en, -ar› Alarmanlage
larvigt [ˇlarvit] lächerlich
lastbil [ˇlastbiːl] ‹-en, -ar› Lastwagen
lat [lɑːt] faul
lax [laks] ‹-en, -ar› Lachs
laxermedel [lakˇseːrmeːdəl] ‹-medlet, -› Abführmittel
led [leːd] ‹-en, -er› Gelenk
leda [ˇleːda] ‹-de, lett› führen
ledare [ˇleːdarə] ‹-n, -› Leiter/in
ledbandsbristning [ˇleːdbandsˈbristniŋ] ‹-en, -ar› Bänderriss
ledig [ˇleːdi] frei *(unbesetzt)*
ledsagare [ˇleːdsɑːgarə] ‹-n, -› Begleitperson
ledsam [ˇlesam] unerfreulich
ledsen [ˇlesən] traurig
ledstång [ˇleːdstɔŋ] ‹-en, ledstänger› Handlauf
legitimationshandlingar [lɛgitimaˇʃuːnshandliŋar] Ausweispapiere
legitimationskort för handikappade [legitimaˇʃuːnskuʈ fœr ˇhandiˈkapadə] Behindertenausweis
leka [ˇleːka] ‹-te, -t› spielen
lekkamrat [ˇleːkamˈrɑːt] ‹-en, -er› Spielkamerad
lekplats [ˇleːkplats] ‹-en, -er› Kinderspielplatz
leksaker [ˇleːksɑːkər] *pl* Spielsachen
leksaksaffär [ˇleːksɑːksaˈfæːr] ‹-en, -er› Spielwarengeschäft
lektion [lɛkˈʃuːn] ‹-en, -er› *(Unterricht)* Stunde
lemmar [ˇlɛmar] *pl* Glieder
lergods [ˇleːrguts] ‹-et, -› Töpferwaren
leukemi [lɛfkeˈmiː] ‹-n› Leukämie
leva [ˇleːva] ‹-de, -t› leben
levande musik [ˇleːvandə mʉˈsiːk] Live-Musik
lever [ˈleːvər] ‹-n› Leber
leverkorv [ˇleːvərˈkɔrv] ‹-en, -ar› Leberwurst
leverpastej [ˇleːvərpasˈtɛj] ‹-en, -er› Leberpastete
lifta [ˇlifta] ‹-ade, -at› trampen
liftare [ˇliftarə] ‹-n, -› Tramper
liftens nedre station [ˈliftəns ˈneːdrə staˈʃuːn] Talstation
liftkort för en dag [ˇliftkuʈ fœːr en dɑːg] Tagespass
liftkort för en vecka/veckokort [ˇliftkuʈ fœːr en ˇvɛka/ˇvɛkuˈkuʈ] ‹-et, -› Wochenpass
ligga [ˇliga] liegen
liggvagnsbiljett [ˇligvaŋnsbilˈjɛt] ‹-en, -er› Liegewagenkarte
lik(a) [liːk/ˇliːka] *adj* gleich
likna [ˇliːkna] ‹-ade, -at› gleichen
liknande [ˇliːknandə] ähnlich
lila [ˇliːla] lila
linbana [ˇliːnbɑːna] ‹-n, -or› Seilbahn
lingon [ˇliŋɔn] ‹-et, -› Preiselbeeren
linje [ˈliːnjə] ‹-n, -r› Linie, (Bahn-)Strecke
linne [ˇlinə] ‹-t› Leinen
lins [lins] ‹-en, -er› Linse
lite (av) [ˇliːtə (ɑːv)] ein wenig (von)
liten [ˇliːtən] klein
liter [ˈliːtər] Liter
litet (grand) [ˇliːtə (gran)] ein wenig, etwas, ein bisschen
litografi [litɔgraˈfiː] ‹-(e)n, -er› Lithographie
liv [liːv] ‹-et, -› Leben
livboj [ˇliːvbɔj] ‹-en, -ar› Rettungsring
livbåt [ˇliːvboːt] ‹-en, -ar› Rettungsboot
livlig [ˇliːvli] lebhaft
livsmedelsaffär [ˇlifsmeːdəlsaˈfæːr] ‹-en, -er› Lebensmittelgeschäft
ljudlig [ˇjʉːdli] laut
ljumskbråck [ˇjəmskbrɔk] ‹-et, -› Leistenbruch
ljus [jʉːs] hell
ljus [jʉːs] ‹-et, -› Licht; Kerzen; tända/släcka ljuset [ˇtɛnda/ˇslɛka ˈjʉːsət] Licht anmachen/ausmachen
ljusskyddsfaktor [ˇjʉːsʃytsˈfaktɔr] ‹-n, -er› Lichtschutzfaktor
ljusstake [ˇjʉːstɑːkə] ‹-n, -ar› Leuchter
ljustuta [ˇjʉːstʉːta] ‹-n, -or› Lichthupe
lockar [ˇlɔkar] *pl* Locken
loge [loːʃ] ‹-n, -r› Loge
logi [lɔˈʃiː] ‹-(e)t, -er› Unterkunft
loppmarknad [ˇlɔpmarknad] ‹-en, -er› Flohmarkt
lov [loːv] ‹-et› Ferien
lova [ˇloːva] ‹-ade, -at› versprechen

lucka [ˇløka] ‹-n, -or› Schalter
luft [løft] ‹-en› Luft
luftdrag [ˇløftdrɑ:g] ‹-et› Luftzug
luftfilter [ˇløftfiltər] ‹-filtret, -› Luftfilter
luftkonditionering [ˇløftkɔndiʃu'ne:riŋ] ‹-en› Klimaanlage
luftmadrass [ˇløftma'dras] ‹-en, -er› Luftmatratze
luftpump [ˇløftpømp] ‹-en, -ar› Luftpumpe
luftrör [ˇløftrœ:r] ‹-et, -› Bronchien
luftrörskatarr [ˇløftrœ:ʂka'tar] ‹-en, -er› Bronchitis
lufttryck [ˇløftryk] ‹-et› Luftdruck
lugg [løg] ‹-en, -ar› Pony
lugn [løŋn] ‹-et› Ruhe
lugn [løŋn] ruhig
lugna sig [ˇløŋna sɛj] ‹-ade, -at› s. beruhigen
lugnande medel [ˇløŋnandə 'me:dəl] ‹medlet, -› Beruhigungsmittel
lukt [løkt] ‹-en, -er› Geruch
lukta [ˇløkta] ‹-ade, -at› riechen
lunch [lønʃ] ‹-en, -er› Mittagessen
lunga [ˇløŋa] ‹-n, -or› Lunge
lunginflammation [ˇløŋinflama'ʃu:n] ‹-en, -er› Lungenentzündung
lur [lʉ:r] ‹-en, -ar› Hörer
lust [løst] ‹-en› Lust
luxuös [løksə'ø:s] luxuriös
lycka [ˇlyka] ‹-n› Glück; lycka till [lyka 'til] viel Glück!
lycklig [ˇlyklig] glücklich
lyckönskning [ˇlykønskniŋ] ‹-en, -ar› Glückwunsch
lyfta upp [lyfta 'øp] ‹lyfte, lyft› heben
lyftanordning [ˇlyftan'o:ɖŋiŋ] ‹-en, -ar› Hebebühne, Hublift; lyftanordning för rullstolar [ˇlyftan'o:ɖŋiŋ fœr ˇrølstu:lar] Rollstuhllifter *(Auto)*
lymfdränage [ˇlymfdrɛ'nɑ:ʃ] ‹-t› Lymphdrainage
lyssna [ˇlysna] ‹-ade, -at› (zu)hören
lyxig [ˇlyksi] luxuriös
låda [ˇlo:da] ‹-n, -or› Kiste
låg [lo:g] nieder, niedrig, tief
lågsäsong [ˇlo:gsɛ'sɔŋ] ‹-en, -er› außerhalb der Saison, Nachsaison
lågtryck [ˇlo:gtryk] ‹-et› Tief
låna *(av)* [ˇlo:na (ɑ:v)] (ent)leihen
låna (ut) till [ˇlo:na ('ʉ:t) til] (ver)leihen
lång [lɔŋ] lang, *(Weg)* weit
långsam [ˇlɔŋsam] langsam
långskepp [ˇlɔŋʃɛp] ‹-et, -› Langhaus
långtråkig [ˇlɔŋtro:kig] langweilig
långvandringsled [ˇlɔŋvandriŋs'le:d] ‹-en, -er› Fernwanderweg
låsa (igen) [ˇlo:sa (i'jɛn)] ‹-te, -t› abschließen
låta [ˇlo:ta] lassen; låta bli [lo:ta 'bli:] sein lassen; låta göra [lo:ta ˇjœ:ra] machen lassen
läcker ['lɛkər] lecker
lädervaruaffär [ˇlɛ:dərvɑ:rʉa'fæ:r] ‹-en, -er› Lederwarengeschäft
läge [ˇlɛ:gə] ‹-t, -n› Lage
lägenhet [ˇlɛ:gən'he:t] ‹-en, -er› Wohnung, Appartement
lägga [ˇlɛga] legen; lägga ned [lɛga 'ne:d] hinlegen; lägga om [lɛga 'ɔm] verbinden; lägga på minnet [ˇlɛga po: ˇminət] s. etw merken; lägga sig ner [ˇlɛga sɛj ne:r] s. hinlegen; gå och lägga sig [go: ɔ ˇlɛga sɛj] zu Bett gehen; lägga till i [lɛga 'til i:] ‹lade, lagt› anlegen in
läktare [ˇlɛktarə] ‹-n, -› Rang, Empore
lämna [ˇlɛmna] ‹-ade, -at› verlassen; lämna in [lɛmna 'in] abgeben; lämna tillbaka [lɛmna til'bɑ:ka] zurückbringen; lämna uppgifter [ˇlɛmna ˇøpjiftər] Angaben machen
lämplig [ˇlɛmplig] richtig, geeignet
längd [lɛŋd] ‹-en, -er› Länge
längdlöpning [ˇlɛŋdlø:pniŋ] ‹-en› Langlauf
läpp [lɛp] ‹-en, -ar› Lippe
läppstift [ˇlɛpstift] ‹-et, -› Lippenstift
lära [ˇlæ:ra] ‹-de, -t› lehren; lära känna [læ:ra ˇçɛna] kennen lernen; lära sig [ˇlæ:ra sɛj] ‹-de, -t› lernen
läsa [ˇlɛ:sa] ‹-te, -t› lesen
läskedryck [ˇlɛskə'dryk] ‹-en, -er› Limonade
läslampa [ˇlɛ:slampa] ‹-n, -or› Nachttischlampe
lätt [lɛt] leicht *(einfach; Gewicht)*
lögn [løŋn] ‹-en, -er› Lüge
lök [lø:k] ‹-en, -ar› Zwiebeln
lördag ['lœ:ɖa] Samstag
löss [løs] *pl* Läuse

M

madrass [ma'dras] ‹-en, -er› Matratze
mage [ˇmɑ:gə] ‹-n, -ar› Magen, Bauch
mager ['mɑ:gər] mager, fettarm
magmedicin [ˇmɑ:gmedi'si:n] ‹-en, -er› Magenmittel
magsår [ˇmɑ:gso:r] ‹-et, -› Magengeschwür
maj [maj] Mai
majonnäs [maju'nɛ:s] ‹-en› Mayonnaise
majs [majs] ‹-en› Mais
maka [ˇmɑ:ka] ‹-n, -or› Ehefrau
make [ˇmɑ:kə] ‹-en, -ar› Ehemann
makrill [ˇmakril] ‹-en, -ar› Makrele
malaria [ma'lɑ:rja] ‹-n› Malaria
man [man] man
man [man] ‹-nen, män› Mann
mandarin [manda'ri:n] ‹-en, -er› Mandarine
mandel [ˇmandəl] ‹-n, mandlar› Mandeln *(zum Essen)*
manet [ma'ne:t] ‹-en, -er› Qualle
mango ['maŋgɔ] ‹-n› Mango
manlig [ˇmanlig] männlich
mannagryn [ˇmana'gry:n] ‹-et, -› Grieß
margarin [marga'ri:n] ‹-et› Margarine
mark [mark] ‹-en› Boden *(Grund)*
marknad [ˇmarknad] ‹-en, -er› Markt
marknivå, i ~ [i ˇmarkni'vo:] ebenerdig
marmelad [marmə'lɑ:d] ‹-en, -er› Marmelade
marmor [ˇmarmɔr] ‹-n› Marmor
mars [maʂ] März
mascara [maˇskɑ:ra] ‹-n› Wimperntusche
mask [mask] ‹-en, -ar› Wurm
maskin [ma'ʃi:n] ‹-en, -er› Maschine
massa [ˇmasa] ‹-n, -or› (Menschen-)Menge
massage [ma'sɑ:ʃ] ‹-n› Massage
mat [mɑ:t] ‹-en› Essen *(Speise)*, Verpflegung
matbit [ˇmɑ:tbi:t] ‹-en, -ar› Imbiss
match [matʃ] ‹-en, -er› Spiel
material [materi'ɑ:l] ‹-et, -› Material
matförgiftning [ˇmɑ:tfœr'jiftniŋ] ‹-en, -ar› Lebensmittelvergiftung

matlust [ˇmɑ:tlɵst] ‹-en› Appetit
maträtt [ˇmɑ:trɛt] ‹-en, -er› Speise
matsal [ˇmɑ:tsɑ:l] ‹-en, -ar› Speisesaal
matsmältning [ˇmɑ:tsmɛltniŋ] ‹-en› Verdauung
matsmältningsbesvär [ˇmɑ:tsmɛltniŋsbeˈsvæ:r] ‹-et› Verdauungsstörung
matstrupe [ˇmɑ:tstrʉ:pə] ‹-n› Speiseröhre
matvrå [ˇmɑ:tvro:] ‹-n, -r› Essecke
med [me:(d)] mit; **med detsamma** [me: deˈsama] sofort
medan [ˇme:dan] während *konj*
medborgarskap [ˇme:dbɔrjaˈʂkɑ:p] ‹-et, -› Staatsangehörigkeit
meddela [ˇme:de:la] ‹-ade, -at› mitteilen, berichten
meddelande [ˇme:de:landə] ‹-t, -n› Mitteilung
medel [ˈme:dəl] ‹medlet, -› Mittel
medeltid [ˇme:dəlˈti:d] ‹-en› Mittelalter
medeltida [ˇme:dəlˈti:da] mittelalterlich
medicin för blodcirkulationen [mediˈsi:n fœr blu:dsirkɵlaˈʃu:nən] ‹-en, -er› Kreislaufmittel
medicinskt bad [mediˈsi:nskt bɑ:d] Heilbad
medikament [medikaˈmɛnt] ‹-et, -› Medikament
meditation [meditaˈʃu:n] ‹-en, -er› Meditation
medlemskort [ˇme:dlɛmsˈkuʈ] ‹-et, -› Mitgliedskarte
medlidande [ˇme:dli:dandə] ‹-t› Mitleid
medvetslös [ˇme:dvetsˈlø:s] bewusstlos
mellan [ˇmɛlan] zwischen
mellandäck [ˇmɛlanˈdɛk] ‹-et, -› Zwischendeck
mellanlandning [ˇmɛlanˈlandniŋ] ‹-en, -ar› Zwischenlandung
mellanmål [ˇmɛlanˈmo:l] ‹-et, -› Imbiss
melon [meˈlu:n] ‹-en, -er› Melone
men [men] aber
mena [ˇme:na] ‹-ade, -at› meinen
mening [ˇme:niŋ] ‹-en, -ar› Meinung; Satz
menstruation [menstrʉaˈʃu:n] ‹-en, -er› Menstruation
meny [meˈny:] ‹-n, -er› Menü, Speisekarte
mer [me:r] mehr; **mer eller mindre** [me:r ˈɛlər ˈmindrə] mehr oder weniger; **mer än** [me:r ɛn] mehr als
meter [ˈme:tər] Meter
metspö [ˇme:tspø:] ‹-t, -n› Angel
middag [ˈmida] ‹-en, -ar› Mittag; Abendessen
mig [mɛj] mich; mir
migrän [miˈgrɛ:n] ‹-en› Migräne
mil [mi:l] ‹-en, -› Meile
mild [mild] mild
miljö [milˈjø:] ‹-n, -er› Umwelt
millimeter [miliˈme:tər] Millimeter
min [min] mein(s), meine(r)
mindre [ˈmindrə] *(messbar)* weniger
mineralvatten [minəˇrɑ:lˈvatən] ‹-vattnet› Mineralwasser
minigolf [ˇmi:niˈgɔlf] ‹-en› Minigolf
minikjol [ˇmi:niçu:l] ‹-en, -ar› Minirock
minneskort [ˇminəsˈkuʈ] ‹-et, -› Speicherkarte
minnesmärke [ˇminəsˈmærkə] ‹-t, -n› Denkmal
minnesvård [ˇminəsˈvo:ɖ] ‹-en, -ar› Gedenkstätte
det (allra) minsta [de: (ˇalra) ˇminsta] das wenigste
minut [miˈnʉ:t] ‹-en, -er› Minute
missa [ˇmisa] ‹-ade, -at› verfehlen
missfall [ˇmisfal] ‹-et, -› Fehlgeburt
missförstånd [ˇmisfœˈʂʈɔnd] ‹-et, -› Missverständnis
missta sig [ˇmistɑ: sɛj] s. täuschen
misstag [ˇmistɑ:g] ‹-et, -› Irrtum
misstro [ˇmistru:] misstrauen
missöde [ˇmisø:də] ‹-t, -n› Panne
mitt [mit] ‹-en› Mitte
mittemot [ˇmiteˈmu:t] *adv* gegenüber
mittskepp [ˇmitʃɛp] ‹-et, -› Mittelschiff
mixer [ˈmiksər] ‹-n, mixrar› Mixer
mjuk [mjʉ:k] *(Ton, Farbe)* weich
mjäll [mjɛl] ‹-et, -› Schuppen
mjöl [mjø:l] ‹-et› Mehl
mjölk [mjølk] ‹-en› Milch
mobil(telefon) [muˈbi:l/muˇbi:ltelәˈfo:n] ‹-en, -er› Handy
mobiltelefonaffär [muˇbi:ltelәfo:naˈfæ:r] ‹-en, -er› Handygeschäft
mode [ˇmu:də] ‹-t, -n› Mode
modell [muˈdɛl] ‹-en, -er› Modell
modern [muˈdæ:ɳ] modern
mogen [ˇmu:gən] reif
moln [mo:ln] ‹-et, -› Wolke
molnig [ˇmo:lni(g)] bewölkt
moped [muˈpe:d] ‹-en, -er› Moped
mor [mu:r] ‹modern, mödrar› Mutter
morfar [ˈmurfar] Großvater *(mütterlicherseits)*
morgon [ˇmɔrɔn] ‹-en, morgnar› Morgen; **i morgon** [i ˇmɔrɔn] morgen; **på morgonen** [po: ˇmɔrɔnən] morgens, am Morgen
morgonrock [ˇmɔrɔnˈrɔk] ‹-en, -ar› Morgenrock
mormor [ˈmurmur] Großmutter *(mütterlicherseits)*
morot [ˇmu:ru:t/ˇmu:røtər] ‹-en, morötter› Karotten
mosaik [musaˈi:k] ‹-en, -er› Mosaik
mot [mu:t] gegen *(wider; in Richtung auf)*
motell [muˈtɛl] ‹-et, -› Motel
motionscenter [motˇʃu:nsɛntər] ‹-centret, -› Fitnesscenter
motiv [muˈti:v] ‹-et, -› Motiv, Grund
motor [ˇmu:tɔr] ‹-n, -er› Motor
motorbåt [ˇmu:tɔrˈbo:t] ‹-en, -ar› Motorboot
motorcykel [ˇmu:tɔˈʂykəl] ‹-n, -cyklar› Motorrad
motorhuv [ˇmu:tɔrˈhʉ:v] ‹-en, -ar› Motorhaube
motorsport [ˇmu:tɔˈʂpɔʈ] ‹-en› Motorsport
motortrafikled [ˇmu:tɔrtrafi:kˈle:d] ‹-en, -er› Schnellstraße
motorväg [ˇmu:tɔrˈvɛ:g] ‹-en, -ar› Autobahn
motsats [ˇmu:tsats] ‹-en, -er› Gegenteil
motsatt [ˇmu:tsat] umgekehrt, entgegengesetzt; **i motsatt riktning** [i: ˇmu:tsat ˇriktniŋ] in umgekehrter Richtung
motta(ga) [ˇmu:tɑ:(ga)] empfangen
mottagning [ˇmu:tɑ:gniŋ] ‹-en, -ar› Praxis
mottagning(stid) [ˇmu:tɑ:gniŋ(sˈti:d)] Sprechstunde
mountainbike [ˈmauntinˈbajk] ‹-n, -bikar› Mountainbike
MP3spelare/iPod [ɛmpe:ˇtre:spe:larə/ˈaipɔd] MP3Player/iPod
mulen [ˇmʉ:lən] *(Wetter)* trüb
mun [mɵn] ‹-nen, -nar› Mund
munstycke [ˇmɵnstykə] ‹-t, -n› Düse
munvatten [ˇmɵnvatən] ‹-vattnet, -› Mundwasser

mur [mʉːr] ‹-en, -ar› Mauer
museum [mʉˇseːɵm] ‹museet, -er› Museum
musical [mʉsiˈkaːl] ‹-en, -er› Musical
musik [mɵˈsiːk] ‹-en› Musik
musikaffär [mʉˇsiːkaˈfæːr] ‹-en, -er› Musikgeschäft
muskel [ˈmɵskəl] ‹-n, muskler› Muskel
mussla [ˇmɵsla] ‹-n, -or› Muscheln
mustasch [mɵˈstɑːʃ] ‹-en, -er› Schnurrbart
mycket [ˇmykə] viel, sehr
mygga [ˇmyga] ‹-n, -or› Mücke
myggmedel [ˇmygmeːdəl] ‹-medlet, -› Mückenschutz
myndighet [ˇmyndiheːt] ‹-en, -er› Behörde
mynning [ˇmyniŋ] ‹-en, -ar› Mündung
mynt [mynt] ‹-et, -› Münze
mynta [ˇmynta] ‹-n› Minze
müsli [ˈmysli] ‹-n› Müsli
mål [moːl] ‹-et, -› Ziel; *(Sport)* Tor
måla [ˇmoːla] ‹-ade, -at› malen
målarbok [ˇmoːlarˈbuːk] ‹-en, -böcker› Malbuch
målare [ˇmoːlarə] ‹-n, -› Maler/in
målning [ˇmoːlniŋ] ‹-en, -ar› Gemälde
måltid [ˇmoːltiːd] ‹-en, -er› Mahlzeit
målvakt [ˇmoːlvakt] ‹-en, -er› Torwart
månad [ˇmoːnad] ‹-en, -er› Monat
månadskort [ˇmoːnatsˈkuʈ] ‹-et, -› Monatskarte
måndag [ˈmɔnda] Montag
måne [ˇmoːnə] ‹-n, ar› Mond
mås [moːs] ‹-en, -ar› Möwe
mängd [mɛŋd] ‹-en, -er› Menge; mängd, en ~ [en mɛŋd] eine Menge
människa [ˇmɛniˈʃa] ‹-n, -or› Mensch
människor [ˇmɛniˈʃur] *pl* Leute
märka [ˇmærka] ‹-te, -t› merken
märke [ˇmærkə] ‹-et, -en› Bezeichnung, *(Zigaretten)* Sorte
mässa [ˇmɛsa] ‹-n, -or› Messe *(rel; Ausstellung)*
mässling [ˇmɛsliŋ] ‹-en› Masern
mästerskap [ˇmɛstəˈʂkɑːp] ‹-et, -› Meisterschaft
mätt [mɛt] satt
möbel [ˈmøːbəl] ‹-n, möbler› Möbel
möbelaffär [ˇmøːbəlaˈfæːr] ‹-en, -er› Möbelgeschäft
möblerad lägenhet [møˈbleːrad ˇlɛːgənˈheːt] möblierte Wohnung
möda [ˇmøːda] ‹-n, -or› Mühe
möjlig [ˇmøjlig] möglich
möjliggöra [ˇmøjliˈjœːra] ermöglichen
möjlighet [ˇmøjliˈheːt] ‹-en, -er› Möglichkeit
mör [mœːr] zart
mörk [mørk] dunkel
mössa [ˇmøsa] ‹-n, -or› Mütze
möta [ˇmøːta] ‹-te, -t› begegnen, *(auf dem Bahnhof)* abholen
möte [ˇmøːtə] ‹-t, -n› Verabredung

N

nagelborste [ˇnɑːgəlˈbɔʂʈə] ‹-n, -ar› Nagelbürste
nagelfil [ˇnɑːgəlˈfiːl] ‹-en, -ar› Nagelfeile
nagellack [ˇnɑːgəˈlak] ‹-et, -› Nagellack
nagelsax [ˇnɑːgəlˈsaks] ‹-en, -ar› Nagelschere
naken [ˇnɑːkən] nackt
namn [namn] ‹-et, -› Name
namnteckning [ˇnamnteknɪŋ] ‹-en, -ar› Unterschrift
napp [nap] ‹-en, -ar› Schnuller, Sauger
nappflaska [ˇnapflaska] ‹-n, -or› Trinkflasche, Saugflasche
narkos [narˈkoːs] ‹-en, -er› Narkose
narkotika [narˈkoːtika] ‹-n› Rauschgift
nationalitetsskylt [natʃunaliˇteːtsʃylt] ‹-en, -ar› Nationalitätskennzeichen
nationalpark [natʃuˇnɑːlpark] ‹-en, -er› Nationalpark
natt [nat] ‹-en, nätter› Nacht; i natt [i ˈnat] heute Nacht; på natten [poː ˈnatən] nachts, bei Nacht
nattduksbord [ˇnatdʉːksˈbuːɖ] ‹-et, -› Nachttisch
nattklubb [ˇnatklɵb] ‹-en, -ar› Nachtclub
nattlinne [ˇnatlinə] ‹-t, -n› Nachthemd
nattsudd [ˇnatsɵd] Bummel
natur [naˈtʉːr] ‹-en› Natur
naturgasmack [naˇtʉːrgɑːsˈmak] Erdgastankstelle
naturlig [naˈtʉːɭig] *adj* natürlich
naturligtvis [naˈtʉːɭitˈviːs] *adv* natürlich
naturskyddsområde [naˇtʉːrʃytsɔmˈroːdə] ‹-t, -n› Naturschutzgebiet
nav [nɑːv] ‹-et, -› Nabe
necessär [nesəˈsæːr] ‹-en, -er› Reisenecessaire
nedanför [ˇneːdanˈfœːr] unterhalb
nederbörd [ˇneːdərˈbœːɖ] ‹-en› Niederschlag
nederlag [ˇneːdəˈɭɑːg] ‹-et, -› Niederlage
nedåt [ˇneːdoːt] abwärts
negativ [negaˈtiːv] negativ
nere [ˇneːrə] unten
nerv [ˇnærv] ‹-en, -er› Nerv
nervös [nærˈvøːs] nervös
ni [niː] *pers prn nom pl* ihr; Sie
njurbälte [ˇnjʉːrbɛltə] ‹-t, -n› Nierengurt
njure [ˇnjʉːrə] ‹-n, -ar› Niere
njurinflammation [ˇnjʉːrinflamaˈʃuːn] ‹-en, -er› Nierenentzündung
njursten [ˇnjʉːʂteːn] ‹-en, -ar› Nierenstein
njuta av [ˇnjʉːta ɑːv] genießen
nog [nuːg] genug
noga [ˇnuːga] genau
Norden [ˈnuːɖən] Norden
nordisk [ˈnuːɖisk] nordisch
Norge [ˈnɔrjə] Norwegen
normal [nɔrˈmɑːl] normal
normalt [nɔrˈmɑːlt] normalerweise
norr [nɔr] Norden; norr om [nɔr ɔm] nördlich von
nota [ˇnuːta] ‹-n, -or› Rechnung *(im Restaurant, Café)*
november [nuˈvɛmbər] November
nu [nʉː] jetzt
nudlar [ˇnʉːdlar] *pl* Nudeln
nummer [ˈnɵmər] ‹numret, -› Nummer
nummerskylt [ˇnɵmərˈʃylt] ‹-en, -ar› Nummernschild
nunna [ˇnɵna] ‹-n, -or› Nonne
ny [nyː] neu, frisch
nyckel [ˇnykəl] ‹-n, nycklar› Schlüssel
nyckelben [ˇnykəlˈbeːn] ‹-et, -› Schlüsselbein
nyfiken [ˇnyːfiːkən] neugierig
nyhet [ˇnyːheːt] ‹-en, -er› Neuigkeit, Nachricht
nykter [ˈnyktər] nüchtern
nyligen [ˇnyːligən] kürzlich

nyss [nys] kürzlich
nå [no:] ‹-dde, -tt› erreichen
någon [nɔn/ᵛno:gən] jemand; någon annanstans [nɔn ᵛanan'stans] anderswo
något [nɔt, ᵛno:gɔt] etwas; något litet [nɔt ᵛli:tə] etwas, ein wenig
några [ᵛno:ra] einige, ein paar
nål [no:l] ‹-en, -ar› Nadel
nämna [ᵛnɛmna] ‹-de, -t› nennen
när [næ:r] *(zeitlich)* als, wenn
nära [ᵛnæ:ra] nah, nahe
närma sig [ᵛnærma sɛj] ‹-ade, -at› s. nähern
närmare uppgifter [ᵛnærmarə ᵛɵpjiftər] nähere Angaben
vara närvarande [vɑ:ra ᵛnæ:rvɑ:randə] da sein
närsamtal [ᵛnæ:ʂam'tɑ:l] ‹-et, -› Ortsgespräch
näsa [ᵛnɛ:sa] ‹-n, -or› Nase
näsblod [ᵛnɛ:sblu:d] ‹-et› Nasenbluten
näsduk [ᵛnɛ:sdʉ:k] ‹-en, -ar› Taschentuch
näst sist [nɛst sist] vorletzte(r, -s)
nästa [ᵛnɛ:sta] nächste(r, -s)
nästan [ᵛnɛstan] fast
nödbroms [ᵛnø:dbrɔms] ‹-en, -ar› Notbremse
nödfall, i ~ [i: ᵛnø:dfal] im Notfall
nödlandning [ᵛnø:dlandniŋ] ‹-en, -ar› Notlandung
nödrutschbana [ᵛnø:drɵtʃ'bɑ:na] ‹-n, -or› Notrutsche
nödutgång [ᵛnø:dʉ:t'gɔŋ] ‹-en, -ar› Notausgang
nödvändig [ᵛnø:dvɛndig] notwendig
nöjd [nøjd] zufrieden
nöje [ᵛnøjə] ‹-t, -n› Vergnügen, Spaß
nöjespark [ᵛnøjəspark] ‹-en, -er› Vergnügungspark
nöt [nø:t/'nøtər] ‹-en, nötter› Nüsse
nötkött [ᵛnø:tçøt] ‹-et› Rindfleisch

O

oangenäm [ᵛu:anjə'nɛ:m] unangenehm
oanständig [ᵛu:an'stɛndig] unanständig
oavgjort [ᵛu:ɑ:v'jʉʈ] unentschieden
obehaglig [ᵛu:be'hɑ:glig] unangenehm
obeslutsam [ᵛu:beslu:t'sam] unentschlossen
objektiv [ɔbjɛk'ti:v] ‹-et, -› Objektiv
observatorium [ɔpsærva'tu:rjəm] ‹observatoriet, -er› Sternwarte
observera [ɔpsær've:ra] ‹-ade, -at› beobachten
och [ɔ(k)] und; och så vidare [ɔ so: ᵛvi:darə] und so weiter
också ['ɔksɔ] auch
odräglig [ᵛu:drɛ:gli] unerträglich
offentlig [ɔ'fɛntli] öffentlich
officiell [ɔfisi'ɛl] offiziell
ofta [ᵛɔfta] *adv* oft, häufig
vara oförskämd [vɑ:ra ᵛu:fœ'ʂɛmd] unverschämt sein
ogift [ᵛu:jift] ledig
oktantal [ɔkᵛtɑ:ntɑ:l] ‹-et, -› Oktanzahl
oktober [ɔk'tu:bər] Oktober
olik [ᵛu:li:k] *adj* anders
oliv [u'li:v] ‹-en, -er› Oliven
olivolja [uᵛli:v'ɔlja] ‹-n› Olivenöl
olja [ᵛɔlja] ‹-n› Öl
oljebyte [ᵛɔljə'by:tə] ‹-t, -n› Ölwechsel
oljemålning [ᵛɔljə'mo:lniŋ] ‹-en› Ölmalerei
oljesticka [ᵛɔljə'stika] ‹-n, -or› Ölmessstab
olycka [ᵛu:lyka] ‹-n, -or› Unfall
olycksfall [ᵛu:lyks'fal] ‹-et, -› Unfall
olämplig [ᵛu:lɛmplig] ungeeignet
om [ɔm] falls, ob, *(Bedingung)* wenn; om en vecka [ɔm en ᵛvɛka] in einer Woche
omfamna [ᵛɔmfamna] ‹-ade, -at› umarmen
omgivningar [ᵛɔmji:vniŋar] *pl* Umgebung
omklädningshytter [ᵛɔmklɛdniŋs'hytər] *pl* Umkleidekabinen
omkostnader [ᵛɔmkɔstnadər] *pl* Unkosten
omkring [ɔm'kriŋ] *(zeitlich)* gegen, etwa, um *(herum)*
område [ᵛɔmro:də] ‹-t, -n› Gelände
omräkning [ᵛɔmrɛ:kniŋ] ‹-en, -ar› Umrechnung
omväg [ᵛɔmvɛ:g] ‹-en, -ar› Umweg
omvänd [ᵛɔmvɛnd] umgekehrt
omvärld [ᵛɔmvæ:ɖ] ‹-en› Umwelt
omöjlig [ᵛu:møjlig] unmöglich
onsdag ['unsda] Mittwoch
ont i halsen [unt i 'halsən] Halsschmerzen
ont i magen [unt i ᵛmɑ:gən] Magenschmerzen
ont i ryggen [unt i 'rygən] Rückenschmerzen
onykter [ᵛu:nyktər] *(leicht)* betrunken
opera ['u:pəra] ‹-n, -or› Oper
operation [ɔpəra'ʃu:n] ‹-en, -er› Operation
operett [upə'rɛt] ‹-en, -er› Operette
optiker ['ɔptikər] ‹-n, -› Optiker
orange [u'raŋʃ] orange
ord [u:ɖ] ‹-et, -› Wort
orden ['o:ɖən] ‹-, ordnar› Orden *(rel; Auszeichnung)*
ordinera [ɔɖi'ne:ra] ‹-ade, -at› verschreiben
ordna [ᵛo:ɖna] ‹-ade, -at› regeln
oregano [ɔrə'gɑ:nɔ] ‹-n› Oregano
orgel [ᵛɔrjəl] ‹-n, orglar› Orgel
original [ɔrgi'nɑ:l] ‹-et, -› Original
originalversion [ɔrgiᵛnɑ:lvær'ʃu:n] ‹-en, -er› Originalfassung
orkester [ɔr'kɛstər] ‹-n, orkestrar› Orchester
orm [urm] ‹-en, -ar› *(Tier)* Schlange
ornament [ɔɳa'mɛnt] ‹-et, -› Ornament
oroa sig [ᵛu:ru:a sɛj] ‹-ade, -at› s. beunruhigen; oroa sig för [ᵛu:ru:a sɛj fœ:r] s. sorgen um
orsak [ᵛu:ʂɑ:k] ‹-en, -er›, Grund
ort [uʈ] ‹-en, - er› Ort, Ortschaft
oskyldig [ᵛu:ʃyldi] unschuldig
oss [ɔs] uns
ost [ust] ‹-en, -ar› Käse
ostron [ᵛustrɔn] ‹-et, -› Austern
otrolig [ᵛu:tru:lig] unglaublich
otur [ᵛu:tʉ:r] ‹-en› Unglück
outhärdlig [ᵛu:ʉ:t'hæ:ɖli] unerträglich
ovanlig [ᵛu:vɑ:nli] ungewöhnlich, außergewöhnlich
oviktig [ᵛu:viktig] unwichtig
oväntad händelse [ᵛu:vɛntad ᵛhɛndəlsə] ‹-n, -r› Zwischenfall
oväsen [ᵛu:vɛ:sən] ‹-det› Lärm

P

pacemaker ['pɛjsmɛjkər] ‹-n, -› Herzschrittmacher
packa/slå in [paka 'in/slo: 'in] einpacken
packning [ᵛpakniŋ] ‹-en, -ar› Dichtung
packväska [ᵛpakvɛska] ‹-n, -or› Packtasche

paket [paˈkeːt] ‹-et, -› Paket
pakethållare [paˇkeːthɔlarə] ‹-n, -› Gepäckträger *(am Auto)*
palats [paˈlats] ‹-et, -› Palast
panna [pana] ‹-n, -or› Pfanne
panorama [panɔˈrɑːma] ‹-t, -n› Panorama
pant [pant] ‹-en, -er› Pfand
pappa [ˇpapa] ‹-n, -or› Vater
papper [ˇpapər] ‹papperet, -› Papier
pappershandel [ˇpapəʂˈhandəl] ‹-n, -handlar› Schreibwarengeschäft
papperskorg [ˇpapəʂˈkɔrj] ‹-en, -ar› Papierkorb
pappersnäsdukar [ˇpapəʂnɛːsˈdʉːkar] Papiertaschentücher
pappersservetter [ˇpapəʂɛrˈvɛtər] Papierservietten
paprika [ˈpɑːprika] ‹-n, -or› Paprika *(Gemüse, Gewürz)*
par [pɑːr] ‹-et, -› Paar; **ett par** [et pɑːr] ein paar
paraply [paraˈplyː] ‹-et, -er› Schirm
parasoll [paraˈsɔl] ‹-et, -er› Sonnenschirm
parfym [parˈfyːm] ‹-en, -er› Parfüm
parfymeri [parfyməˈriː] ‹-et, -er› Parfümerie
park [park] ‹-en, -er› Park
parkera [parˈkeːra] ‹-ade, -at› parken
parkeringsautomat [parˇkeːriŋsautɔˈmɑːt] ‹-en, -er› Parkuhr
parkeringshus [parˇkeːriŋsˈhʉːs] ‹-et, -› Parkhaus
parkeringsljus [parˇkeːriŋsˈjʉːs] ‹-et, -› Standlicht
parkeringsplats [parˇkeːriŋsˈplats] ‹-en, -er› Parkplatz; **parkeringsplats för handikappade** [parˇkeːriŋsˈplats fœr ˇhandiˈkapadə] Behindertenparkplatz
parkett [parˈkɛt] ‹-en› Parkett
pass [pas] ‹-et, -› Reisepass
passa [ˇpasa] ‹-ade, -at› passen
passagerare [pasaˈʃeːrarə] ‹-n, -› Passagier
passfoto [ˇpasfu(ː)tu] ‹-t, -n› Passbild
passkontroll [ˇpaskɔnˈtrɔl] ‹-en, -er› Passkontrolle
paus [ˈpaːɵs] ‹-en, -er› Pause
pedal [peˈdɑːl] ‹-en, -er› Pedal
pelare [ˇpeːlarə] ‹-n, -› Pfeiler, Säule
pendeltåg [ˇpɛndəlˈtoːg] ‹-et, -› S-Bahn
pengar [ˈpɛŋar] *pl* Geld
penninganvisning [ˇpɛniŋanˈviːsniŋ] ‹-en, -ar› Geldanweisung
pennvässare [ˇpɛnvɛsarə] ‹-n, -› Bleistiftspitzer
pensionat [paŋʃuˈnɑːt] ‹-et, -› Pension
peperoni [pepeˈroːni] *pl* Peperoni
peppar [ˇpɛpar] ‹-n› Pfeffer
pepparströare [ˇpɛpaˈʂʈrøːarə] ‹-n, -› Pfefferstreuer
per [pæːr] pro; **per månad** [pæːr ˇmoːnad] *adv* monatlich
persika [ˇpæʂika] ‹-n, -or› Pfirsiche
persilja [ˇpæʂilja] ‹-n› Petersilie
person [pæˈʂuːn] ‹-en, -er› Person
personal [pæʂuˈnɑːl] ‹-en› Personal
personlig [pæˈʂuːnli] persönlich
pilgrim [ˇpiːlgrim] ‹-en, -ar› Pilger/in
pilgrimsfärd [ˇpiːlgrimsˈfæːɖ] ‹-en, -er› Pilgerfahrt
pilot [piˈluːt] ‹-en, -er› Pilot
pincett [pinˈsɛt] ‹-en, -er› Pinzette
pir [piːr] ‹-en, -ar› Mole
pjäs [pjɛːs] ‹-en, -er› Theaterstück
pjäxa [ˇpjɛksa] ‹-n, -or› Skistiefel
plakat [plaˈkɑːt] ‹-et, -› Plakat
plan [plɑːn] ‹-en, -er› Plan
planetarium [planəˈtɑːrjəm] ‹planetariet, -er› Planetarium
planritning [ˇplɑːnriːtniŋ] ‹-en, -ar› Grundriss
planta [ˇplanta] ‹-n, -or› Pflanze
plaskbassäng [ˇplaskbaˈsɛŋ] ‹-en, -er› Planschbecken
plastfolie [ˇplastfuːljə] ‹-n, -r› Frischhaltefolie
plastpåse [ˇplastpoːsə] ‹-n, -ar› Plastikbeutel
plats [plats] ‹-en, -er› Platz, Stelle *(Ort; Arbeit)*
platsbiljett [ˇplatsbilˈjɛt] ‹-en, -er› Platzkarte
platt [plat] flach, eben *(flach)*
plocka [ˇplɔka] ‹-ade, -at› (auf)sammeln, pflücken; **plocka ögonbrynen** [ˇplɔka ˇøːgɔnˈbryːnən] Augenbrauen zupfen
plomb [plɔmb] ‹-en, -er› Plombe
plommon [ˇplumɔn] ‹-et, -› Pflaumen
plundring [ˇplɵndriŋ] ‹-en, -ar› Plünderung
plånbok [ˇploːnbuːk] ‹-en, -böcker› Brieftasche
plåster [ˈplɔstər] ‹plåstret, -› Pflaster
plötsligt [ˇpløtslit] plötzlich
pocketbok [ˇpɔkitbuːk] ‹-en, -böcker› Taschenbuch
pojke [ˇpɔjkə] ‹-n, pojkar› Junge
polio [ˈpuːlju] ‹-n› Kinderlähmung
polis [pɔˈliːs] ‹-en, -er› Polizist/in; Polizei
polisbil [pɔˇliːsbiːl] ‹-en, -ar› Polizeiwagen
polletteringskvitto [pɔlɛˇteːriŋsˈkvitu] ‹-t, -n› Gepäckschein
pool [ˈpuːl] ‹-en, -er› Swimmingpool
popkonsert [ˇpɔpkɔnˈsæːr] Popkonzert
porslin [pɔˈʂɭiːn] ‹-et› Porzellan
port [puʈ] ‹-en, -ar› Tor *(Eingang)*
portal [pɔˈʈɑːl] ‹-en, -er› Portal
portion [pɔʈˈʃuːn] ‹-en, -er› Portion
porto [ˇpɔʈu] ‹-t, -n› Porto
porträtt [pɔˈʈrɛt] ‹-et, -› Porträt
positiv [pusiˈtiːv] positiv
posta [ˇpɔsta] ‹-ade, -at› aufgeben
postkontor [ˇpɔstkɔnˈtuːr] ‹-et, -› Postamt
postnummer [ˇpɔstnɵmər] ‹-numret, -› Postleitzahl
potatis [puˈtɑːtis] ‹-en, -ar› Kartoffeln
p-piller [ˇpeːpilər] Antibabypille
praktisk [ˈpraktisk] praktisch
prata [ˇprɑːta] ‹-ade, -at› reden, sprechen
precis som [preˈsiːs sɔm] genauso … wie
predikstol [ˇpredikˈstuːl] ‹-en, -ar› Kanzel
premiär [premiˈæːr] ‹-en, -er› Premiere
present [preˈsɛnt] ‹-en, -er› Geschenk
presentera [presɛnˈteːra] ‹-ade, -at› vorstellen; **presentera någon för någon** [presenˈteːra nɔn fœː ŋɔn] jdn mit jdm bekannt machen
presentpapper [preˇsɛntpapər] ‹-papperet, -› Geschenkpapier
pris [priːs] ‹-et, -er/-› Preis
privat [priˈvɑːt] privat
procent [pruˈsɛnt] Prozent
produkt [pruˈdɵkt] ‹-en, -er› Produkt
program [pruˈgram] ‹-met, -› Programm
programhäfte [pruˇgramˈhɛftə] ‹-t, -n› Programmheft
promenad [pruməˈnɑːd] ‹-en, -er› Spaziergang, Bummel; **gå på promenad** [goː poː pruməˈnɑːd] spazieren gehen
promille [pruˇmilə] ‹-n, -› Promille

propangas [prɔˇpɑːngɑːs] ‹-en› Propangas
prospekt [pruˈspɛkt] ‹-et, -› Prospekt
protes [pruˈteːs] ‹-en, -er› Prothese
protestant [prɔtəˈstant] ‹-en, -er› Protestant
protestera [prutɛˈsteːra] ‹-ade, -at› protestieren
prov [pruːv] ‹-et, -/-er› Probe
prova [ˇpruːva] ‹-ade, -at› *(Speisen)* versuchen
provisorisk [pruviˈsuːrisk] provisorisch
pruta [ˇprʉːta] ‹-ade, -at› feilschen
präst [prɛst] ‹-en, -er› Priester, Geistlicher
psykiskt handikappad [ˈpsyːkiskt ˇhandiˈkapad] geistig behindert
publik [pɵˈbliːk] ‹-en› Publikum
puder [ˈpʉːdər] ‹pudret› Puder
pudersnö [ˇpʉːdəˈʂnøː] ‹-n› Pulverschnee
pullover [pɵˈloːvər] ‹-n, pullovrar› Pullover
puls [pɵls] ‹-en› Puls
pung [pɵŋ] ‹-en, -ar› Beutel
punktering [pɵŋkˈteːriŋ] ‹-en, -ar› Plattfuß
punktlig [ˇpɵŋktlig] pünktlich
purjolök [ˇpɵrjuˈløːk] ‹-en, -ar› Lauch
putsa [ˇpɵtsa] ‹-ade, -at› putzen
pyjamas [pyˈjɑːmas] ‹-en, -ar› Pyjama
på [poː] *prp* auf; på gatan [poː ˇgɑːtan] auf der Straße; på Gotland [poː ˈgɔtland] auf Gotland; på insidan [poː ˇinsiːdan] innen; på posten [poː ˈpɔstən] auf die/der Post; på resan [poː ˇreːsan] auf der Reise; på svenska [poː ˇsvɛnska] auf schwedisch; på så sätt [poː ˈsoː sɛt] so; på utsidan [poː ˇʉːtsiːdan] außen
påminna någon om något [ˇpoːmina nɔn ɔm nɔt] ‹-de, -t› jdn an etw erinnern
påpeka [ˇpoːpeːka] ‹-ade, -at› bemerken *(sagen)*
påringning [ˇpoːriŋniŋ] ‹-en, -ar› Anruf
påse [ˇpoːsə] ‹-n, -ar› Tüte
påssjuka [ˇpoːsʃʉːka] ‹-n› Mumps
påstå [ˇpoːstoː] behaupten
päls [pɛls] ‹-en, -ar› Pelzmantel
pälsaffär [ˇpɛlsaˈfæːr] ‹-en, -er› Pelzgeschäft
pälsjacka [ˇpɛlsjaka] ‹-n, -or› Pelzjacke
pärla [ˇpæːɭa] ‹-n, -or› Perle
päron [ˇpæːrɔn] ‹-et, -› Birnen

R

rabarber [raˈbarbər] ‹-n› Rhabarber
rabatt [raˈbat] ‹-en, -er› Rabatt, Ermäßigung
rabies [ˈrɑːbiəs] Tollwut
racket [ˈrakət] ‹-en, -ar› Schläger
radarkontroll [ˇrɑːdarkɔnˈtrɔl] ‹-en, -er› Radarkontrolle
radergummi [raˇdeːrgɵmi] ‹-t, -n› Radiergummi
radering [raˈdeːriŋ] ‹-en, -ar› Radierung
radio [ˈrɑːdiu] ‹-n› Radio
rak [rɑːk] *adj* gerade
raka [ˇrɑːka] ‹-ade, -at› rasieren
rakapparat [ˇrɑːkapaˈrɑːt] ‹-en, -er› Rasierapparat
rakblad [ˇrɑːkblɑːd] ‹-et, -› Rasierklinge
rakborste [ˇrɑːkbɔʂʈə] ‹-n, -ar› Rasierpinsel
rakt fram [rɑːkt ˈfram] geradeaus
raktvål [ˇrɑːktvoːl] ‹-en, -ar› Rasierseife
rakvatten [ˇrɑːkvatən] ‹-vattnet› Rasierwasser
ramp [ramp] ‹-en, -er› Rampe
randig [ˇrandi(g)] gestreift
rannsakningshäkte [ˇransɑːkniŋsˈhɛktə] ‹-t, -n› Untersuchungshaft
rar [rɑːr] lieb
rasande [ˇrɑːsandə] wütend
raseri [rɑːsəˈriː] ‹-et› Wut
rastplats [ˇrastplats] ‹-en -er› Rastplatz; rastplats med servering [ˇrastplats meː særˈveːriŋ] Raststätte
ratt [rat] ‹-en, -ar› Lenkrad
rattstyrknapp [ˇratstyːrˈknap] ‹-en, -ar› Lenkrad-Drehknopf *(Auto)*
realisation [realisaˈʃuːn] ‹-en, -er› Ausverkauf
recept [reˈsɛpt] ‹-et, -› Rezept
reception [resɛpˈʃuːn] ‹-en, -er› Rezeption
redan [ˇreːdan] schon, bereits
regatta [reˇgata] ‹-n, -or› Regatta
regelbundet [ˇreːgəlˈbɵndət] *adv* regelmäßig
regering [reˈjeːriŋ] ‹-en, -ar› Regierung
regi [reˈʃiː] ‹-n› Regie
registreringsbevis [rejiˇstreːriŋsbeˈviːs] ‹-et, -› Kfz-Schein
reglera [regˈleːra] ‹-ade, -at› regeln
regn [rɛŋn] ‹-et› Regen
regnig [ˇrɛŋni(g)] regnerisch
regnkappa [ˇrɛŋnkapa] ‹-n, -or› Regenmantel
regnskur [ˇrɛŋnskʉːr] ‹-en, -ar› Regenschauer
reguljärflyg [regəlˇjæːrflyːg] ‹-et, -› Linienflug
reklamation [reklamaˈʃuːn] ‹-en, -er› Beanstandung
reklamera [reklaˈmeːra] ‹-ade, -at› reklamieren
rekommendera [rekɔmənˈdeːra] ‹-ade, -at› empfehlen
relief [reliˈɛf] ‹-en, -er› Relief
religion [rɛliˈjuːn] ‹-en, -er› Religion
ren [reːn] sauber, *(Wäsche)* frisch
rengöringskräm [ˇreːnjœːriŋsˈkrɛːm] ‹-en, -er› Reinigungsmilch
rengöringsmedel [ˇreːnjœriŋsˈmeːdəl] ‹-medlet, -› Putzmittel
rep [reːp] ‹-et, -› Seil
repa [ˇreːpa] ‹-n, -or› Kratzer
reparationsverktyg [reparaˇʃuːnsværkˈtyːg] ‹-et, -› Flickzeug
reparera [repaˈreːra] ‹-ade, -at› reparieren
resa (till) [ˇreːsa (til)] ‹-te, -t› reisen (nach); resa bort [reːsa ˈbɔʈ] ‹-te, -t› verreisen
resa [ˇreːsa] ‹-n, -or› Reise, Fahrt, Tour; på resan [poː ˇreːsan] auf der Reise
resebyrå [ˇreːsəˈbyːrɔ] ‹-n, -er› Reisebüro
resecheck [ˇreːsəˈçɛk] ‹-en, -ar/-er› Reisescheck
resehandbok [ˇreːsehandˈbuːk] ‹-en, -böcker› Reiseführer
resenär [resəˈnæːr] ‹-en, -er› der/die Reisende
reservdelar [reˇsærvdeːlar] Ersatzteile
reservera [resærˈveːra] ‹-ade, -at› reservieren
reservering [resærˈveːriŋ] ‹-en, -ar› Reservierung, Voranmeldung
reservhjul [reˇsærvjʉːl] ‹-et, -› Ersatzrad
reservoarpenna [resærvuˇɑːrpɛna] ‹-n, -or› Füllfederhalter
resesällskap [ˇreːsesɛlˈskɑːp] ‹-et, -› Reisegesellschaft
resgodsexpedition [ˇreːsgutsɛkspediˈʃuːn] ‹-en› Gepäckschalter
resgodsförvaring [ˇreːsgutsfœrˈvɑːriŋ] ‹-en› Gepäckaufbewahrung
resgodsinlämning [ˇreːsgutsinˈlɛmniŋ] ‹-en› Gepäckannahme

resgodsutlämning [ˇre:sgutsʉ:t'lɛmniŋ] ‹-en› Gepäckausgabe
resmål [ˇre:smo:l] ‹-et, -› Reiseziel
respekt [re'spɛkt] Achtung
restaurangvagn [restɔˇraŋvaŋn] ‹-en, -ar› Speisewagen
restaurera [restau're:ra] ‹-ade, -at› restaurieren
resultat [resɵl'tɑ:t] ‹-et, -› Ergebnis
resväska [ˇre:svɛska] ‹-n, -or› Koffer
reta sig på (över) [ˇre:ta sɛj po: ('ø:vər)] ‹-ade, -at› s. ärgern über
returbiljett [reˇtʉ:rbil'jɛt] ‹-en, -er› Rückfahrkarte
reumatism [rɛuma'tism] ‹-en› Rheuma
rev [re:v] ‹-et, -› Riff
revben [ˇre:vbe:n] ‹-et, -› Rippe
rida [ˇri:da] reiten
ridläger [ˇri:dlɛ:gər] ‹-lägret, -› Reiterferien
ridskola [ˇri:dsku:la] ‹-n, -or› Reitschule
ridsport [ˇri:dspɔʈ] ‹-en› Reitsport
ridtur [ˇri:dtʉ:r] ‹-en, -er› Ausritt
ridå [ri'do:] ‹-n, -er› Vorhang
rik [ri:k] reich
riktig [ˇriktig] richtig *(Gegensatz zu falsch)*
riktning [ˇriktniŋ] ‹-en, -ar› Richtung
riktnummer [ˇriktnɵmər] ‹-numret, -› Vorwahlnummer
ring [riŋ] ‹-en, -ar› Ring
ringa [ˇriŋa] ‹-de, -t› läuten *(Klingel, Telefon)*; telefonieren; ringa (upp) [ˇriŋa/riŋa 'ɵp] ‹-de, -t› anrufen; ringa direkt [riŋa di'rɛkt] ‹-de, -t› durchwählen
ringklocka [ˇriŋklɔka] ‹-n, -or› Klingel
ris [ri:s] ‹-et› Reis
risk [risk] ‹-en, -er› Risiko
rita [ˇri:ta] ‹-ade, -at› zeichnen
ritblock [ˇri:tblɔk] ‹-et, -› Zeichenblock
riva [ˇri:va] reißen *(ziehen)*
rivjärn [ˇri:vjæ:ɳ] ‹-et, -› Reibe
ro [ru:] ‹-dde, -tt› rudern
roa sig [ˇru:a sɛj] ‹-ade, -at› s. amüsieren
roddbåt [ˇrudbo:t] ‹-en, -ar› Ruderboot
rolig [ˇru:li] erheiternd, lustig; ha roligt [hɑ ˇru:lit] s. amüsieren, s. vergnügen
roll [rɔl] ‹-en, -er› Rolle
roman [ru'mɑ:n] ‹-en, -er› Roman
ropa [ˇru:pa] ‹-ade, -at› rufen
rosa [ˇro:sa] rosa
rosmarin [ˇro:sma'ri:n] ‹-en› Rosmarin
rostat bröd [ˇrɔstat brø:d] ‹-et› Toast
ruin [rʉ'i:n] ‹-en, -er› Ruine
rullskridskor [ˇrɵlskriskur] Rollschuhe
rullstol [ˇrɵlstu:l] ‹-en, -ar› Rollstuhl
rullstolsanpassad [ˇrɵlstu:lsan'pasad] rollstuhlgerecht
rullstolsbunden (person) [ˇrɵlstu:ls'bɵndən (pæ'ʂu:n)] Rollstuhlfahrer/in
rullstolshytt [ˇrɵlstu:ls'hyt] ‹-en, -er› Rollstuhlkabine *(Schiff)*
rum [rɵm] ‹-met, -› Zimmer
rumstelefon [ˇrɵmstelə'fo:n] ‹-en, -er› Zimmertelefon
rund [rɵnd] rund
rundbåge [ˇrɵndbo:gə] Rundbogen
rundresebiljett [ˇrɵndre:səbil'jɛt] ‹-en, -er› Rundreisefahrschein
rundtur [ˇrɵndtʉ:r] ‹-en, -er› Rundfahrt
runor [ˇrʉ:nur] *pl* Runen
runsten [ˇrʉ:nste:n] ‹-en, -ar› Runenstein
russin [ˇrɵsin] ‹-et, -› Rosinen
rutig [ˇrʉ:ti(g)] kariert
rutt [rɵt] ‹-en, -er› Route
rutten [ˇrɵtən] *(Obst)* faul
rycka [ˇryka] ‹-te, -t› reißen *(ziehen)*
rygg [ryg] ‹-en, -ar› Rücken
ryggrad [ˇrygrɑ:d] ‹-en, -er› Rückgrat, Wirbelsäule
ryggskott [ˇrygskɔt] ‹-et› Hexenschuss
ryggsäck [ˇrygsɛk] ‹-en, -ar› Rucksack
rymd [rymd] ‹-en, -er› Raum
rå [ro:] roh
råd [ro:d] ‹-et› Rat
råda [ˇro:da] ‹-de, rått› raten *(Rat erteilen)*
rådhus [ˇro:dhʉ:s] ‹-et, -› Rathaus
räcka [ˇrɛka] ‹-te, -t› geben, reichen; *(Zeit)* dauern, halten, (aus)reichen
vara rädd för [vɑ:ra 'rɛd fœ:r] s. fürchten vor
rädda [ˇrɛda] ‹-ade, -at› retten
rädisa [ˇrɛdisa] ‹-n, -or› Radieschen
rädsla [ˇrɛ:dsla] ‹-n› Angst
räka [ˇrɛ:ka] ‹-n, -or› Krabben, Garnelen
räkna [ˇrɛ:kna] ‹-ade, -at› zählen; räkna fel [rɛ:kna 'fe:l] ‹-ade, -at› s. verrechnen
räkning [ˇrɛ:kniŋ] ‹-en, -ar› Rechnung
rätt [rɛt] ‹-en, -er› *(Essen)* Gericht, Gang
rätt [rɛt] ‹-en, -er› Recht; ha rätt [hɑ: ‘rɛt] Recht haben
rätta [ˇrɛta] rechte(r, -s)
rätta [ˇrɛta] ‹-ade, -at› *(Fehler)* verbessern
röd [rø:d] rot
röda hund [ˇrø:da hɵnd] Röteln
rödsprit [ˇrø:dspri:t] ‹-en› Brennspiritus
rödspätta [ˇrø:spɛta] ‹-n, -or› Scholle
röka [ˇrø:ka] ‹-te, -t› rauchen
rökare [ˇrø:karə] ‹-n, -› Raucher
rökt [rø:kt] geräuchert; rökt kött [røkt çøt] Rauchfleisch
röntga [ˇrøntka] röntgen
röntgenbild [ˇrøntkən'bild] ‹-en, -er› Röntgenaufnahme
rörelsehindrad [ˇrœ:relsə'hindrad] Mobilitätsbehinderte/r, Gehbehinderte/r
röst [røst] ‹-en, -er› Stimme
rösta [ˇrøsta] ‹-ade, -at› *(Wahl)* stimmen

S

sadel ['sɑ:dəl] ‹-n, sadlar› Sattel
saftig [ˇsafti] saftig
sak [sɑ:k] ‹-en, -er› Sache, Ding
sakristia [ˇsakri'sti:a] ‹-n, -or› Sakristei
sal [sɑ:l] ‹-en, -ar› Saal
salami [sa'lɑ:mi] ‹-n› Salami
sallad [ˇsalad] ‹-en, -er› Salat
salladsbuffé [ˇsalatsby'fe:] ‹-n, -er› Salatbüfett
salmonella [salmɔˇnɛla] ‹-n› Salmonellen
salt [salt] ‹-et› Salz
saluhall [ˇsɑ:lə'hal] ‹-en, -ar› Markthalle
salva [ˇsalva] ‹-n, -or› Salbe; salva (n) mot brännsår [ˇsalva mu:t ˇbrɛnso:r] Brandsalbe
salvia ['salvja] ‹-n› Salbei
samhälle [ˇsamhɛlə] ‹-t, -n› Ortschaft
samla [ˇsamla] ‹-ade, -at› *(Briefmarken etc.)* sammeln
samma [ˇsama] dasselbe
sammanstötning [ˇsaman‘stø:tniŋ] ‹-en, -ar› Zusammenstoß

samtal [ˇsamtɑ:l] ‹-et, -› Gespräch
samtala [ˇsamtɑ:la] ‹-ade, -at› s. unterhalten
samtidigt [ˇsamti:dit] *adv* gleichzeitig
sand [sand] ‹-en› Sand
sandal [san'dɑ:l] ‹-en, -er› Sandale
sandlåda [ˇsandlo:da] ‹-n, -or› Sandkasten
sandslott [ˇsandslɔt] ‹-et, -› Sandburg
sandsten [ˇsandste:n] ‹-en› Sandstein
sanitära inrättningar [sani'tæ:ra ˇinrɛtniŋar] *pl* Sanitäreinrichtungen
sann [san] wahr
sannolikt [ˇsanu'li:kt] *adv* wahrscheinlich
sardin [sa'ɖi:n] ‹-en, -er› Sardinen
sax [saks] ‹-en, -ar› Schere
scen [se:n] ‹-en, -er› Bühne
schablonbelopp [ʃaˇblu:nbe'lɔp] ‹-et, -› Pauschale
schal [ʃɑ:l] ‹-en, -ar› Schal
schampo ['ʃampu] ‹-t, -n› Shampoo
scharlakansfeber [ʃaˇɭɑ:kans'fe:bər] ‹-n› Scharlach
Schweiz [ʃvɛjts] Schweiz
schweizare [ˇʃvɛjtsarə] ‹-n, -›/schweiziska ['ʃvɛjtsiska] ‹-n, -or› Schweizer/in
schweizerfranc [ˇʃvɛjtsər'fraŋ] ‹-en, -(s)› Schweizer Franken
se [se:] sehen, schauen; se på [se: po:] ansehen; se upp (för) [se: 'ɵp (fœ:r)] aufpassen (auf); se upp! [se: 'ɵp] Vorsicht! Achtung!
sed [se:d] ‹-en, -er› Brauchtum
sedan [ˇse:dan] *prp, konj* dann, seit
sedel ['se:dəl] ‹-n, sedlar› Geldschein
seg [se:g] zäh
segelbåt [ˇse:gəl'bo:t] ‹-en, -ar› Segelboot
segelflygning [ˇse:gəl'fly:gniŋ] Segelfliegen
segeltur [ˇse:gəl'tʉ:r] ‹-en, -er› Segeltörn
seger ['se:gər] ‹-n, segrar› Sieg
segla [ˇse:gla] ‹-ade, -at› segeln; segla ut [se:gla 'ʉ:t] ‹-ade, -at› auslaufen
sekund [se'kɵnd] ‹-en, -er› Sekunde
selleri [ˇsɛləri] ‹-n› Sellerie
semester [se'mɛstər] ‹-n, semestrar› Urlaub, Ferien; på semester(n) [po: se'mɛstər(n)] in den Ferien
semesterby [seˇmɛstər'by:] ‹-n, -ar› Ferienanlage
semesterlägenhet [seˇmɛstəɭɛ:gən'he:t] ‹-en, -er› Ferienwohnung
senap [ˇse:nap] ‹-en› Senf
senaste [ˇse:nastə] letzte(r, -s)
september [sɛp'tɛmbər] September
serigrafi [serigra'fi:] ‹-(e)n, -er› Siebdruck
servera [sær've:ra] ‹-ade, -at› servieren
servett [sær'vɛt] ‹-en, -er› Serviette
service ['sœ:rvis] ‹-en› Betreuungsdienst
servitör [særvi'tœ:r] ‹-en, -er› Kellner
sevärdheter [ˇse:væɖ'he:tər] Sehenswürdigkeiten
sex [sɛks] Sex
shoppingcenter [ˇʃɔpiŋ'sɛntər] ‹-centret, -› Einkaufszentrum
shorts [ʃo:ʈʂ] *pl* Shorts
show [ʃəu] ‹-en, -er› Show
sida [ˇsi:da] ‹-n, -or› Seite
siden [ˇsi:dən] ‹-et› Seide
signal [siŋ'nɑ:l] ‹-en, -er› Signal
signalhorn [siŋˇnɑ:lhu:ɳ] ‹-et, -› Hupe
sikt [sikt] ‹-en› Sicht
sill [sil] ‹-en, -ar› *(Fisch)* Hering

silver ['silvər] ‹silvret› Silber
silverfärgad [ˇsilvər'færjad] silbern
simbassäng [ˇsimba'sɛŋ] ‹-en, -er› Schwimmbecken
simfötter [ˇsimføtər] Schwimmflossen
simhall [ˇsimhal] ‹-en, -ar› Hallenbad
similismycke [ˇsi:mili'smykə] ‹-t, -n› Modeschmuck
simkuddar [ˇsimkɵdar] *pl* Schwimmflügel
simkurs [ˇsimkɵʂ] ‹-en, -er› Schwimmkurs
simma [ˇsima] schwimmen
simmare [ˇsimarə] ‹-n, -› Schwimmer
sin [sin] *poss prn (subjektbezogen)* sein, ihr
singel ['siŋəl] ‹-n, singlar› Einzel
sinne [ˇsinə] ‹-t, -n› Sinn
sista [ˇsista] letzte(r, -s)
sits [sits] ‹-en, -ar› Sitz
sitta [ˇsita] sitzen
sittplats [ˇsitplats] ‹-en, -er› Sitz
sjalett [ʃa'lɛt] ‹-en, -er› Kopftuch
sjuk [ʃʉ:k] krank
sjukdom [ˇʃʉ:kdum] ‹-en, -ar› Krankheit
sjukförsäkringsbesked [ˇʃʉ:kfœʂɛ:kriŋsbe'ʃe:d] ‹-et, -› Krankenschein
sjukförsäkringskassa [ˇʃʉ:kfœʂɛ:kriŋs'kasa] ‹-n, -or› Krankenkasse
sjukhus [ˇʃʉ:khʉ:s] ‹-et, -› Krankenhaus
sjuksköterska [ˇʃʉ:kʃø:təʂka] ‹-n, -or› Krankenschwester
sjunga [ˇʃɵŋa] singen
själv [ʃɛlv] selbst
självbetjäning [ˇʃɛlvbe'çɛ:niŋ] ‹-en› Selbstbedienung
självutlösare [ˇʃɛlvʉ:t'lø:sarə] ‹-n, -› Selbstauslöser
sjö [ʃø:] ‹-n, -ar› der See
sjögång [ˇʃø:gɔŋ] ‹-en› Seegang
sjömil [ˇʃø:mi:l] Seemeile
sjösjuk [ˇʃø:ʃʉ:k] seekrank
sjötunga [ˇʃø:tɵŋa] ‹-n, -or› Seezunge
skada [ˇskɑ:da] ‹-ade, -at› schaden, beschädigen, verletzen
skada [ˇskɑ:da] ‹-n, -or› Schaden, Verletzung
skadlig [ˇskɑ:dlig] schädlich
skaffa [ˇskafa] ‹-ade, -at› besorgen
Skagerak ['skɑ:gərak] Skagerrak
skalle [ˇskalə] ‹-n, -ar› Schädel
skanner ['skanər] ‹-n, skannrar› Scanner
skarvsladd [ˇskarvslad] ‹-en, -ar› Verlängerungsschnur
skateboard ['skɛjtbo:ɖ] ‹-et, -› Skateboard
skattkammare [ˇskatkamarə] ‹-n, -› Schatzkammer
sked [ʃe:d] ‹-en, -ar› Löffel
skena [ˇʃe:na] ‹-n, -or› Schiene
skenben [ˇʃe:nbe:n] ‹-et, -› Schienbein
skepp [ʃɛp] ‹-et, -› Schiff
skeppssättning [ˇʃɛpsɛtniŋ] ‹-en, -ar› Schiffssetzung
skicka [ˇʃika] ‹-ade, -at› schicken
skida [ˇʃi:da] ‹-n, -or› Ski
skidbindning [ˇʃi:dbindniŋ] ‹-en, -ar› Skibindung
skidbyxor [ˇʃi:dbyksur] *pl* Skihose
skidglasögon [ˇski:dglɑ:s'ø:gɔn] *pl* Skibrille
skidkurs [ˇʃi:dkɵʂ] ‹-en, -er› Skikurs
skidlärare [ˇʃi:dlæ:rarə] ‹-n, -› Skilehrer
skidspår [ˇʃi:dspo:r] ‹-et, -› Loipe
skidstavar [ˇʃi:dstɑ:var] Skistöcke

skidåkning [ˇʃi:do:kniŋ] ‹-en› Skilaufen
skilja [ˇʃilja] ‹-de, -t› trennen
skillnad [ˇʃilnad] ‹-en, -er› Unterschied
skinka [ˇʃiŋka] ‹-n, -or› Schinken
skinn [ʃin] ‹-et, -› Fell
skinnjacka [ˇʃinjaka] ‹-n, -or› Lederjacke
skiss [skis] ‹-en, -er› Entwurf, Plan
skiva [ˇʃi:va] ‹-n, -or› Scheibe
skivaffär [ˇʃi:vaˈfæ:r] ‹-en, -er› Plattenladen
skjorta [ˇʃuʈa] ‹-n, -or› Hemd
skjuta upp [ʃʉ:ta ˈɵp] *(zeitlich)* verschieben
sko [sku:] ‹-n, -r› Schuhe
skoaffär [ˇsku:aˈfæ:r] ‹-en, -er› Schuhgeschäft
skog [sku:g] ‹-en, -ar› Wald
skogsbrand [ˇskuksbrand] ‹-en, -bränder› Waldbrand
skola [ˇsku:la] sollen
skola [ˇsku:la] ‹-n, -or› Schule
skomakare [ˇsku:mɑ:karə] ‹-n, -› Schuhmacher
skopa [ˇsku:pa] ‹-n, -or› Schöpfkelle
skoter [ˈsku:tər] ‹-n, skotrar› Motorroller
skratta [ˇskrata] ‹-ade, -at› lachen
skrattretande [ˇskratre:tandə] lächerlich
skridskobana [ˇskriskuˈbɑ:na] ‹-n, -or› Eisbahn
skridskor [ˇskriskur] Schlittschuhe
skridskoåkning [ˇskriskuˈo:kniŋ] ‹-en› Eislauf
skrift [skrift] ‹-en, -er› Schrift
skriftlig [ˇskriftli] schriftlich
skrika [ˇskri:ka] schreien
skriva [ˇskri:va] schreiben; skriva under [skri:va ˈɵndər] unterschreiben; skriva upp [skri:va ˈɵp] aufschreiben
skrivare [ˇskri:varə] ‹-n, -› Drucker
skruv [skrʉ:v] ‹-en, -ar› Schraube
skruvmejsel [ˇskrʉ:vmɛjsəl] ‹-n, -mejslar› Schraubenzieher
skruvmutter [ˇskrʉ:vmɵtər] ‹-n, -muttrar› Schraubenmutter
skruvnyckel [ˇskrʉ:vnykəl] ‹-n, -nycklar› Schraubenschlüssel
skräddare [ˇskrɛdarə] ‹-n, -› Schneider
skrämma [ˇskrɛma] ‹-de, -t› erschrecken
skräp [skrɛ:p] ‹-et, -› Abfall
skugga [ˇskɵga] ‹-n, -or› Schatten
skuld [skɵld] ‹-en, -er› *(Geld)* Schuld
skuldra [ˇskɵldra] ‹-n, -or› Schulter
skulptur [skɵlpˈtʉ:r] ‹-en, -er› Skulptur, Plastik
skulptör [skɵlpˈtœ:r] ‹-en, -er› Bildhauer
skyfall [ˇʃy:fal] ‹-et, -› Wolkenbruch
vara skyldig [ˇvɑ:ra ˇʃyldi] schulden
skylt [ʃylt] ‹-en, -ar› Schild
skyltfönster [ˇʃyltfønstər] ‹-fönstret, -› Schaufenster
skynda sig [ˇʃynda sɛj] ‹-ade, -at› s. beeilen
skådespel [ˇsko:dəˈspe:l] ‹-et, -› Schauspiel
skådespelare [ˇsko:dəˈspe:larə] ‹-n, -› Schauspieler
skåp [sko:p] ‹-et, -› Schrank
skägg [ʃɛg] ‹-et, -› Bart
skäl [ʃɛ:l] ‹-et, -› Grund
skämd [ʃɛmd] *(Obst)* faul, verdorben
skämt [ʃɛmt] ‹-et, -› Scherz, Spaß
skänka [ˇʃɛnka] ‹-te, -t› schenken
skära [ˇʃæ:ra] schneiden
skärbräde [ˇʃæ:rbrɛ:də] ‹-t, -n› Schneidebrett
skärgård [ˇʃæ:rgo:ɖ] ‹-en, -ar› Schären
skärgårdstur [ˇʃæ:rgoɖʂˈʈʉ:r] ‹-en, -er› Inselrundfahrt
skärmmössa [ˇʃærmøsa] ‹-n, -or› Schildmütze
skärsår [ˇʃæʂo:r] ‹-et, -› Schnittwunde
skönhetssalong [ˇʃø:nhe:tsaˈlɔŋ] ‹-en, -er› Kosmetiksalon
skörd [ʃœ:ɖ] ‹-en, -ar› Ernte
skötbord [ˇʃø:tbu:ɖ] ‹-et, -› Wickeltisch
slag [slɑ:g] ‹-et, -›, Art
slaganfall [ˇslɑ:ganˈfal] ‹-et, -› Schlaganfall, Gehirnschlag
slam [slam] ‹-met› Schlamm
slang [slaŋ] ‹-en, -ar› *(Reifen)* Schlauch
slev [sle:v] ‹-en, -ar› Rührlöffel
slinga [ˇsliŋa] ‹-n, -or› Strähne
slips [slips] ‹-en, -ar› Krawatte
slockna [ˇslɔkna] ‹-ade, -at› *(Licht)* ausgehen
slott [slɔt] ‹-et, -› Schloss
slug [slʉ:g] schlau
slut [slʉ:t] ‹-et, -› Ende; vara slut [vɑ:ra slʉ:t] vorüber sein
sluta [ˇslʉ:ta] ‹-ade, -at› (be)enden, aufhören
slutare [ˇslʉ:tarə] ‹-n, -› Verschluss
slutgiltig [ˇslʉ:tjiltig] *adj*, slutgiltigt [ˇslʉ:tjiltit] *adv* endgültig
slutligen [ˇslʉ:tliən] zuletzt, endlich
slå [slo:] schlagen; *(tele)* wählen; slå ner [slo: ˈne:r] zusammenschlagen
släcka [ˇslɛka] ‹-te, -t› *(Licht)* ausmachen
släde [ˇslɛ:də] ‹-n, -ar› Schlitten
släkt [slɛkt] verwandt
släp [slɛ:p] ‹-et, -› *(Auto)* Anhänger
släplift [ˇslɛ:plift] ‹-en, -ar› Schlepplift
slätt [slɛt] ‹-en, -er› Ebene
smak [smɑ:k] ‹-en, -er› Geschmack
smaka [ˇsmɑ:ka] ‹-ade, -at› schmecken; smaka på [ˇsmɑ:ka po:] ‹-ade, -at› *(Speisen)* versuchen
smal [smɑ:l] schmal; schlank, dünn
smitt(o)sam [ˇsmit(u)sam] ansteckend
smittkoppor [ˇsmitkɔpur] Pocken
smuggla [ˇsmɵgla] ‹-ade, -at› schmuggeln
smuggling [ˇsmɵgliŋ] ‹-en› Schmuggel
smula, en ~ [en ˇsmʉ:la] ein bisschen
smultron [ˇsmɵltrɔn] ‹-et, -› Walderdbeeren
smuts [smɵts] ‹-en› Schmutz
smutsig [ˇsmɵtsig] schmutzig
smycke [ˇsmykə] ‹-t, -n› Schmuckstück
smycken [ˇsmykən] *pl* Schmuck
småfranska [ˇsmo:franska] ‹-n, -› Brötchen
småkakor [ˇsmo:kɑ:kur] *pl* Gebäck
småpaket [ˇsmo:paˈke:t] ‹-et, -› Päckchen
småpengar [ˇsmo:pɛŋar] *pl* Kleingeld
smärgelpapper [ˇsmærjəlˈpapər] ‹-et, -› Schmirgelpapier
smärtor [ˇsmæʈur] Schmerzen
smärtstillande tabletter [ˇsmæʈʂʈilandə taˈblɛtər] Schmerztabletten
smör [smœ:r] ‹-et› Butter
smörja, smorde, smort [ˇsmœrja′ ˇsmu:ɖə′ smu:ʈ] schmieren
snabb [snab] *adj* schnell
snabbköpsbutik [ˇsnabçøpsbʉˈti:k] ‹-en, -er› Selbstbedienungsladen
snabbt [snapt] *adv* schnell
snarka [ˇsnarka] ‹-ade, -at› schnarchen
snart [snɑ:ʈ] bald; så snart som möjligt [so: snɑ:ʈ sɔm ˇmøjlit] so bald wie möglich
snorkel [ˇsnɔrkəl] ‹-n, snorklar› Schnorchel
snorkla [ˇsnɔrkla] schnorcheln
snuva [ˇsnʉ:va] ‹-n› Schnupfen

snygg [snyg] hübsch, nett
snäll [snɛl] nett, freundlich
snälltåg [ˇsnɛlto:g] ‹-et, -› Schnellzug, Eilzug
snö [snø:] ‹-n› Schnee
snöbräda [ˇsnø:brɛ:da] ‹-n, -or› Snowboard
snöre [ˇsnœ:rə] ‹-t, -n› Bindfaden
snöstorm [ˇsnø:stɔrm] ‹-en, -ar› Schneesturm
socka [ˇsɔka] ‹-n, -or› Socke
socker [ˈsɔkər] ‹sockret› Zucker
sockersjuka [ˇsɔkərˈʃʉ:ka] ‹-n› Diabetes
sockerskål [ˇsɔkəˈʂko:l] ‹-en, -ar› Zuckerdose
sol [su:l] ‹-en› Sonne
solarium [suˈlɑ:rjəm] ‹solariet, solarier› Solarium
soldäck [ˇsu:ldɛk] ‹-et, -› Sonnendeck
solig [ˇsu:li(g)] sonnig
solist [suˈlist] ‹-en, -er› Solist/in
solkräm [ˇsu:lkrɛ:m] ‹-en, -er› Sonnencreme
solnedgång [ˇsu:lne:dˈgɔŋ] ‹-en, -ar› Sonnenuntergang
sololja [ˇsu:lɔlja] ‹-n› Sonnenöl
solskydd [ˇsu:lʃyd] ‹-et› Sonnenschutz
solsting [ˇsu:lstiŋ] ‹-et› Sonnenstich
soluppgång [ˇsu:ləpˈgɔŋ] ‹-en, -ar› Sonnenaufgang
som [sɔm] *(Vergleich)* wie; som det går att köra på [sɔm de: go:r at ˇçœ:ra po:] befahrbar; som har svårt att gå [sɔm hɑ:r svo:ʈ at go:] gehbehindert; som om [sɔm ɔm] als ob; som väl är! [sɔm vɛ:l e:] Gott sei Dank!
sommar [ˇsɔmar] ‹-(e)n, somrar› Sommer
sommarklänning [ˇsɔmarˈklɛniŋ] ‹-en, -ar› Sommerkleid
son [so:n] ‹-en, söner› Sohn
sonson [ˇso:nso:n] ‹-en, -söner› Enkel *(Sohn des Sohnes)*
sopborste [ˇsu:pbɔʂʈə] ‹-n, -ar› Besen, Handfeger
sophink [ˇsu:phiŋk] ‹-en , -ar› Mülleimer
sopor [ˇsu:pur] *pl* Müll
soppa [ˇsɔpa] ‹-n, -or› Suppe
sopptallrik [ˇsɔptalrik] ‹-en, -ar› Suppenteller
soppåse [ˇsu:po:sə] ‹-n, -ar› Abfallbeutel
sopskyffel [ˇsu:pʃyfəl] ‹-n, -ar› Kehrblech
soptunna [ˇsu:ptəna] ‹-n, -or› Mülltonne
sorgsen [ˇsɔrjsən] traurig
sort [sɔʈ] ‹-en, -er› Sorte, Art
souvenirbutik [suvəˇni:rbʉˈti:k] ‹-en, -er› Souvenirladen
sova [ˇso:va] schlafen
sovrum [ˇso:vrəm] ‹-met, -› Schlafzimmer
sovsäck [ˇso:vsɛk] ‹-en, -ar› Schlafsack
sovvagnsbiljett [ˇso:vaŋnsbilˈjɛt] ‹-en, -er› Schlafwagenkarte
spaghetti [spaˈgɛti] ‹-n› Spaghetti
spak [spɑ:k] ‹-en, -ar› Hebel
sparris [ˈsparis] ‹-en, -ar› Spargel
special ... [spesˇjɑ:l ...] Sonder...
specialaffär för datorer [spesiˇɑ:laˈfæ:r fœ: ɖaˈtu:rər] Computerfachgeschäft
specialist [spesiaˈlist] ‹-en, -er› Facharzt
specialitet [spesialiˈte:t] ‹-en, -er› Spezialität
speciell [spesiˈɛl] speziell
spegel [ˇspe:gəl] ‹-n, speglar› Spiegel
spela [ˇspe:la] ‹-ade, -at› spielen; spela kägla [ˇspe:la ˇçɛ:gla] kegeln
spelkasino [ˇspe:lkaˈsi:nɔ] ‹-t, -n› Spielcasino
spelkort [ˇspe:lkuʈ] ‹-et, -› Spielkarten
spenat [speˈnɑ:t] ‹-en› Spinat
spendera [spɛnˈde:ra] ‹-ade, -at› ausgeben
spets [spets] ‹-en, -ar› *(Gewebe)* Spitze
spetsbåge [ˇspetsbo:gə] Spitzbogen
spis [spi:s] ‹-en, -ar› Herd
sport [spɔʈ] ‹-en, -er› Sport
sportaffär [ˇspɔʈaˈfæ:r] ‹-en, -er› Sportgeschäft
springa [ˇspriŋa] rennen, laufen
spritpenna [ˇspri:tpɛna] ‹-n, -or› Filzstift
spruta [ˇsprʉ:ta] ‹-n, -or› Spritze
språk [spro:k] ‹-et, -› Sprache
spång [spɔŋ] ‹-en, -ar› Steg
spår [spo:r] ‹-et, -› Gleis
spårvagn [ˇspo:rvaŋn] ‹-en, -ar› Straßenbahn
spänna fast sig [spɛna ˈfast sɛj] ‹-de, -t› s. anschnallen
spänning [ˇspɛniŋ] ‹-en› (Strom-)Spannung
squash [ˈskvɔʃ] ‹-en, -er› Zucchini
squash [skvɔʃ] ‹-en› Squash
stad [stɑ:d] ‹-en, städer› Stadt
stadskarta [ˇstatskɑ:ʈa] ‹-n, -or› Stadtplan
stadsmur [ˇstatsmʉ:r] ‹-en, -ar› Stadtmauer
stadsrundtur [ˇstatsrəndˈtʉ:r] ‹-en, -er› Stadtrundfahrt
stamma [ˇʂtama] ‹-ade, -at› stammen
stand-by flyg [stɛndˈbai ˈfly:g] Last-Minute-Flug
stanna [ˇstana] ‹-ade, -at› (an)halten, stehen bleiben; stanna (kvar) [ˇstana/stana ˈkvɑ:r] ‹-ade, -at› bleiben
stark [stark] stark; scharf
start [stɑ:ʈ] ‹-en› Start, Abflug; start enligt tidtabellen [stɑ:ʈ e:nlit ˇti:dtaˈbɛlən] planmäßiger Abflug
startkabel [ˇstɑ:ʈkɑ:bəl] ‹-n, -kablar› Starthilfekabel
startmotor [ˇstɑ:ʈmu:tɔr] ‹-n, -er› Anlasser
stat [stɑ:t] ‹-en, -er› Staat
stativ [staˈti:v] ‹-et, -› Stativ
staty [staˈty:] ‹-n, -er› Statue
stava [ˇstɑ:va] ‹-ade, -at› buchstabieren
stavkyrka [ˇstɑ:vçyrka] ‹-n, -or› Stabkirche
stearinljus [steaˇri:njʉ:s] ‹-et, -› Kerzen
stekgryta [ˇste:kgry:ta] ‹-n, -or› Bräter
stekt [ste:kt] gebraten
stelkramp [ˇste:lkramp] ‹-en› Tetanus
sten [ste:n] ‹-en, -ar› Stein
stenig [ˇste:nig] steinig
stenålder [ˇste:nɔldər] ‹-n› Steinzeit
steward [ˈstju:aɖ] ‹-en, -er/-ar› Steward
stick [stik] ‹-et, -› Stich
sticka [ˇstika] stechen
stickkontakt [ˇstikɔnˈtakt] ‹-en, -er› Stecker
stig [sti:g] ‹-en, -ar› Pfad
stiga av/på [sti:ga ˈɑ:v/ˈpo:] ‹steg, stigit› aus-, einsteigen; stiga upp [sti:ga ˈəp] aufstehen; stig in! [sti:g ˈin] herein!
stigning [ˇsti:gniŋ] ‹-en, -ar› Steigung
stil [sti:l] ‹-en, -ar› Stil; (Hand-)Schrift
stilla [ˇstila] still
stilleben [ˈstile:ben] ‹-et, -› Stillleben
stillhet [ˇstilhe:t] ‹-en› Stille, Ruhe
stiltje [ˇstiltjə] ‹-n› Flaute
stinka [ˇstiŋka] stinken
stjäla [ˇʃɛ:la] stehlen
stjärna [ˇʃæ:ɳa] ‹-n, -or› Stern
stjärnklar [ˇʃɛ:ɳklɑ:r] sternenklar
stjärtparti [ˇʃæʈpaˈʈi:] ‹-et, -er› Heck
stol [stu:l] ‹-en, -ar› Stuhl
stolgång [ˇstu:lgɔŋ] ‹-en, -ar› Stuhlgang

stollift [ˇstu:lift] ‹-en, -ar› Sessellift
stolpiller [ˇstu:lpilər] ‹-pillret, -› Zäpfchen
stopp! [stɔp] halt!
stor [stu:r] groß
storhet [ˇstu:rhe:t] ‹-en, -er› *(geistige)* Größe
storlek [ˇstu:ḷe:k] ‹-en, -ar› *(Kleidung, Schuhe)* Größe
stormarknad [ˇstu:rmarknad] Supermarkt
straff [straf] ‹-et, -› Strafe
strand [strand] ‹-en, stränder› Flussufer, Strand
strumpbyxor [ˇstrɵmpbyksur] *pl* Strumpfhose
stryka [ˇstry:ka strø:k ˇstrʉ:kit] ‹strök, strukit› bügeln
strykfri [ˇstry:kfri:] bügelfrei
strykjärn [ˇstry:kjæ:ɳ] ‹-et, -› Bügeleisen
strålkastare [ˇstro:lkastarə] ‹-n, -› Scheinwerfer
sträcka [ˇstrɛka] ‹-n, -or› Strecke
sträcka sig [ˇstrɛka sɛj] ‹-te, -t› reichen *(s. erstrecken)*
sträckning [ˇstrɛkniŋ] ‹-en, -ar› Zerrung
ström [strøm] ‹-men, -mar› Strom *(auch el)*
strömavgift [ˇstrøma:v'jift] ‹-en, -er› Strompauschale
strömbrytare [ˇstrømbry:tarə] ‹-n, -› Lichtschalter
strömning [ˇstrømniŋ] ‹-en, -ar› Strömung
studera [stɵ'de:ra] ‹-ade, -at› studieren
studiebesök [ˇstʉ:djəbe'sø:k] ‹-et, -› Besichtigung
studio ['stʉ:diɔ] ‹-n, -r› Studio
stuga [ˇstʉ:ga] ‹-n, -or› Hütte
stukad [ˇstʉ:kad] verstaucht
stum [stɵm] stumm
stuvad [ˇstʉ:vad] gedünstet
stycke [ˇstykə] ‹-t, -n› Stück
styrbar drake [ˇsty:rbɑ:r ˇdrɑ:kə] ‹-n, -ar› Lenkdrachen
styrbord ['sty:rbuḍ] Steuerbord
styre [ˇsty:rə] ‹-t, -n› *(Fahrrad)* Lenker
styrelse [ˇsty:rəlsə] ‹-n, -r› Direktion
styrketräning [ˇstyrkə'trɛ:niŋ] ‹-en› Krafttraining
stå [sto:] stehen; **stå i kö** [sto: i: kø:] Schlange stehen; **stå ut med** [sto: 'ʉ:t me:d] vertragen
städa [ˇstɛ:da] ‹-ade, -at› putzen
städerska [ˇstɛ:dəʂka] ‹-n, -or› Zimmermädchen
städning före avresan [ˇstɛ:dniŋ fœ:rə ˇɑ:vre:san] Endreinigung
ställ [stɛl] ‹-et, -› Ständer
ställa [ˇstɛla] ‹-de, -t› stellen, setzen
i stället för [i: ˇstɛlət fœ:r] statt
stämma [ˇstɛma] ‹-de, t› stimmen
stämpel [ˇstɛmpəl] ‹-n, stämplar› Stempel
stämpla [ˇstɛmpla] ‹-ade, -at› entwerten
stänga [ˇstɛŋa] ‹-de, -t› schließen, verschließen
stängd [stɛŋd] geschlossen, zu
stänkskärm [ˇstɛŋkʃærm] ‹-en, -ar› Schutzblech, Kotflügel
stöld [støld] ‹-en, -er› Diebstahl
störa [ˇstœ:ra] ‹-de, -t› stören
störta [ˇstœʈa] ‹-ade, -at› fallen, stürzen
stöt [stø:t] ‹-en, -ar› Stoß, Schubs
stötdämpare [ˇstø:tdɛmparə] ‹-n, -› Stoßdämpfer
stövel ['støvəl] ‹-n, stövlar› Stiefel
sugrör [ˇsʉ:grœ:r] ‹-et, -› Strohhalm
sula [ˇsʉ:la] ‹-n, -or› Sohle
summa [ˇsɵma] ‹-n, -or› Summe
sur [sʉ:r] sauer
surfa [ˇsɵrfa] ‹-ade, -at› surfen
surfing ['sɵrfiŋ] ‹-en› Wellenreiten
surfingbräda [ˇsɵrfiŋ'brɛ:da] ‹-n, -or› Surfbrett
surrealism [sɵre:a'lism] ‹-en› Surrealismus
svag [svɑ:g] schwach
sval [svɑ:l] kühl
svamp [svamp] ‹-en, -ar› Pilze, Schwamm
svampinfektion [ˇsvampinfɛk'ʃu:n] ‹-en, -er› Pilzinfektion
svara [ˇsvɑ:ra] ‹-ade, -at› (be)antworten
svart [svaʈ] schwarz
svensk [svɛnsk] schwedisch
svensk [svɛnsk] ‹-en, -ar›/**svenska** [ˇsvɛnska] ‹-n, -or› Schwede/Schwedin
Sverige ['sværjə] Schweden
Sverigesamtal [ˇsværjəsam'tɑ:l] ‹-et, -› Ferngespräch
svett [svɛt] ‹-en› Schweiß
svettas [ˇsvetas] ‹-ades, -ats› schwitzen
svida [ˇsvi:da] ‹sved, svidit› brennen
svidande solbränna [ˇsvi:dandə ˇsu:lbrɛna] ‹-n› Sonnenbrand
swimmingpool ['sviminŋ'pu:l] ‹-en, -er› Swimmingpool
svimning [ˇsvimniŋ] ‹-en› Ohnmacht
svindel [ˇsvindəl] ‹-n› Schwindel
svullen [ˇsvɵlən] geschwollen
svullnad [ˇsvɵlnad] ‹-en, -er› Schwellung
svulst [svɵlst] ‹-en, -er› Geschwulst
svåger ['svo:gər] ‹-n, svågrar› Schwager
svår [svo:r] schwierig; schwer *(Krankheit)*
svägerska [ˇsvɛ:gəʂka] ‹-n, -or› Schwägerin
svänga [ˇsvɛŋa] ‹-de, -t› abbiegen
svävare [ˇsvɛ:varə] ‹-n, -› Luftkissenboot
sy [sy:] ‹-dde, -tt› nähen
symbol [sym'bo:l] ‹-en, -er› Wahrzeichen
symfonikonsert [symfɔˇni:kɔn'sæ:r] ‹-en, -er› Sinfoniekonzert
sympatisk [sym'pɑ:tisk] sympathisch
symtom [sym'to:m] ‹-et, -› Anzeichen
synagoga [ˇsy:na'gu:ga] ‹-n, -or› Synagoge
synd, det var ~ [de vɑ: ʂynd] es ist schade; **så synd!** [so: synd] wie schade!
synhåll [ˇsy:nhɔl] ‹-et› Sicht
synskadad [ˇsy:nskɑ:dad] sehbehindert
syrgasapparat [ˇsy:rgɑ:sapa'rɑ:t] ‹-en, -er› Sauerstoffgerät
systembolag [syˇste:mbu'lɑ:g] ‹-et, -› Spirituosengeschäft
syster [ˇsystər] ‹-n, systrar› Schwester
så [so:] so, also; **så snart som möjligt** [so: snɑ:ʈ sɔm ˇmøjlit] so bald wie möglich
sång [sɔŋ] ‹-en, -er› Gesang, Lied
sångare [ˇsɔŋarə] ‹-n, -› Sänger
sångspel [ˇsɔŋspe:l] ‹-et, -› Singspiel
sår [so:r] ‹-et, -› Wunde, Geschwür
sårade, den/det/de ~ [den/de:/dɔm ˇso:radə] der/die Verletzte
sås [so:s] ‹-en, -er› Soße
såsom [ˇso:sɔm] *(Vergleich)* wie
säga [ˇsɛja] sagen
säker ['sɛ:kər] *adj* sicher
säkerhet [ˇsɛ:kər'he:t] ‹-en, -er› Sicherheit *(Garantie)*
säkerhetsbälte [ˇsɛ:kərhe:ts'bɛltə] ‹-t, -n› Sicherheitsgurt

säkerhetskontroll [ˇsɛ:kərhe:tskɔnˈtrɔl] ‹-en, -er› Sicherheitskontrolle
säkerhetsnål [ˇsɛ:kərhe:tsˈno:l] ‹-en, -ar› Sicherheitsnadeln
säkert [ˇsɛ:kəʈ] *adv* sicher, bestimmt
säkring [ˇsɛ:kriŋ] ‹-en, -ar› *(el)* Sicherung
säkringsrep [ˇsɛ:kriŋsˈre:p] ‹-et, -› Sicherungsseil
sälja [ˇsɛlja] verkaufen
sällan [ˇsɛlan] *adv* selten
sällskap [ˇsɛlskɑ:p] ‹-et› Begleitung
sällskapsrum [ˇsɛlskɑ:psˈrəm] ‹-met, -› Gemeinschaftsraum
sällsynt [ˇsɛlsy:nt] *adj* selten
sämre [ˈsɛmrə] schlimmer
sämst [sɛmst] schlimmst
säng [sɛŋ] ‹-en, -ar› Bett
sänglinne [ˇsɛŋlinə] ‹-t› Bettwäsche
särskilt [ˇsæ:ʂilt] besonders
säsong [sɛˈsɔŋ] ‹-en, -er› Saison
sätta [ˇsɛta] setzen, stellen; **sätta sig** [ˇsɛta sɛj] s. setzen
sätta/slå på [sɛta ˈpo:/slo: ˈpo:] einschalten
söder [ˈsø:dər] Süden; **söder om** [ˈsø:dər ɔm] südlich von
söka (efter) [ˇsø:ka (ˈɛftər)] ‹-te, -t› suchen
sökare [ˇsø:karə] ‹-n, -› Sucher
sömnad [ˇsømnad] ‹-en› Nähen
sömnlöshet [ˇsømnlø:sˈhe:t] ‹-en› Schlaflosigkeit
sömntabletter [ˇsømntaˈblɛtər] Schlaftabletten
söndag [ˈsønda] Sonntag
sönder [ˈsøndər] kaputt
sönder, gå ~ [go: ˈsøndər] kaputtgehen, reißen
söt [sø:t] süß, hübsch
sötningsmedel [ˇsø:tniŋsˈme:dəl] Süßstoff
sötsaker [ˇsø:tsɑ:kər] Süßigkeiten

T

ta [tɑ:] nehmen; *(Verkehrsmittel)* benutzen; **ta avsked** [tɑ: ˇɑ:vʃe:d] s. verabschieden; **ta en promenad** [tɑ: en prumaˈnɑ:d] einen Spaziergang machen; **ta hand om** [tɑ: ˈhand ɔm] sorgen für, s. kümmern um; **ta med** [tɑ: ˈme:] mitbringen; **ta med sig** [tɑ: ˈme: sɛj] mitnehmen, (her)bringen; **ta på (sig)** [tɑ: ˈpo: (sɛj)] *(Kleidungsstück)* anziehen; **ta bort** [tɑ: ˈbɔʈ] entfernen
tablett [taˈblɛt] ‹-en, -er› Tablette
tacka [ˇtaka] ‹-ade, -at› danken; **tacka ja** [taka ˈjɑ:] ‹-ade, -at› *(Einladung)* zusagen
tak [tɑ:k] ‹-et, -› Dach, Decke
taklucka [ˇtɑ:kløka] ‹-n, -or› Schiebedach
tal [tɑ:l] ‹-et, -› Zahl
tala [ˇtɑ:la] ‹-ade, -at› sprechen; **tala högt** [ˇtɑ:la høkt] laut sprechen; **tala tyst** [ˇtɑ:la tyst] leise sprechen
tallrik [ˇtalrik] ‹-en, -ar› Teller
tampong [tamˈpɔŋ] ‹-en, -er› Tampon
tand [tand/ˈtɛndər] ‹-en, tänder› Zahn
tandborste [ˇtandbɔʂʈə] ‹-n, -ar› Zahnbürste
tandkräm [ˇtandkrɛ:m] ‹-en› Zahnpasta
tandkött [ˇtandçøt] ‹-et› Zahnfleisch
tandtråd [ˇtandtro:d] ‹-en, -ar› Zahnseide
tandvärk [ˇtandværk] ‹-en› Zahnschmerzen
tank [tank] ‹-en, -ar› Tank
tanka [ˇtaŋka] ‹-ade, -at› tanken
tappa [ˇtapa] ‹-ade, -at› verlieren
tarm [tarm] ‹-en, -ar› Darm
tavelsamling [ˇtɑ:vəlˈsamliŋ] ‹-en, -ar› Gemäldesammlung
tavla [ˇtɑ:vla] ‹-n, -or› Gemälde, Bild
taxfree shop [ˈtɛksfri: ˈʃɔp] ‹-en, -ar› zollfreier Laden
taxichaufför [ˇtaksiʃɔˈfœ:r] ‹-en, -er› Taxifahrer
taxistation [ˇtaksistaˈʃu:n] ‹-en, -er› Taxistand
te [te:] ‹-et, -er› Tee
teater [teˈɑ:tər] ‹-n, teatrar› Theater
teaterkikare [teˇɑ:tərˈçi:karə] ‹-n, -› Opernglas
tecken [ˇtekən] ‹tecknet, -› Zeichen
teckenspråk [ˇtekənˈspro:k] ‹-et, -› Zeichensprache
teckna [ˇtekna] ‹-ade, -at› zeichnen
teckning [ˇtɛkniŋ] ‹-en, -ar› Zeichnung
tejp [tɛjp] ‹-en› Tesafilm
tekanna [ˇte:kana] ‹-n, -or› Teekanne
telefon [teləˈfo:n] ‹-en, -er› Telefon
telefonera [teləfɔˈne:ra] ‹-ade, -at› telefonieren
telefonhytt [teləˇfo:nhyt] ‹-en, -er› Telefonzelle
telefonkatalog [teləˇfo:nkataˈlo:g] ‹-en, -er› Telefonbuch
telefonkort [teləˇfo:nkuʈ] ‹-et, -› Telefonkarte
telefonnummer [teləˇfo:nəmər] ‹-numret, -› Telefonnummer
telefonsamtal [teləˇfo:nsamˈtɑ:l] ‹-et, -› Telefongespräch
telefonsvarare [teləˇfo:nsvɑ:rarə] ‹-n, -› Anrufbeantworter
teleobjektiv [ˇte:ləɔbjɛkˈti:v] ‹-et, -› Teleobjektiv
temperatur [tɛmpəraˈtʉ:r] ‹-en, -er› Temperatur
tennis [ˈtɛnis] ‹-en› Tennis
tennisracket [ˇtɛnisˈrakət] ‹-en, -ar› Tennisschläger
tepåse [ˇte:po:sə] ‹-n, -ar› Teebeutel
terapeutisk fasta [tæraˈpɛftisk ˇfasta] Heilfasten
terapi [tæraˈpi:] ‹-n, -er› Therapie
termosflaska [ˇtærmɔsˈflaska] ‹-n, -or› Thermosflasche
terrass [tɛˈras] ‹-en, -er› Terrasse
terräng [tæˈrɛŋ] ‹-en› Gelände
tesked [ˇte:ʃe:d] Teelöffel
text [tɛkst] ‹-en› Untertitel
tid [ti:d] ‹-en, -er› Zeit; Termin; **i tid** [i: ti:d] *adv* rechtzeitig
tidning [ˇti:(d)niŋ] ‹-en, -ar› Zeitung
tidningskiosk [ˇti:niŋsˈçɔsk] ‹-en, -er› Zeitungskiosk
tidpunkt [ˇti:dpəŋkt] ‹-en, -er› Termin
tidskrift [ˇti:dskrift] ‹-en, -er› Zeitschrift
tidtabell [ˇti:dtaˈbɛl] ‹-en, -er› Fahrplan
tiga [ˇti:ga] schweigen
till [til] *(Richtung)* zu; **till Göteborg** [til jøtəˈbɔrj] nach Göteborg; **till Sverige** [til ˈsværjə] nach Schweden; **till höger** [til ˈhø:gər] rechts; **till vänster** [til ˈvɛnstər] links
till(s) [til(s)] bis; **till exempel** [til ɛkˈsɛmpəl] zum Beispiel; **till sist** [til sist] zuletzt; **till slut** [til slʉ:t] am Ende
tillaga [ˇtilɑ:ga] ‹-ade, -at› zubereiten
tillbaka [tilˈbɑ:ka] zurück
tillbehör [ˇtilbeˈhœ:r] ‹-et, -› Beilage

tillbringa [ˇtilbriŋa] *(Zeit)* verbringen
tillfälle [ˇtilfɛlə] ‹-t, -n› Gelegenheit
tillfälligtvis [ˇtilfɛlitˈviːs] *adv* zufällig
tillförlitlig [ˇtilfœˈḷiːtlig] zuverlässig
tillgodokort [tilˇguːduˈkuʈ] Gutschein
tillgänglighet [ˇtiljɛŋligˈheːt] ‹-en› Zugänglichkeit
tillhöra [ˇtilhœːra] ‹-de, -t› gehören
tillräckligt med [ˇtilrɛklit meː] genug
tillsammans [tilˈsamans] *adv* zusammen, gemeinsam
tillstånd [ˇtilstɔnd] ‹-et, -› Zustand
tillställning [ˇtilstɛlniŋ] ‹-en, -ar› Veranstaltung
tilltala [ˇtiltɑːla] ‹-ade, -at› gefallen, ansprechen
tillträde förbjudet! [ˇtiltrɛːdə fœrˈbjʉːdət] Eintritt verboten!
tillåta [ˇtiloːta] erlauben, (zu)lassen
tillåtelse [ˇtiloːtəlsə] ‹-n, -r› Erlaubnis
tillåten [ˇtiloːtən] zulässig
tillägga [ˇtilɛga] hinzufügen
tilläggsavgift [ˇtilɛksɑːvˈjift] ‹-en, -er› Zuschlag
timjan [ˇtimjan] ‹-en› Thymian
timme [ˇtimə] ‹-n, -ar› Stunde
tips [tips] ‹-et, -› Tipp
tisdag [ˈtiːsda] Dienstag
titta [ˇtita] ‹-ade, -at› (zu)schauen
tittare [ˇtitarə] ‹-n, -› *(Fernsehen)* Zuschauer
tjock [çɔk] dick
tjuv [çʉːv] ‹-en, -ar› Dieb
tjänstvillighet [ˇçɛnstviliˈheːt] ‹-en› Gefälligkeit
tjärn [çæːɳ] ‹-en, -ar› *(Berg/Wald)* Teich
toalett [tuaˈlɛt] ‹-en, -er› Toilette
toalettpapper [tuaˇlɛtpapər] ‹-et› Toilettenpapier
tobak [ˈtuːbak] ‹-en› Tabak
tobaksaffär [ˇtuːbaksaˈfæːr] ‹-en, -er› Tabakladen
toffel [ˈtɔfəl] ‹-n, tofflor› Hausschuhe
tokig [ˇtuːki] verrückt
tom [tum] leer; **tom CD** [tum ˇseːdeː] Rohling
tomat [tuˈmɑːt] ‹-en, -er› Tomaten
ton [tuːn] ‹-en, -er› *(Farbe)* Ton
tona [ˇtuːna] ‹-ade, -at› tönen
tonfisk [ˇtuːnfisk] ‹-en, -ar› Thunfisch
tonsiller [tɔnˈsilər] *(Hals)* Mandeln
topp [tɔp] ‹-en, -ar› Gipfel
topplock [ˇtɔplɔk] ‹-et, -› Zylinderkopf
torg [tɔrj] ‹-et, -› Platz, Markt
torka [ˇtɔrka] ‹-n› Trockenheit
torka [ˇtɔrka] ‹-ade, -at› trocknen; **torkat kött** [ˇtɔrkat çøt] Dörrfleisch
torktumlare [ˇtɔrktɵmlarə] ‹-n, -› Wäschetrockner
torn [tuːɳ] ‹-et, -› Turm
torrt [tɔʈ] *(Wein)* trocken
torsdag [ˈtuːʂɖa] Donnerstag
torsk [tɔʂk] ‹-en, -ar› Dorsch
trafik [traˈfiːk] ‹-en› Verkehr
trafikljus [traˇfiːkjʉːs] ‹-et, -› Ampel
trafikomläggning [traˇfiːkɔmˈlɛgniŋ] ‹-en, -ar› Umleitung
trafikstockning [traˇfiːkstɔkniŋ] ‹-en, -ar› Stau
tragedi [traʃəˈdiː] ‹-n, -er› Tragödie
trakt [trakt] ‹-en, -er› Gegend
trampolin [trampuˈliːn] ‹-en, -er› Sprungbrett
trappa [ˇtrapa] ‹-n, -or› Treppe
trappsteg [ˇtrapsteːg] ‹-et, -› Treppenstufe
trasa [ˇtrɑːsa] ‹-n, -or› Lappen, Tuch
trasig [ˇtrɑːsi] kaputt
tredje [ˇtreːdjə] dritte(r, -s)
trevlig [ˇtreːvlig] freundlich, nett, angenehm
trim, i ~ [iː trim] fit
tro [truː] ‹-dde, -tt› glauben
tro [truː] ‹-n› Glaube
trogen [ˇtruːgən] treu
trosor [ˇtruːsur] *pl* Slip
trots det [trɔts deː] trotzdem
trumhinna [ˇtrɵmhina] ‹-n, -or› Trommelfell
trumspelning [ˇtrɵmspeːlniŋ] ‹-en› Trommeln
tryckknapp [ˇtryknap] ‹-en, -ar› Druckknopf
tråd [troːd] ‹-en, -ar› Faden
tråkig [ˇtroːki] unerfreulich
trång [trɔŋ] eng
trä [trɛː] ‹-et› Holz
träd [trɛː(d)] ‹-(e)t, -› Baum
trädgård [ˈtrɛgoːɖ] ‹-en, -ar› Garten
träffa [ˇtrɛfa] ‹-ade, -at› treffen
träna [ˇtrɛːna] ‹-ade, -at› üben
träningsoverall [ˇtrɛːniŋsoːvəˈroːl] ‹-en, -er› Trainingsanzug
träsk [trɛsk] ‹-et, -› Sumpf
träslöjd [ˇtrɛːsløjd] ‹-en› Holzarbeit
träsnideri [ˇtrɛːsnidəˈriː] ‹-et, -er› Holzschnitzerei
träsnitt [ˇtrɛːsnit] ‹-et, -› Holzschnitt
tröskel [ˇtrøskəl] ‹-n, trösklar› Türschwelle
trött [trøt] müde
T-tröja [ˇteːtrøja] ‹-n, -or› T-Shirt
tull [tɵl] ‹-en, -ar› Zoll
tullavgifter [ˇtɵlɑːvˈjiftər] Zollgebühren
tulldeklaration [ˇtɵldeklaraˈʃuːn] ‹-en, -er› Zollerklärung
tullfri [ˇtɵlfriː] zollfrei
tullkammare [ˇtɵlkamarə] ‹-n, -› Zollamt
tullkontroll [ˇtɵlkɔnˈtrɔl] ‹-en, -er› Zollkontrolle
tullpliktig [ˇtɵlplikti] zollpflichtig
tulltjänsteman [ˇtɵlçɛnstəˈman] ‹-nen, -män› Zollbeamter
tung [tɵŋ] *(Gewicht)* schwer
tunga [ˇtɵŋa] ‹-n, -or› Zunge
tunn [tɵn] dünn
tunnel [ˇtɵnəl] ‹-n, tunnlar› Tunnel, Unterführung
tunnelbana [ˇtɵnəlˈbɑːna] ‹-n, -or› U-Bahn
tur [tʉːr] ‹-en, -er› Tour
turist [tʉːˈrist] ‹-en, -er› Tourist/in
turistbyrå [tʉːˇristbyːrɔ] ‹-n, -er› Verkehrsbüro
turkosfärgad [tɵrˇkoːsfærjɑd] türkisfarben
TV [ˇteːveː] ‹-n› Fernseher
tveka [ˇtveːka] ‹-ade, -at› zögern
tvinga [ˇtviŋa] ‹-ade, -at› zwingen; **vara tvungen att** [vɑːra ˇtvɵŋən at] müssen
tvist [tvist] ‹-en, -er› Streit
TV-rum [ˇteːveːˈrɵm] Fernsehraum
tvål [tvoːl] ‹-en, -ar› Seife
tvärbrant [ˇtvæːrbrant] sehr steil
tvärsigenom [ˇtvæʂiˈjeːnɔm] (quer) durch
tvärskepp [ˇtvæːʂɛp] ‹-et, -› Querschiff
tvärtom [ˇtvæʈɔm] im Gegenteil
tvätta [ˇtvɛta] ‹-ade, -at› waschen
tvättfat [ˇtvɛtfɑːt] ‹-et, -› Waschbecken
tvättinrättning [ˇtvɛtinˈrɛtniŋ] ‹-en, -ar› Wäscherei
tvättlina [ˇtvɛtliːna] ‹-n, -or› Wäscheleine
tvättmaskin [ˇtvɛtmaˈʃiːn] ‹-en, -er› Waschmaschine

tvättmedel [ˇtvɛtme:dəl] ‹-medlet, -› Waschmittel
tvättomat [tvɛtɔˈmɑ:t] ‹-en, -er› Waschsalon
tvättrum [ˇtvɛtrɵm] ‹-met, -› Waschraum
ty [ty:] denn
tycka [ˇtyka] ‹-te, -t› meinen; tycka bättre om [tyka ˈbɛtrə ɔm] lieber haben; tycka om [tyka ˈɔm] ‹-te, -t› lieb haben, gern haben, mögen
tydlig [ˇty:dlig] deutlich
tyfus [ˈty:fɵs] ‹-en› Typhus
tyg [ty:g] ‹-et, -er› Stoff
typisk [ˈty:pisk] typisch
tysk [tysk] deutsch
tyskan [ˇtyskan] ‹-or› die Deutsche
tysken [ˈtyskən] ‹-ar› der Deutsche
Tyskland [ˈtyskland] Deutschland
tyst [tyst] leise, ruhig; vara tyst [vɑ:ra ˈtyst] schweigen
tystnad [ˇtystnad] ‹-en› Stille, Ruhe
tyvärr [tyˈvær] leider
tå [to:] ‹-n, -r› Zehe
tåg [to:g] ‹-et, -› Zug
tågfärja [ˇto:gfærja] ‹-n, -or› Eisenbahnfähre
tåla [ˇto:la] ‹-de, -t› ertragen, *(Essen)* vertragen
tålamod [ˇto:laˈmu:d] ‹-et› Geduld
tält [tɛlt] ‹-et, -› Zelt
tälta [ˇtɛlta] ‹-ade, -at› zelten
tältlina [ˇtɛltli:na] ‹-n, -or› Zeltschnur
tältpinne [ˇtɛltpinə] ‹-n, -ar› *(Zelt)* Hering
tältstång [ˇtɛltstɔŋ] ‹-en, -stänger› Zeltstange
tämligen [ˇtɛmliən] ziemlich
tända [ˇtɛnda] ‹-e, tänt› anzünden
tändning [ˇtɛndniŋ] ‹-en› Zündung
tändningslås [ˇtɛndniŋsˈlo:s] ‹-et, -› Zündschloss
tändningsnyckel [ˇtɛndniŋsˈnykəl] ‹-n, -nycklar› Zündschlüssel
tändsticka [ˇtɛndstika] ‹-n, -or› Streichholz
tändstift [ˇtɛndstift] ‹-et, -› Zündkerze
tänka på [ˇtɛnka po:] ‹-te, -t› denken an
tävling [ˇtɛ:vliŋ] ‹-en, -ar› Rennen, Wettkampf
tävlingscykel [ˇtɛ:vliŋˈsykəl] Rennrad
tömning [ˇtømniŋ] ‹-en, -ar› Leerung
törstig [ˇtœʂtig] durstig
töväder, tövädret [ˇtø:vɛ:dər] Tauwetter

U

ultraljudsundersökning [ˇɵltrajʉ:dsɵndəˈʂø:kniŋ] ‹-en, -ar› Ultraschalluntersuchung
under [ˈɵndər] unter; under (det att) [ˈɵndə (ɖe: at)] während
underbar [ˇɵndərˈbɑ:r] wunderbar, köstlich
underhållning [ˇɵndərˈhɔlniŋ] ‹-en› Unterhaltung, Vergnügen
underkläder [ˇɵndərˈklɛ:dər] *pl* Unterwäsche
underlig [ˇɵndəˈɭi] seltsam, eigen
underrätta [ˇɵndəˈrɛta] ‹-ade, -at› unterrichten, informieren
underrättelse [ˇɵndəˈrɛtəlsə] ‹-n, -r› Neuigkeit
underskrift [ˇɵndəˈʂkrift] ‹-en, -er› Unterschrift
undersöka [ˇøndəʂø:ka] ‹-te, t› untersuchen
undersökning [ˇɵndəˈʂø:kniŋ] ‹-en, -ar› Untersuchung
undervattenskamera [ˇɵndərvatənsˈkɑ:məra] ‹-n, -or› Unterwasserkamera
undervisa [ˇɵndərˈvi:sa] ‹-ade, -at› *(Schule)* unterrichten
undvika [ˇɵndvi:ka] vermeiden
ung [ɵŋ] jung
ungefär [ɵnjəˈfæ:r] ungefähr
ungkarl [ˇɵŋkɑ:r] ‹-en, -ar› Junggeselle
unik [ɵˈni:k] einzig(artig)
universitet [ɵnivæʂiˈte:t] ‹-et, -› Universität
uppdämd sjö [ˇɵpdɛmd ʃø:] Stausee
uppe [ˇɵpə] oben
uppehåll [ˇɵpeˈhɔl] ‹-et, -› Aufenthalt
uppehålla någon [ˇɵpəˈhɔla nɔn] jdn aufhalten; uppehålla sig [ˇɵpəˈhɔla sɛj] s. aufhalten
uppehållsrum [ˇɵpehɔlsˈrɵm] ‹-met, -› Aufenthaltsraum
uppfartsramp (för rullstolsbundna) [ˇɵpfɑ:ʈʂˈramp (fœr ˇrɵlstu:lsˈbɵndna)] Auffahrtrampe *(für Rollstuhlfahrer)*
uppfordra [ˇɵpfu:ɖra] ‹-ade, -at› auffordern
uppfostran [ˇɵpfustran] Erziehung
uppför [ˇɵpfœ:r] aufwärts
uppgift [ˇɵpjift] ‹-en, er› Angabe
uppgå till [ˇɵpgo: til] *(Preis)* ausmachen
upphöra [ˇɵphœ:ra] ‹-de, -t› aufhören
uppland [ˇɵpland] ‹-et› Hinterland
upplysa (någon) [ˇɵply:sa (nɔn)] ‹-te, -t› (jdn) verständigen, informieren
upplysning [ˇɵply:sniŋ] ‹-en, -ar› Auskunft
uppmana [ˇɵpmɑ:na] ‹-ade, -at› auffordern
upprepa [ˇɵpre:pa] ‹-ade, -at› wiederholen
uppskatta [ˇɵpskata] ‹-ade, -at› schätzen
upptagen [ˇɵptɑ:gən] *(Platz)* besetzt
upptäcka [ˇɵptɛka] ‹-te, -t› entdecken
uppåt [ˇɵpo:t] nach oben
urin [ʉˈri:n] ‹-en› Urin
urmakare [ˇʉ:rmɑ:karə] ‹-n, -› Uhrmacher
ursinnig [ˇʉ:ʂini] wütend
ursäkt [ˇʉ:ʂɛkt] ‹-en, -er› Entschuldigung
ursäkta mig! [ˇʉ:ʂɛkta mɛj] ich bitte um Entschuldigung!
urval [ˇʉ:rvɑ:l] ‹-et› Auswahl
USB-minne [ʉ:ɛsˇbe:minə] ‹-t, -n› Memorystick
utan [ˇʉ:tan] ohne; utan hinder för rullstolar [ʉ:tan ˈhindər fœr ˇrɵlstu:lar] barrierefrei
utanför [ˇʉ:tanˈfœ:r] außerhalb
utanpå [ˇʉ:tanˈpo] außen
utbildning [ˇʉ:tbildniŋ] ‹-en, -ar› Ausbildung
utcheckning [ˇutçɛkniŋ] ‹-en, -ar› Gepäckausgabe
ute (i det fria) [ˇʉ:tə (i: de ˇfri:a)] draußen (im Freien)
utflykt [ˇʉ:tflykt] ‹-en, -er› Ausflug; utflykt på land [ˇʉ:tflykt pɔ land] ‹-en, -er› Landausflug
utför [ˈʉ:tfœ:r] abwärts
utförsäljning [ˇʉ:tfœˈʂɛljniŋ] ‹-en, -ar› Ausverkauf
utgrävningar [ˇʉ:tgrɛ:vniŋar] Ausgrabungen
utgång [ˇʉ:tgɔŋ] ‹-en, -ar› Ausgang
utgöra [ˇʉ:tjœ:ra] *(Licht)* ausmachen
uthärda [ˇʉ:thæ:ɖa] ‹-ade, -at› ertragen
utifrån [ˇʉ:tiˈfro:n] von außen
utlandet [ˇʉ:tlandət] Ausland
utlandssamtal [ˇʉ:tlansamˈtɑ:l] ‹-et, -› Auslandsgespräch
utländsk [ˇʉ:tlɛndsk] ausländisch; utländsk valuta [ˇʉ:tlɛndsk vaˈlʉ:ta] ‹-n, -or› Devisen
utlänning [ˇʉ:tlɛniŋ] ‹-en, -ar› Ausländer

utlösare [ˇʉ:tlø:sarə] ‹-n, -› Auslöser
utmattad [ˇʉ:tmatad] erschöpft
utmärkt [ˇʉ:tmærkt] ausgezeichnet
utom [ˇʉ:tɔm] außer
utomlands [ˇʉ:tɔmˈlands] im/ins Ausland
utresa [ˇʉ:tre:sa] ‹-n, -or› Ausreise
utrikesflyg [ˇʉ:tri:kəsˈfly:g] ‹-et, -› Auslandsflug
utrymme [ˇʉ:trymə] ‹-t, -› Raum *(Räumlichkeit)*
utsikt [ˇʉ:tsikt] ‹-en, -er› Aussicht
utsiktspunkt [ˇʉ:tsiktsˈpɵŋkt] ‹-en, -er› Aussichtspunkt
utslag [ˇʉ:tslɑ:g] ‹-et, -› Ausschlag
utsträckning [ˇʉ:tstrɛkniŋ] ‹-en› Ausdehnung, Größe
utställning [ˇʉ:tstɛlniŋ] ‹-en, -ar› Ausstellung
utsändning [ˇʉ:tsɛndniŋ] ‹-en, -ar› *(Radio, Fernsehen)* Sendung
uttala [ˇʉ:tɑ:la] ‹-ade, -at› aussprechen
uttryck [ˇʉ:tryk] ‹-et, -› Ausdruck
uttryckligen [ˇʉ:trykligən] *adv* ausdrücklich
utvärtes [ˇʉ:tvæʈəs] äußerlich

V

vaccination [vaksinaˈʃʉ:n] ‹-en, -er› Impfung
vaccinationskort [vaksinaˇʃʉ:nskuʈ] ‹-et, -› Impfpass
internationellt vaccinationskort [intəɳatʃʉˈnɛlt vaksinaˇʃʉ:nsˈkuʈ] internationaler Impfpass
vaccinera [vaksiˈne:ra] ‹-ade, -at› impfen
vacker [ˈvakər] schön, hübsch, fein
vad [vɑ:(d)] *(Frage)* wie, was; **vad för en/ett ... ?** [ˈvɑ:(d) fœ:r en/et] was für ein/eine ... ?; **vad har hänt?** [vɑ: hɑ:r hɛnt] was ist geschehen?
vagnnummer [ˇvaŋnɵmər] ‹-numret, -› Wagennummer
vaken [ˇvɑ:kən] wach
vakna (upp) [ˇvɑ:kna/vɑ:kna ˈɵp] ‹-ade, -at› aufwachen
vaktavlösning [ˇvaktɑ:vˈlø:sniŋ] ‹-en, -ar› Wachablösung
vallfärdskyrka [ˇvalfæʈʂˈçyrka] ‹-n, -or› Wallfahrtskirche
valuta [vaˇlʉ:ta] ‹-n, -or› Währung
valv [valv] ‹-et, -› Gewölbe
valvbåge [ˇvalvbo:gə] ‹-n, -ar› Bogen
vara van [vɑ:ra ˈvɑ:n] gewohnt sein
vandra [ˇvandra] ‹-ade, -at› wandern
vandrarhem [ˇvandrarˈhɛm] ‹-met, -› Jugendherberge
vandrarhemskort [ˇvandrarhɛmsˈkuʈ] Jugendherbergsausweis
vandrarkänga [ˇvandrarˈçɛŋa] ‹-n, -or› Wander-/Trekkingschuh
vandringsled [ˇvandriŋsˈle:d] ‹-en, -er› Wanderweg
vanlig [ˇvɑ:nli] üblich, gewöhnlich, gebräuchlich
var [vɑ:r] ‹-et› Eiter
var (och en) [vɑ:r (ɔ en)] *prn* jeder
vara [ˇvɑ:ra] ‹-ade, -at› *(Zeit)* dauern, sein; **vara rädd** [vɑ:ra rɛd] erschrecken *(erschrocken sein)*
varaktighet [ˇvɑ:raktiˈhe:t] ‹-en› Dauer
varannan timme [vaˇranan ˇtimə] alle zwei Stunden
varbildning [ˇvɑ:rbildniŋ] ‹-en, -ar› Abszess
vardagarna, på ~ [po: ˇvɑ:ɖɑ:gaɳa] wochentags, werktags
vardagsrum [ˇvɑ:ɖasˈrɵm] ‹-met, -› Wohnzimmer
varenda (en) [varˈenda (en)] *prn* jeder
varje [ˇvarjə] *adj* jeder; **varje dag** [ˇvarjə dɑ:g] alle Tage; **varje timme** [ˇvarjə ˇtimə] stündlich; **varje vecka** [ˇvarjə ˇvɛka] jede Woche
varm [varm] warm, heiß; **varmt vatten** [varmt ˈvatən] warmes Wasser
varna (för) [ˇvɑ:ɳa (fœ:r)] ‹-ade, -at› warnen (vor)
varningsblinker [ˇvɑ:ɳiŋsˈbliŋkər] ‹-n, -s› Warnblinker
varningstriangel [ˇvɑ:ɳiŋstriˈaŋəl] ‹-n, -trianglar› Warndreieck
varuhus [ˇvɑ:rʉˈhʉ:s] ‹-et, -› Kaufhaus
vas [vɑ:s] ‹-en, -er› Vase
vatten [ˈvatən] ‹vattnet› Wasser
vattencykel [ˇvatənˈsykəl] ‹-n, -cyklar› Tretboot
vattendunk [ˇvatənˈdɵŋk] ‹-en, -ar› Wasserkanister
vattenfall [ˇvatənˈfal] ‹-et, -› Wasserfall
vattenförbrukning [ˇvatənfœrˈbrʉ:kniŋ] ‹-en› Wasserverbrauch
vattenglas [ˇvatənˈglɑ:s] ‹-et, -› Wasserglas
vattengymnastik [ˇvatənjymnaˈsti:k] ‹-en› Aqua-Jogging
vattenkokare [ˇvatənˈku:karə] ‹-n, -› Wasserkocher
vattenkran [ˇvatənˈkrɑ:n] ‹-en, -ar› Wasserhahn
vattenpolo [ˇvatənˈpu:lu] ‹-n› Wasserball
vattenskida [ˇvatənˈʃi:da] ‹-n, -or› Wasserski
vattentät [ˇvatənˈtɛ:t] wasserdicht
vattkoppor [ˇvatkɔpur] *pl* Windpocken
vecka [ˇvɛka] ‹-n, -or› Woche; **en gång i veckan** [en gɔŋ i: ˇvɛkan] pro Woche
veckokort [ˇvɛkuˈkuʈ] Wochenkarte
ved [ve:d] ‹-en› Brennholz
vegetarisk [vɛgeˈtɑ:risk] vegetarisch
vem som helst [vɛm sɔm hɛlst] jeder beliebige
ventil [vɛnˈti:l] ‹-en, -er› Ventil
verk [værk] ‹-et, -› Werk
verklig [ˇværkli] *adj* wirklich
verkligen [ˇværkliən] *adv* wirklich
verkstad [ˈværksta] ‹-en, -städer› Werkstatt
verktyg [ˇværkty:g] ‹-et, -› Werkzeug
veta [ˇve:ta] wissen
vi [vi:] wir
viadukt [viaˈdɵkt] ‹-en, -er› Überführung
vid [vi:d] *(Sache, Ort)* bei, gegen, um; weit *(Gegenteil von eng)*; **vid bordet** [vi:d ˈbu:ɖət] bei Tisch; **vid middagstiden** [vid ˇmidasˈti:dən] mittags; **vid tillfälle** [vi:d ˇtilfɛlə] gelegentlich
videobandspelare [ˇvi:djɔbandˈspe:larə] ‹-n, -› Videorekorder
videofilm [ˇvi:djɔˈfilm] ‹-en, -er› Videofilm
videokamera [ˇvi:djɔˈkɑ:məra] ‹-n, -or› Videokamera
videokassett [ˇvi:djɔkaˈset] ‹-en, -er› Videokassette
wienerbröd [ˇvi:nərˈbrø:d] ‹-et, -› Plundergebäck
vik [vi:k] ‹-en, -ar› Bucht

viking [ˇviːkiŋ] ‹-en, -ar› Wikinger
vikt [vikt] ‹-en, -er› Wichtigkeit, Gewicht, Bedeutung
viktig [ˇviktig] wichtig
vila [ˇviːla] ‹-n› *(seelisch)* Ruhe; **vila upp sig** [viːla ˈɵp sej] ‹-ade, -at› s. erholen; **vila ut** [viːla ˈʉːt] ‹-ade, -at› s. ausruhen
vild [vild] wild
vilja [ˇvilja] wollen, wünschen, mögen
vilken som helst [ˇvilkən sɔm hɛlst] jeder beliebige
villa [ˇvila] ‹-n, -or› Villa
villkor [ˇvilkoːr] ‹-et, -› Bedingung
vilse, gå (köra) ~ [goː (ˇçœːra) ˇvilsə] s. verirren
viltreservat [ˇviltresærˈvɑːt] ‹-et, -› Wildreservat
vin [viːn] ‹-et, -er› Wein
vinberg [ˇviːnberj] ‹-et, -› Weinberg
vinbär [ˈviːnbær] ‹-et, -› Johannisbeeren
vind [vind] ‹-en, -ar› Wind
vindruta [ˇvindrʉːta] ‹-n, -or› Windschutzscheibe
vindrutetorkare [ˇvindrʉːtəˈtɔrkarə] ‹-n, -› Scheibenwischer
vindruva [ˇviːndrʉːva] ‹-n, -or› Weintrauben
vindstyrka [ˇvindstyrka] ‹-n› Windstärke
vindsurfa [ˇvindsɵrfa] windsurfen
vindsurfing [ˇvindsɵrfiŋ] ‹-en› Windsurfen
vinka [ˇviŋka] ‹-ade, -at› winken
vinna [ˇvina] gewinnen
vinst [vinst] ‹-en, -er› Gewinn
vinter [ˈvintər] ‹-n, vintrar› Winter
vinterdäck [ˇvintəˈɖɛk] ‹-et, -› Winterreifen
vinäger [viˈnɛːgər] ‹-n› Essig
violett [viuˈlɛt] violett
virke [ˇvirkə] ‹-t› Holz *(Bauholz)*
virus [ˈviːrɵs] ‹-et, -› Virus
visa [ˇviːsa] ‹-ade, -at› zeigen
visning [ˇviːsniŋ] ‹-en, -ar› Führung
visp [visp] ‹-en, -ar› Schneebesen
vistas [ˇvistas] ‹-ades, -ats› s. aufhalten
visum [ˇviːsɵm] ‹-et, visa› Visum
vit [viːt] weiß
vitlök [ˇviːtløːk] ‹-en, -ar› Knoblauch
vits [vits] ‹-en, -ar› Witz
vittne [ˇvitnə] ‹-t, -n› Zeuge
volleyboll [ˇvɔliˈbɔl] ‹-en› Volleyball
workshop [ˈwəːkʃɔp] ‹-en, -ar› Workshop
vrede [ˇvreːdə] ‹-n› Wut
vuxen [ˇvɵksən] ‹vuxna› Erwachsene(r)
vykort [ˇvyːkuʈ] ‹-et, -› Ansichtskarte
våffla [ˇvɔfla] ‹-n, -or› Waffeln
våg [voːg] ‹-en, -or› Welle
våga [ˇvoːga] ‹-ade, -at› wagen
vågbad [ˇvoːgbɑːd] ‹-et, -› Wellenbad
våldtäkt [ˇvɔldtɛkt] ‹-en, -er› Vergewaltigung
vålla [ˇvɔla] ‹-ade, -at› verursachen
våning [ˇvoːniŋ] ‹-en, -ar› Wohnung; Stock(werk), Etage
våningssäng [ˇvoːniŋˈsɛŋ] ‹-en, -ar› Etagenbett
vår [voːr] unser
vår [voːr] ‹-en, -ar› Frühling
vårdbehövande [ˇvoːɖbeˈhøːvandə] pflegebedürftig
våt [voːt] nass
våtdräkt [ˇvoːtdrɛkt] ‹-en, -er› Neoprenanzug
våtservetter [ˇvoːtsærˈvɛtər] Erfrischungstücher
väcka [ˇvɛka] ‹-te, -t› wecken
väckarklocka [ˇvɛkarˈklɔka] ‹-n, -or› Wecker
väderkvarn [ˇvɛːdərˈkvɑːɳ] ‹-en, -ar› Windmühle
väderleksrapport [ˇvɛːdəɭeːksraˈpɔʈ] ‹-en, -er› Wetterbericht
väderspänning [ˇvɛːdəˈʂpɛniŋ] ‹-en, -ar› Blähungen
väderutsikter [ˇvɛːdərʉːtˈsiktər] Wettervorhersage
väg [vɛːg] ‹-en, -ar› Weg; **på väg(en)** [poː vɛːg/ˈvɛːgən] unterwegs
väga [ˇvɛːga] ‹-de, -t› wiegen
vägarbete [ˇvɛːgarˈbeːtə] ‹-t, -n› Baustelle
vägg [vɛg] ‹-en, -ar› Wand
väggkontakt [ˇvɛgkɔnˈtakt] ‹-en, -er› Steckdose
väggmåleri [ˇvɛgmoːləˈriː] ‹-et, -er› Wandmalerei
vägkarta [ˇvɛːgkɑːʈa] ‹-n, -or› Straßenkarte
vägkorsning [ˇvɛːgkɔʂɳiŋ] ‹-en, -ar› Kreuzung
vägra [ˇvɛːgra] ‹-ade, -at› s. weigern, ablehnen
vägvisare [ˇvɛːgviːsarə] ‹-n, -› Wegweiser
välbärgad [ˇvɛːlbærjad] wohlhabend
välja [ˇvɛlja] wählen *(auch Politik)*; **välja ut** [vɛlja ˈʉːt] aussuchen
välkommen [ˇvɛːlkɔmən] willkommen
vän [vɛn] ‹-nen, -ner› Freund
vända om (tillbaka) [vɛnda ˈɔm (tilˈbɑːka)] ‹-e, vänt› umkehren
vänlig [ˇvɛnli] freundlich
den/det/de vänstra [den/deː/dɔm ˇvɛnstra] linke(r, -s)
vänta (sig) [ˇvɛnta (sɛj)] ‹-ade, -at› (er)warten
väntrum [ˇvɛntrɵm] ‹-met, -› Wartezimmer
väntsal [ˇvɛntsɑːl] ‹-en, -ar› Wartesaal
värd [væːɖ] ‹-en, -ar› Wirt
värd [væːɖ] ‹-en, -ar›/ **värdinna** [væˇɖina]‹-n, -or› Gastgeber/in
värde [ˇvæːɖə] ‹-t, -n› Wert
värdeföremål [ˇvæːɖəfœreˈmoːl] Wertsachen
värdelös [ˇvæːɖəˈløːs] wertlos
värdesaker [ˇvæːɖəˈsɑːkər] Wertsachen
värld [væːɖ] ‹-en, -ar› Welt
värma upp [værma ˈɵp] heizen
värme [ˇværmə] ‹-n› Heizung
värmebölja [ˇværməˈbølja] ‹-n› Hitzewelle
värre [ˈværə] schlimmer
värst [væʂʈ] schlimmst
väska [ˇvɛska] ‹-n, -or› Tasche
väst [vɛst] ‹-en, -ar› Weste
väster [ˈvɛstər] Westen
västlig [ˇvɛstli] westlich
västra [ˇvɛstra] westlich
växa [ˇvɛksa] wachsen
växel [ˈvɛksəl] ‹-n, växlar› Vermittlung; *(Auto)* Gang(schaltung)
växelkurs [ˇvɛksəlˈkɵʂ] ‹-en, -er› Wechselkurs
växellåda [ˇvɛksəˈloːda] ‹-n, -or› Getriebe
växelspak [ˇvɛksəlˈspɑːk] ‹-en, -ar› Schalthebel
växelpengar [ˇvɛksəlˈpeŋar] Wechselgeld
växla [ˇvɛksla] ‹-ade, -at› (um-, aus)tauschen
växlande [ˇvɛkslandə] wechselhaft
växling (av utländsk valuta) [ˇvɛksliŋ (ɑːv ˇʉːtlɛndsk vaˇlʉːta)] ‹-en› Geldwechsel
växt [vɛkst] ‹-en, -er› Pflanze

Y

ylle [ˇylə] ‹-t› Wolle
yllefilt [ˇylə'filt] ‹-en, -ar› Wolldecke
yoga ['jo:ga] ‹-n› Yoga
yoghurt ['jo:gɵʈ] ‹-en, ar› Joghurt
yr [y:r] schwindlig
yrke [ˇyrkə] ‹-t, -n› Beruf
ytterligare [ˇytə'ḷigarə] zusätzlich; ytterligare en vecka [ˇytəḷi(g)arə en ˇveka] Verlängerungswoche
yttertak [ˇytərtɑ:k] ‹-et, -› Dach

Z

zoologisk trädgård [sɔ'lo:gisk 'trɛgɔɖ] ‹-en, -ar› Zoo

Å

åder ['o:dər] ‹-n, ådror› Ader
åka [ˇo:ka] ‹-te, -t› fahren
ål [o:l] ‹-en, -ar› Aal
ålder ['ɔldər] ‹-n, åldrar› Alter
ångbad [ˇɔŋba:d] ‹-et, -› Dampfbad
ångbåt [ˇɔŋbo:t] ‹-en, -ar› Dampfer
ångkokt [ˇɔŋkukt] gedünstet, gedämpft
år [o:r] ‹-et, -› Jahr
åra [o:ra] ‹-n, -or› Ruder
århundrade [ˇo:rhɵndradə] ‹-t, -n› Jahrhundert
årligen [ˇo:ḷi(g)ən] *adv* jährlich
årstid [ˇo:ʂʈi:d] ‹-en, -er› Jahreszeit
åsikt [ˇo:sikt] ‹-en, -er› Meinung
åska [ˇɔska] ‹-n› Donner
åskådare [ˇo:sko:darə] ‹-n, -› Zuschauer
åsna [ˇo:sna] ‹-n, -or› Esel
åter ['o:tər] wieder
återfordra [ˇo:tər'fu:ɖra] reklamieren
återföra [ˇo:tər'fœ:ra] ‹-de, -t› zurückbringen
återkomma [ˇo:tər'kɔma] wiederkommen
återkomst [ˇo:tər'kɔmst] ‹-en, -er› Rückkehr
återresa [ˇo:tə're:sa] ‹-n, -or› Rückfahrt
återuppbygga [ˇo:tərɵp'byga] ‹-de, -t› wieder aufbauen
återvända [ˇo:tər'vɛnda] ‹-e, -vänt› zurückkehren
åtminstone [ɔtˇminstɔnə] mindestens

Ä

äga rum [ɛ:ga 'rɵm] stattfinden
ägare [ˇɛ:garə] ‹-n, -› Eigentümer
ägg [ɛg] ‹-et, -› Ei
äggkopp [ˇɛgkɔp] ‹-en, -ar› Eierbecher
äkta [ˇɛkta] *adj* echt, wirklich
älska [ˇɛlska] ‹-ade, -at› lieben
älskling [ˇɛlskliŋ] ‹-en, -ar› Liebling
älskvärd [ˇɛlskvæ:ɖ] liebenswürdig
älv [ɛlv] ‹-en, -ar› Fluss
än [ɛn] *(bei Vergleich)* als
än(nu) [ɛn/ˇɛnʉ] noch
ändstation [ˇɛndsta'ʃu:n] ‹-en, -er› Endstation
ändå [ˇɛndo:] doch, trotzdem
äng [ɛŋ] ‹-en, -ar› Wiese
äpple [ˇɛplə] ‹-t, -n› Äpfel
ärm [ærm] ‹-en, -ar› Ärmel
ärr [ær] ‹-et, -› Narbe
ärta [ˇæʈa] ‹-n, ärtor/ärter› Erbsen
äta [ˇɛ:ta] essen; äta frukost [ˇɛta 'frɵkɔst] frühstücken; när/medan man äter [næ:r/ˇme:dan man 'ɛ:tər] beim Essen
ätbar [ˇɛ:tbɑ:r] essbar
även [ˇɛ:vən] auch

Ö

ö [ø:] ‹-n, -ar› Insel
öga [ˇø:ga/ˇø:gɔn] ‹-t, ögon› Auge
ögonblick [ˇø:gɔn'blik] ‹-et, -› Augenblick
ögonbrynspenna [ˇø:gɔnbry:ns'pɛna] ‹-n, -or› Augenbrauenstift
ögondroppar [ˇø:gɔn'drɔpar] Augentropfen
ögonskugga [ˇø:gɔn'skɵga] ‹-n, -or› Lidschatten
öl [ø:l] ‹-et/ -en› Bier; alkoholfritt öl [alkɔˇho:lfrit 'ø:l] alkoholfreies Bier
öm [øm] zärtlich
önska [ˇønska] ‹-ade, -at› wollen, wünschen
öppen [ˇøpən] offen, auf; öppen vagn [ˇøpən vaŋn] ‹-en, -ar› Großraumwagen
öppet [ˇøpət] geöffnet
öppna [ˇøpna] ‹-ade, -at› öffnen
öppningstid [ˇøpniŋs'ti:d] ‹-en, -er› Öffnungszeit
öra [ˇœ:ra/ˇœ:rɔn] ‹-t, öron› Ohr
örhänge [ˇœ:rhɛŋə] ‹-t, -n› Ohrringe
örondroppar [ˇœ:rɔn'drɔpar] Ohrentropfen
öroninflammation [ˇœ:rɔninflama'ʃu:n] ‹-en, -er› Mittelohrentzündung
öronproppar [ˇœ:rɔn'prɔpar] *pl* Ohropax
öster ['østər] Osten
österrikare [ˇøstə'ri:karə] ‹-n, -› Österreicher
Österrike [ˇøstə'ri:kə] Österreich
Östersjön [ˇøstə'ʂøn] Ostsee
öva [ˇø:va] ‹-ade, -at› üben
över [ˇø:vər] über; vara över [vɑ:ra ˇœ:vər] vorüber sein
överallt [ø:vər'alt] überall
överdriven [ˇø:və'ɖri:vən] übertrieben
överfall [ˇø:vər'fal] ‹-et, -› Überfall
överfart [ˇø:vərfɑ:ʈ] ‹-en, -er› Überfahrt
överföring [ˇø:vər'fœ:riŋ] ‹-en, -ar› Überweisung
övergång [ˇø:vər'gɔŋ] ‹-en, -ar› Übergang
överlämna [ˇø:və'ḷɛmna] ‹-ade, -at› abgeben
överlämnande av nycklar [ˇø:və'ḷɛmnandə ɑ:v ˇnyklar] Schlüsselübergabe
övermorgon, i ~ [i ˇø:vər'mɔrɔn] übermorgen
övernatta [ˇø:və'ɳata] ‹-ade, -at› übernachten
övernattning [ˇø:və'ɳatniŋ] ‹-en, -ar› Übernachtung
överraskad [ˇø:və'raskad] überrascht
överräcka [ˇø:və'rɛka] geben, reichen
översvämning [ˇø:və'ʂvɛmniŋ] Überschwemmung
översätta [ˇø:və'ʂɛta] übersetzen
övertala [ˇø:və'ʈɑ:la] ‹-ade, -at› überreden
övertyga [ˇø:və'ʈy:ga] ‹-ade, -at› überzeugen
övning [ˇø:vniŋ] ‹-en, -ar› Übung

A

Aal ål [o:l] ‹-en, -ar›
ab från (och med) [fro:n (o: me:d)]
abbiegen svänga [ˇsvɛŋa] ‹-de, -t›
abblenden blända av [blɛnda 'ɑ:v] ‹-ade, -at›
Abblendlicht halvljus [ˇhalvjʉ:s] ‹-et, -›
Abend kväll [kvɛl] ‹-en, -ar›; am ~ på kvällen [po: 'kvɛlən]
Abendessen middag ['mida] ‹-en, -ar›
abends på kvällen [pɔ 'kvɛlən]
Abenteuerspielplatz bygglekplats [ˇbygle:k'plats] ‹-en, -er›
aber men [men]
abfahren (av)gå [(ˇɑ:v)go:]
abfahren (von) avresa (från) [ˇɑ:vre:sa (fro:n)] ‹-te, -t›
Abfahrt avgång [ˇɑ:vgɔŋ] ‹-en, -ar›
Abfahrtszeit avgångstid [ˇɑ:vgɔŋs'ti:d] ‹-en, -er›
Abfall avfall [ˇɑ:vfal] ‹-et, -›, skräp [skrɛ:p] ‹-et, -›
Abfallbeutel soppåse [ˇsu:po:sə] ‹-n, -ar›
Abflug start [stɑ:ʈ] ‹-en, -er›
Abführmittel laxermedel [lakˇse:rme:dəl] ‹-medlet, -›
abgeben överlämna [ˇø:və'lɛmna] ‹-ade, -at›, lämna in [lɛmna 'in]
abgelaufen ej längre hållbar(t) [ɛj 'lɛŋrə ˇhɔlbɑ:r(t)]
abholen hämta [ˇhɛmta] ‹-ade, -at›; *(auf dem Bahnhof)* möta [ˇmø:ta] ‹-te, -t›
Abkürzung förkortning [fœr'kɔʈniŋ] ‹-en, -ar›; *(Weg)* genväg [ˇje:nvɛ:g] ‹-en, -ar›
ablehnen avböja [ˇɑ:vbøja] ‹-de, -t›, vägra [ˇvɛ:gra] ‹-ade, -at›
abreisen (nach) avresa (till) [ˇɑ:vre:sa (til)] ‹-de, -t›
Abschleppdienst bärgningstjänst [ˇbærjniŋs'çɛnst] ‹-en›
abschleppen bogsera bort [buk'se:ra 'bɔʈ] ‹-ade, -at›
Abschleppseil bogserlina [bukˇse:'ʟi:na] ‹-n, -or›
Abschleppwagen bärgningsbil [ˇbærjniŋs'bi:l] ‹-en, -ar›
abschließen låsa (igen) [ˇlo:sa (i'jɛn)] ‹-te, -t›
Absender avsändare [ˇɑ:vsɛndarə] ‹-n, -›
Abszess varbildning [ˇvɑ:rbildniŋ] ‹-en, -ar›
Abtei kloster ['klɔstər] ‹klostret, -›
Abteil kupé [kɵ'pe:] ‹-n, -er›
Abtreibung abort [a'bɔʈ] ‹-en, -er›
abwärts nedåt [ˇne:do:t], utför ['ʉ:tfœ:r]
Achse axel ['aksəl] ‹-n, axlar›
Achtung respekt [re'spɛkt]; ~! se upp! [se: 'ɵp]
Adapter adapter [a'daptər] ‹-n, adaptrar›
Ader åder ['o:dər] ‹-n, ådror›
Adresse adress [a'drɛs] ‹-en, -er›
Aerobic aerobic(s) [æ'robik(s)]
Agentur agentur [agɛn'tʉ:r] ‹-en, -er›
ähnlich liknande [ˇli:knandə]
Aids aids [ɛjds]
Air Terminal flygterminal [ˇfly:gtærmi'nɑ:l] ‹-en, -er›
akklimatisieren, s. ~ acklimatisera sig [aklimati'se:ra sɛj] ‹-ade, -at›
Akku ackumulator [akʉmʉˇlɑ:tɔr] ‹-n, -er›
Akt akt [akt] ‹-en, -er›
Akupunktur akupunktur [akʉpɵŋk'tʉ:r] ‹-en›
Alarmanlage larmanläggning [ˇlarman'lɛgniŋ] ‹-en, -ar›
alkoholfrei alkoholfri [alkɔˇho:lfri:]
alle alla [ˇala]; auf ~ Fälle i varje/alla fall [i: ˇvarjə/ˇala fal]; ~ Tage varje dag [ˇvarjə dɑ:g]; ~ zwei Stunden varannan timme [vaˇranan ˇtimə]
allein ensam [ˇe:nsam]
Allergie allergi [alær'gi:] ‹-n, -er›
allergisch sein gegen vara allergisk mot [ˇvɑ:ra a'lærgisk mu:t]
alles allt [alt]
Allradantrieb fyrhjulsdrift [ˇfy:rjʉ:ls'drift] ‹-en›
als *(zeitlich)* när [næ:r]; *(bei Vergleich)* än [ɛn]; besser ~ bättre än ['bɛtrə ɛn]; nichts ~ ingenting annat än [ˇiŋəntiŋ ˇanat ɛn]; ~ ob som om [sɔm ɔm]
also så [so:], alltså [ˇaltsɔ]
alt gammal [ˇgamal]; *(aus früheren Zeiten)* forntida [ˇfu:ɳʈi:da]
Alter ålder ['ɔldər] ‹-n, åldrar›
Altstadt gammal stadskärna [ˇgamal ˇstatsçæ:ɳa]
Alufolie aluminiumfolie [alʉˇmi:njɵm'fu:ljə] ‹-n, -r›
Ampel trafikljus [traˇfi:kjʉ:s] ‹-et, -›
amputiert amputerad [ampʉ'te:rad]
Amt *(Dienststelle)* byrå [by:'ro:] ‹-n, -er›, kontor [kɔn'tu:r] ‹-et, -›
amüsieren, s. ~ roa sig [ˇru:a sɛj] ‹-ade, -at›, ha roligt [hɑ: ˇru:lit]
an *(räumlich)* vid [vi:d]
Ananas ananas ['ananas] ‹-en, -er›
anders *adj* olik [ˇu:li:k]; *adv* annorlunda [ˇanɔ'ʟɵnda]
anderswo någon annanstans [nɔn ˇanan'stans]
Anfall anfall [ˇanfal] ‹-et, -›
Anfang början [ˇbœrjan]
anfangen börja [ˇbœrja] ‹-ade, -at›
Angabe uppgift [ˇɵpjift] ‹-en, er›; ~n machen lämna uppgifter [ˇlɛmna ˇɵpjiftər]; nähere ~n närmare uppgifter [ˇnærmarə ˇɵpjiftər]
Angel metspö [ˇme:tspø:] ‹-t, -n›
angeln fiska [ˇfiska] ‹-ade, -at›
Angelschein fiskekort [ˇfiskə'kuʈ] ‹-et, -›
angenehm angenäm [ˇanje'nɛ:m], trevlig [ˇtre:vlig]
Angina angina [aŋ'gi:na] ‹-n, -or›
Angst rädsla [ˇrɛ:dsla] ‹-n›
anhalten stanna [ˇstana] ‹-ade, -at›
Anhänger *(am Koffer)* adresslapp [aˇdrɛslap] ‹-en, -ar›; *(Auto)* släp [slɛ:p] ‹-et, -›; *(Schmuck)* berlock [bær'lɔk] ‹-en, -er›
Anker ankare [ˇaŋkarə] ‹-t, -›
ankommen komma fram [kɔma 'fram] ‹kom, kommit›
Ankunft ankomst [ˇankɔmst] ‹-en›
Ankunftszeit ankomsttid, -en [ˇankɔms'ti:d] ‹-er›

Anlage anläggning [ˇanlɛgniŋ] ‹-en, -ar›; *(Brief)* bilaga [ˇbi:lɑ:ga] ‹-n, -or›
Anlasser startmotor [ˇstɑ:ʈmu:tɔr] ‹-n, -er›
anlaufen anlöpa [ˇanlø:pa] ‹-te, -t›
anlegen in lägga till i [lɛga 'til i:] ‹lade, lagt›
anmelden anmäla [ˇanmɛ:la] ‹-de, -t›
Anmeldung anmälan [ˇanmɛ:lan]
Anorak anorak ['anurak] ‹-en, -er›
Anreisetag ankomstdag [ˇankɔmst'dɑ:g] ‹-en, -ar›
Anruf påringning [ˇpo:riŋniŋ] ‹-en, -ar›
Anrufbeantworter telefonsvarare [teləˇfo:nsvɑ:rarə] ‹-n, -›
anrufen ringa (upp) [ˇriŋa/riŋa 'ɵp] ‹-de, -t›
Anschluss anslutning [ˇanslʉ:tniŋ] ‹-en, -ar›
anschnallen, sich spänna fast sig [spɛna 'fast sɛj] ‹-de, -t›
Anschnallgurt säkerhetsbälte [ˇsɛ:kərhe:ts'bɛltə] ‹-t, -n›
Anschovis ansjovis [an'ʃu:vis] ‹-en, -ar›
ansehen se på [se: po:]
Ansichtskarte vykort [ˇvy:kuʈ] ‹-et, -›
anstatt i stället för [i: ˇstɛlət fœ:r]
ansteckend smitt(o)sam [ˇsmit(u)sam]
anstrengend ansträngande [ˇanstrɛŋandə]
Antibabypille p-piller [ˇpe:pilər]
Antibiotikum antibiotikum [antibi'o:tikɵm] ‹-et, -a›
antik antik [an'ti:k]
Antiquariat antikvariat [antikvari'ɑ:t] ‹-et, -›
Antiquitätengeschäft antikvitetsaffär [antikviˇte:tsa'fæ:r] ‹-en, -er›
antworten svara [ˇsvɑ:ra] ‹-ade, -at›
anzeigen anmäla [ˇanmɛ:la] ‹-de, -t›
anziehen *(Kleidungsstück)* ta på (sig) [tɑ: 'po: (sɛj)]; **s. ~** klä på sig [klɛ: 'po: sɛj]
Anzug kostym [kɔ'sty:m] ‹-en, -er›
anzünden tända [ˇtɛnda] ‹-e, tänt›
Äpfel äpple [ˇɛplə] ‹-t, -n›
Apfelsinen apelsin [apəl'si:n] ‹-en, -er›
Apotheke apotek [apu'te:k] ‹-et, -›
Apparat *(Foto)* kamera ['kɑ:məra] ‹-n, -or›; apparat [apa'rɑ:t] ‹-en, -er›
Appartement lägenhet [ˇlɛ:gən'he:t] ‹-en, -er›
Appetit aptit [ap'ti:t] ‹-en›, matlust [ˇmɑ:tlɵst] ‹-en›
Appetitlosigkeit bristande aptit [ˇbristandə ap'ti:t] ‹-en›
Aprikosen aprikos [apri'ku:s] ‹-en, -er›
April april [a'pril]
Aqua-Jogging vattengymnastik [ˇvatənjymna'sti:k] ‹-en›
Arbeit arbete [ˇarbe:tə] ‹-t, -n›; *(Anstellung)* jobb [jɔb] ‹-et, -›
arbeiten arbeta [ˇarbe:ta] ‹-ade, -at›
arbeitslos arbetslös [ˇarbe:ts'lø:s]
Archäologie arkeologi [arkeɔlɔ'gi:] ‹-n›
Architekt arkitekt [arçi'tɛkt] ‹-en, -er›
Architektur arkitektur [arçitɛk'tʉ:r] ‹-en, -er›
ärgern, s. ~ über reta sig på (över) [ˇre:ta sɛj po: ('ø:vər)] ‹-ade, -at›
arm fattig [ˇfatig]
Arm arm [arm] ‹-en, -ar›
Armband armband [ˇarmband] ‹-et, -›
Armbanduhr armbandsur [ˇarmbants'ʉ:r] ‹-et, -›
Ärmel ärm [ærm] ‹-en, -ar›
Aromabad bad med aromatiska oljor [bɑ:d me: arɔ'mɑ:tiska ˇɔljur]
Art slag [slɑ:g] ‹-et, -›, sort [sɔʈ] ‹-en, -er›
Artischocken kronärtskocka [ˇkru:næʈ'ʂkɔka] ‹-n, -or›
Aschenbecher askkopp [ˇaskɔp] ‹-en, -ar›
Aspirin aspirin [aspi'ri:n] ‹-et/-en›
Asthma astma [ˇastma] ‹-n›
Atembeschwerden andningsbesvär [ˇandniŋsbe'svæ:r] ‹-et, -›
atmen andas [ˇandas] ‹-ades, -ats›
Attest intyg [ˇinty:g] ‹-et, -›
Auberginen aubergin [ɔbær'ʃin] ‹-en, -er›
auch också ['ɔksɔ], även [ˇɛ:vən]; **~ nicht** inte heller [intə 'helər]
auf (1) *prp* på [po:]; **~ der Reise** på resan [po: ˇre:san]; **~ der Straße** på gatan [po: ˇgɑ:tan]; **~ die/der Post** på posten [po: 'pɔstən]; **~ Gotland** på Gotland [po: 'gɔtland]; **~ schwedisch** på svenska [po: ˇsvɛnska]; **~ einmal** plötsligt [*pløtslit]
auf (2) *(offen)* öppen [ˇøpən]
aufbewahren förvara [fœr'vɑ:ra]
aufbrechen bryta upp [bry:ta 'ɵp] ‹bröt, brutit›
Aufenthalt uppehåll [ˇɵpe'hɔl] ‹-et, -›
Aufenthaltsraum uppehållsrum [ˇɵpəhɔls'rɵm] ‹-met, -›
Auffahrtrampe (für Rollstuhlfahrer) uppfartsramp (för rullstolsbundna) [ˇɵpfɑ:ʈʂ'ramp (fœr ˇrɵlstu:ls'bɵndna)]
auffordern uppfordra [ˇɵpfu:ɖra] ‹-ade, -at›, uppmana [ˇɵpmɑ:na] ‹-ade, -at›
Aufführung föreställning [ˇfœ:rə'stɛlniŋ] ‹-en, -ar›
aufgeben posta [ˇpɔsta] ‹-ade, -at›
aufhalten, jdn ~ uppehålla någon [ˇɵpə'hɔla nɔn]; **s. ~** uppehålla sig [ˇɵpə'hɔla sɛj], vistas [ˇvistas] ‹-ades, -ats›
aufhören upphöra [ˇɵphœ:ra] ‹-de, -t›, sluta [ˇslʉ:ta] ‹-ade, -at›
aufpassen (auf) se upp (för) [se: 'ɵp (fœ:r)]
Aufschnitt kallskuret [ˇkalskʉ:rət]
aufschreiben skriva upp [skri:va 'ɵp]
aufstehen stiga upp [sti:ga 'ɵp]
aufwachen vakna (upp) [ˇvɑ:kna/vɑ:kna 'ɵp] ‹-ade, -at›
aufwärts uppåt ['ɵpo:t], uppför [ˇɵpfœ:r]
Aufzug hiss [his] ‹-en, -ar›
Auge öga [ˇø:ga/ˇø:gɔn] ‹-t, ögon›
Augenblick ögonblick [ˇø:gɔn'blik] ‹-et, -›
Augenbrauen zupfen plocka ögonbrynen [ˇplɔka ˇø:gɔn'bry:nən]
Augenbrauenstift ögonbrynspenna [ˇø:gɔnbry:ns'pɛna] ‹-n, -or›
Augentropfen ögondroppar [ˇø:gɔn'drɔpar]
August augusti [au'gɵsti]
aus *(Herkunft)* från [fro:n]; **~ Stockholm** från Stockholm [fro:n ˇstɔkhɔlm]; *(Material)* av [ɑ:v]; **ein Kleid ~ Seide** en klänning av siden [en ˇklɛniŋ ɑ:v ˇsi:dən]; *(Grund)* av [ɑ:v]; **~ diesem Grund** av detta skäl [ɑ:v ˇdɛta ʃɛ:l]
Ausbildung utbildning [ˇʉ:tbildniŋ] ‹-en, -ar›
auschecken checka ut [çɛka 'ʉ:t] ‹-ade, -at›
Ausdruck uttryck [ˇʉ:tryk] ‹-et, -›
ausdrücklich *adv* uttryckligen [ˇʉ:trykligən]
Ausflug utflykt [ˇʉ:tflykt] ‹-en, -er›
Ausfuhr export [ɛks'pɔʈ] ‹-en, -er›
ausfüllen fylla i [fyla 'i] ‹-de, -t›
Ausgang utgång [ˇʉ:tgɔŋ] ‹-en, -ar›
ausgeben göra av med [jœ:ra 'ɑ:v me:], spendera [spɛn'de:ra] ‹-ade, -at›

ausgehen *(Haus verlassen)* gå ut [go: 'ʉ:t]; *(Licht)* slockna [ˇslɔkna] ‹-ade, -at›
ausgezeichnet utmärkt [ˇʉ:tmærkt]
Ausgrabungen utgrävningar [ˇʉ:tgrɛ:vniŋar]
Auskunft upplysning [ˇɵply:sniŋ] ‹-en, -ar›; **~ einholen** inhämta upplysningar [ˇinhɛmta ˇɵply:sniŋar] ‹-ade, -at›
Ausland utlandet [ˇʉ:tlandət]; **im/ins ~** utomlands [ˇʉ:tɔm'lands]
Ausländer utlänning [ˇʉ:tlɛniŋ] ‹-en, -ar›
ausländisch utländsk [ˇʉ:tlɛndsk]
Auslandsflug utrikesflyg [ˇʉ:tri:kəs'fly:g] ‹-et, -›
Auslandsgespräch utlandssamtal [ˇʉ:tlansam'tɑ:l] ‹-et, -›
auslaufen segla ut [se:gla 'ʉ:t] ‹-ade, -at›
Auslöser utlösare [ˇʉ:tlø:sarə] ‹-n, -›
ausmachen *(Licht)* släcka [ˇslɛka] ‹-te, -t›; *(ut)* göra [ˇʉ:tjœ:ra]; *(Preis)* uppgå till [ˇɵpgo: til]; komma överens [kɔma ø:ver'ens], avtala [ˇɑ:vtɑ:la] ‹-ade, -at›
Auspuff avgasrör [ˇɑ:vgɑ:s'rœ:r] ‹-et, -›
Ausreise utresa [ˇʉ:tre:sa] ‹-n, -or›
ausruhen, s. ~ vila ut [vi:la 'ʉ:t] ‹-ade, -at›
Ausschlag utslag [ˇʉ:tslɑ:g] ‹-et, -›
außen utanpå [ˇʉ:tan'po], på utsidan [po: ˇʉ:tsi:dan]; **von ~** utifrån [ˇʉ:ti'fro:n]
außer utom [ˇʉ:tɔm]
außerdem dessutom [dɛsˇʉ:tɔm]
außergewöhnlich ovanlig [ˇu:vɑ:nli]
außerhalb utanför [ˇʉ:tan'fœ:r]
äußerlich utvärtes [ˇʉ:tvæʈəs]
Aussicht utsikt [ˇʉ:tsikt] ‹-en, -er›
Aussichtspunkt utsiktspunkt [ˇʉ:tsikts'pɵŋkt] ‹-en, -er›
aussprechen uttala [ˇʉ:tɑ:la] ‹-ade, -at›
aussteigen stiga av [sti:ga 'ɑ:v] ‹steg, stigit›
Ausstellung utställning [ˇʉ:tstɛlniŋ] ‹-en, -ar›
aussuchen välja ut [vɛlja 'ʉ:t]
austauschen byta (ut) [ˇby:ta/by:ta 'ʉ:t] ‹-te, -t›, växla [ˇvɛksla] ‹-ade, -at›
Austern ostron [ˇustrɔn] ‹-et, -›
Ausverkauf utförsäljning [ˇʉ:tfœ'ʂɛljniŋ] ‹-en, -ar›, realisation [realisa'ʃu:n] ‹-en, -er›
Auswahl urval [ˇʉ:rvɑ:l] ‹-et›
auszahlen betala ut [be'tɑ:la 'ʉ:t] ‹-ade, -at/-t›
Auto bil [bi:l] ‹-en, -ar›; **~ fahren** köra bil [ˇçœ:ra bi:l] ‹-de, -t›
Autobahn motorväg [ˇmu:tɔr'vɛ:g] ‹-en, -ar›
Autofähre bilfärja [ˇbi:lfærja] ‹-n, or›
Automat *(Waren~)* automat [autɔ'mɑ:t] ‹-en, -er›
Automatik(getriebe) automatisk växel [autɔ'mɑ:tisk 'vɛksəl] ‹-n, växlar›
automatisch automatisk [autɔ'mɑ:tisk]
Autoradio bilradio [ˇbi:lrɑ:djɔ] ‹-n›
Autoreifen bildäck [ˇbi:ldɛk] ‹-et, -›
Autoreisezug biltåg [ˇbi:lto:g] ‹-et, -›
Autoschlüssel bilnyckel [ˇbi:lnykəl] ‹-n, -nycklar›
Avocado avocado [avɔ'kɑ:dɔ] ‹-n, -r›
Ayurveda Ayurveda [ajər've:da]

B

Baby baby [bɛ:bi] ‹-n›
Babyfon barnvakt [ˇbɑ:ɳvakt] ‹-en, -er›
Babyschale *(fürs Auto)* bilsits för baby [ˇbi:lsits fœr 'bɛ:bi]
Babysitter barnvakt [ˇbɑ:ɳvakt] ‹-en, -er›
Backbord babord ['bɑ:buɖ]
Backenzahn kindtand [ˇçindtand] ‹-en, -tänder›
Bäckerei bageri [bɑ:gə'ri:] ‹-et, -er›
Backofen bakugn [ˇbɑ:kɵŋn] ‹-en, -ar›
Badeanzug baddräkt [ˇbɑ:drɛkt] ‹-en, -er›
Badebucht badvik [ˇbɑ:dvi:k] ‹-en, -ar›
Badehose badbyxor [ˇbɑ:dbyksur] *pl*
Bademantel badrock [ˇbɑ:drɔk] ‹-en, -ar›
Bademeister badmästare [ˇbɑ:dmɛstarə] ‹-n, -›
Bademütze badmössa [ˇbɑ:dmøsa] ‹-n, -or›
Badeort badort [ˇbɑ:duʈ] ‹-en, -er›
Badewanne badkar [ˇbɑ:dkɑ:r] ‹-et, -›
Badezimmer badrum [ˇbɑ:drɵm] ‹-met, -›
Bahnhof järnvägsstation [ˇjæ:ɳvɛ:ksta'ʃu:n] ‹-en, -er›
bald snart [snɑ:ʈ]; **so ~ wie möglich** så snart som möjligt [so: snɑ:ʈ sɔm ˇmøjlit]
Balkon balkong [bal'kɔŋ] ‹-en, -er›
Ball boll [bɔl] ‹-en, -ar›
Ballett balett [ba'lɛt] ‹-en, -er›
Balustrade balustrad [balɵ'strɑ:d] ‹-en, -er›
Bananen banan [ba'nɑ:n] ‹-en, -er›
Band band [band] ‹-et, -›
Bänderriss ledbandsbristning [ˇle:dbands'bristniŋ] ‹-en, -ar›
Bank *(Geldinstitut)* bank [baŋk] ‹-en, -er›; *(Sitz~)* bänk [bɛŋk] ‹-en, -ar›
bar kontant [kɔn'tant]
bar zahlen betala kontant [be'tɑ:la kɔn'tant] ‹-ade, -at›
Bar bar [bɑ:r] ‹-en, er›
Bargeld kontanter [kɔn'tantər] *pl*
Barometer barometer [baru'me:tər] ‹-n, barometrar›
barrierefrei utan hinder för rullstolar [ʉ:tan 'hindər fœr ˇrɵlstu:lar]
Barsch abborre [ˇabɔrə] ‹-n, -ar›
Bart skägg [ʃɛg] ‹-et, -›
Basilikum basilika [ba'si:lika] ‹-n›
Basketball basketboll [ˇbɑ:sket'bɔl]
Batterie batteri [batə'ri:] ‹-et, -er›
Bauch mage [ˇmɑ:gə] ‹-n, -ar›
Bauernhof bondgård [ˇbundgo:ɖ] ‹-en, -ar›
Baum träd [trɛ:(d)] ‹-(e)t, -›
Baumwolle bomull [ˇbumɵl] ‹-en›
Baustelle vägarbete [ˇvɛ:gar'be:tə] ‹-t, -n›
Bauwerk byggnadsverk [ˇbygnats'værk] ‹-et, -›
beabsichtigen ha för avsikt att [hɑ: fœr ˇɑ:vsikt at]
beachten *(Acht geben)* ge akt på [je: 'akt po:]; *(berücksichtigen)* ta hänsyn till [tɑ: ˇhɛnsy:n til]
Beanstandung anmärkning [ˇanmærkniŋ] ‹-en, -ar›, reklamation [reklama'ʃu:n] ‹-en, -er›
beantworten svara [ˇsvɑ:ra] ‹-ade, -at›
bedauern beklaga [be'klɑ:ga] ‹-ade, -at›
Bedeutung *(Wichtigkeit)* vikt [vikt] ‹-en›, *(Sinn)* innebörd [ˇine'bœ:ɖ] ‹-en, -er›, betydelse [be'ty:delsə] ‹-n, -r›
Bedienung betjäning [be'çɛ:niŋ] ‹-en›
Bedingung villkor [ˇvilko:r] ‹-et, -›
beeilen, s. ~ skynda sig [ˇʃynda sɛj] ‹-ade, -at›
beeindruckend imponerande [impɔ'ne:randə]
beenden (av)sluta [ˇslʉ:ta/ˇɑ:vslʉ:ta] ‹-ade, -at›
befahrbar som det går att köra på [sɔm de: go:r at ˇçœ:ra po:]

befinden, s. ~ befinna sig [be'fina sɛj]
befreundet sein mit vara god vän med [vɑ:ra gu: 'vɛn me:]
befürchten frukta [ˇfrɵkta] ‹-ade, -at›, befara [be'fɑ:ra] ‹-ade, -at›
begegnen möta [ˇmø:ta] ‹-te, -t›
begeistert begeistrad [be'gajstrad], entusiastisk [aŋtesi'astisk], förtjust [fœr'ɕʉ:st]
begleiten följa (med) [ˇfølja/følja 'me:] ‹-de, -t›
Begleitperson ledsagare [ˇle:dsɑ:garə] ‹-n, -›
Begleitung sällskap [ˇsɛlskɑ:p] ‹-et›
begrüßen hälsa (på) [ˇhɛlsa/ˇhɛlsa po:] ‹-ade, -at›
behalten behålla [be'hɔla]
Behälter behållare [be'hɔlarə] ‹-n, -›
behandeln behandla [be'handla] ‹-ade, -at›
Behandlung behandling [be'handliŋ] ‹-en, -ar›
Behindertenausweis legitimationskort för handikappade [legitimaˇʃu:nskuʈ fœr ˇhandi'kapadə]
behindertengerecht handikappanpassad [ˇhandikapan'pasad]
Behindertenparkplatz parkeringsplats för handikappade [parˇke:riŋs'plats fœr ˇhandi'kapadə]
Behindertentoilette handikapptoalett [ˇhandikaptua'lɛt] ‹-en, -er›
Behindertenverband handikappförbund [ˇhandikapfœr'bɵnd] ‹-et, -›
Behörde myndighet [ˇmyndihe:t] ‹-en, -er›
bei *(Sache, Ort)* vid [vi:d]; *(Person)* hos [hus]
beide båda [ˇbo:da]
Beifall bifall [ˇbi:fal] ‹-et›, applåder [a'plo:dər] *pl*
beige beige [be:ʃ]
Beilage tillbehör [ˇtilbe'hœ:r] ‹-et, -›
Bein ben [be:n] ‹-et, -›
Beispiel exempel [ɛk'sɛmpəl] ‹exemplet, -›; **zum ~** till exempel [til ɛk'sɛmpəl]
beißen bita [ˇbi:ta]
bekannt bekant [be'kant]; *(berühmt)* känd [ɕɛnd]; **jdn mit jdm ~ machen** föreställa/presentera någon för någon [ˇfœ:rə'stɛla/presen'te:ra nɔn fœ: ŋɔn]; **~ sein** vara känt/känd [vɑ:ra 'ɕɛnt/'ɕɛnd]
Bekannte, der/die ~ bekant [be'kant] ‹-, -a›
Bekanntschaft bekantskap [beˇkantskɑ:p] ‹-en, -er›
beklagen, s. ~ (über) beklaga sig (över) [be'klɑ:ga sɛj ('ø:vər)]
bekommen få [fo:]
belästigen antasta [ˇantasta] ‹-ade, -at›
Beleidigung förolämpning [ˇfœ:ru'lɛmpniŋ] ‹-en, -ar›
Belichtungsmesser exponeringsmätare [ɛkspɔˇne:riŋs'mɛ:tarə] ‹-n, -›
Belohnung belöning [be'lø:niŋ] ‹-en, -ar›
bemerken märka/lägga märke till [ˇmærka/ˇlɛga 'mærkə til] ‹-te, -t›; *(sagen)* anmärka [ˇanmærka] ‹-te -t›, påpeka [ˇpo:pe:ka] ‹-ade, -at›
bemühen, s. ~ bemöda sig [be'mø:da sɛj] ‹-ade, -at›
benachrichtigen underrätta [ˇɵndə'rɛta] ‹-ade, -at›
benötigen behöva [be'hø:va] ‹-de, -t›
benutzen använda [ˇanvɛnda] ‹-e, använt›; *(Verkehrsmittel)* ta [tɑ:]

Benzin bensin [ben'si:n] ‹-en›
Benzinkanister bensindunk [benˇsi:ndɵŋk] ‹-en, -ar›
Benzinpumpe bensinpump [benˇsi:npɵmp] ‹-en, -ar›
beobachten iaktta [ˇi:ak'ta:], observera [ɔpsær've:ra] ‹-ade, -at›
bequem bekväm [be'kvɛ:m]
berechnen beräkna [be'rɛ:kna] ‹-ade, -at›
bereit beredd [be'red]
bereits redan [ˇre:dan]
Berg berg [bærj] ‹-et, -›, fjäll [fjɛl] ‹-et, -›
Bergdorf fjällby [ˇfjɛlby:] ‹-n, -ar›
Bergstation fjällstation [ˇfjɛlsta'ʃu:n] ‹-en, -er›
Bergsteigen bergsbestigning [ˇbærjsbe'sti:gniŋ] ‹-en, -ar›
Beruf yrke [ˇyrkə] ‹-t, -n›
beruhigen, s. ~ lugna sig [ˇlɵŋna sɛj] ‹-ade, -at›
Beruhigungsmittel lugnande medel [ˇlɵŋnandə 'me:dəl] ‹medlet, -›
berühmt berömd [be'rømd]
berühren beröra [be'rœ:ra] ‹-de, -t›
Besatzung besättning [be'sɛtniŋ] ‹-en, -ar›
beschädigen skada [ˇskɑ:da] ‹-ade, -at›
bescheinigen intyga [ˇinty:ga] ‹-ade, -at›
Bescheinigung intyg [ˇinty:g] ‹-et, -›
beschlagnahmen beslagta [beˇslɑ:gtɑ:]
beschließen besluta [be'slʉ:ta] ‹-ade, -at›
beschreiben beskriva [be'skri:va]
beschweren, s. ~ (über) besvära sig (över) [be'svæ:ra sɛj ('ø:vər)], klaga (över) [ˇklɑ:ga ('ø:vər)]
Besen sopborste [ˇsu:pbɔʂʈə] ‹-n, -ar›
besetzt *(Platz)* upptagen [ˇɵptɑ:gən]; *(voll)* full [fɵl]
besichtigen besiktiga [be'siktiga] ‹-ade, -at›; besöka [be'sø:ka] ‹-te -t›
Besichtigung (studie)besök [(ˇstʉ:djə)be'sø:k] ‹-et, -›
Besitzer ägare [ˇɛ:garə] ‹-n, -›
besonders särskilt [ˇsæ:ʂilt]
besorgen skaffa [ˇskafa] ‹-ade, -at›
besser bättre ['bɛtrə]
bestätigen bekräfta [be'krɛfta] ‹-ade, -at›
beste(r, -s) den/det/de bästa [den/de:/dɔm ˇbɛsta]
Besteck bestick [be'stik] ‹-et, -›
bestehen *(existieren)* bestå [be'sto:], existera [ɛksi'ste:ra] ‹-ade, -at›; **~ auf** insistera på [insi'ste:ra po:] ‹-ade, -at›; **~ aus** bestå av [be'sto: ɑ:v]
Bestellung beställning [be'stɛlniŋ] ‹-en, -ar›
bestimmt *adj* bestämd [be'stɛmd]; *adv* säkert [ˇsɛ:kəʈ]
Bestimmungen bestämmelser [be'stɛmelsər]
Besuch besök [be'sø:k] ‹-et, -›
besuchen, jdn ~ besöka någon [be'sø:ka nɔn] ‹-te, -t›, hälsa på någon [hɛlsa 'po: nɔn] ‹-ade, -at›
Besuchszeit besökstid [beˇsø:ksti:d] ‹-en, -er›
beten be(dja) [be:/ˇbe:dja]
Betrag belopp [be'lɔp] ‹-et, -›
betreten *verb* beträda [be'trɛ:da] ‹-de, -t›
Betreuungsdienst service ['sœ:rvis] ‹-en›
betrinken, s. ~ dricka sig berusad [drika sɛj be'rʉ:sad]
Betrug bedrägeri [bedrɛ:gə'ri:] ‹-et, -er›
betrunken berusad [be'rʉ:sad]; *(leicht)* onykter [ˇu:nyktər]

Bett säng [sɛŋ] ‹-en, -ar›; zu ~ gehen gå och lägga sig [go: ɔ ᵛlɛga sɛj]
Bettdecke filt [filt] ‹-en, -ar›
Bettlaken lakan [ᵛlɑ:kan] ‹-et, -›
Bettwäsche sänglinne [ᵛsɛŋlinə] ‹-t›
beunruhigen, s. ~ oroa sig [ᵛu:rʉ:a sɛj] ‹-ade, -at›
Beutel pung [pɵŋ] ‹-en, -ar›, börs [bœʂ] ‹-en, -ar›
bevor innan [ᵛinan], förrän [ˈfœrɛn]
bewachen bevaka [beˈvɑ:ka] ‹-ade, -at›
Beweis bevis [beˈvi:s] ‹-et, -›
bewölkt molnig [ᵛmo:lni(g)]
bewundern beundra [beˈɵndra] ‹-ade, -at›
bewusstlos medvetslös [ᵛme:dvetsˈlø:s]
bezahlen betala [beˈtɑ:la] ‹-ade, -at›
bezaubernd bedårande [beˈdo:randə]
Bezeichnung beteckning [beˈtɛkniŋ] ‹-en, -ar›; märke [ᵛmærkə] ‹-t, -n›
BH bh (behå) [ᵛbe:ho:] ‹-n, -ar›
Bibliothek bibliotek [bibliɔˈte:k] ‹-et, -›
Biene bi [bi] ‹-et, -n›
Bier öl [ø:l] ‹-et/-en›
Bier, alkoholfreies alkoholfritt öl [alkɔᵛho:lfrit ˈø:l]
bieten (er)bjuda [ᵛ(e:r)bjʉ:da]
Bikini bikini [biˈki:ni] ‹-n, -›
Bild *(Foto, Abbildung)* bild [bild] ‹-en, -er›; *(Gemälde)* tavla [ᵛtɑ:vla] ‹-n, -or›
bilden bilda [ᵛbilda] ‹-ade, -at›, forma [ᵛfɔrma] ‹-ade, -at›
Bildhauer skulptör [skɵlpˈtœ:r] ‹-en, -er›
billig billig [ᵛbilig]
Bindehautentzündung bindehinneinflammation [ᵛbindəhinəinflamaˈʃu:n] ‹-en›
Bindfaden snöre [ᵛsnœ:rə] ‹-t, -n›
Bioladen hälsokostbutik [ᵛhɛlsukɔstbʉˈti:k] ‹-en, -er›
Birnen päron [ᵛpæ:rɔn] ‹-et, -›
bis till(s) [til(s)]; ~ jetzt hittills [ᵛhi:tils]
Bischofssitz biskopssäte [ᵛbiskɔpˈsɛ:tə] ‹-t, -n›
bisschen, ein ~ litet [ᵛli:tə], en smula [en ᵛsmʉ:la]
Bitte begäran [beˈjæ:ran], bön [bø:n] ‹-en, -er›
bitten, jdn um etw ~ be någon om något [be: nɔn ɔm nɔt]
bitter bitter [ˈbitər], besk [besk]
Blähungen väderspänning [ᵛvɛ:dəˈʂpɛniŋ] ‹-en, -ar›
Blase blåsa [ᵛblo:sa] ‹-n, -or›
Blatt blad [blɑ:d] ‹-et, -›
blau blå [blo:]
Blazer blazer [ˈblɛ:sər] ‹-n, blazrar›
bleiben stanna (kvar) [ᵛstana/stana ˈkvɑ:r] ‹-ade, -at›
bleich blek [ble:k]
Bleistift blyertspenna [ᵛbly:æʈʂˈpɛna] ‹-n, -or›
Bleistiftspitzer pennvässare [ᵛpɛnvɛsarə] ‹-n, -›
Blende bländare [ᵛblɛndarə] ‹-n, -›
blenden blända [ᵛblɛnda] ‹-ade, -at›
Blick blick [blik] ‹-en, -ar›; *(Ausblick)* utsikt [ᵛʉ:tsikt] ‹-en, -er›
blind, Blinde/r blind [blind]
Blinddarm blindtarm [ᵛblindtarm] ‹-en, -ar›
Blinddarmentzündung blindtarmsinflammation [ᵛblindtarmsinflamaˈʃu:n] ‹-en›
Blindenhund blindhund [ᵛblindhɵnd] ‹-en, -ar›
Blinker blinker [ˈbliŋkər] ‹-n, -s›
Blitz blixt [blikst] ‹-en, -ar›
Blitzgerät blixt [blikst] ‹-en, -ar›
Blitzwürfel blixtkub [ᵛblikstkʉ:b] ‹-en, -er›
blöd(e) dum [dɵm]
blond blond [blɔnd]
blühen blomma [ᵛbluma]
Blume blomma [ᵛbluma] ‹-n, -or›
Blumengeschäft blomsteraffär [ᵛblɔmstəraˈfæ:r] ‹-en, -er›
Blumenkohl blomkål [ᵛblumko:l] ‹-en›
Bluse blus [blʉ:s] ‹-en, -ar›
Blut blod [ᵛblu:d] ‹-et›
Blutdruck, hoher/niedriger högt/lågt blodtryck [høkt/lo:kt ᵛblu:dtryk] ‹-et›
bluten blöda [ᵛblø:da] ‹-de, blött›
Bluterguss blodutgjutning [ᵛblu:dʉ:tˈjʉ:tniŋ] ‹-en, ar›
Blütezeit blomstringstid [ᵛblɔmstriŋsˈti:d] ‹-en, -er›
Blutgruppe blodgrupp [ᵛblu:dgrɵp] ‹-en, -er›
Blutprobe blodprov [ᵛblu:dpru:v] ‹-et, -›
Bluttransfusion blodtransfusion [ᵛblu:dtransfʉˈʃu:n] ‹-en, -er›
Blutung blödning [ᵛblø:dniŋ] ‹-en, -ar›
Blutvergiftung blodförgiftning [ᵛblu:dfœrˈjiftniŋ] ‹-en›
Bö by [by:] ‹-n, -ar›
Boccia boccia [ˈbɔtça] ‹-n›
Boden *(Grund)* mark [mark] ‹-en›; *(Erde)* jord [ju:ɖ] ‹-en›; *(Fuß-)* golv [gɔlv] ‹-et, -›
Bogen valvbåge [ᵛvalvbo:gə] ‹-n, -ar›
Bohnen böna [ᵛbø:na] ‹-n, -or›
Bootserfahrung erfarenhet av båtar [ᵛæ:rfɑrənˈhe:t ɑ:v ᵛbo:tar]
Bootsverleih båtuthyrning [ᵛbo:tʉ:tˈhy:ɳiŋ] ‹-en, -ar›
Bordkarte boarding card [ˈbo:ɖiŋ ˈkɑ:ɖ]
Borreliose borrelia [bɔˈre:lja] ‹-n›
böse elak [ᵛe:lak]; *(verärgert)* arg [arj]
Botanischer Garten botanisk trädgård [buˈtɑ:nisk ˈtrɛgoɖ] ‹-en, -ar›
Botschaft *(dipl. Vertretung)* ambassad [ambaˈsɑ:d] ‹-en, -er›
Bottnischer Meerbusen Bottenviken [ᵛbɔtənˈvi:kən]
Boutique boutique [buˈtik] ‹-n, -r›
Bowling bowling [ˈbouliŋ] ‹-en›
Braille blindskrift [ᵛblindskrift] ‹-en, -er›
Brand brand [brand] ‹-en, bränder›
Brandsalbe salva (-n) mot brännsår [ᵛsalva mʉ:t ᵛbrɛnso:r]
Bräter stekgryta [ᵛste:kgry:ta] ‹-n, -or›
brauchen behöva [beˈhø:va] ‹-de, -t›; använda [ᵛanvɛnda] ‹-e, använt›
Brauchtum sed [se:d] ‹-en, -er›
braun brun [brʉ:n]
Brechreiz kväljningar [ᵛkvɛljniŋar] *pl*
breit bred [bre:d]
Breite bredd [bred] ‹-en, -er›
Bremsbelag bromsbelägg [ᵛbrɔmsbeˈlɛg] ‹-et, -›
Bremse broms [brɔms] ‹-en, -ar›
bremsen bromsa [ᵛbrɔmsa] ‹-ade, -at›
Bremsflüssigkeit bromsvätska [ᵛbrɔmsvɛtska] ‹-n, -or›
Bremshebel bromsspak [ᵛbrɔmspɑ:k] ‹-en, -ar›
Bremslichter bromsljus [ᵛbrɔmsjʉ:s] ‹-et, -›
brennen svida [ᵛsvi:da] ‹sved, svidit›
Brennspiritus rödsprit [ᵛrø:dspri:t] ‹-en›
Brief brev [bre:v] ‹-et, -›

Briefkasten brevlåda [ˇbreːvloːda] ‹-n, -or›
Briefmarke frimärke [ˇfriːmærka] ‹-t, -n›
Briefpapier brevpapper [ˇbreːvpapər] ‹-pappapperet, -›
Brieftasche plånbok [ˇploːnbuːk] ‹-en, -böcker›
Briefumschlag kuvert [kəˈvæːr] ‹-et, -›
bringen *(her~)* ta med sig [tɑː ˈmeː sɛj], komma med [ˇkɔma meː]; *(weg~)* ta/föra bort [tɑː/fœːra ˈbɔʈ]
Brokkoli broccoli [ˈbrɔkɔli] ‹-n›
Brombeeren björnbär [ˈbjœːɳbær] ‹-et, -›
Bronchien luftrör [ˇləftrœːr] ‹-et, -›
Bronchitis luftrörskatarr [ˇləftrœːʂkaˈtar] ‹-en, -er›
Bronze brons [brɔns] ‹-en›
Bronzezeit bronsålder [ˇbrɔnsɔldər] ‹-n›
Brosche brosch [broːʃ] ‹-en, -er›
Brot bröd [brøːd] ‹-et, -›
Brötchen småfranska [ˇsmoːfranska] ‹-n, -›
Bruch brott [brɔt] ‹-et, -›
Brücke bro [bruː] ‹-n, -ar›
Bruder bro(de)r [ˇbruː(də)r] ‹-n, bröder›
Brunnen brunn [brən] ‹-en, -ar›
Brust bröst [brøst] ‹-et, -›
Buch bok [buːk] ‹-en, böcker›
buchen *(Platz)* boka [ˇbuːka] ‹-ade, -at›
Buchhandlung bokhandel [ˇbuːkhandəl] ‹-n, -handlar›
buchstabieren bokstavera [bukstaˈveːra] ‹-ade, -at›, stava [ˇstɑːva] ‹-ade, -at›
Bucht bukt [bəkt] ‹-en, -er›, vik [viːk] ‹-en, -ar›
Buchung bokning [ˇbuːkniŋ] ‹-en, -ar›
Bückling böckling [ˇbøkliŋ] ‹-en, -ar›
Bügeleisen strykjärn [ˇstryːkjæːɳ] ‹-et, -›
bügelfrei strykfri [ˇstryːkfriː]
bügeln stryka [ˇstryːka strøːk ˇstrʉːkit] ‹strök, strukit›
Bühne scen [seːn] ‹-en, -er›
Bummel promenad [prumeˈnɑːd] ‹-en, -er›, nattsudd [ˇnatsəd]
Bungalow bungalow [ˈbəŋalɔ] ‹-en, -er›
bunt färggrann [ˇfærjgran]; *(abwechslungsreich)* brokig [ˇbruːki]
Burg borg [bɔrj] ‹-en, -ar›
Bürgermeister/in borgmästare [ˇbɔrjmɛstarə] ‹-n, -›
Büro kontor [kɔnˈtuːr] ‹-et, -›
Bürste borste [ˇbɔʂʈə] ‹-n, -ar›
Bus buss [bəs] ‹-en, -ar›
Busbahnhof busstation [ˇbəstaˈʃuːn] ‹-en, -er›
Busch buske [ˇbəskə] ‹-n, -ar›
Bußgeld böter [ˈbøːtər] *pl*
Büste byst [byst] ‹-en, -er›
Butter smör [smœːr] ‹-et›
Buttermilch kärnmjölk [ˇçæːɳmjølk] ‹-en›

C

Café kafé [kaˈfeː] ‹-et, -er›
Camping camping [ˈkampiŋ] ‹-en›
Campingausweis campingkort [ˇkampiŋˈkuʈ] ‹-et, -›
Campingführer campingguide [ˇkampiŋˈgajd] ‹-n, -r›
Campingplatz campingplats [ˇkampiŋˈplats] ‹-en, -er›
Canyoning kanjonvandring [ˇkanjɔnˈvandriŋ] ‹-en, -ar›
CD/DVD CD/DVD [ˇseːdeː/deːveːˈdeː]
Cent cent [sɛnt] ‹-en, -›
Champagner champagne [ʃamˈpanj] ‹-n›
Champignons champinjon [ʃampinˈjuːn] ‹-en, -er›
Chartermaschine charterplan [ˇçɑːʈərˈplɑːn] ‹-et, -›
Chef chef [ʃɛːf] ‹-en, -er›
chemisch reinigen kemtvätta [ˇçeːmtvɛta] ‹-ade, -at›
Chirurg/in kirurg [çiˈrərg] ‹-en, -er›
Cholera kolera [ˈkuːləra] ‹-n›
Chor kör [kœːr] ‹-en, -er›
Christentum kristendom [ˇkristənˈdum] ‹-en›
Computerfachgeschäft specialaffär för datorer [spesiˇɑːlaˈfæːr fœː ɖaˈtuːrər]
Cornflakes cornflakes [ˈkoːɳflɛjks] *pl*
Cousin/e kusin [kəˈsiːn] ‹-en, -er›
Creme kräm [krɛːm] ‹-en, -er›

D

da *(Ort)* där [dæːr]; *(Grund)* då [doː], eftersom [ˇɛftəˈʂɔm]; *(Zeit)* då [doː]
da sein vara närvarande [vɑːra ˇnæːrvɑːrandə]
Dach (ytter)tak [(ˇytər)tɑːk] ‹-et, -›
dafür sein vara för (det) [vɑːra ˈfœːr (deː)]
dagegen sein vara emot (det) [vɑːra eˈmuːt (deː)]
daheim hemma [ˇhɛma]
damals då [doː], den gången [den ˈgɔŋən]
Damen damer [ˇdɑːmər] *pl*
Damenbinden dambindor [ˇdɑːmbindur]
Dampfbad ångbad [ˇɔŋbaːd] ‹-et, -›
Dampfer ångbåt [ˇɔŋboːt] ‹-en, -ar›
danach därefter [ˇdæːrɛftər]
Dänemark Danmark [ˈdanmark]
dänisch dansk [dansk]
danken tacka [ˇtaka] ‹-ade, -at›
dann då [doː], sedan [ˇseːdan]
Darm tarm [tarm] ‹-en, -ar›
dass att [at]
dasselbe samma [ˇsama]
Datum datum [ˇdɑːtəm] ‹-et, -›
Dauer varaktighet [ˇvɑːraktiˈheːt] ‹-en›
dauern *(Zeit)* vara [ˇvɑːra] ‹-ade, -at›, räcka [ˇrɛka] ‹-te, -t›; dröja [ˇdrøja] ‹-de, -t›
Deck däck [dɛk] ‹-et, -›
Decke (inner)tak [(ˇinər)tɑːk] ‹-et, -›
Defekt fel [feːl] ‹-et, -›
dein din [din]
Delle buckla [ˇbəkla] ‹-n, -or›
denken an tänka på [ˇtɛnka poː] ‹-te, -t›
Denkmal minnesmärke [ˇminəsˈmærkə] ‹-t, -n›
Denkmalschutz kulturminnesvård [kəlˇtʉːrminəsˈvoːɖ] ‹-en›
denn ty [tyː], för [fœːr]
Deo(dorant) deodorant [deɔdɔˈrant] ‹-en, -er›
deshalb därför [ˈdæːrfœr]
Design design [diˈsajn] ‹-en, -er›
Desinfektionsmittel desinfektionsmedel [desinfɛkˇʃuːnsmeːdəl] ‹-medlet, -›
desinfizieren desinficera [desinfiˈseːra] ‹-ade, -at›
deutlich tydlig [ˇtyːdlig]
deutsch tysk [tysk]
Deutsche, der ~ tysken [ˈtyskən] ‹-ar›; **die ~** tyskan [ˇtyskan] ‹-or›

Deutschland Tyskland [ˈtyskland]
Devisen utländsk valuta [ˇʉ:tlɛndsk vaˇlʉ:ta] ‹-n, -or›
Dezember december [deˈsɛmbər]
Dia dia [ˇdi:a] ‹-n, -or›
Diabetes sockersjuka [ˇsɔkərˈʃʉ:ka] ‹-n›
Diabetiker/in diabetiker [diaˈbe:tikər] ‹-n, -›
Diagnose diagnos [diaˈgno:s] ‹-en, -er›
Diät diet [diˈe:t] ‹-en, -er›
dich dig [dɛj]
Dichtung packning [ˇpakniŋ] ‹-en, -ar›
dick tjock [çɔk]; *(geschwollen)* svullen [ˇsvɵlən]
Dickmilch filmjölk [ˇfi:lmjɵlk] ‹-en›
Dieb tjuv [çʉ:v] ‹-en, -ar›
Diebstahl stöld [stɵld] ‹-en, -er›
Dienstag tisdag [ˈti:sda]
diese(r, -s) den här, det här, de här [den/de:/dɔm ˈhæ:r]
diesig disig [ˇdi:si(g)]
Digitalkamera digitalkamera [digiˇtɑ:lkɑ:məra] ‹-n, -or›
Ding sak [sɑ:k] ‹-en, -er›
Diphtherie difteri [diftəˈri:] ‹-n›
dir dig [dɛj]
direkt *adj* direkt [diˈrɛkt]; *(sofort)* genast [ˇje:nast]
Direktflug direktflyg [diˇrɛktfly:g] ‹-et, -›
Direktion direktion [dirɛkˈʃu:n] ‹-en, -er›, styrelse [ˇsty:rəlsə] ‹-n, -r›
Dirigent dirigent [diriˈʃɛnt] ‹-en, -er›
Discjockey diskjockey [ˇdiskjɔki] ‹-n, -er›
Diskothek diskotek [diskuˈte:k] ‹-et, -›
doch dock [dɔk], ändå [ˇɛndo:]
Dom domkyrka [ˇdumçyrka] ‹-n, -or›
Donner åska [ˇɔska] ‹-n›
Donnerstag torsdag [ˈtu:ʂɖa]
Doppel dubbel [ˈdɵbəl] ‹-n, dubblar›
doppelt dubbel [ˇdɵbəl]
Dorf by [by:] ‹-n, -ar›
Dörrfleisch torkat kött [ˇtɔrkat çøt]
Dorsch torsk [tɔʂk] ‹-en, -ar›
dort där [dæ:r]; ~ oben däruppe [dæ:rˇɵpə]; ~ unten därnere [dæˇɳe:rə]
Dose burk [bɵrk] ‹-en, -ar›
Dosenöffner konservöppnare [kɔnˇsærvøpnarə] ‹-n, -›
Drachenfliegen drakflygning [ˇdrɑ:kfly:gniŋ] ‹-en›
Drama drama [ˇdrɑ:ma] ‹-t, dramer›
draußen ute [ˇʉ:tə]
drin(nen) inne [ˇinə]
dringend brådskande [ˇbrɔskandə]
dritte(r, -s) tredje [ˇtre:djə]
Drogerie färghandel [ˇfærjhandəl] ‹-n, -handlar›
Drucker skrivare [ˇskri:varə] ‹-n, -›
Druckknopf tryckknapp [ˇtryknap] ‹-en, -ar›
Drüse körtel [ˇçœʈəl] ‹-n, körtlar›
du du [dʉ:]
dumm dum [dɵm]
dunkel mörk [mørk]
dünn tunn [tɵn]; *(schlank)* smal [smɑ:l]
durch *(quer ~)* genom [ˈje:nɔm], tvärsigenom [ˈtvæʂiˈje:nɔm]; *(Mittel)* genom [ˈje:nɔm], *(Passiv)* av [ɑ:v]
Durchfall diarré [diaˈre:] ‹-n›
durchgebraten genomstekt [ˇje:nɔmˈste:kt]
Durchreise genomresa [ˇje:nɔmˈre:sa] ‹-n, -or›
durchschnittlich *adj* genomsnittlig [ˇje:nɔmˈsnitlig]; *adv* genomsnittligt [ˇje:nɔmˈsnitlit]
durchwählen ringa direkt [riŋa diˈrɛkt] ‹-de, -t›
dürfen få (tillåtelse att) [fo: (ˇtilo:təlsə at)]
durstig törstig [ˇtœʂʈig]
Dusche dusch [dɵʃ] ‹-en, -ar›
Duschsitz duschpall [ˇdɵʃpal] ‹-en, -ar›
Düse munstycke [ˇmɵnstykə] ‹-t, -n›
Dynastie dynasti [dynasˈti:] ‹-n, -er›
D-Zug expresståg [ɛksˇprɛsto:g] ‹-et, -›

E

Ebbe ebb [ɛb] ‹-en›
eben *(flach)* platt [plat], jämn [jɛmn]; *(zeitlich)* just nu [jɵst nʉ:]
Ebene slätt [slɛt] ‹-en, -er›
ebenerdig i marknivå [i ˇmarkniˈvo:]
echt äkta [ˇɛkta]
Ecke hörn [hœ:ɳ] ‹-et, -›
Ehefrau maka [ˇmɑ:ka] ‹-n, -or›
Ehemann make [ˇmɑ:kə] ‹-n, -ar›
Ei ägg [ɛg] ‹-et, -›
Eierbecher äggkopp [ˇɛgkɔp] ‹-en, -ar›
eigen egen [ˇe:gən]; *(eigenartig)* egendomlig [ˇe:gənˈdumli]; *(seltsam)* underlig [ˇɵndəˈɭi]
Eigenschaft egenskap [ˇe:gənˈskɑ:p] ‹-en, -er›
eigentlich egentligen [eˈjɛntligən]
Eigentümer ägare [ˇɛ:garə] ‹-n, -›
eilig brådskande [ˇbrɔskandə]; es ~ haben ha bråttom [hɑ: ˇbrɔtɔm]
Eilzug snälltåg [ˇsnɛlto:g] ‹-et, -›
Eimer hink [hiŋk] ‹-en, -ar›
ein(e) en, ett [en et]
einchecken checka in [çɛka ˈin] ‹-ade, -at›
Eindruck intryck [ˇintryk] ‹-et, -›
einfach enkel [ˈɛŋkəl]
einfarbig enfärgad [ˇe:nfærjad]
Einfluss inflytande [ˇinfly:tandə] ‹-t, -n›
Einfuhr import [imˈpɔʈ] ‹-en, -er›
Eingang ingång [ˇingɔŋ] ‹-en, -ar›
Einhebelmischer ettgreppsblandare [ˇetgrɛpsˈblandarə] ‹-n, -›
einheimisch inhemsk [ˇinhɛmsk]
einige några [ˇno:ra]
einigen ena [ˇe:na] ‹-ade, -at›
einkaufen *(kaufen)* köpa [ˇçø:pa] ‹-te, -t›; *(Besorgungen machen)* handla [ˇhandla] ‹-ade, -at›
Einkaufszentrum shoppingcenter [ˇʃɔpiŋˈsɛntər] ‹-centret, -›
einladen (in)bjuda [ˇbjʉ:da/ˇinbjʉ:da]
einmal en gång [en gɔŋ]
einpacken packa/slå in [paka ˈin/slo: ˈin]
Einreise inresa [ˇinre:sa] ‹-n, -or›
einsam ensam [ˇensam]
einschalten sätta/slå på [sɛta ˈpo:/slo: ˈpo:]
Einspritzpumpe insprutningspump [ˇinsprʉ:tniŋsˈpɵmp] ‹-en, -ar›
einsteigen stiga på [sti:ga ˈpo:] ‹steg, stigit›
Einstiegshilfe hjälp att stiga på [jɛlp at sti:ga ˈpo:]
eintreffen anlända [ˇanlɛnda] ‹-e, anlänt›; *(geschehen)* hända [ˇhɛnda] ‹-de, -t›
eintreten gå in [go: ˈin]
Eintritt inträde [ˈintrɛ:də] ‹-t›; ~ verboten! tillträde förbjudet! [ˇtiltrɛ:də fœrˈbjʉ:dət]

Eintrittskarte inträdesbiljett [ˇintrɛ:dəsbil'jɛt] ‹-en, -er›
Einwohner invånare [ˇinvo:narə] ‹-n, -›
Einzel singel ['siŋəl] ‹-n, singlar›
einzig enda [ˇenda]; *(-artig)* enastående [ˇe:na'sto:əndə], unik [ɵ'ni:k]
Eis *(zum Essen)*glass [glas] ‹-en›; is [i:s] ‹-en›
Eisbahn skridskobana [ˇskrisku'bɑ:na] ‹-n, -or›
Eisenbahn järnväg [ˇjæ:ɳvɛ:g] ‹-en, -ar›
Eisenbahnfähre tågfärja [ˇto:gfærja] ‹-n, -or›
Eisenwarengeschäft järnhandel [ˇjæ:ɳhandəl] ‹-n, -handlar›
Eishockey ishockey [ˇi:shɔki] ‹-n›
Eiskunstlauf konståkning [ˇkɔnsto:kniŋ] ‹-en›
Eislauf skridskoåkning [ˇskrisku'o:kniŋ] ‹-en›
Eiter var [vɑ:r] ‹-et›
eitern vara sig [ˇvɑ:ra sɛj] ‹-ade, -at›
Elastikbinde elastisk binda [e'lastisk ˇbinda] ‹-n, -or›
elektrisch elektrisk [e'lɛktrisk]
Elektrohandlung elaffär [ˇe:la'fæ:r] ‹-en, -er›
Elektroherd elspis [ˇe:lspi:s]
Elektrolytlösung elektrolytlösning [elɛktrɔˇly:tlø:sniŋ] ‹-en›
Ellbogen armbåge [ˇarmbo:gə] ‹-n, -ar›
Eltern föräldrar [fœr'ɛldrar] *pl*
empfangen motta(ga) [ˇmu:tɑ:(ga)]
Empfänger adressat [adrɛ'sɑ:t] ‹-en, -er›
Empfangshalle hotellhall [hɔˇtɛlhal] ‹-en, -ar›
empfehlen rekommendera [rekɔmən'de:ra] ‹-ade, -at›
Empore läktare [ˇlɛktarə] ‹-n, -›
Ende slut [slʉ:t] ‹-et, -›; **am ~** till slut [til slʉ:t]
enden (av)sluta [ˇslʉ:ta/ˇɑ:vslʉ:ta] ‹-ade, -at›
endgültig *adj* slutgiltig [ˇslʉ:tjiltig]; *adv* slutgiltigt [ˇslʉ:tjiltit]
endlich slutligen [ˇslʉ:tligən]
Endreinigung städning före avresan [ˇstɛ:dniŋ fœ:rə ˇɑ:vre:san]
Endstation ändstation [ˇɛndsta'ʃu:n] ‹-en, -er›
eng trång [trɔŋ]
englisch engelsk ['ɛŋəlsk]
Enkel *(Sohn des Sohnes)* sonson [ˇso:nso:n] ‹-en, -söner›; *(Sohn der Tochter)* dotterson [ˇdɔtə'ʂo:n]
entdecken upptäcka [ˇɵptɛka] ‹-te, -t›
entfernt avlägsen [ˇɑ:vlɛgsən]
Entfernung avstånd [ˇɑ:vstɔnd] ‹-et, -›
entgegengesetzt motsatt [ˇmu:tsat]
enthalten innehålla [ˇinə'hɔla]
entscheiden avgöra [ˇɑ:vjœ:ra]
entschlacken befria från avfallsprodukter [be'fri:a fro:n ˇɑ:vfalspru'dɵktər]
entschließen, s. ~ besluta sig [be'slʉ:ta sɛj] ‹-ade, -at›
entschuldigen, s. ~ be om ursäkt [be: ɔm ˇʉ:ʂɛkt]
Entschuldigung ursäkt [ˇʉ:ʂɛkt] ‹-en, -er›; **ich bitte um ~!** ursäkta mig! [ˇʉ:ʂɛkta mɛj]
enttäuscht besviken [be'svi:kən]
entweder … oder antingen … eller [ˇantiŋən … 'ɛlər]
entwerten stämpla [ˇstɛmpla] ‹-ade, -at›
entwickeln *(Film)* framkalla [ˇframkala] ‹-ade, -at›
entzückend förtjusande [fœr'çʉ:sandə]
Entzündung inflammation [inflama'ʃu:n] ‹-en, -er›
Epilepsie epilepsi [epilɛp'si:] ‹-n›
Epoche epok [e'po:k] ‹-en, -er›
er han [han]
Erbsen ärta [ˇæʈa] ‹-n, ärtor/ärter›
Erdbeeren jordgubbe [ˇju:ɖgɵbə] ‹-n, -ar›
Erde jord [ju:ɖ] ‹-en, -ar›
Erdgastankstelle naturgasmack [naˇtʉ:rgɑ:s'mak]
Erdgeschoss bottenvåning [ˇbɔtən'vo:niŋ] ‹-en, -ar›
ereignen, s. ~ hända [ˇhɛnda] ‹-e, hänt›
Ereignis händelse [ˇhɛndəlsə] ‹-n, -r›
erfahren *verb* erfara [ˇæ:rfɑ:ra], få veta [fo: ˇve:ta], få reda på [fo: ˇre:da 'po:]; *adj* erfaren [ˇæ:rfɑ:rən]
erfreut (über) glad över (åt) [glɑ:d 'ø:vər (o:t)]
Erfrischung förfriskning [fœr'friskniŋ] ‹-en, -ar›
Erfrischungstücher våtservetter [ˇvo:tsær'vɛtər]
Ergebnis resultat [resɵl'tɑ:t] ‹-et, -›
erhalten få [fo:], erhålla [ˇæ:rhɔla]
erhöhen *(Preise)* höja [ˇhøja] ‹-de, -t›
erholen, s. ~ hämta sig [ˇhɛmta sɛj] ‹-ade, -at›, vila upp sig [vi:la 'ɵp sej] ‹-ade, -at›
erinnern, jdn an etw ~ påminna någon om något [ˇpo:mina nɔn ɔm nɔt] ‹-de, -t›; **s. ~** komma ihåg [kɔma i'ho:g]
erkältet förkyld [fœr'çy:ld]
Erkältung förkylning [fœr'çy:lniŋ] ‹-en, -ar›
Erker burspråk [ˇbʉ:ʂpro:k] ‹-et, -›
erklären förklara [fœr'klɑ:ra] ‹-ade, -at›
erkundigen, s. ~ höra sig för [hœ:ra sɛj 'fœ:r]
erlauben tillåta [ˇtilo:ta]
Erlaubnis tillåtelse [ˇtilo:təlsə] ‹-n, -r›
erledigen klara av [klɑ:ra 'ɑ:v]
Ermäßigung rabatt [ra'bat] ‹-en, -er›
ermöglichen möjliggöra [ˇmøjli'jœ:ra]
ernst allvarlig [ˇalvɑ:ɭig]
Ernte skörd [ʃœ:ɖ] ‹-en, -ar›
erreichen nå [no:] ‹-dde, -tt›
Ersatz *(Schaden~)* ersättning [ˇæ:ʂɛtniŋ] ‹-en, -ar›
Ersatzrad reservhjul [reˇsærvjʉ:l] ‹-et, -›
Ersatzteile reservdelar [reˇsærvde:lar]
erschöpft utmattad [ˇʉ:tmatad]
erschrecken skrämma [ˇskrɛma] ‹-de, -t›; *(erschrocken sein)* bli/vara rädd [bli: rɛd/vɑ:ra rɛd]
ersetzen ersätta [ˇæ:ʂɛta]
erst först [fœʂʈ]
erste(r, -s) första [fœʂʈa]
Erwachsene(r) vuxen [ˇvɵksən] ‹vuxna ›
erwarten vänta (sig) [ˇvɛnta (sɛj)] ‹-ade, -at›
erzählen berätta [be'rɛta] ‹-ade, -at›
Erziehung uppfostran [ˇɵpfustran]
Esel åsna [ˇo:sna] ‹-n, -or›
essbar ätbar [ˇɛ:tbɑ:r]
Essbesteck bestick [be'stik] ‹-et, -›
Essecke matvrå [ˇmɑ:tvro:] ‹-n, -r›
Essen *(Speise)* mat [mɑ:t] ‹-en›; *(Mahlzeit)* måltid [ˇmo:lti:d] ‹-en, -er›; **beim ~** när/medan man äter [næ:r/ˇme:dan man 'ɛ:tər]
essen äta [ˇɛ:ta]
Essig vinäger [vi'nɛ:gər] ‹-n›
Etage våning [ˇvo:niŋ] ‹-en, -ar›
Etagenbett våningssäng [ˇvo:niŋ'sɛŋ] ‹-en, -ar›
etwa omkring [ɔm'kriŋ]
etwas något [nɔt, ˇno:gɔt]; *(ein wenig)* (något) litet [(nɔt) ˇli:tə]
euch er [e:r]

euer er [e:r]
Euro euro ['ɛurɔ/'ɛvrɔ] ‹-n, -›
Europa Europa [e'ru:pa]
Europäer europé [erɔ'pe:] ‹-n, -er›
europäisch europeisk [erɔ'pe:isk]
Expressionismus expressionism [ekspreʃu'nism] ‹-en›
extra extra [ˇɛkstra]

F

Fabrik fabrik [fa'bri:k] ‹-en, -er›
Facharzt specialist [spesia'list] ‹-en, -er›
Faden tråd [tro:d] ‹-en, -ar›
Fahrpreis biljettpris [bilˇjɛtpri:s] ‹-et, -›
Fahrschein (buss)biljett [(ˇbɵs)bil'jɛt] ‹-en, -er›
Fahrscheinentwerter biljettstämplingsmaskin [bilˇjɛtstɛmpliŋsma'ʃi:n] ‹-en, -er›
Fahrdienst färdtjänst [ˇfæ:ɖçɛnst] ‹-en›
Fähre färja [ˇfærja] ‹-n, -or›
fahren åka [ˇo:ka] ‹-te, -t›; *(lenken)* köra [ˇçœ:ra] ‹-de, -t›
Fahrer förare [ˇfœ:rarə] ‹-n, -›
Fahrgast passagerare [pasaˇʃe:rarə] ‹-n, -›
Fahrkarte biljett [bil'jɛt] ‹-en, -er›
Fahrkartenautomat biljettautomat [bilˇjɛtautɔ'ma:t] ‹-en, -er›
Fahrkartenschalter biljettlucka [bilˇjɛtlɵka] ‹-n, -or›
Fahrplan tidtabell [ˇti:dta'bɛl] ‹-en, -er›
Fahrpreis biljettpris [bilˇjɛtpri:s] ‹-et, -›
Fahrrad cykel ['sykəl] ‹-n, cyklar›
Fahrradhelm cykelhjälm [ˇsykəl'jɛlm] ‹-en, -ar›
Fahrradweg cykelväg [ˇsykəl'vɛ:g] ‹-en, -ar›
Fahrspur körfil [ˇçœ:rfi:l] ‹-en, -er›
Fahrstuhl hiss [his] ‹-en, -ar›
Fahrt resa [ˇre:sa] ‹-n, -or›
fair just [ʃyst], hederlig [*he:dəlig]
fallen falla [ˇfala]
falls ifall [i'fal], om [ɔm]
Fallschirmspringen fallskärmshoppning [ˇfalʃærms'hɔpniŋ] ‹-en›
falsch fel [fe:l]; *(betrügerisch)* falsk [falsk]
Familie familj [fa'milj] ‹-en, -er›
Familienname efternamn [ˇɛftə'ɳamn] ‹-et, -›
Familienstand civilstånd [siˇvi:lstɔnd] ‹-et›
fangen fånga [ˇfɔŋa] ‹-ade, -at›
Fango fango ['faŋgɔ]
Farbe färg [færj] ‹-en, -er›
färben färga [ˇfærja] ‹-ade, -at›
farbig kulört [kʉ'lœ:ʈ]
Farbstift färgpenna [ˇfærjpɛna] ‹-n, -or›
Fass, vom fat, fat... [fɑ:t] ‹-et, -›
Fassade fasad [fa'sɑ:d] ‹-en, -er›
fast nästan [ˇnɛstan]
faul lat [lɑ:t]; *(Obst)* skämd [ʃɛmd], rutten [ˇrɵtən]
Februar februari [febrɵ'ɑ:ri]
Federball badminton ['bɛdmintɔn]
fehlen fattas [ˇfatas] ‹-ades, -ats›
Fehler fel [fe:l] ‹-et, -›; *(Mangel)* brist [brist] ‹-en, -er›
Fehlgeburt missfall [ˇmisfal] ‹-et, -›
Fehlzündung feltändning [ˇfe:ltɛndniŋ] ‹-en, -ar›
Feigen fikon [ˇfi:kɔn] ‹-et, -›
feilschen köpslå [ˇçø:pslo:], pruta [ˇprʉ:ta] ‹-ade, -at›
fein fin [fi:n], vacker ['vakər]
Feinkostgeschäft delikatessaffär [delikaˇtesɑ'fæ:r] ‹-en, -er›
Feld fält [fɛlt] ‹-et, -›
Felge fälg [fɛlj] ‹-en, -ar›
Fell skinn [ʃin] ‹-et, -›
Fels klippa [klipa] ‹-n, -or›
Fels(en)zeichnung hällristning [ˇhɛlristniŋ] ‹-en, -ar›
Fenchel fänkål [ˇfɛ:nko:l] ‹-en›
Fenster fönster ['fønstər] ‹fönstret, -›
Fensterplatz fönsterplats [ˇfønstər'plats] ‹-en, -er›
Ferien semester [se'mɛstər] ‹-n, semestrar›, lov [lo:v] ‹-et›; **in den ~** på semester(n) [po: se'mɛstər(n)]
Ferienanlage semesterby [seˇmɛstər'by:] ‹-n, -ar›
Ferienhaus fritidshus [ˇfri:tits'hʉ:s] ‹-et, -›
Ferienwohnung semesterlägenhet [seˇmɛstəlɛ:gən'he:t] ‹-en, -er›
Ferngespräch Sverigesamtal [ˇsværjəsam'tɑ:l] ‹-et, -›
Fernseher TV [ˇte:ve:] ‹-n›
Fernsehraum TV-rum [ˇte:ve:'rɵm]
Fernwanderweg långvandringsled [ˇlɔŋvandriŋs'le:d] ‹-en, -er›
fertig färdig [ˇfæ:ɖig]
fest fast [fast]
Fest fest [fest] ‹-en, -er›, kalas [ka'lɑ:s] ‹-et, -›, bjudning [bjʉ:dniŋ] ‹-en, -ar›
Festival festival [fɛsti'vɑ:l] ‹-en, -er›
Festland fastland [ˇfastland] ‹-et›
Festung fästning [ˇfɛstniŋ] ‹-en, -ar›
fett fet [fe:t]
Fett fett [fet] ‹-et, -er›
fettarm mager ['mɑ:gər]
feucht fuktig [ˇfɵktig]
Feuer eld [eld] ‹-en, -ar›
feuergefährlich eldfarlig [ˇeldfɑ:ɭig]
Feuerlöscher eldsläckare [ˇeldslɛkarə] ‹-n, -›, brandsläckare [ˇbrandslɛkarə] ‹-n, -›
Feuermelder brandskåp [ˇbrandsko:p] ‹-et, -›
Feuerwehr brandkår [ˇbrandko:r] ‹-en, -er›
Fieber feber ['fe:bər] ‹-n›
Fieberthermometer febertermometer [ˇfe:bəʈærmu'me:tər] ‹-n, -metrar›
Film film [film] ‹-en, -er›
Filmempfindlichkeit filmkänslighet [ˇfilmçɛnsli(g)'he:t] ‹-en›
Filmkamera filmkamera [ˇfilmkɑ:məra] ‹-n, -or›
Filmschauspieler (film)skådespelare [ˇ(film)sko:də'spe:larə] ‹-n, -›
Filmtransport filmframmatning [ˇfilmfra'mɑ:tniŋ] ‹-en›
Filzstift spritpenna [ˇspri:tpɛna] ‹-n, -or›
finden finna [ˇfina], hitta [ˇhita] ‹-ade, -at›
Finger finger ['fiŋər] ‹fingret, fingrar›
Finnland Finland ['finland]
Firma firma [ˇfirma] ‹-n, -or›
Fisch fisk [fisk] ‹-en, -ar›
Fischerhafen fiskehamn [ˇfiskə'hamn] ‹-en, -ar›
Fischerort fiskeläge [ˇfiskə'lɛ:gə] ‹-t, -n›
Fischgeschäft fiskaffär [ˇfiska'fæ:r] ‹-en, -er›
fit i form [i: fɔrm] , i trim [i: trim]
Fitnesscenter motionscenter [motˇʃu:nsɛntər] ‹-centret, -›

Fjord fjord [fjo:ɖ] ‹-en, -ar›
flach flack [flak], platt [plat]
Fläschchenwärmer flaskvärmare [ˇflaskværmarə] ‹-n, -›
Flasche flaska [ˇflaska] ‹-n, -or›
Flaschenöffner flasköppnare [ˇflaskøpnarə] ‹-n, -›
Flaute stiltje [ˇstiltjə] ‹-n›
Fleck(en) fläck [flɛk] ‹-en, -ar›
Fleckenwasser fläckborttagningsmedel [ˇflɛkbɔʈɑ:gniŋs'me:dəl] ‹-medlet, -›
Fleisch kött [çøt] ‹-et›
Fleischwurst falukorv [ˇfɑ:lɵ'korv] ‹-en, -ar›
flicken lappa [ˇlapa] ‹-ade, -at›, laga [ˇlɑ:ga] ‹-ade, -at›
Flickzeug reparationsverktyg [reparaˇʃu:nsværk'ty:g] ‹-et, -›
Fliege fluga [ˇflʉ:ga] ‹-n, -or›
fliegen flyga [ˇfly:ga]
fließen flyta [ˇfly:ta]
Flipflops flipflops [ˇflipflɔps] *pl*
Flohmarkt loppmarknad [ˇlɔpmarknad] ‹-en, -er›
Flug flyg [fly:g] ‹-et, -›
Flügel flygel [ˇfly:gəl] ‹-n, flyglar›
Fluggast passagerare [pasa'ʃe:rarə] ‹-n, -›
Fluggesellschaft flygbolag [ˇfly:gbu'lɑ:g] ‹-et, -›
Flughafen flygplats [ˇfly:gplats] ‹-en, -er›
Flughafengebühr flygplatsavgift [ˇfly:gplatsɑ:v'jift] ‹-en, -er›
Flugplan flygtidtabell [ˇfly:gti:dta'bɛl] ‹-en, -er›
Flugschein flygbiljett [ˇfly:gbil'jɛt] ‹-en, -er›
Flugzeug flygplan [ˇfly:gplɑ:n] ‹-et, -›
Flurbreite korridorbredd [kɔriˇdo:rbred] ‹-en›
Fluss flod [flu:d] ‹-en, -er›, älv [ɛlv] ‹-en, -ar›
flüssig flytande [ˇfly:tandə]
Flut flod [flu:d] ‹-en›
Föhn hårtork [ˇho:ʈɔrk] ‹-en, -ar›
föhnen föna [ˇfø:na] ‹-ade, -at›
folgen följa [ˇfølja] ‹-de, -t›
Folklore folklor [ˇfɔlklo:r] ‹-en›
Forelle forell [fɔ'rɛl] ‹-en, -er›
Form form [fɔrm] ‹-en, -ar›
Formular formulär [fɔrmɵ'læ:r] ‹-et, -›; blankett [blaŋ'kɛt] ‹-en, -er›; **ein ~ ausfüllen** fylla i ett formulär/en blankett [fyla 'i: et fɔrmɵ'læ:r/en blaŋ'kɛt]
fort bort [bɔʈ]
Fotogeschäft fotoaffär [ˇfutua'fæ:r] ‹-en, -er›
Fotografie fotografi [futugra'fi:] ‹-et, -er›
fotografieren fotografering [futugra'fe:riŋ] ‹-en›
Frage fråga [ˇfro:ga] ‹-n, -or›
fragen fråga [ˇfro:ga] ‹-ade, -at›
frankieren frankera [fraŋ'ke:ra] ‹-ade, -at›
französisch fransk [fransk]
Frau kvinna [ˇkvina] ‹-n, -or›; *(Anrede, vor Namen)* fru [frʉ:]; *(Ehe~)* hustru [ˇhɵstrɵ] ‹-n, -r›
frei fri [fri:]; *(unbesetzt)* ledig [ˇle:di]; **im Freien** ute (i det fria) [ˇʉ:tə (i: de ˇfri:a)]
frei ledig [ˇle:dig]
Freibad friluftsbad [ˇfri:lɵfts'bɑ:d] ‹-et, -›
Freilichtmuseum friluftsmuseum [ˇfri:lɵftsmʉ'se:ɵm] ‹-museet, -er›
Freilufttheater friluftsteater [ˇfri:lɵftste'ɑ:tər] ‹-n, -teatrar›
Freitag fredag ['fre:da]
Freizeitpark fritidspark [ˇfri:tits'park] ‹-en, -er›
fremd främmande [ˇfrɛmandə]
Fremde, der/die ~ främling [ˇfrɛmliŋ] ‹-en, -ar›
Fremdenführer guide [gajd] ‹-n, -r›
Freude glädje [ˇglɛ:djə] ‹-n›
freuen, s. ~ auf/über glädja sig åt/över [ˇglɛ:dja sɛj o:t/'ø:vər]
Freund vän [vɛn] ‹-nen, -ner›
freundlich vänlig [ˇvɛnli]
Friedhof kyrkogård [ˇçyrku'go:ɖ] ‹-en, -ar›
frieren frysa [ˇfry:sa]
Fries fris [fri:s] ‹-en, -er›
frisch frisk [frisk]; *(neu)* färsk [fæʂk], ny [ny:]; *(Wäsche)* fräsch [frɛ:ʃ], ren [re:n]
Frischhaltefolie plastfolie [ˇplastfu:ljə] ‹-n, -r›
Friseur frisör [fri'sœ:r] ‹-en, -er›
frisieren frisera [fri'se:ra] ‹-ade, -at›
Frisur frisyr [fri'sy:r] ‹-en, -er›
froh glad [glɑ:d]
Frost frost [frɔst] ‹-en›
Frostschutzmittel frostskyddsmedel [ˇfrɔstʃyts'me:dəl] ‹-medlet, -›
Frottee frotté [frɔ'te:] ‹-n›
Frühling vår [vo:r] ‹-en, -ar›
Frühstück frukost ['frɵkɔst] ‹-en, -ar›
frühstücken äta frukost [ˇɛta 'frɵkɔst]
Frühstücksbüfett frukostbuffé [ˇfrɵkɔstbɵ'fe:] ‹-n, -er›
Frühstücksraum frukostrum [ˇfrɵkɔst'rɵm] ‹-met, -›
fühlen känna [ˇçɛna] ‹-de, -t›
führen föra [ˇfœ:ra] ‹-de, -t›, leda [ˇle:da] ‹-de, lett›
Führer *(für Fremde)* guide [gajd] ‹-n, -r›
Führerschein körkort [ˇçœ:rkuʈ] ‹-et, -›
Führung visning [ˇvi:sniŋ] ‹-en, -ar›
füllen fylla [ˇfyla] ‹-de, -t›
Füllfederhalter reservoarpenna [resærvuˇɑ:rpɛna] ‹-n, -or›
Füllung fyllning [ˇfylniŋ] ‹-en, -ar›
Fund fynd [fynd] ‹-et, -›
Fundament fundament [fɵnda'mɛnt] ‹-et, -›
Fundbüro hittegodsmagasin [ˇhitəgutsmaga'si:n] ‹-et, - ›
funktionieren fungera [fɵŋ'ge:ra] ‹-ade, -at›
für för [fœ:r]
fürchten frukta [ˇfrɵkta] ‹-ade, -at›; **s. ~ vor** vara rädd för [vɑ:ra 'rɛd fœ:r]
fürchterlich fruktansvärd [ˇfrɵktans'væ:ɖ], förskräcklig [fœʂ'krɛklig]
Fuß fot [fu:t/'føtər] ‹-en, fötter›
Fuß(reflexzonen)massage fot(reflexzon)massage [ˇfu:t(reflɛkssu:n)ma'sɑ:ʃ] ‹-n›
Fußball fotboll [ˇfu:tbɔl] ‹-en, -ar›
Fußbremse fotbroms [ˇfu:tbrɔms] ‹-en, -ar›
Fußgänger fotgängare [ˇfu:tjɛŋarə] ‹-n, -›

G

Gabel gaffel ['gafəl] ‹-n, gafflar›
Galerie galleri [galə'ri:] ‹-et, -er›
Gallenblase gallblåsa [ˇgalblo:sa] ‹-n, -or›
Gang *(Zug)* gång [gɔŋ] ‹-en, -ar›; *(Essen)* rätt [rɛt] ‹-en, -er›; *(Auto)* växel ['vɛksəl] ‹-n, växlar›
Gangschaltung växel ['vɛksəl] ‹-n, växlar›
ganz *adj* hel [he:l]; *pl* alla [ˇala]; *adv* helt [he:lt]

Ganzkörpermassage kroppsmassage [ˇkrɔpsma'sɑ:ʃ] ‹-n›
gar genomstekt [ˇje:nɔm'ste:kt]
Garantie garanti [garan'ti:] ‹-n, -er›
Garderobe garderob [gaɖə'ro:b] ‹-en, -er›
Garnelen räka [ˇrɛ:ka] ‹-n, -or›
Garten trädgård ['trɛgo:ɖ] ‹-en, -ar›
Gas geben ge gas [je: 'gɑ:s]
Gasflasche gasolflaska [gaˇso:lflaska] ‹-n, -or›
Gasherd gasspis [ˇgɑ:spi:s]
Gaskartusche gasoltub [gaˇso:ltʉ:b] ‹-en, -er›
Gaskocher gasolkök [gaˇso:lçø:k] ‹-et, -›
Gaspedal gaspedal [ˇgɑ:spe'dɑ:l] ‹-en, -er›
Gast gäst [jɛst] ‹-en, -er›
Gastfreundschaft gästfrihet [ˇjɛstfri:'he:t] ‹-en›
Gastgeber/in värd [væ:ɖ] ‹-en, -ar›/ värdinna [væˇɖina]‹-n, -or›
Gebäck småkakor [ˇsmo:kɑ:kur] *pl*
gebacken bakad [ˇbɑ:kad]
Gebäude byggnad [ˇbygnad] ‹-en, -er›
geben ge [je:]
Gebirge fjäll [fjɛl], berg [bærj] *pl*
Gebläse fläkt [flɛkt] ‹-en, -ar›
geboren född [fød]
gebraten stekt [ste:kt]
gebräuchlich bruklig [ˇbrʉ:kli], vanlig [ˇvɑ:nli]
gebrochen *(Knochen)* bruten [ˇbrʉ:tən]; *(Achse)* sönder ['søndər]
Gebühr avgift [ˇɑ:vjift] ‹-en, -er›
Geburtsdatum födelsedatum [ˇfø:delsə'dɑ:təm] ‹-et, -›
Geburtsname efternamn som ogift [ˇɛftə'ɳamn sɔm ˇu:jift] ‹-et,-›
Geburtsort födelseort [ˇfø:delsə'uʈ] ‹-en, -er›
Geburtsstadt födelsestad [ˇfœ:delsə'stɑ:d] ‹-en, -städer›
Geburtstag födelsedag [ˇfø:delsə'dɑ:g] ‹-en, -ar›
gedämpft ångkokt [ˇɔŋkukt]
Gedeck kuvert [kʉ'væ:r] ‹-et, -›
Gedenkstätte minnesvård [ˇminəs'vo:ɖ] ‹-en, -ar›
Geduld tålamod [ˇto:la'mu:d] ‹-et›
gedünstet ångkokt [ˇɔŋkukt], stuvad [ˇstʉ:vad]
Gefahr fara [ˇfɑ:ra] ‹-n, -or›
gefährlich farlig [ˇfɑ:ɭig]
gefallen behaga [be'hɑ:ga] ‹-ade, -at›; *(ansprechen)* tilltala [ˇtiltɑ:la] ‹-ade, -at›
Gefälligkeit tjänstvillighet [ˇçɛnstvili'he:t] ‹-en›
Gefängnis fängelse [ˇfɛŋəlsə] ‹-t, -r›
Gefühl känsla [ˇçɛnsla] ‹-n, -or›
gefüllt fylld [fyld]
gegen *(wider; in Richtung auf)* mot [mu:t]; *(zeitlich)* omkring [ɔm'kriŋ]
Gegend trakt [trakt] ‹-en, -er›
Gegenstand *(Gesprächs~)* ämne [ˇɛmnə] ‹-t, -n›; *(Ding)* föremål [ˇfœ:rə'mo:l] ‹-et, -›
Gegenteil motsats [ˇmu:tsats] ‹-en, -er›; im ~ tvärtom [ˇtvæʈɔm]
gegenüber *adv* mittemot [ˇmite'mu:t]
gehbehindert som har svårt att gå [sɔm hɑ:r svo:ʈ at go:]
Gehbehinderte/r rörelsehindrad [ˇrœ:relsə'hindrad]
geheim hemlig [ˇhemlig]
Geheimzahl kodnummer [ˇko:dnəmər] ‹-numret, -›
gehen gå [go:]
Gehhilfe gånghjälpmedel [ˇgɔŋjɛlp'me:del] ‹-medlet, -›
Gehirn hjärna [ˇjæ:ɳa] ‹-n, -or›
Gehirnblutung hjärnblödning [ˇjæ:ɳblø:dniŋ] ‹-en, -ar›
Gehirnerschütterung hjärnskakning [ˇjæ:ɳʂkɑ:kniŋ] ‹-en, -ar›
Gehirnschlag slaganfall [ˇslɑ:gan'fal] ‹-et, -›
Gehör hörsel ['hœʂəl] ‹-n›
gehörlos, Gehörlose/r döv [dø:v]
geistig behindert psykiskt handikappad ['psy:kiskt ˇhandi'kapad]
Geistlicher präst [prɛst] ‹-en, -er›
gekocht kokt [kukt]
Gelände terräng [tæ'rɛŋ] ‹-en›, område [ˇɔmro:də] ‹-t, -n›
gelb gul [gʉ:l]
Gelbsucht gulsot [ˇgʉ:lsu:t] ‹-en›
Geld pengar ['pɛŋar] *pl*
Geldanweisung penninganvisning [ˇpɛniŋan'vi:sniŋ] ‹-en, -ar›
Geldautomat bankomat [baŋku'mɑ:t] ‹-en, -er›
Geldbörse börs [bœʂ] ‹-en, -ar›
Geldschein sedel ['se:dəl] ‹-n, sedlar›
Geldwechsel växling (av utländsk valuta) [ˇvɛksliŋ (ɑ:v ˇʉ:tlɛndsk vaˇlʉ:ta)] ‹-en›
Gelegenheit tillfälle [ˇtilfɛlə] ‹-t, -n›
gelegentlich *adv* vid tillfälle [vi:d ˇtilfɛlə]; ibland [i:'bland]
Gelenk led [le:d] ‹-en, -er›
gelten gälla [ˇjɛla] ‹-de, -t›
Gemälde målning [ˇmo:lniŋ] ‹-en, -ar›
Gemäldesammlung tavelsamling [ˇtɑ:vəl'samliŋ] ‹-en, -ar›
gemeinsam *adj* gemensam [jeˇme:nsam]; *adv* gemensamt [jeˇme:nsamt], tillsammans [til'samans]
Gemeinschaftsraum sällskapsrum [ˇsɛlskɑ:ps'rəm] ‹-met, -›
gemischt blandat [ˇblandat]
Gemüse grönsaker [ˇgrø:nsɑ:kər] *pl*
Gemüsehändler grönsakshandlare [ˇgrø:nsɑ:ks'handlarə] ‹-n, -›
genau noga [ˇnu:ga], exakt [ɛk'sakt]; ~so ... wie precis som [pre'si:s sɔm]
genehmigen godkänna [ˇgu:dçɛna] ‹-de, -t›, bevilja [be'vilja] ‹-ade, -at›
genießen njuta av [ˇnjʉ:ta ɑ:v]
genug nog [nu:g], tillräckligt med [ˇtilrɛklit me:]
geöffnet öppet [ˇøpət]
Gepäck bagage [ba'gɑ:ʃ] ‹-t›
Gepäckabfertigung incheckning [ˇinçɛkniŋ] ‹-en, -ar›
Gepäckannahme resgodsinlämning [ˇre:sgutsin'lɛmniŋ] ‹-en›
Gepäckaufbewahrung resgodsförvaring [ˇre:sgutsfœr'vɑ:riŋ] ‹-en›
Gepäckausgabe resgodsutlämning [ˇre:sgutsʉ:t'lɛmniŋ] ‹-en›; utcheckning [ˇutçɛkniŋ] ‹-en, -ar›
Gepäckschalter resgodsexpedition [ˇre:sgutsɛkspedi'ʃu:n] ‹-en›
Gepäckschein polletteringskvitto [pɔlɛˇte:riŋs'kvitu] ‹-t, -n›
Gepäckschließfach förvaringsbox [fœrˇvɑ:riŋs'bɔks] ‹-en, -ar›
Gepäckträger *(am Auto)* bagagehållare [baˇgɑ:ʃhɔlarə] ‹-n, -›

Gepäckwagen godsvagn [ˇgutsvaŋn] ‹-en, -ar›
gerade *adj* rak [rɑ:k]; *(zeitlich)* just [jɵst]
geradeaus rakt fram [rɑ:kt ˈfram]
Gerätetauchen dykning med dykarutrustning [ˇdy:kniŋ mɛ: ˇdy:karʉ:tˈrɵstniŋ]
geräuchert rökt [rø:kt]
Geräusch buller [ˈbɵlər] ‹bullret, -›
Gericht *(Essen)* rätt [rɛt] ‹-en, -er›; *(Justiz)* domstol [ˇdumstu:l] ‹-en, -ar›
germanisch germansk [jæ:rˈmɑ:nsk]
gern gärna [ˇjæ:ɳa]; **nicht ~** inte gärna [ˇintə ˇjæ:ɳa]
geröstet halstrad [ˇhalstrad]
Geruch lukt [lɵkt] ‹-en, -er›
Gesang sång [sɔŋ] ‹-en, -er›
geschehen hända [ˇhɛnda] ‹-e, hänt›; **was ist ~?** vad har hänt? [vɑ: hɑ:r hɛnt]
Geschenk present [preˈsɛnt] ‹-en, -er›, gåva [ˇgo:va] ‹-n, -or›
Geschenkpapier presentpapper [preˇsɛntpapər] ‹-papperet, -›
Geschichte historia [hiˈstu:ria] ‹historien›
Geschirrspülbecken diskbänk [ˇdiskbɛŋk] ‹-en, -ar›
Geschirrspülmaschine diskmaskin [ˇdiskmaˈʃi:n] ‹-en, -er›
Geschirrtuch kökshandduk [ˇçøkshanˈdʉ:k] ‹-en, -ar›
Geschlechtskrankheit könssjukdom [ˇçø:nsʃʉ:kˈdum] ‹-en, -ar›
Geschlechtsorgane könsorgan [ˇçø:nsɔrˈgɑ:n] *pl*
geschlossen stängd [stɛŋd]
Geschmack smak [smɑ:k] ‹-en, -er›
geschmort grytstekt [ˇgry:tste:kt]
Geschwindigkeit hastighet [ˇhastigˈhe:t] ‹-en, -er›
geschwollen svullen [ˇsvɵlən]
Geschwulst svulst [svɵlst] ‹-en, -er›
Geschwür sår [so:r] ‹-et, -›, böld [bøld] ‹-en, -er›
Gesicht ansikte [ˇansiktə] ‹-t, -n›
Gesichtsbehandlung ansiktsbehandling [ˇansiktsbeˈhandliŋ] ‹-en, -ar›
Gespräch samtal [ˇsamtɑ:l] ‹-et, -›
gestern igår [iˈgo:r]
gesund frisk [frisk]
Getränk dryck [dryk] ‹-en, -er›
Getriebe växellåda [ˇvɛksəˈlo:da] ‹-n, -or›
Gewicht vikt [vikt] ‹-en, -er›
Gewinn vinst [vinst] ‹-en, -er›
gewinnen vinna [ˇvina]
gewöhnlich vanlig [ˇvɑ:nlig]
gewohnt sein vara van [vɑ:ra ˈvɑ:n]
Gewölbe valv [valv] ‹-et, -›
Gewürz krydda [ˇkryda] ‹-n, -or›
gibt, es ~ det finns [de: fins]
Giebel gavel [ˈgɑ:vəl] ‹-n, -, gavlar›
Gift gift [jift] ‹-et, -er›
giftig giftig [ˇjiftig]
Gipfel topp [tɔp] ‹-en, -ar›
Glas glas [glɑ:s] ‹-et, -›
Glasmalerei glasmåleri [ˇglɑ:smoləˈri:] ‹-et, -er›
Glatteis halka [ˇhalka] ‹-n›
Glaube tro [tru:] ‹-n›
glauben tro [tru:] ‹-dde, -tt›
gleich *adj* lik(a) [li:k/ˇli:ka]; *(sofort)* genast [ˇje:nast]
gleichen likna [ˇli:kna] ‹-ade, -at›
gleichzeitig *adv* samtidigt [ˇsamti:dit]
Gleis spår [spo:r] ‹-et, -›
Gleitschirm hängglidare [ˇhɛŋgli:darə] ‹-n, -›, flygskärm [ˇfly:gʃærm] ‹-en, -ar›
Glieder lemmar [ˇlɛmar] *pl*
Glocke klocka [ˇklɔka] ‹-n, -or›
Glück lycka [ˇlyka] ‹-n›; **viel ~!** lycka till [lyka ˈtil]
glücklich lycklig [ˇlyklig]
Glückwunsch lyckönskning [ˇlykønskniŋ] ‹-en, -ar›
Glühbirne glödlampa [ˇglø:dlampa] ‹-n, -or›
Gobelin gobeläng [gɔbeˈlɛŋ] ‹-en, -er›
Gold guld [gɵld] ‹-et›
golden guldfärgad [ˇgɵldfærjad]
Goldschmiedekunst guldsmide [ˇgɵldsmi:də] ‹-t›
Golf golf [gɔlf] ‹-en›
Golfschläger golfklubba [ˇgɔlfklɵba] ‹-n, -or›
Gott Gud [gʉ:d], gud [gʉ:d] ‹-en, -ar›; **~ sei Dank!** gudskelov! [ˇgɵʃe:ˈlo:v], som väl är! [sɔm vɛ:l e:]
Gottesdienst gudstjänst [ˇgɵtsçɛnst] ‹-en, -er›
Grab grav [grɑ:v] ‹-en, -ar›
Grabmal gravvård [ˇgrɑ:vo:ɖ] ‹-en, -ar›
Grabstein gravsten [ˇgrɑ:vste:n] ‹-en, -ar›
Grafik grafik [graˈfi:k] ‹-en›
Gramm gram [gram]
Gräte fiskben [ˇfiskbe:n] ‹-et, -›
gratis gratis [ˈgrɑ:tis]
gratulieren gratulera [gratɵˈle:ra] ‹-ade, -at›
grau grå [gro:]
Grenzübergang gränsövergång [ˇgrɛnsø:vərˈgɔŋ] ‹-en, -er›
Grieß mannagryn [ˇmanaˈgry:n] ‹-et, -›
Grill grill [gril] ‹-en, -ar›
Grillabend grillkväll [ˇgrilkvɛl] ‹-en, -ar›
Grillanzünder grilltändare [ˇgriltɛndarə] ‹-n, -›
Grillkohle grillkol [ˇgrilko:l] ‹-et, -›
Grippe influensa [inflɵˇɛnsa] ‹-n, -or›
groß stor [stu:r]
Größe *(Ausdehnung)* storlek [ˇstu:ɭe:k] ‹-en›, utsträckning [ˇʉ:tstrɛkniŋ] ‹-en›; *(geistige)* storhet [ˇstu:rhe:t] ‹-en, -er›; *(Kleidung, Schuhe)* storlek [ˇstu:ɭe:k] ‹-en, -ar›
Großmutter *(väterlicherseits)* farmor [ˈfarmur]; *(mütterlicherseits)* mormor [ˈmurmur]
Großraumwagen öppen vagn [ˇøpən vaŋn] ‹-en, -ar›
Großvater *(väterlicherseits)* farfar [ˈfarfar]; *(mütterlicherseits)* morfar [ˈmurfar]
Grotte grotta [ˇgrɔta] ‹-n, -or›
grün grön [grø:n]
Grund orsak [ˇu:ʂɑ:k] ‹-en, -er›, skäl [ʃɛ:l] ‹-et, -›; *(Beweg~)* motiv [muˈti:v] ‹-et, -›
Grundriss planritning [ˇplɑ:nri:tniŋ] ‹-en, -ar›
Gruppe grupp [grɵp] ‹-en, -er›
grüßen hälsa [ˇhɛlsa] ‹-ade, -at›
Gulasch gulasch [gɵˈlaʃ] ‹-en›
gültig giltig [ˇjilti], gällande [ˇjɛlandə]
Gummistiefel gummistövlar [ˇgɵmiˈstøvlar] *pl*
Gurke gurka [ˇgɵrka] ‹-n, -or›
Gürtel bälte [ˇbɛltə] ‹-t, -n›
gut *adj* bra [brɑ:], god [gu:d]; *adv* bra [brɑ:]
Gutschein kupong [kɵˈpɔŋ] ‹-en, -er› , tillgodokort [tilˇgu:duˈkuʈ]
Gymnastik gymnastik [jymnaˈsti:k] ‹-en›

H

Haar hår [hoːr] ‹-et, -›
Haarbürste hårborste [ˇhoːrbɔʂʈə] ‹-n, -ar›
Haarentferner hårborttagningsmedel [ˇhoːrbɔʈɑːgniŋsˈmeːdəl]
Haarfestiger hårläggningsvätska [ˇhoːɭɛgniŋsˈvɛtska] ‹-n›
Haarklammern hårnålar [ˇhoːɳoːlar]
Haarschnitt klippning [ˇklipniŋ] ‹-en›
Haarspray hårspray [ˇhoːʂprɛj] ‹-en, -er›
Haarwaschmittel hårschampo [ˇhoːrʃampu] ‹-t›
haben ha [hɑː] ‹-hade, haft›
Hackfleisch köttfärs [ˇçøtfæʂ] ‹-en›
Hafen hamn [hamn] ‹-en, -ar›
Hafengebühr hamnavgift [ˇhamnɑːvˈjift] ‹-en, -er›
Haferflocken havregryn [ˇhɑːvrəˈgryːn] ‹et, -›
Hagel hagel, haglet [ˈhɑːgəl]
Hähnchen kyckling [ˇçykliŋ] ‹-en, -ar›
Haken krok [kruːk] ‹-en, -ar›, hake [ˇhɑːkə] ‹-n, -ar›; *(Kleider~)* klädhängare [ˇklɛːdhɛŋarə] ‹-n, -›
halb halv [halv]
Halbpension halvpension [ˇhalvpaŋˈʃuːn] ‹-en›
Halbzeit halvlek [ˇhalvleːk] ‹-en, -ar›
Hälfte halva [ˇhalva] ‹-n, -or›, hälft [hɛlft] ‹-en, -er›
Hallenbad simhall [ˇsimhal] ‹-en, -ar›
Hals hals [hals] ‹-en, -ar›
Halskette halsband [ˇhalsband] ‹-et, -›
Halsschmerzen ont i halsen [unt i ˈhalsən]
Halstabletten halstabletter [ˇhalstaˈblɛtər]
Halstuch halsduk [ˇhalsdʉːk] ‹-en, -ar›
halt! stopp! [stɔp], halt! [halt]
haltbar hållbar [ˇhɔlbɑːr]
Haltbarkeit hållbarhet [ˇhɔlbɑːrˈheːt] ‹-en›
Haltegriff handtag [ˇhandtɑːg] ‹-et, -›
Haltegurt säkerhetsbälte [ˇsɛːkərheːtsˈbɛltə] ‹-t, -n›
halten *(fest~)* hålla [ˇhɔla]; *(dauern)* räcka [ˇrɛka] ‹-te, -t›; *(stehen bleiben)* stanna [ˇstana] ‹-ade, -at›
halten stanna [ˇstana] ‹-ade, -at›
Haltestelle hållplats [ˇhɔlplats] ‹-en, -er›
Hammelfleisch fårkött [ˇfoːrçøt] ‹-et›
Hämorrhoiden hemorrojder [hɛmɔˈrɔjdər] *pl*
Hand hand [hand/ˈhɛndər] ‹-en, händer›
Handball handboll [ˇhandbɔl] ‹-en›
Handbike handdriven cykel [ˇhandriːvən ˈsykəl] ‹-n, cyklar›
Handbremse handbroms [ˇhandbrɔms] ‹-en, -ar›
Handelsstadt handelsstad [ˇhandəlˈstɑːd] ‹-en, -städer›
Handfeger sopborste [ˇsuːpbɔʂʈə] ‹-n, -ar›
handgemacht handgjord [ˇhandjuːɖ]
Handgepäck handbagage [ˇhandbaˈgɑːʃ] ‹-t›
Handlauf ledstång [ˇleːdstɔŋ] ‹-en, ledstänger›
Handschuhe handskar [ˇhanskar]
Handtasche handväska [ˇhandvɛska] ‹-n, -or›
Handtuch handduk [ˇhandʉːk] ‹-en, -ar›
Handwaschbecken handfat [ˇhandfɑːt] ‹-et, -›
Handy mobil(telefon) [muˈbiːl/ muˇbiːltelәˈfoːn] ‹-en, -er›
Handygeschäft mobiltelefonaffär [muˇbiːltelәfoːnaˈfæːr] ‹-en, -er›
Harpune harpun [harˈpʉːn] ‹-en, -er›
hart hård [hoːɖ]
hässlich ful [fʉːl]
häufig *adv* ofta [ˇɔfta]
Hauptbahnhof centralstation [sɛnˇtrɑːlstaˈʃuːn] ‹-en, -er›
Hauptpostamt huvudpostkontor [ˇhʉːvədpɔstkɔnˈtuːr] ‹-et, -›
hauptsächlich *adv* huvudsakligen [ˇhʉːvədˈsɑːkligən]
Hauptsaison högsäsong [ˇhøːgsɛˈsɔŋ] ‹-en, -er›
Hauptspeise huvudrätt [ˇhʉːvədˈrɛt] ‹-en, -er›
Hauptstadt huvudstad [ˇhʉːvədˈstɑːd] ‹-en, -städer›
Haus hus [hʉːs] ‹-et, -›
Hausbar bar [bɑːr] ‹-en, -er›
Hausbesitzer husägare [ˇhʉːsɛːgarə] ‹-n, -›
Hausboot husbåt [ˇhʉːsboːt] ‹-en, -ar›
hausgemacht hemlagad [ˇhɛmlɑːgad]
Haushaltswaren(geschäft) (affär med) hushållsartiklar [(aˈfæːr meː) ˇhʉːshɔlsaˈʈiklar]
Hausnummer husnummer [ˇhʉːsnɵmər] ‹-numret, -›
Hausschuhe toffel [ˈtɔfəl] ‹-n, tofflor›
Haustier husdjur [ˇhʉsjʉːr] ‹-et, -›
Haut hud [hʉːd] ‹-en›
Hautkrankheit hudsjukdom [ˇhʉːdʃʉːkˈdum] ‹-en, -ar›
Hebebühne lyftanordning [ˇlyftanˈoːɖɳiŋ] ‹-en, -ar›
Hebel spak [spɑːk] ‹-en, -ar›
heben lyfta upp [lyfta ˈɵp] ‹lyfte, lyft›
Hecht gädda [ˇjɛda] ‹-n, -or›
Heck akter [ˈaktər] ‹-n›; stjärtparti [ˇʃæʈpaˈʈiː] ‹-et, -er›
Hefegebäck bulle [ˇbɵlə] ‹-n, -ar›
Heide hed [heːd] ‹-en, -ar›
Heidelbeeren blåbär [ˈbloːbær] ‹-et, -›
heidnisch hednisk [ˈheːdnisk]
Heilbad medicinskt bad [mediˈsiːnskt bɑːd]
Heilfasten terapeutisk fasta [tæraˈpɛftisk ˇfasta]
heilig helig [ˇheːlig]
Heilnahrung diet [diˈeːt] ‹-en, -er›
Heimat hembygd [ˇhembygd] ‹-en, -er›, hemland [ˇhemland] ‹-et›
heimlich hemlig [ˇhɛmlig]
Heimreise hemresa [ˇhemreːsa] ‹-n, -or›, återresa [ˇoːtəˈreːsa] ‹-n, -or›
heiraten gifta sig [ˇjifta sɛj] ‹gifte, gift›
heiser sein vara hes [vɑːra ˈheːs]
heiß het [heːt]; varm [varm]
heißen heta [ˇheːta] ‹-hette, hetat›
heiter klar [klɑːr]
heizen värma upp [værma ˈɵp], elda [ˇelda]
Heizung värme [ˇværmə] ‹-n›
helfen, jdm - hjälpa någon [ˇjɛlpa nɔn]
hell ljus [jʉːs]
Hemd skjorta [ˇʃuʈa] ‹-n, -or›
herausgeben *(Geld)* ge tillbaka [geː tilˈbɑːka]
Herbst höst [høst] ‹-en, -ar›
Herd spis [spiːs] ‹-en, -ar›
herein! stig in! [stiːg ˈin]
hereinkommen komma in [kɔma ˈin]
Hering *(Fisch)* sill [sil] ‹-en, -ar›; *(Zelt)* tältpinne [ˇtɛltpinə] ‹-n, -ar›
Herpes herpes [ˈhærpəs] ‹-en›
Herr herre [ˇhærə] ‹-n, -ar›; *(Anrede vor Namen)* herr [hær]
herrlich härlig [ˇhæːɭig]

Herz hjärta [ˇjæʈa] ‹-t, -n›
Herzanfall hjärtattack [ˇjæʈaˈtak] ‹-en, -er›
Herzbeschwerden hjärtbesvär [ˇjæʈbeˈsvæ:r] *pl*
Herzfehler hjärtfel [ˇjæʈfe:l] ‹-et, -›
Herzinfarkt hjärtinfarkt [ˇjæʈinˈfarkt] ‹-en, -er›
herzlich hjärtlig [ˇjæʈlig]
Herzschrittmacher pacemaker [ˈpɛjsmɛjkər] ‹-n, -›
Herzspezialist hjärtspecialist [ˇjæʈspesiaˈlist] ‹-en, -er›
Heuschnupfen hösnuva [ˇhø:snʉ:va] ‹-n›
heute idag [iˈdɑ:]
Hexenschuss ryggskott [ˇrygskɔt] ‹-et›
hier här [hæ:r]
Hilfe hjälp [jɛlp] ‹-en›; **erste ~** första hjälpen [ˇfœʂʈa ˈjɛlpən]
Himbeeren hallon [ˇhalɔn] ‹-et, -›
Himmel himmel [ˇhiməl] ‹himlen, himlar›
hinausgehen gå ut [go: ˈʉ:t]
hindern hindra [ˇhindra] ‹-ade, -at›
hineingehen gå in [go: ˈin]
hinlegen lägga (ned) [ˇlɛga/lɛga ˈne:d]; **s. ~** lägga sig ner [*lɛga sɛj ne:r]
hinten bak [bɑ:k]
hinter bakom [ˇbɑ:kɔm]
Hinterland uppland [ˇɵpland] ‹-et›
hinterlegen deponera [depuˈne:ra] ‹-ade, -at›
Hinterrad bakhjul [ˇbɑ:kjʉ:l] ‹-et, -›
Hinterradantrieb bakhjulsdrift [ˇbɑ:kjʉ:lsˈdrift] ‹-en›
hinzufügen tillägga [ˇtilɛga]
Hirnhautentzündung hjärnhinneinflammation [ˇjæ:ɳhinəinflamaˈʃu:n] ‹-en, -er›
Hitze hetta [ˇheta] ‹-n›
Hitzewelle värmebölja [ˇværməˈbølja] ‹-n›
HIV-positiv hiv-positiv [ˇhi:vpusiˈti:v]
hoch hög [hø:g]
Hoch högtryck [ˇhø:gtryk] ‹-et›
Hochkultur högkultur [ˇhø:gkɵlˈtʉ:r] ‹-en, -er›
Hochseefischen havsfiske [ˇhafsfiskə] ‹-t›
höchstens högst [høkst]
Hochzeit *(Feier)* bröllop [ˇbrølɔp] ‹-et, -›
Hof gård [go:ɖ] ‹-en, -ar›, gårdsplan [ˇgo:ɖʂplɑ:n] ‹-en, -er›
hoffen hoppas [ˇhɔpas] ‹-ades, -ats›
höflich artig [ˇɑ:ʈig], hövlig [ˇhø:vlig]
Höhe höjd [højd] ‹-en, -er›
Höhensonne kvartslampa [ˇkvaʈʂlampa] ‹-n, -or›
Höhepunkt höjdpunkt [ˇhøjdpɵŋkt] ‹-en, -er›, kulmen [ˇkɵlmən]
Höhle grotta [ˇgrɔta] ‹-n, -or›
holen hämta [ˇhɛmta] ‹-ade, -at›
Holz trä [trɛ:] ‹-et›; *(Bauholz)* virke [ˇvirkə] ‹-t›; *(Brennholz)* ved [ve:d] ‹-en›
Holzarbeit träslöjd [ˇtrɛ:sløjd] ‹-en›
Holzschnitt träsnitt [ˇtrɛ:snit] ‹-et, -›
Holzschnitzerei träsnideri [ˇtrɛ:snidəˈri:] ‹-et, -er›
Honig honung [ˇho:nɵŋ] ‹-en›
Hörbehinderte/r hörselhandikappad [ˇhœʂəlhandiˈkapad]
hören höra [ˇhœ:ra] ‹-de, -t›; *(zu~)* lyssna [ˇlysna] ‹-ade, -at›
Hörer (telefon)lur [teləˇfo:nlʉ:r/lʉ:r] ‹-en, -ar›
hörgeschädigt hörselskadad [ˇhœʂəlˈskɑ:dad]
Hose byxor [ˇbyksur] *pl*
Hublift lyftanordning [ˇlyftanˈo:ɖɳiŋ] ‹-en, -ar›
hübsch vacker [ˈvakər], söt [sø:t]
Hubschrauber helikopter [heliˈkɔptər] ‹-n, helikoptrar›
Hüfte höft [høft] ‹-en, -er›
Hügel kulle [ˇkɵlə] ‹-n, -ar›, backe [ˇbakə] ‹-n, -ar›
Hund hund [hɵnd] ‹-en, -ar›
Hünengrab forngrav [ˇfu:ŋgrɑ:v] ‹-en, -ar›
hungrig hungrig [ˇhɵŋrig]; **hungrig sein** vara hungrig [vɑ:ra ˇhɵŋri]
Hupe signalhorn [siŋˇnɑ:lhu:ɳ] ‹-et, -›
Husten hosta [ˇhusta] ‹-n›
Hustensaft hostmedicin [ˇhustmediˈsi:n] ‹-en, -er›
Hut hatt [hat] ‹-en, -ar›
Hütte hydda [ˇhyda] ‹-n, -or›, stuga [ˇstʉ:ga] ‹-n, -or›; *(Berg~)* fjällstuga [ˇfjɛlstʉ:ga]

I

ich jag [jɑ:(g)]
Idee idé [iˈde:] ‹-n, -er›
ihr (1) *pers prn nom pl* ni [ni:]; *dat sing* henne [ˇhɛnə]
ihr (2) *poss prn* hennes [ˇhɛnəs]; *pl* deras [ˇde:ras]; *(subjektbezogen)* sin [sin]
Illustration illustration [ilɵstraˈʃu:n] ‹-en, -er›
Illustrierte veckotidning [ˇvɛkuˈti:(d)niŋ] ‹-en, -ar›
Imbiss mellanmål [ˇmɛlanˈmo:l] ‹-et, -›, matbit [ˇmɑ:tbi:t] ‹-en, -ar›
immer alltid [ˇalti:d]
impfen vaccinera [vaksiˈne:ra] ‹-ade, -at›
Impfpass vaccinationskort [vaksinaˇʃu:nskuʈ] ‹-et, -›
Impfpass, internationaler internationellt vaccinationskort [intənatʃuˈnɛlt vaksinaˇʃu:nsˈkuʈ]
Impfung vaccination [vaksinaˈʃu:n] ‹-en, -er›
Impressionismus impressionism [imprɛʃuˈnism] ‹-en›
in i [i:]
inbegriffen inbegripen [ˇinbeˈgri:pən], inkluderad [iŋkləˈde:rad]
Infektion infektion [infɛkˈʃu:n] ‹-en, -er›
informieren informera [infɔrˈme:ra] ‹-ade, -at›, upplysa [ˇɵply:sa] ‹-te, -t›
Infusion infusion [infʉˈʃu:n] ‹-en, -er›
Ingwer ingefära [ˇiŋəˈfæ:ra] ‹-n›
Inhalt innehåll [ˇinəˈhɔl] ‹-et, -›
Inlandsflug inrikesflyg [ˇinri:kəsˈfly:g] ‹-et, -›
innen inuti [ˇinʉtˈi:], på insidan [po: ˇinsi:dan]
Innenhof inre gård [ˇinrə go:ɖ]
Innenstadt centrum [ˈsɛntrɵm] ‹-et, centra›
innerlich invärtes [ˇinvæʈəs]
Inschrift inskrift [ˇinskrift] ‹-en, -er›
Insekt insekt [ˇinsɛkt] ‹-en, -er›
Insektenmittel insektsmedel [ˇinsɛktsˈme:dəl] ‹-medlet, -›
Insel ö [ø:] ‹-n, -ar›
Inselrundfahrt skärgårdstur [ˇʃæ:rgoɖʂˈtʉ:r] ‹-en, -er›
Insulin insulin [insʉˈli:n] ‹-et›
Inszenierung inscenering [inseˈne:riŋ] ‹-en, -ar›
Intarsien intarsia [inˈtarsja] ‹-n, -or›
interessant intressant [intrɛˈsant]
interessieren, s. ~ (für) intressera sig (för) [intrɛˈse:ra sɛj (fœ:r)] ‹-ade, -at›
international internationell [intənatʃu:ˈnɛl]

Interrailkarte interrailkort [intəˇrɛjlkuʈ] ‹-et, -›
Irrtum misstag [ˇmistɑ:g] ‹-et, -›
Ischias ischias [ˈiʃias] ‹-en›

J

Jacht jakt [jakt] ‹-en, -er›
Jacke jacka [ˇjaka] ‹-n, -or›
Jahr år [o:r] ‹-et, -›
Jahreszeit årstid [ˇo:ʂʈi:d] ‹-en, -er›
Jahrhundert århundrade [ˇo:rhəndradə] ‹-t, -n›
jährlich *adv* årligen [ˇo:ɭi(g)ən]
Januar januari [janɵˈɑ:ri]
Jazzkonzert jazzkonsert [ˇjaskɔnˈsæ:r]
Jazztanz jazzbalett [ˇjasbaˈlɛt] ‹-en›
Jeans jeans [ji:ns] *pl*
jeder *adj* varje [ˇvarjə]; *prn* varenda (en) [varˈenda (en)], var (och en) [vɑ:r (ɔ en)]; ~ beliebige vem/vilken som helst [vɛm/ˇvilkən sɔm hɛlst]
jemand någon [nɔn/ˇno:gɔn]
jene(r, -s) den (*n* det) där [den (de:) ˈdæ:r]
jetzt nu [nʉ:]
Jod(tinktur) jodsprit [ˇjɔdspri:t] ‹-en›
joggen jogga [ˇjɔga] ‹-ade, -at›
Jogging joggning [ˇjɔgniŋ] ‹-en›
Jogginganzug joggingdress [ˇjɔgiŋˈdrɛs] ‹-en, -er›
Jogginghose joggingbyxor [ˇjɔgiŋˈbyksur] *pl*
Joghurt yoghurt [ˈjo:gəʈ] ‹-en, ar›
Johannisbeeren vinbär [ˈvi:nbær] ‹-et, -›
Juckreiz klåda [ˇklo:da] ‹-n›
Jude jude [ˇjʉ:də] ‹-n, -ar›
Judo judo [ˈjʉ:dɔ] ‹-n›
Jugendherberge vandrarhem [ˇvandrarˈhɛm] ‹-met, -›
Jugendherbergsausweis vandrarhemskort [ˇvandrarhɛmsˈkuʈ]
Juli juli [ˈjʉ:li]
jung ung [ɵŋ]
Junge pojke [ˇpɔjkə] ‹-n, pojkar›
Junggeselle ungkarl [ˇɵŋkɑ:r] ‹-en, -ar›
Juni juni [ˈjʉ:ni]
Juwelier juvelerare [jʉvəˇle:rarə] ‹-n, -›

K

Kabarett kabaré [kabaˈre:] ‹-n, -er›
Kabine hytt [hyt] ‹-en, -er›
Kaffee kaffe [ˇkafə] ‹-t›
Kaffeefilter kaffefilter [ˇkafəˈfiltər] ‹-filtret, -›
Kaffeekanne kaffekanna [ˇkafəˈkana] ‹-n, -or›
Kaffeelöffel kaffesked [ˇkafəˈʃe:d] ‹-en, -ar›
Kaffeemaschine kaffebryggare [ˇkafəˈbrygarə] ‹-n, -›
Kai kaj [kaj] ‹-en, -er›
Kaiser kejsare [ˇçɛjsarə] ‹-n, -›
Kaiserin kejsarinna [çɛjsaˇrina] ‹-n, -or›
Kajalstift kajalpenna [kaˇjɑ:lpɛna] ‹-n, -or›
Kajüte kajuta [kaˇjʉ:ta] ‹-n, -or›
Kakao kakao [ˇkɑ:kaˈu:] ‹-n›
Kalbfleisch kalvkött [ˇkalvçøt] ‹-et›
kalorienarm kalorifattig [kalɔˇri:fati]
kalt kall [kal]; kaltes Wasser kallt vatten [kalt ˈvatən]
Kamm kam [kam] ‹-men, -mar›
kämmen kamma [ˇkama] ‹-ade, -at›
Kammerkonzert kammarkonsert [ˇkamarkɔnˈsæ:r]
Kanadier kanadensare [kanaˇdensarə] ‹-n, -›
Kanal kanal [kaˈnɑ:l] ‹-en, -er›
Kanu kanot [kaˈnu:t] ‹-en, -er›
Kanzel predikstol [ˇpredikˈstu:l] ‹-en, -ar›
Kapelle kapell [kaˈpɛl] ‹-et, -›
Kapitän kapten [kapˈte:n] ‹-en, -er›
Kapitell kapitäl [kapiˈtɛ:l] ‹-et, -›
kaputt trasig [ˇtrɑ:si], sönder [ˈsøndər]
Karaffe karaff [kaˈraf] ‹-en, -er›
kariert rutig [ˇrʉ:ti(g)]
Karosserie karosseri [karɔsəˈri:] ‹-et, -er›
Karotten morot [ˇmu:ru:t/ˇmu:røtər] ‹-en, morötter›
Kartoffeln potatis [puˈtɑ:tis] ‹-en, -ar›
Käse ost [ust] ‹-en, -ar›
Kasse kassa [ˇkasa] ‹-n, -or›
Kategorie kategori [katəguˈri:] ‹-n, -er›
Kathedrale katedral [kateˈdrɑ:l] ‹-en, -er›
Katholik katolik [katuˈli:k] ‹-en, -er›
Kattegatt Kattegat [ˇkatəˈgat]
Katze katt [kat] ‹-en, -er›
kaufen köpa [ˇçø:pa] ‹-te, -t›
Kaufhaus varuhus [ˇvɑ:rʉˈhʉ:s] ‹-et, -›
kaum knappt [knapt]
Kaution borgen [ˇbɔrjən]
kegeln spela kägla [ˇspe:la ˇçɛ:gla]
Kehrblech sopskyffel [ˇsu:pʃyfəl] ‹-n, -ar›
Keilriemen fläktrem [ˇflɛktrɛm] ‹-men, -mar›
kein ingen (*n* inget) [ˇiŋən (ˇiŋət)], inte någon (*n* något) [ˇintə nɔn (nɔt)]
Kekse kex [kɛks/çɛks] ‹-et, -›
Kellner servitör [særviˈtœ:r] ‹-en, -er›
kennen känna [*çɛna] ‹-de, -t›
kennen lernen lära känna [læ:ra ˇçɛna], bli bekant med [bli: beˈkant me:]
Keramik keramik [çæraˈmi:k] ‹-en›
Kerzen (stearin)ljus [(steaˇri:n)jʉ:s] ‹-et, -›
Kette kedja [ˇçe:dja] ‹-n, -or›
Keuchhusten kikhosta [ˇçi:khusta] ‹-n›
Kfz-Schein registreringsbevis [rejiˇstre:riŋsbeˈvi:s] ‹-et, -›
Kiefer käke [ˇçɛ:kə] ‹-n, -ar›
Kilogramm kilo [ˈçi:lu]
Kilometer kilometer [çiluˈme:tər]
Kind barn [bɑ:ɳ] ‹-et, -›
Kinderbecken barnbassäng [ˇbɑ:ɳbaˈsɛŋ] ‹-en, -er›
Kinderbetreuung barnpassning [ˇbɑ:ɳpasniŋ] ‹-en›
Kinderbett barnsäng [ˇbɑ:ɳˈʂɛŋ] ‹-en, -ar›
Kinderermäßigung barnrabatt [ˇbɑ:ɳraˈbat] ‹-en, -er›
Kinderfahrkarte barnbiljett [ˇbɑ:ɳbilˈjɛt] ‹-en, -er›
Kinderkleidung barnkläder [ˇbɑ:ɳklɛ:dər] *pl*
Kinderkrankenhaus barnsjukhus [ˇbɑ:ɳʃʉ:kˈhʉ:s] ‹-et, -›
Kinderkrankheit barnsjukdom [ˇbɑ:ɳʃʉ:kˈdum] ‹-en, -ar›
Kinderlähmung polio [ˈpu:lju] ‹-n›
Kindernahrung barnmat [ˇbɑ:ɳmɑ:t] ‹-en›
Kinderschuhe barnskor [ˇbɑ:ɳsku:r]
Kindersitz *(fürs Auto/Fahrrad)* barnsits [ˇbɑ:ɳˈʂits] ‹-en, -ar›
Kinderspielplatz lekplats [ˇle:kplats] ‹-en, -er›
Kinderteller barnportion [ˇbɑ:ɳpɔʈˈʃu:n] ‹-en, -er›

Kino bio [ˈbi:u] ‹-n, biografer›
Kirche kyrka [ˇçyrka] ‹-n, -or›
Kirchenkonzert kyrkokonsert [ˇçyrkukɔnˈsæ:r] ‹-en, -er›
Kirchturm kyrktorn [ˇçyrktu:ɳ] ‹-et, -›
Kirschen körsbär [ˈçœʂbær] ‹-et, -›
Kiste låda [ˇlo:da] ‹-n, -or›
Kiwi kiwifrukt [ˇki:viˈfrɵkt] ‹-en, -er›
klar klar [klɑ:r]
Klasse klass [klas] ‹-en, -er›
Klassizismus klassicism [klasiˈsism] ‹-en›
Klebstoff klister [ˈklistər] ‹klistret›
Kleid klänning [ˇklɛniŋ] ‹-en, -ar›
Kleiderbügel klädhängare [ˇklɛ:dhɛŋarə] ‹-n, -›
Kleiderbürste klädborste [ˇklɛ:dbɔʂʈə] ‹-n, -ar›
Kleidung klädsel [ˇklɛ:dsəl] ‹-n›, kläder [ˇklɛ:dər] *pl*
klein liten [ˇli:tən]
Kleingeld småpengar [ˇsmo:pɛŋar] *pl*
Klima klimat [kliˈmɑ:t] ‹-et, -›
Klimaanlage luftkonditionering [ˇlɵftkɔndiʃuˈne:riŋ] ‹-en›
Klingel ringklocka [ˇriŋklɔka] ‹-n, -or›
Klippe klippa [ˇklipa] ‹-n, -or›
klopfen *(Motor)* hacka [ˇhaka] ‹-ade, -at›
Klosterkirche klosterkyrka [ˇklɔstərˈçyrka] ‹-n, -or›
klug klok [klu:k]
Kneipe krog [kru:g] ‹-en, -ar›
Kneipp-Anwendung hydroterapi [hydrɔtæraˈpi:] ‹-n›
Knie knä [knɛ:] ‹-t, -n›
Kniestrümpfe knästrumpor [ˇknɛ:strɵmpur]
Knoblauch vitlök [ˇvi:tlø:k] ‹-en, -ar›
Knöchel ankel [ˇaŋkəl] ‹-n, anklar›
Knochen ben [be:n] ‹-et, -›
Knochenbruch benbrott [ˇbe:nbrɔt] ‹-et, -›
Knopf knapp [knap] ‹-en, -ar›
Knoten knop [knu:p] ‹-en, -›
Koch kock [kɔk] ‹-en, -ar›
Kochbuch kokbok [ˇku:kbu:k] ‹-en, -böcker›
kochen *(Essen zubereiten)* laga mat [lɑ:ga ˈmɑ:t] ‹-ade, -at›; *(Wasser)* koka [ˇku:ka] ‹-ade, -at›
Kocher fotogenkök [futuˇʃe:nçø:k] ‹-et, -›
Kochnische kokvrå [ˇku:kvro:] ‹-n, -r›
Kochtopf kastrull [kaˈstrɵl] ‹-en, -er›
Köder agn [aŋn] ‹-et, -›
Koffer resväska [ˇre:svɛska] ‹-n, -or›
Kofferkuli bagagevagn [baˇgɑ:ʃˈvaŋn] ‹-en, -ar›
Kofferraum bagageutrymme [baˇgɑ:ʃʉ:tˈrymə] ‹-t, -n›
Kohl kål [ko:l] ‹-en›
Kohletabletten koltabletter [ˇko:ltaˈblɛtər]
Kolben kolv [kɔlv] ‹-en, -ar›
Kolik kolik [kuˈli:k] ‹-en, -er›
Kollege kollega [kɔˈle:ga] ‹-n, -or/-er›
kommen komma [ˇkɔma]
Komödie komedi [kɔməˈdi:] ‹-n, -er›
Kompass kompass [kɔmˈpas] ‹-en, -er›
Komponist/in kompositör [kɔmpɔsiˈtœ:r] ‹-en, -er›
Konditionstraining konditionsträning [kɔndiˇʃu:nsˈtrɛ:niŋ] ‹-en›
Konditorei konditori [kɔnditɔˈri:] ‹-et, -er›
Konfession konfession [kɔnfɛˈʃu:n] ‹-en, -er›
König kung [kɵŋ] ‹-en, -ar›
Königin drottning [ˇdrɔtniŋ] ‹-en, -ar›
können kunna [ˇkɵna]

Konserven konserv [kɔnˈsærv] ‹-en, -er›
Konsulat konsulat [kɔnsəˈlɑ:t] ‹-et, -›
Kontakt kontakt [kɔnˈtakt] ‹-en, -er›
Konto konto [ˇkɔntu] ‹-t, -n›
Kontrolleur biljettkontrollör [bilˇjɛtkɔntrɔˈlœ:r] ‹-en, -er›
kontrollieren kontrollera [kɔntrɔˈle:ra] ‹-ade, -at›
Konzert konsert [kɔnˈsæ:r] ‹-en, -er›
Kopf huvud [ˇhʉ:vəd/ˇhʉ:və] ‹-et, -en›
Kopfhörer hörlur [ˇhœ:ɭʉ:r] ‹-en, -ar›
Kopfkissen kudde [ˇkɵdə] ‹-n, -ar›
Kopfsalat huvudsallad [ˇhʉ:vədˈsalad] ‹-en›
Kopfschmerzen huvudvärk [ˇhʉ:vədˈværk/ˇhʉ:vəˈværk] ‹-en›
Kopfschmerztabletten huvudvärkstabletter [ˇhʉ:vədværkstaˈblɛtər]
Kopie kopia [kuˇpi:a] ‹-n, -or›
Korb korg [kɔrj] ‹-en, -ar›
Korkenzieher korkskruv [ˇkɔrkskrʉ:v] ‹-en, -ar›
Körper kropp [krɔp] ‹-en, -ar›
Körperbehinderung fysiskt handikapp [ˈfy:siskt ˇhandiˈkap] ‹-et, -›
Kosmetiksalon skönhetssalong [ˇʃø:nhe:tsaˈlɔŋ] ‹-en, -er›
Kost und Logis kost och logi [kɔst ɔ lɔˈʃi:]
kosten kosta [ˇkɔsta] ‹-ade, -at›
kostenlos kostnadsfri [ˇkɔstnatsˈfri:], gratis [ˈgrɑ:tis]
köstlich underbar [ˇɵndərˈbɑ:r]
Kostüm dräkt [drɛkt] ‹-en, -er›
Kotelett kotlett [kɔtˈlɛt] ‹-en, -er›
Kotflügel stänkskärm [ˇstɛŋkʃærm] ‹-en, -ar›
Krabben räka [ˇrɛ:ka] ‹-n, -or›
Kraft kraft [kraft] ‹-en, -er›
Krafttraining styrketräning [ˇstyrkəˈtrɛ:niŋ] ‹-en›
Kragen krage [ˇkrɑ:gə] ‹-n, -ar›
Krampf kramp [kramp] ‹-en, -er›
krank sjuk [ʃʉ:k]; **~ werden** bli sjuk [bli: ˈʃʉ:k]
Krankenhaus sjukhus [ˇʃʉ:khʉ:s] ‹-et, -›
Krankenkasse sjukförsäkringskassa [ˇʃʉ:kfœʂɛ:kriŋsˈkasa] ‹-n, -or›
Krankenschein sjukförsäkringsbesked [ˇʃʉ:kfœʂɛ:kriŋsbeˈʃe:d] ‹-et, -›
Krankenschwester sjuksköterska [ˇʃʉ:kʃø:təʂka] ‹-n, -or›
Krankenwagen ambulans [ambʉˈlans] ‹-en, -er›
Krankheit sjukdom [ˇʃʉ:kdum] ‹-en, -ar›
Kratzer repa [ˇre:pa] ‹-n, -or›
Krawatte slips [slips] ‹-en, -ar›
kreativ kreativ [ˈkre:aˈtiv]
Krebs cancer [ˈkansər] ‹-n›
Kreditkarte kreditkort [kreˇdi:tkuʈ] ‹-et, -›
Kreislaufmittel medicin för blodcirkulationen [mediˈsi:n fœr blu:dsirkɵlaˈʃu:nən] ‹-en, -er›
Kreislaufstörung cirkulationsrubbning [sirkʉlaˇʃu:nsˈrɵbniŋ] ‹-en, -ar›
Kreuz kors [kɔʂ] ‹-et, -›
Kreuzfahrt kryssning [ˇkrysniŋ] ‹-en, -ar›
Kreuzgang korsgång [ˇkɔʂgɔŋ] ‹-en, -ar›
Kreuzung vägkorsning [ˇvɛ:gkɔʂniŋ] ‹-en, -ar›
Kriminalroman deckare [ˇdɛkarə] ‹-n, -›
Kristall kristall [kriˈstal]
kritisieren kritisera [kritiˈse:ra] ‹-ade, -at›
Krone krona [ˇkru:na] ‹-n, -or›
Krücke krycka [ˇkryka] ‹-n, -or›
Kruzifix krucifix [krʉsiˈfiks] ‹-et, -›
Krypta krypta [ˇkrypta] ‹-n, -or›

Küche kök [çø:k] ‹-et, -›
Kuchen kaka [ˇkɑ:ka] ‹-n, -or›
Küchensieb kökssil [ˇçøksi:l] ‹-en, -ar›
Kugellager kullager [ˇkʉ:lɑ:gər] ‹-lagret, -›
Kugelschreiber kulspetspenna [ˇkʉ:lspets'pɛna] ‹-n, -or›
kühl sval [svɑ:l]
Kühlelement kylklamp [ˇçy:lklamp] ‹-en, -ar›
Kühler kylare [ˇçy:larə] ‹-n, -›
Kühlschrank kylskåp [ˇçy:lsko:p] ‹-et, -›
Kühltasche kylväska [ˇçy:lvɛska] ‹-n, -or›
Kühlwasser kylarvatten [ˇçy:lar'vatən] ‹-vattnet›
Kultstätte kultplats [ˇkɵltplats] ‹-en, -er›
Kultur kultur [kɵl'tʉ:r] ‹-en, -er›
Kummer bekymmer [be'çymər] ‹-bekymret, -›
kümmern, s. ~ um ta hand om något [ta: 'hand ɔm nɔt]; bry sig om något [bry: sɛj 'ɔm nɔt], angå [ˇango:], bekymra [be'çymra] ‹-ade, -at›
Kunde kund [kɵnd] ‹-en, -er›
Kunstfaser konstfiber [ˇkɔnstfi:bər] ‹-n, -fibrer›
Kunstgewerbe konsthantverk [ˇkɔnsthant'værk] ‹-et, -›
Kunsthändler konsthandlare [ˇkɔnsthandlarə] ‹-n, -›
Kupferstich kopparstick [ˇkɔpa'ʂtik] ‹-et, -›
Kuppel kupol [kʉ'po:l] ‹-en, -er›
Kupplung koppling [ˇkɔpliŋ] ‹-en, -ar›
Kupplungshebel kopplingsspak [ˇkɔpliŋ'spɑ:k] ‹-en, -ar›
Kurs kurs [kɵʂ] ‹-en, -er›
Kurswagen direktvagn [diˇrɛktvaŋn] ‹-en, -ar›
Kurtaxe kurtaxa [ˇkʉ:rtaksa] ‹-n›
Kurve kurva [ˇkɵrva] ‹-n, -or›
kurz *(räumlich)* kort [kɔʈ]; *(kurzgefasst)* kortfattad [ˇkɔʈfatad]
kurzfristig kortfristig [ˇkɔʈfristig]
kürzlich nyligen [ˇny:ligən], nyss [nys]
Kurzschluss kortslutning [ˇkɔʈʂlʉ:tniŋ] ‹-en, -ar›
Kuss kyss [çys] ‹-en, -ar›
küssen kyssa [ˇçysa] ‹-te, -t›
Küste kust [kɵst] ‹-en, -er›

L

lachen skratta [ˇskrata] ‹-ade, -at›
lächerlich skrattretande [ˇskratre:tandə], larvigt [ˇlarvit]
Lachs lax [laks] ‹-en, -ar›
Ladekabel laddningskabel [ˇladniŋs'kɑ:bəl] ‹-n›
Ladeterminal laddare [ˇladarə] ‹-n, -›
Lage läge [ˇlɛ:gə] ‹-t, -n›
Lähmung förlamning [fœ'ɭɑ:mniŋ] ‹-en, -ar›
Lammfleisch lammkött [ˇlamçøt] ‹-et›
Lampe lampa [ˇlampa] ‹-n, -or›
Land land [land] ‹-et, länder›; *(Gegensatz zu Wasser)* land [land] ‹- et›, mark [mark] ‹-en, -er›
Landausflug utflykt på land [ˇʉ:tflykt pɔ land] ‹-en, -er›
landen landa [ˇlanda] ‹-ade, -at›
Landgut lantegendom [ˇlante:gən'dum] ‹-en, -ar›, gods [guts] ‹-et, -›
Landkarte karta [ˇkɑ:ʈa] ‹-n, -or›
Landschaft landskap [ˇlanskɑ:p] ‹-et, -›
Landsitz lantgods [ˇlantguts] ‹-et, -›
Landsmann landsman [ˇlansman] ‹-nen, -män›
Landstraße landsväg [ˇlansvɛ:g] ‹-en, -ar›
Landung landning [ˇlandniŋ] ‹-en, -ar›
Landungssteg båtbrygga [ˇbo:tbryga] ‹-n, -or›
lang lång [lɔŋ]
Länge längd [lɛŋd] ‹-en, -er›
Langhaus långskepp [ˇlɔŋʃɛp] ‹-et, -›
Langlauf längdlöpning [ˇlɛŋdlø:pniŋ] ‹-en›
langsam långsam [ˇlɔŋsam]
Languste langust [laŋ'gɵst] ‹-en, -er›
langweilig långtråkig [ˇlɔŋtro:kig]
Lappenzelt lappkåta [ˇlapko:ta] ‹-n, -or›
Lappland Lappland ['lapland]
Laptop bärbar dator [ˇbæ:rbɑ: ˇɖɑ:tɔr] ‹-n, -er›
Lärm buller ['bɵlər] ‹bullret›, oväsen [ˇu:vɛ:sən] ‹-det›
lassen *(zulassen)* tillåta [ˇtilo:ta]; låta [ˇlo:ta]; *(sein lassen)* låta bli [lo:ta 'bli:]
lästig besvärlig [be'svæ:ɭig]
Last-Minute-Flug stand-by flyg [stɛnd'bai 'fly:g]
Lastwagen lastbil [ˇlastbi:l] ‹-en, -ar›
Lauch purjolök [ˇpɵrju'lø:k] ‹-en, -ar›
laufen springa [ˇspriŋa]
Läuse löss [løs] *pl*
laut hög(ljudd) [hø:g/ˇhø:gjɵd], ljudlig [ˇjʉ:dli]; ~ sprechen tala högt [ˇtɑ:la høkt]
läuten *(Klingel, Telefon)* ringa [ˇriŋa] ‹-de, -t›; *(Glocken)* klämta [ˇklɛmta] ‹-ade, -at›
Leben liv [li:v] ‹-et, -›
leben leva [ˇle:va] ‹-de, -t›
Lebensmittelgeschäft livsmedelsaffär [ˇlifsme:dəlsa'fæ:r] ‹-en, -er›
Lebensmittelvergiftung matförgiftning [ˇmɑ:tfœr'jiftniŋ] ‹-en, -ar›
Leber lever ['le:vər] ‹-n›
Leberpastete leverpastej [ˇle:vərpas'tɛj] ‹-en, -er›
Leberwurst leverkorv [ˇle:vər'kɔrv] ‹-en, -ar›
lebhaft livlig [ˇli:vli]
lecker läcker ['lɛkər]
Lederjacke skinnjacka [ˇʃinjaka] ‹-n, -or›
Lederwarengeschäft lädervaruaffär [ˇlɛ:dərvɑ:rʉa'fæ:r] ‹-en, -er›
ledig ogift [ˇu:jift]
leer tom [tum]
Leerung (brevlåds)tömning [ˇbre:vlo:ts'tømniŋ/ˇtømniŋ] ‹-en, -ar›
legen lägga [ˇlɛga]
lehren lära [ˇlæ:ra] ‹-de, -t›
leicht *(einfach; Gewicht)* lätt [lɛt]
Leichtathletik friidrott [ˇfri:i'drɔt] ‹-en, -er›
leider tyvärr [ty'vær]
leihen *(verleihen)* låna (ut) till [ˇlo:na ('ʉ:t) til]; *(entleihen)* låna (av) [ˇlo:na (ɑ:v)]
Leinen linne [ˇlinə] ‹-t›
leise tyst [tyst]; ~ sprechen tala tyst [ˇtɑ:la tyst]
Leistenbruch ljumskbråck [ˇjɵmskbrɔk] ‹-et, -›
Leiter/in ledare [ˇle:darə] ‹-n, -›, chef [ʃe:f] ‹-en, -er›, föreståndare [ˇfœ:rə'stɔndarə] ‹-n, -›
Lenkdrachen styrbar drake [ˇsty:rbɑ:r ˇdrɑ:kə] ‹-n, -ar›
Lenker *(Fahrrad)* styre [ˇsty:rə] ‹-t, -n›
Lenkrad ratt [rat] ‹-en, -ar›
Lenkrad-Drehknopf *(Auto)* rattstyrknapp [ˇratsty:r'knap] ‹-en, -ar›
lernen lära sig [ˇlæ:ra sɛj] ‹-de, -t›

lesen läsa [ˇlɛ:sa] ‹-te, -t›
letzte(r, -s) sista [ˇsista], senaste [ˇse:nastə]
Leuchtturm fyr [fy:r] ‹-en, -ar›
Leukämie leukemi [lɛfke'mi:] ‹-n›
Leute folk [fɔlk] ‹-et›, människor [ˇmɛni'ʃur] *pl*
Licht ljus [jʉ:s] ‹-et, -›; ~ anmachen/ausmachen tända/släcka ljuset [ˇtɛnda/ˇslɛka 'jʉ:sət]
Lichthupe ljustuta [ˇjʉ:stʉ:ta] ‹-n, -or›
Lichtmaschine generator [jenə'rɑ:tɔr] ‹-n, -er›
Lichtschalter strömbrytare [ˇstrømbry:tarə] ‹-n, -›
Lichtschutzfaktor ljusskyddsfaktor [ˇjʉ:sʃyts'faktɔr] ‹-n, -er›
Lidschatten ögonskugga [ˇø:gɔn'skɵga] ‹-n, -or›
lieb rar [rɑ:r]; jdn ~haben tycka om någon [tyka 'ɔm ˇno:gɔn]
Liebe kärlek [ˇçæ:ɭe:k] ‹-en›
lieben älska [ˇɛlska] ‹-ade, -at›
liebenswürdig älskvärd [ˇɛlskvæ:ɖ]
lieber hellre ['hɛlrə]; ~ haben föredra [ˇfœ:rə'drɑ:], tycka bättre om [tyka 'bɛtrə ɔm]
Liebling älskling [ˇɛlskliŋ] ‹-en, -ar›
Lied sång [sɔŋ] ‹-en, -er›
liegen ligga [ˇliga]
Liegewagenkarte liggvagnsbiljett [ˇligvaŋnsbil'jɛt] ‹-en, -er›
lila lila [ˇli:la]
Limonade läskedryck [ˇlɛskə'dryk] ‹-en, -er›
Linie linje [ˇli:njə] ‹-n, -r›
Linienflug reguljärflyg [regɵlˇjæ:rfly:g] ‹-et, -›
linke(r, -s) den/det/de vänstra [den/de:/dɔm ˇvɛnstra]
links till vänster [til 'vɛnstər]
Linse lins [lins] ‹-en, -er›
Lippe läpp [lɛp] ‹-en, -ar›
Lippenstift läppstift [ˇlɛpstift] ‹-et, -›
Liter liter ['li:tər]
Lithographie litografi [litɔgra'fi:] ‹-(e)n, -er›
Live-Musik levande musik [ˇle:vandə mʉ'si:k]
loben berömma [be'røma] ‹-de, -t›
Loch hål [ho:l] ‹-et, -›
Locken lockar [ˇlɔkar] *pl*
Löffel sked [ʃe:d] ‹-en, -ar›
Loge loge [lo:ʃ] ‹-n, -r›
Loipe skidspår [ˇʃi:dspo:r] ‹-et, -›
Lorbeer lagerblad [ˇlɑ:gər'blɑ:d] ‹-et, -›
lösen *(Fahrschein)* köpa (biljett) [ˇçø:pa (bil'jɛt)]
Luft luft [lɵft] ‹-en›
Luftdruck lufttryck [ˇlɵftryk] ‹-et›
Luftfilter luftfilter [ˇlɵftfiltər] ‹-filtret, -›
Luftkissenboot svävare [ˇsvɛ:varə] ‹-n, -›
Luftmatratze luftmadrass [ˇlɵftma'dras] ‹-en, -er›
Luftpumpe luftpump [ˇlɵftpɵmp] ‹-en, -ar›
Luftzug luftdrag [ˇlɵftdrɑ:g] ‹-et›
Lüge lögn [løŋn] ‹-en, -er›
Lunge lunga [ˇlɵŋa] ‹-n, -or›
Lungenentzündung lunginflammation [ˇlɵŋinflama'ʃu:n] ‹-en, -er›
Lust lust [lɵst] ‹-en›
lustig *(froh)* glad [glɑ:d]; *(erheiternd)* rolig [ˇru:li]

luxuriös lyxig [ˇlyksi], luxuös [lɵksə'ø:s]
Lymphdrainage lymfdränage [ˇlymfdrɛ'nɑ:ʃ] ‹-t›

M

machen *(herstellen)* göra [ˇjœ:ra]; ~ lassen låta göra [lo:ta ˇjœ:ra]
Mädchen flicka [ˇflika] ‹-n, -or›
Magen mage [ˇmɑ:gə] ‹-n, -ar›
Magengeschwür magsår [ˇmɑ:gso:r] ‹-et, -›
Magenmittel magmedicin [ˇmɑ:gmedi'si:n] ‹-en, -er›
Magenschmerzen ont i magen [unt i ˇmɑ:gən]
mager mager ['mɑ:gər]
Mahlzeit måltid [ˇmo:lti:d] ‹-en, -er›
Mai maj [maj]
Mais majs [majs] ‹-en›
Makrele makrill [ˇmakril] ‹-en, -ar›
Malaria malaria [ma'lɑ:rja] ‹-n›
Malbuch målarbok [ˇmo:lar'bu:k] ‹-en, -böcker›
malen måla [ˇmo:la] ‹-ade, -at›
Maler/in målare [ˇmo:larə] ‹-n, -›
man man [man]
manchmal ibland [i'bland]
Mandarine mandarin [manda'ri:n] ‹-en, -er›
Mandelentzündung halsfluss [ˇhalsflɵs] ‹-en, -er›
Mandeln *(zum Essen)* mandel [ˇmandəl] ‹-n, mandlar›; *(Hals)* tonsiller [tɔn'silər]
Mango mango ['maŋgɔ] ‹-n›
Mann man [man] ‹-nen, män›; *(Ehe~)* make [ˇmɑ:kə] ‹-n, -ar›
männlich manlig [ˇmanlig]
Mannschaft *(Sport)* lag [lɑ:g] ‹-et, -›; *(Schiff)* besättning [be'sɛtniŋ] ‹-en, -ar›
Mantel *(Reifen)* däck [dɛk] ‹-et, -›; *(Kleidung)* kappa [ˇkapa] ‹-n, -or›
Margarine margarin [marga'ri:n] ‹-et›
Markt marknad [ˇmarknad] ‹-en, -er›
Markt torg [to:rj] ‹-et, -›
Markthalle saluhall [ˇsɑ:lə'hal] ‹-en, -ar›
Marmelade marmelad [marmə'lɑ:d] ‹-en, -er›
Marmor marmor [ˇmarmɔr] ‹-n›
März mars [maʂ]
Maschine maskin [ma'ʃi:n] ‹-en, -er›
Masern mässling [ˇmɛsliŋ] ‹-en›
Massage massage [ma'sɑ:ʃ] ‹-n›
Material material [materi'ɑ:l] ‹-et, -›
Matratze madrass [ma'dras] ‹-en, -er›
Mauer mur [mʉ:r] ‹-en, -ar›
Mayonnaise majonnäs [maju'nɛ:s] ‹-en›
Medikament medikament [medika'mɛnt] ‹-et, -›
Meditation meditation [medita'ʃu:n] ‹-en, -er›
Meer hav [hɑ:v] ‹-et, -›
Mehl mjöl [mjø:l] ‹-et›
mehr mer [me:r]; ~ als mer än [me:r ɛn]; ~ oder weniger mer eller mindre [me:r 'ɛlər 'mindrə]
Meile mil [mi:l] ‹-en, -›
mein(s), meine(r) min [min]
meinen mena [ˇme:na] ‹-ade, -at›, tycka [ˇtyka] ‹-te, -t›
meinetwegen gärna för mig [ˇjæ:ɳa fœ:r 'mɛj]
Meinung mening [ˇme:niŋ] ‹-en, -ar›, åsikt [ˇo:sikt] ‹-en, -er›; meiner ~ nach enligt min mening [ˇe:nlit 'min ˇme:niŋ]
Meisterschaft mästerskap [ˇmɛstə'ʂkɑ:p] ‹-et, -›
melden anmäla [ˇanmɛ:la] ‹-de, -t›; *(berichten)* meddela [ˇme:de:la] ‹-ade, -at›

Melone melon [meˈlu:n] ‹-en, -er›
Memorystick USB-minne [ʉ:ɛsˇbe:minə] ‹-t, -n›
Menge mängd [mɛŋd] ‹-en, -er›; *(Menschen~)* massa [ˇmasa] ‹-n, -or›; **eine ~** en mängd [en mɛŋd]
Mensch människa [ˇmɛniˈʃa] ‹-n, -or›
Menstruation menstruation [menstrʉaˈʃu:n] ‹-en, -er›
Menü meny [meˈny:] ‹-n, -er›
merken märka [ˇmærka] ‹-te, -t›; **s. etw ~** komma ihåg något [kɔma iˈho:g ˇno:gɔt], lägga på minnet [ˇlɛga po: ˇminət]
Messe *(rel; Ausstellung)* mässa [ˇmɛsa] ‹-n, -or›
Messer kniv [kni:v] ‹-en, -ar›
Meter meter [ˈme:tər]
Metzgerei köttaffär [ˇçøtaˈfæ:r] ‹-en, -er›, charkuteri [ʃarkətəˈri:] ‹-et, -er›
mich mig [mɛj]
Miesmuscheln blåmussla [ˇblo:məsla] ‹-n, -or›
Miete hyra [ˇhy:ra] ‹-n, -or›
mieten hyra [ˇhy:ra] ‹-de, -t›
Migräne migrän [miˈgrɛ:n] ‹-en›
Milch mjölk [mjølk] ‹-en›
mild mild [mild]
Millimeter millimeter [miliˈme:tər]
mindestens åtminstone [ɔtˇminstɔnə]
Mineralwasser mineralvatten [minəˇrɑ:lˈvatən] ‹-vattnet›
Minigolf minigolf [ˇmi:niˈgɔlf] ‹-en›
Minirock minikjol [ˇmi:niçu:l] ‹-en, -ar›
Minute minut [miˈnʉ:t] ‹-en, -er›
Minze mynta [ˇmynta] ‹-n›
mir mig [mɛj]
misstrauen misstro [ˇmistru:]
Missverständnis missförstånd [ˇmisfœˈʂtɔnd] ‹-et, -›
mit med [me:(d)]
mitbringen ta med [tɑ: ˈme:]
Mitbringsel liten present [ˇli:tən preˈsɛnt] ‹-en, -er›
Mitgliedskarte medlemskort [ˇme:dlɛmsˈkuʈ] ‹-et, -›
Mitleid medlidande [ˇme:dli:dandə] ‹-t›
mitnehmen ta med sig [tɑ: ˈme: sɛj]
Mittag middag [ˈmida] ‹-en, ar›
Mittagessen lunch [lənʃ] ‹-en, -er›
mittags vid middagstiden [vid ˇmidasˈti:dən]
Mitte mitt [mit] ‹-en›
Mitteilung meddelande [ˇme:de:landə] ‹-t, -n›
Mittel medel [ˈme:dəl] ‹medlet, -›; *(Heil~)* botemedel [ˇbu:təˈme:dəl]
Mittelalter medeltid [ˇme:dəlˈti:d] ‹-en›
mittelalterlich medeltida [ˇme:dəlˈti:da]
Mittelohrentzündung öroninflammation [ˇœ:rɔninflamaˈʃu:n] ‹-en, -er›
Mittelschiff mittskepp [ˇmitʃɛp] ‹-et, -›
Mittwoch onsdag [ˈunsda]
Mixer mixer [ˈmiksər] ‹-n, mixrar›
Möbel möbel [ˈmø:bəl] ‹-n, möbler›
Möbelgeschäft möbelaffär [ˇmø:bəlaˈfæ:r] ‹-en, -er›
Mobilitätsbehinderte/r rörelsehindrad [ˇrœ:rɛlsəˈhindrad]
Mobiltelefon mobiltelefon [muˇbi:ltelәˈfo:n] ‹-en, -er›
Mode mode [ˇmu:də] ‹-t, -n›
Modell modell [muˈdɛl] ‹-en, -er›
modern modern [muˈdæ:ɳ]
Modeschmuck similismycke [ˇsi:miliˈsmykə] ‹-t, -n›
mögen *(gern haben)* tycka om [tyka ˈɔm] ‹-te, -t›; *(wünschen)* vilja [ˇvilja]
möglich möjlig [ˇmøjlig]; **so bald wie ~** så snart som möjligt [so: snɑ:ʈ sɔm ˇmøjlit]
Möglichkeit möjlighet [ˇmøjliˈhe:t] ‹-en, -er›
Mole pir [pi:r] ‹-en, -ar›
Moltebeeren hjortron [ˇjuʈrɔn] ‹-et, -›
Monat månad [ˇmo:nad] ‹-en, -er›
monatlich *adv* per månad [pæ:r ˇmo:nad]
Monatskarte månadskort [ˇmo:natsˈkuʈ] ‹-et, -›
Mond måne [ˇmo:nə] ‹-n, ar›
Montag måndag [ˈmɔnda]
Moped moped [muˈpe:d] ‹-en, -er›
Morgen morgon [ˇmɔrɔn] ‹-en, morgnar›; **am ~** på morgonen [po: ˇmɔrɔnən]
morgen i morgon [i ˇmɔrɔn]
Morgenrock morgonrock [ˇmɔrɔnˈrɔk] ‹-en, -ar›
morgens på morgonen [pɔ ˇmɔrɔnən]
Mosaik mosaik [musaˈi:k] ‹-en, -er›
Motel motell [muˈtɛl] ‹-et, -›
Motor motor [ˇmu:tɔr] ‹-n, -er›
Motorboot motorbåt [ˇmu:tɔrˈbo:t] ‹-en, -ar›
Motorhaube motorhuv [ˇmu:tɔrˈhʉ:v] ‹-en, -ar›
Motorrad motorcykel [ˇmu:tɔˈʂykəl] ‹-n, -cyklar›
Motorroller skoter [ˈsku:tər] ‹-n, skotrar›
Motorsport motorsport [ˇmu:tɔˈʂpɔʈ] ‹-en›
Mountainbike mountainbike [ˈmauntinˈbajk] ‹-n, -bikar›
Möwe mås [mo:s] ‹-en, -ar›
MP3Player/iPod MP3spelare/iPod [ɛmpe:ˇtre:spe:larə/ˈaipɔd]
Mücke mygga [ˇmyga] ‹-n, -or›
Mückenschutz myggmedel [ˇmygme:dəl] ‹-medlet, -›
müde trött [trøt]
Mühe möda [ˇmø:da] ‹-n, -or›, besvär [beˈsvæ:r] ‹-et, -›; **s. ~ geben** göra sig besvär att [jœ:ra sɛj beˈsvæ:r at]
Müll *pl* sopor [ˇsu:pur]
Mullbinde gasbinda [ˇgɑ:sbinda] ‹-n, -or›
Mülleimer sophink [ˇsu:phiŋk] ‹-en , -ar›
Mülltonne soptunna [ˇsu:ptəna] ‹-n, -or›
Mülltrennung källsortering [ˇçɛlsɔˈʈe:riŋ] ‹-en›
Mumps påssjuka [ˇpo:sʃʉ:ka] ‹-n›
Mund mun [mən] ‹-nen, -nar›
Mündung mynning [ˇmyniŋ] ‹-en, -ar›
Mundwasser munvatten [ˇmənvatən] ‹-vattnet, -›
Münze mynt [mynt] ‹-et, -›
Muscheln mussla [ˇməsla] ‹-n, -or›
Museum museum [mʉˇse:əm] ‹museet, -er›
Museumsdorf friluftsmuseum [ˇfri:ləftsmʉˈse:əm] ‹-museet, -er›
Musical musical [mʉsiˈka:l] ‹-en, -er›
Musik musik [mʉˈsi:k] ‹-en›
Musikgeschäft musikaffär [mʉˇsi:kaˈfæ:r] ‹-en, -er›
Muskel muskel [ˈməskəl] ‹-n, muskler›
Müsli müsli [ˈmysli] ‹-n›
müssen vara tvungen att [vɑ:ra ˇtvəŋən at]
Mutter mor [mu:r] ‹modern, mödrar›
Mütze mössa [ˇmøsa] ‹-n, -or›

N

Nabe (hjul)nav [(ˇjʉ:l)nɑ:v] ‹-et, -›
nach *(zeitlich)* efter [ˈɛftər]; ~ Schweden till Sverige [til ˈsværjə]; ~ Göteborg till Göteborg [til jøtəˈbɔrj]
Nachbar(in) granne [ˇgranə] ‹-n, -ar›
nachlösen köpa biljett på tåget [ˇçø:pa bilˈjɛt po: ˈto:gət]
Nachmittag eftermiddag [ˇɛftərˈmida] ‹-en, -ar›
nachmittags på eftermiddagen [pɔ ˇɛftərˈmidan]
Nachricht nyhet [ˇny:he:t] ‹-en, -er›
Nachsaison lågsäsong [ˇlo:gʂɛˈsɔŋ] ‹-en, -er›
nachsenden eftersända [ˇɛftəˈʂɛnda]
nächste(r, -s) nästa [ˇnɛ:sta]
Nacht natt [nat] ‹-en, nätter›; bei ~ på natten [po: ˈnatən]; heute Nacht i natt [i ˈnat]
Nachtclub nattklubb [ˇnatkləb] ‹-en, -ar›
Nachthemd nattlinne [ˇnatlinə] ‹-t, -n›
Nachtisch efterrätt [ˇɛftəˈrɛt] ‹-en, -er›
nachts på natten [pɔ ˈnatən]
Nachttisch nattduksbord [ˇnatdʉ:ksˈbu:ɖ] ‹-et, -›
Nachttischlampe läslampa [ˇlɛ:slampa] ‹-n, -or›
nackt naken [ˇnɑ:kən]
Nadel nål [no:l] ‹-en, -ar›
Nagelbürste nagelborste [ˇnɑ:gəlˈbɔʂʈə] ‹-n, -ar›
Nagelfeile nagelfil [ˇnɑ:gəlˈfi:l] ‹-en, -ar›
Nagellack nagellack [ˇnɑ:gəˈlak] ‹-et, -›
Nagellackentferner aceton [aseˈto:n] ‹-et/-en›
Nagelschere nagelsax [ˇnɑ:gəlˈsaks] ‹-en, -ar›
nah nära [ˇnæ:ra]
nahe nära [ˇnæ:ra]; ~ bei helt nära [he:lt ˇnæ:ra], intill [inˈtil]
Nähen sömnad [ˇsømnad] ‹-en›
nähen sy [sy:] ‹-dde, -tt›
nähern, s. ~ närma sig [ˇnærma sɛj] ‹-ade, -at›
Name namn [namn] ‹-et, -›
Narbe ärr [ær] ‹-et, -›
Narkose narkos [narˈko:s] ‹-en, -er›
Nase näsa [ˇnɛ:sa] ‹-n, -or›
Nasenbluten näsblod [ˇnɛ:sblu:d] ‹-et›
nass blöt [blø:t], våt [vo:t]
Nationalitätskennzeichen nationalitetsskylt [natʃunaliˇte:tsʃylt] ‹-en, -ar›
Nationalpark nationalpark [natʃuˇnɑ:lpark] ‹-en, -er›
Natur natur [naˈtʉ:r] ‹-en›
natürlich *adj* naturlig [naˈtʉ:ɭig]; *adv* naturligtvis [naˈtʉ:ɭitˈvi:s]
Naturschutzgebiet naturskyddsområde [naˇtʉ:rʃytsɔmˈro:də] ‹-t, -n›
Nebel dimma [ˇdima] ‹-n, -or›
neben bredvid [ˇbre:(d)vi:d]
Nebenwirkungen biverkningar [ˇbi:værkniŋar]
negativ negativ [negaˈti:v]
nehmen ta [tɑ:]
nennen kalla [ˇkala] ‹-ade, -at›, nämna [ˇnɛmna] ‹-de, -t›
Neoprenanzug våtdräkt [ˇvo:tdrɛkt] ‹-en, -er›
Nerv nerv [ˇnærv] ‹-en, -er›
nervös nervös [nærˈvø:s]
nett *(hübsch)* snygg [snyg]; *(freundlich)* snäll [snɛl], trevlig [ˇtre:vlig]
neu ny [ny:]
neugierig nyfiken [ˇny:fi:kən]
Neuigkeit nyhet [ˇny:he:t] ‹-en, -er›, underrättelse [ˇəndəˈrɛtəlsə] ‹-n, -r›
nicht inte [ˇintə]; ~ einmal inte ens [ˇintə ens]; ~ wahr? inte sant? [ˇintə sant]; gar ~ inte alls [ˇintə als]; noch ~ inte ännu [ˇintə ˇɛnʉ:]
Nichtraucher icke-rökare [ˇikəˈrø:karə] ‹-n, -›
nichts ingenting [ˇiŋənˈtiŋ]; sonst ~ ingenting mer [ˇiŋənˈtiŋ me:r]
Nichtschwimmer icke-simkunnig [ˇikəsimˈkənig]
nie aldrig [ˇaldrig]
nieder, niedrig låg [lo:g]
Niederlage nederlag [ˇne:dəˈɭɑ:g] ‹-et, -›
Niederschlag nederbörd [ˇne:dərˈbœ:ɖ] ‹-en›
niemand ingen [ˇiŋən]
Niere njure [ˇnjʉ:rə] ‹-n, -ar›
Nierenentzündung njurinflammation [ˇnjʉ:rinflamaˈʃu:n] ‹-en, -er›
Nierengurt njurbälte [ˇnjʉ:rbɛltə] ‹-t, -n›
Nierenstein njursten [ˇnjʉ:ʂʈe:n] ‹-en, -ar›
Nieselregen duggregn [ˇdəgrɛŋn] ‹-et›
nirgends ingenstans [ˇiŋənˈstans]
noch än(nu) [ɛn/ˇɛnʉ]; ~ nicht inte än(nu) [ˇintə ɛn/ˇɛnʉ]
Nonne nunna [ˇnəna] ‹-n, -or›
Norden norr [nɔr]; Norden [ˈnu:ɖən]
nordisch nordisk [ˈnu:ɖisk]
nördlich von norr om [nɔr ɔm]
normal normal [nɔrˈmɑ:l]
normalerweise normalt [nɔrˈmɑ:lt], i vanliga fall [i: ˇvɑ:nliga ˈfal], vanligtvis [ˇvɑ:nli(g)tˈvi:s]
Norwegen Norge [ˈnɔrjə]
Notausgang nödutgång [ˇnø:dʉ:tˈgɔŋ] ‹-en, -ar›
Notbremse nödbroms [ˇnø:dbrɔms] ‹-en, -ar›
Notfall, im ~ i nödfall [i: ˇnø:dfal]
Notizblock anteckningsblock [ˇanteknIŋsˈblɔk] ‹-et, -›
Notlandung nödlandning [ˇnø:dlandniŋ] ‹-en, -ar›
Notrufsäule hjälptelefon [ˇjɛlpteləˈfo:n] ‹-en, -er›
Notrutsche nödrutschbana [ˇnø:drətʃˈbɑ:na] ‹-n, -or›
notwendig nödvändig [ˇnø:dvɛndig]
November november [nuˈvɛmbər]
nüchtern nykter [ˈnyktər]; *(Magen)* fastande [ˇfastandə]
Nudeln nudlar [ˇnʉ:dlar] *pl*
Nummer nummer [ˈnəmər] ‹numret, -›
Nummernschild nummerskylt [ˇnəmərˈʃylt] ‹-en, -ar›
nur bara [ˇbɑ:ra]
Nüsse nöt [nø:t/ˈnøtər] ‹-en, nötter›

O

ob om [ɔm]
oben uppe [ˇəpə]; dort ~ där uppe [dæ:r ˇəpə]; nach ~ uppåt [ˇəpo:t]
Objektiv objektiv [ɔbjɛkˈti:v] ‹-et, -›
Obst frukt [frəkt] ‹-en, -er›
Obst- und Gemüsehändler frukt- och grönsakshandlare [ˇfrəkt- o: ˇgrø:nsɑ:ksˈhandlarə] ‹-n, -›
Obsthandlung fruktaffär [ˇfrəktaˈfæ:r] ‹-en, -er›
obwohl fastän [ˇfastɛn]

oder eller ['ɛlər]
offen öppen [ˇøpən]
öffentlich offentlig [ɔ'fɛntli], allmän [ˇalmɛn]
offiziell officiell [ɔfisi'ɛl]
öffnen öppna [ˇøpna] ‹-ade, -at›
Öffnungszeit öppningstid [ˇøpniŋs'ti:d] ‹-en, -er›
oft ofta [ˇɔfta]
ohne utan [ˇʉ:tan]
Ohnmacht svimning [ˇsvimniŋ] ‹-en›
Ohr öra [ˇœ:ra/ˇœ:rɔn] ‹-t, öron›
Ohrentropfen örondroppar [ˇœ:rɔn'drɔpar]
Ohropax öronproppar [ˇœ:rɔn'prɔpar] *pl*
Ohrringe örhänge [ˇœ:rhɛŋə] ‹-t, -n›
Oktanzahl oktantal [ɔkˇtɑ:ntɑ:l] ‹-et, -›
Oktober oktober [ɔk'tu:bər]
Öl olja [ˇɔlja] ‹-n›
Oliven oliv [u'li:v] ‹-en, -er›
Olivenöl olivolja [uˇli:v'ɔlja] ‹-n›
Ölmalerei oljemålning [ˇɔljə'mo:lniŋ] ‹-en›
Ölmessstab oljesticka [ˇɔljə'stika] ‹-n, -or›
Ölwechsel oljebyte [ˇɔljə'by:tə] ‹-t, -n›
Oper opera ['u:pəra] ‹-n, -or›
Operation operation [ɔpəra'ʃu:n] ‹-en, -er›
Operette operett [upə'rɛt] ‹-en, -er›
Opernglas teaterkikare [teˇɑ:tər'çi:karə] ‹-n, -›
Optiker optiker ['ɔptikər] ‹-n, -›
orange orange [u'raŋʃ]
Orangensaft apelsinjuice [apəlˇsi:nju:s] ‹-n›
Orchester orkester [ɔr'kɛstər] ‹-n, orkestrar›
Orden *(rel; Auszeichnung)* orden ['o:ɖən] ‹-, ordnar›
Oregano oregano [ɔrə'gɑ:nɔ] ‹-n›
Orgel orgel [ˇɔrjəl] ‹-n, orglar›
Original original [ɔrgi'nɑ:l] ‹-et, -›
Originalfassung originalversion [ɔrgiˇnɑ:lvær'ʃu:n] ‹-en, -er›
Ornament ornament [ɔɳa'mɛnt] ‹-et, -›
Ort ort [uʈ] ‹-en, -er›, plats [plats] ‹-en, -er›
Ortschaft by [by:] ‹-n, -ar›, samhälle [ˇsamhɛlə] ‹-t, -n›, ort [uʈ] ‹-en, - er›
Ortsgespräch närsamtal [ˇnæ:ʂam'tɑ:l] ‹-et, -›
Osten öster ['østər]
Österreich Österrike [ˇøstə'ri:kə]
Österreicher österrikare [ˇøstə'ri:karə] ‹-n, -›
Ostsee Östersjön [ˇøstə'ʂøn]

P

Paar par [pɑ:r] ‹-et, -›; *(Ehe~)* gift par [jift pɑ:r] ‹-et, -›
paar, ein ~ ett par [et pɑ:r], några [ˇno:ra]
Päckchen småpaket [ˇsmo:pa'ke:t] ‹-et, -›
Packtasche packväska [ˇpakvɛska] ‹-n, -or›
Paddelboot kanot [ka'nu:t] ‹-en, -er›
Paket paket [pa'ke:t] ‹-et, -›
Palast palats [pa'lats] ‹-et, -›
Pampelmuse grapefrukt [ˇgrɛjpfrɵkt] ‹-en, -er›
Panne missöde [ˇmisø:də] ‹-t, -n›
Pannendienst bilbärgning [ˇbi:lbærjniŋ] ‹-en, -ar›
Panorama panorama [panɔ'rɑ:ma] ‹-t, -n›
Papier papper [ˇpapər] ‹papperet, -›
Papiere *(Ausweis)* legitimationshandlingar [lɛgitimaˇʃu:nshandliŋar]
Papierkorb papperskorg [ˇpapəʂ'kɔrj] ‹-en, -ar›
Papierservietten pappersservetter [ˇpapəʂɛr'vɛtər]
Papiertaschentücher pappersnäsdukar [ˇpapəʂɳɛ:s'dʉ:kar]
Paprika *(Gemüse, Gewürz)* paprika ['pɑ:prika] ‹-n, -or›
Paragliding hängflygning [ˇhɛŋfly:gniŋ] ‹-en›
Parfüm parfym [par'fy:m] ‹-en, -er›
Parfümerie parfymeri [parfymə'ri:] ‹-et, -er›
Park park [park] ‹-en, -er›
parken parkera [par'ke:ra] ‹-ade, -at›
Parkett parkett [par'kɛt] ‹-en›
Parkhaus parkeringshus [parˇke:riŋs'hʉ:s] ‹-et, -›
Parkplatz parkeringsplats [parˇke:riŋs'plats] ‹-en, -er›
Parkuhr parkeringsautomat [parˇke:riŋsautɔ'mɑ:t] ‹-en, -er›
Pass (bergs)pass [(ˇbærjs)pas] ‹-et, -›
Passagier passagerare [pasa'ʃe:rarə] ‹-n, -›
Passbild passfoto [ˇpasfu(:)tu] ‹-t, -n›
passen passa [ˇpasa] ‹-ade, -at›
Passkontrolle passkontroll [ˇpaskɔn'trɔl] ‹-en, -er›
Pauschale schablonbelopp [ʃaˇblu:nbe'lɔp] ‹-et, -›, allt-i-ett-pris [altiˇɛtpri:s] ‹-et, -›
Pause paus ['pa:ɵs] ‹-en, -er›
Pedal pedal [pe'dɑ:l] ‹-en, -er›
Pelzgeschäft pälsaffär [ˇpɛlsa'fæ:r] ‹-en, -er›
Pelzjacke pälsjacka [ˇpɛlsjaka] ‹-n, -or›
Pelzmantel päls [pɛls] ‹-en, -ar›
Pension pensionat [paŋʃu'nɑ:t] ‹-et, -›
Peperoni peperoni [pepe'ro:ni] *pl*
Perle pärla [ˇpæ:ɭa] ‹-n, -or›
Person person [pæ'ʂu:n] ‹-en, -er›
Personal personal [pæʂu'nɑ:l] ‹-en›
Personalausweis identitetskort [idɛntiˇte:tskuʈ] ‹-et, -›
persönlich personlig [pæ'ʂu:nli]
Petersilie persilja [ˇpæʂilja] ‹-n›
Petroleum fotogen [futu'ʃe:n] ‹-en/-et›
Petroleumlampe fotogenlampa [futuˇʃe:nlampa] ‹-n, -or›
Pfad stig [sti:g] ‹-en, -ar›
Pfand pant [pant] ‹-en, -er›
Pfanne (stek)panna [(ˇste:k)pana] ‹-n, -or›
Pfeffer peppar [ˇpɛpar] ‹-n›
Pfefferstreuer pepparströare [ˇpɛpa'ʂʈrø:arə] ‹-n, -›
Pfeiler pelare [ˇpe:larə] ‹-n, -›
Pferd häst [hɛst] ‹-en, -ar›
Pferderennen hästkapplöpning [ˇhɛstkap'lø:pniŋ] ‹-en, -ar›
Pfirsiche persika [ˇpæʂika] ‹-n, -or›
Pflanze planta [ˇplanta] ‹-n, -or›, växt [vɛkst] ‹-en, -er›
Pflaster plåster ['plɔstər] ‹plåstret, -›
Pflaumen plommon [ˇplumɔn] ‹-et, -›
pflegebedürftig vårdbehövande [ˇvo:ɖbe'hø:vandə]
pflücken plocka [ˇplɔka] ‹-ade, -at›
Pfund ett halvt kilo [et halft 'çi:lu]
Pilgerfahrt pilgrimsfärd [ˇpi:lgrims'fæ:ɖ] ‹-en, -er›
Pilger/in pilgrim [ˇpi:lgrim] ‹-en, -ar›
Pilot pilot [pi'lu:t] ‹-en, -er›
Pilz svamp [svamp] ‹-en›
Pilze svamp [svamp] ‹-en, -ar›
Pilzinfektion svampinfektion [ˇsvampinfɛk'ʃu:n] ‹-en, -er›
Pinzette pincett [pin'sɛt] ‹-en, -er›

Plakat plakat [pla'kɑ:t] ‹-et, -›, affisch [a'fiʃ] ‹-en, -er›
Plan plan [plɑ:n] ‹-en, -er›; *(Absicht)* avsikt [ˇɑ:vsikt] ‹-en, -er›; *(Entwurf)* skiss [skis] ‹-en, -er›
Planetarium planetarium [planə'tɑ:rjəm] ‹planetariet, -er›
planmäßiger Abflug start enligt tidtabellen [stɑ:ʈ ˇe:nlit ˇti:dta'bɛlən]
Planschbecken plaskbassäng [ˇplaskba'sɛŋ] ‹-en, -er›
Plastik skulptur [skəlp'tʉ:r] ‹-en, -er›
Plastikbeutel plastpåse [ˇplastpo:sə] ‹-n, -ar›
Plattenladen skivaffär [ˇʃi:va'fæ:r] ‹-en, -er›
Plattfuß punktering [pəŋk'te:riŋ] ‹-en, -ar›
Platz plats [plats] ‹-en, -er›; torg [tɔrj] ‹-et, -›
Platzkarte platsbiljett [ˇplatsbil'jɛt] ‹-en, -er›
Plombe plomb [plɔmb] ‹-en, -er›
plötzlich *adv* plötsligt [ˇpløtslit]
Plundergebäck wienerbröd [ˇvi:nər'brø:d] ‹-et, -›
Plünderung plundring [ˇpləndriŋ] ‹-en, -ar›
Pocken smittkoppor [ˇsmitkɔpur]
Polizei polis [pɔ'li:s] ‹-en›
Polizeiwagen polisbil [pɔˇli:sbi:l] ‹-en, -ar›
Polizist/in polis [pɔ'li:s] ‹-en, -er›
Pony lugg [ləg] ‹-en, -ar›
Popkonzert popkonsert [ˇpɔpkɔn'sæ:r]
Portal portal [pɔ'ʈɑ:l] ‹-en, -er›
Portion portion [pɔʈ'ʃu:n] ‹-en, -er›
Porto porto [ˇpɔʈu] ‹-t, -n›
Porträt porträtt [pɔ'ʈrɛt] ‹-et, -›
Porzellan porslin [pɔ'ʂʈi:n] ‹-et›
positiv positiv [pusi'ti:v]
Postamt postkontor [ˇpɔstkɔn'tu:r] ‹-et, -›
Postkarte vykort [ˇvy:kuʈ] ‹-et, -›
Postleitzahl postnummer [ˇpɔstnəmər] ‹-nummret, -›
praktisch praktisk ['praktisk]
Präservativ kondom [kɔn'do:m] ‹-en, -er›
Praxis mottagning [ˇmu:tɑ:gniŋ] ‹-en, -ar›
Preis pris [pri:s] ‹-et, -er/-›
Preiselbeeren lingon [ˇliŋɔn] ‹-et, -›
Prellung blåmärke [ˇblo:mærkə] ‹-t, -n›
Premiere premiär [premi'æ:r] ‹-en, -er›
Priester präst [prɛst] ‹-en, -er›
privat privat [priˈvɑ:t]
pro per [pæ:r]
Probe prov [pru:v] ‹-et, -/-er›
Produkt produkt [pru'dəkt] ‹-en, -er›
Programm program [pru'gram] ‹-met, -›
Programmheft programhäfte [pruˇgram'hɛftə] ‹-t, -n›
Promille promille [pruˇmilə] ‹-n, -›
Propangas propangas [prɔˇpɑ:ngɑ:s] ‹-en›
Prospekt prospekt [pru'spɛkt] ‹-et, -›, broschyr [brɔ'ʃy:r] ‹-en, -er›
Protestant protestant [prɔtə'stant] ‹-en, -er›
protestieren protestera [prutɛ'ste:ra] ‹-ade, -at›
Prothese protes [pru'te:s] ‹-en, -er›
provisorisch provisorisk [pruvi'su:risk]
Prozent procent [pru'sɛnt]
prüfen granska [ˇgranska] ‹-ade, -at›
PS hästkrafter [ˇhɛstkraftər] *pl*
Publikum publik [pə'bli:k] ‹-en›
Puder puder ['pʉ:dər] ‹pudret›
Pullover pullover [pə'lo:vər] ‹-n, pullovrar›
Puls puls [pəls] ‹-en›
Pulverschnee pudersnö [ˇpʉ:də'ʂnø:] ‹-n›
pünktlich punktlig [ˇpəŋktlig]
putzen putsa [ˇpətsa] ‹-ade, -at›; göra rent [ˇjœ:ra 're:nt]; städa [ˇstɛ:da] ‹-ade, -at›
Putzmittel rengöringsmedel [ˇre:njœriŋs'me:dəl] ‹-medlet, -›
Pyjama pyjamas [py'jɑ:mas] ‹-en, -ar›

Q

Quadratmeter kvadratmeter [kvɑˇdrɑ:tme:tər]
Qualität kvalitet [kvali'te:t] ‹-en, -er›
Qualle manet [ma'ne:t] ‹-en, -er›
Quark kvarg [kvarg] ‹-en›, **keso** ['ke:sɔ] ‹-n›
Quelle källa [ˇçɛla] ‹-n, -or›
quer durch tvärsigenom ['tvæʂi'je:nɔm]
Querschiff tvärskepp [ˇtvæ:ʂɛp] ‹-et, -›
querschnittsgelähmt dubbelsidigt förlamad [ˇdəbəl'si:dit fœ'ʈɑ:mad]
Quetschung kontusion [kɔntʉ'ʃu:n] ‹-en, -er›
Quittung kvitto [ˇkvitu] ‹-t, -n›

R

Rabatt rabatt [ra'bat] ‹-en, -er›
Rad hjul [jʉ:l] ‹-et, -›
Rad fahren cykla [ˇsykla] ‹-ade, -at›
Radarkontrolle radarkontroll [ˇrɑ:darkɔn'trɔl] ‹-en, -er›
Radiergummi radergummi [raˇde:rgəmi] ‹-t, -n›
Radierung radering [ra'de:riŋ] ‹-en, -ar›
Radieschen rädisa [ˇrɛdisa] ‹-n, -or›
Radio radio ['rɑ:diu] ‹-n›
Radkreuz fälgkors [ˇfɛljkɔʂ] ‹-et, -›
Radrennen cykeltävling [ˇsykəl'tɛ:vliŋ] ‹-en, -ar›
Radsport cykelsport [ˇsykəl'spɔʈ] ‹-en›
Radtour cykeltur [ˇsykəl'tʉ:r] ‹-en, -er›
Rampe ramp [ramp] ‹-en, -er›
Rang läktare [ˇlɛktarə] ‹-n, -›
Rasen gräsmatta [ˇgrɛ:smata] ‹-n, -or›
Rasierapparat rakapparat [ˇrɑ:kapa'rɑ:t] ‹-en, -er›
rasieren raka [ˇrɑ:ka] ‹-ade, -at›
Rasierklinge rakblad [ˇrɑ:kblɑ:d] ‹-et, -›
Rasierpinsel rakborste [ˇrɑ:kbɔʂʈə] ‹-n, -ar›
Rasierseife raktvål [ˇrɑ:ktvo:l] ‹-en, -ar›
Rasierwasser rakvatten [ˇrɑ:kvatən] ‹-vattnet›
Rastplatz rastplats [ˇrastplats] ‹-en -er›
Raststätte rastplats med servering [ˇrastplats me: sær've:riŋ]
Rat råd [ro:d] ‹-et›; **jdn um ~ fragen** fråga någon om råd [*fro:ga nɔn ɔm 'ro:d]
raten *(Rat erteilen)* råda [ˇro:da] ‹-de, rått›; *(er~)* gissa [ˇjisa] ‹-ade, - at›
Rathaus rådhus [ˇro:dhʉ:s] ‹-et, -›
rauchen röka [ˇrø:ka] ‹-te, -t›
Raucher rökare [ˇrø:karə] ‹-n, -›
Rauchfleisch rökt kött [røkt çøt]
Raum rymd [rymd] ‹-en, -er›; *(Räumlichkeit)* utrymme [ˇʉ:trymə] ‹-t, -n›
Rauschgift narkotika [nar'ko:tika] ‹-n›
Rechnung räkning [ˇrɛ:kniŋ] ‹-en, -ar›; *(im Restaurant, Café)* nota [ˇnu:ta] ‹-n, -or›
Recht rätt [rɛt] ‹-en, -er›
Recht haben ha rätt [hɑ: 'rɛt]
rechte(r, -s) högra/rätta [ˇhøgra/ˇrɛta]

rechts till höger [til ˈhøːgər]
Rechtsanwalt advokat [advuˈkɑːt] ‹-en, -er›
rechtzeitig *adv* i tid [iː tiːd]
reden prata [ˇprɑːta] ‹-ade, -at›
Reformhaus hälsokostbutik [ˇhɛlsukɔstbʉˈtiːk] ‹-en, -er›
Regatta regatta [reˇgata] ‹-n, -or›
regelmäßig *adv* regelbundet [ˇreːgəlˈbəndət]
regeln reglera [regˈleːra] ‹-ade, -at›; ordna [ˇoːɖɳa] ‹-ade, -at›; göra upp [jøra ˈəp]
Regen regn [rɛŋn] ‹-et›
Regenmantel regnkappa [ˇrɛŋnkapa] ‹-n, -or›
Regenschauer regnskur [ˇrɛŋnskʉːr] ‹-en, -ar›
Regie regi [reˈʃiː] ‹-n›
Regierung regering [reˈjeːriŋ] ‹-en, -ar›
regnerisch regnig [ˇrɛŋni(g)]
Reibe rivjärn [ˇriːvjæːɳ] ‹-et, -›
reich rik [riːk]
reichen *(aus~)* räcka [ˇrɛka] ‹-te, -t›; *(geben)* (över)räcka [ˇrɛka/ˇøːvəˈrɛka]; *(s. erstrecken)* sträcka sig [ˇstrɛka sɛj] ‹-te, -t›
reif mogen [ˇmuːgən]
Reifen däck [dɛk] ‹-et, -›
reinigen göra rent [ˇjœːra ˈreːnt]] ‹gjorde, gjort›
Reinigung, chemische kemtvätt [ˇçeːmtvɛt] ‹-en, -er›
Reinigungsmilch rengöringskräm [ˇreːnjœːriŋsˈkrɛːm] ‹-en, -er›
Reis ris [riːs] ‹-et›
Reise resa [ˇreːsa] ‹-n, -or›; **auf der ~** på resan [poː ˇreːsan]
Reisebüro resebyrå [ˇreːsəˈbyːrɔ] ‹-n, -er›
Reiseführer guide [gajd] ‹-n, -r›; resehandbok [ˇreːsehandˈbuːk] ‹-en, -böcker›
Reisegesellschaft resesällskap [ˇreːsesɛlˈskɑːp] ‹-et, -›
reisen (nach) resa (till) [ˇreːsa (til)] ‹-te, -t›
Reisende, der/die ~ resenär [resəˈnæːr] ‹-en, -er›
Reisenecessaire necessär [nesəˈsæːr] ‹-en, -er›
Reisepass pass [pas] ‹-et, -›
Reisescheck resecheck [ˇreːsəˈçɛk] ‹-en, -ar/-er›
Reiseziel resmål [ˇreːsmoːl] ‹-et, -›
reißen *(ziehen)* rycka [ˇryka] ‹-te, -t›, riva [ˇriːva]; *(kaputtgehen)* gå sönder [goː ˈsøndər]
Reißverschluss blixtlås [ˇblikstloːs] ‹-et, -›
reiten rida [ˇriːda]
Reiterferien ridläger [ˇriːdlɛːgər] ‹-lägret, -›
Reitschule ridskola [ˇriːdskuːla] ‹-n, -or›
Reitsport ridsport [ˇriːdspɔʈ] ‹-en›
reklamieren reklamera [reklaˈmeːra] ‹-ade, -at›; klaga *(på)* [ˇklɑːga poː], återfordra [ˇoːtərˈfuːɖra]
Relief relief [reliˈɛf] ‹-en, -er›
Religion religion [rɛliˈjuːn] ‹-en, -er›
rennen springa [ˇspriŋa]
Rennen tävling [ˇtɛːvliŋ] ‹-en, -ar›
Rennrad tävlingscykel [ˇtɛːvliŋˈsykəl]
reparieren reparera [repaˈreːra] ‹-ade, -at› laga [ˇlɑːga] ‹-ade, -at›
reservieren reservera [resærˈveːra] ‹-ade, -at›
Reservierung reservering [resærˈveːriŋ] ‹-en, -ar›
restaurieren restaurera [restauˈreːra] ‹-ade, -at›
retten rädda [ˇrɛda] ‹-ade, -at›
Rettungsboot livbåt [ˇliːvboːt] ‹-en, -ar›
Rettungsring livboj [ˇliːvbɔj] ‹-en, -ar›
Rettungsweste flytväst [ˇflyːtvɛst] ‹-en, -ar›
Rezept recept [reˈsɛpt] ‹-et, -›
Rezeption reception [resɛpˈʃuːn] ‹-en, -er›
Rhabarber rabarber [raˈbarbər] ‹-n›
Rheuma reumatism [rɛumaˈtism] ‹-en›
Richter domare [ˇdumarə] ‹-n, -›
richtig *(Gegensatz zu falsch)* riktig [ˇriktig]; *(geeignet)* lämplig [ˇlɛmplig]
Richtung riktning [ˇriktniŋ] ‹-en, -ar›
riechen lukta [ˇləkta] ‹-ade, -at›
Riff rev [reːv] ‹-et, -›
Rindfleisch nötkött [ˇnøːtçøt] ‹-et›
Ring ring [riŋ] ‹-en, -ar›
Ringkampf brottningsmatch [ˇbrɔtniŋsˈmatʃ] ‹-en, -er›
Rippe revben [ˇreːvbeːn] ‹-et, -›
Risiko risk [risk] ‹-en, -er›
Rock kjol [çuːl] ‹-en, -ar›
roh rå [roː]
Rohling tom CD [tum ˇseːdeː]
Rolle roll [rɔl] ‹-en, -er›
Rollschuhe rullskridskor [ˇrəlskriskur]
Rollstuhl rullstol [ˇrəlstuːl] ‹-en, -ar›
Rollstuhlfahrer/in rullstolsbunden (person) [ˇrəlstuːlsˈbəndən (pæˈʂuːn)]
rollstuhlgerecht rullstolsanpassad [ˇrəlstuːlsanˈpasad]
Rollstuhlkabine *(Schiff)* rullstolshytt [ˇrəlstuːlsˈhyt] ‹-en, -er›
Rollstuhllifter *(Auto)* lyftanordning för rullstolar [ˇlyftanˈoːɖniŋ fœr ˇrəlstuːlar]
Roman roman [ruˈmɑːn] ‹-en, -er›
röntgen röntga [ˇrøntka]
Röntgenaufnahme röntgenbild [ˇrøntkənˈbild] ‹-en, -er›
rosa rosa [ˇroːsa]
Rosenkohl brysselkål [ˇbrysəlˈkoːl] ‹-en›
Rosinen russin [ˇrəsin] ‹-et, -›
Rosmarin rosmarin [ˇroːsmaˈriːn] ‹-en›
Rost grill [gril] ‹-en, -ar›
rot röd [røːd]
Röteln röda hund [ˇrøːda hənd]
Route rutt [rət] ‹-en, -er›
Rücken rygg [ryg] ‹-en, -ar›
Rückenschmerzen ont i ryggen [unt i ˈrygən]
Rückfahrkarte returbiljett [reˇtʉːrbilˈjɛt] ‹-en, -er›
Rückfahrt återresa [ˇoːtəˈreːsa] ‹-n, -or›
Rückgrat ryggrad [ˇrygrɑːd] ‹-en, -er›
Rückholservice hämtservice [ˇhɛmtsœːrvis] ‹-en›
Rückkehr återkomst [ˇoːtərˈkɔmst] ‹-en, -er›
Rücklicht baklykta [ˇbɑːklykta] ‹-n, -or›
Rucksack ryggsäck [ˇrygsɛk] ‹-en, -ar›
rücksichtslos hänsynslös [ˇhɛnsyːnsˈløːs]
Rückspiegel backspegel [ˇbakspeːgəl] ‹-n, -speglar›
Rücktransport hemtransport [ˇhɛmtranˈspɔʈ] ‹-en, -er›
Rücktrittbremse *(Fahrrad)* fotbroms [ˇfuːtbrɔms] ‹-en, -ar›
rückwärts bakåt [ˈbɑːkɔt]
Ruder åra [oːra] ‹-n, -or›
Ruderboot roddbåt [ˇrudboːt] ‹-en, -ar›
rudern ro [ruː] ‹-dde, -tt›
rufen ropa [ˇruːpa] ‹-ade, -at›
Rufnummer telefonnummer [teləˇfoːnəmər] ‹-numret, -›

Ruhe lugn [lɵŋn] ‹-et›; *(seelisch)* vila [ˇviːla] ‹-n›; *(Stille)* tystnad [ˇtystnad] ‹-en›, stillhet [ˇstilheːt] ‹-en›
ruhig lugn [lɵŋn], tyst [tyst]
Rührlöffel slev [sleːv] ‹-en, -ar›
Ruine ruin [rʉˈiːn] ‹-en, -er›
rund rund [rɵnd]
Rundbogen rundbåge [ˇrɵndboːgə]
Rundfahrt rundtur [ˇrɵndtʉːr] ‹-en, -er›
Rundreisefahrschein rundresebiljett [ˇrɵndreːsəbilˈjɛt] ‹-en, -er›
Runen runor [ˇrʉːnur] *pl*
Runenstein runsten [ˇrʉːnsteːn] ‹-en, -ar›

S

Saal sal [sɑːl] ‹-en, -ar›
Sache sak [sɑːk] ‹-en, -er›
Safe kassaskåp [ˇkasaˈskoːp] ‹-et, -›
saftig saftig [ˇsafti]
sagen säga [ˇsɛja]
Sahne grädde [ˇgrɛdə] ‹-n›
Saison säsong [sɛˈsɔŋ] ‹-en, -er›; **außerhalb der ~** lågsäsong [ˇloːgsɛˈsɔŋ] ‹-en, -er›
Sakko blazer [ˈblɛːsər] ‹-n, blazrar›
Sakristei sakristia [ˇsakriˈstiːa] ‹-n, -or›
Salami salami [saˈlɑːmi] ‹-n›
Salat sallad [ˇsalad] ‹-en, -er›
Salatbüfett salladsbuffé [ˇsalatsbyˈfeː] ‹-n, -er›
Salbe salva [ˇsalva] ‹-n, -or›
Salbei salvia [ˈsalvja] ‹-n›
Salmonellen salmonella [salmɔˇnɛla] ‹-n›
Salz salt [salt] ‹-et›
Salzstreuer saltströare [ˇsaltstrøːarə] ‹-n, -›
Sammelfahrschein gruppbiljett [ˇgrɵpbilˈjɛt] ‹-en, -er›
sammeln *(Briefmarken etc.)* samla [ˇsamla] ‹-ade, -at›; *(auf~)* plocka [ˇplɔka] ‹-ade, -at›
Samstag lördag [ˈlœːɖa]
Sand sand [sand] ‹-en›
Sandale sandal [sanˈdɑːl] ‹-en, -er›
Sandburg sandslott [ˇsandslɔt] ‹-et, -›
Sandkasten sandlåda [ˇsandloːda] ‹-n, -or›
Sandstein sandsten [ˇsandsteːn] ‹-en›
Sänger sångare [ˇsɔŋarə] ‹-n, -›
Sanitäreinrichtungen sanitära inrättningar [saniˈtæːra ˇinrɛtniŋar] *pl*
Sardinen sardin [saˈɖiːn] ‹-en, -er›
satt mätt [mɛt]
Sattel sadel [ˈsɑːdəl] ‹-n, sadlar›
Satz mening [ˇmeːniŋ] ‹-en, -ar›
sauber ren [reːn]
sauer sur [sʉːr]
Sauerstoffgerät syrgasapparat [ˇsyːrgɑːsapaˈrɑːt] ‹-en, -er›
Sauger napp [nap] ‹-en, -ar›
Saugflasche nappflaska [ˇnapflaska] ‹-n, -or›
Säule pelare [ˇpeːlarə] ‹-n, -›
Sauna bastu [ˇbastɵ] ‹-n, -r›
S-Bahn pendeltåg [ˇpɛndəlˈtoːg] ‹-et, -›
Scanner skanner [ˈskanər] ‹-n, skannrar›
schade, es ist ~ det var synd [de vɑː ʂynd]; **wie ~!** så synd! [soː synd]
Schädel skalle [ˇskalə] ‹-n, -ar›
Schaden skada [ˇskɑːda] ‹-n, -or›
schädlich skadlig [ˇskɑːdlig]
Schaffner konduktör [kɔndɵkˈtœːr] ‹-en, -er›
Schal schal [ʃɑːl] ‹-en, -ar›
Schalter lucka [ˇlɵka] ‹-n, -or›, disk [disk] ‹-en, -ar›
Schalthebel växelspak, -en [ˇvɛksəlˈspɑːk] ‹-ar›
Schären skärgård [ˇʃæːrgoːɖ] ‹-en, -ar›
scharf stark [stark]
Scharlach scharlakansfeber [ʃaˇɭɑːkansˈfeːbər] ‹-n›
Schatten skugga [ˇskɵga] ‹-n, -or›
schätzen uppskatta [ˇɵpskata] ‹-ade, -at›
Schatzkammer skattkammare [ˇskatkamarə] ‹-n, -›
schauen se [seː], titta [ˇtita] ‹-ade, -at›
Schaufenster skyltfönster [ˇʃyltfønstər] ‹-fönstret, -›
Schaumfestiger hårskum [ˇhoːʂkɵm] ‹-met›
Schauspiel skådespel [ˇskoːdəˈspeːl] ‹-et, -›
Schauspieler skådespelare [ˇskoːdəˈspeːlarə] ‹-n, -›
Scheck check [çɛk] ‹-en, -ar/-er›
Scheckgebühr checkavgift [ˇçɛkɑːvˈjift] ‹-en, -er›
Scheckkarte checkkort [ˇçɛkuʈ] ‹-et, -›
Scheibe skiva [ˇʃiːva] ‹-n, -or›
Scheibenwischer vindrutetorkare [ˇvindrʉːtəˈtɔrkarə] ‹-n, -›
Scheinwerfer strålkastare [ˇstroːlkastarə] ‹-n, -›
Scheitel bena [ˇbeːna] ‹-n, -or›
schenken skänka [ˇʃɛnka], ‹-te, -t›, ge (bort) [jeː (ˈbɔʈ)]
Schere sax [saks] ‹-en, -ar›
schicken skicka [ˇʃika] ‹-ade, -at›
Schiebedach taklucka [ˇtɑːklɵka] ‹-n, -or›
Schiedsrichter domare [ˇdumarə] ‹-n, -›
Schienbein skenben [ˇʃeːnbeːn] ‹-et, -›
Schiene skena [ˇʃeːna] ‹-n, -or›
Schiff skepp [ʃɛp] ‹-et, -›, båt [boːt] ‹-en, -ar›
Schiffssetzung skeppssättning [ˇʃɛpsɛtniŋ] ‹-en, -ar›
Schild skylt [ʃylt] ‹-en, -ar›
Schildmütze skärmmössa [ˇʃærmøsa] ‹-n, -or›
schimpfen gräla [ˇgrɛːla] ‹-ade, -at›
Schinken skinka [ˇʃiŋka] ‹-n, -or›
Schirm paraply [paraˈplyː] ‹-et, -er›
Schlafcouch bäddsoffa [ˇbɛdsɔfa] ‹-n, -or›
schlafen sova [ˇsoːva]
Schlaflosigkeit sömnlöshet [ˇsømnløːsˈheːt] ‹-en›
Schlafsack sovsäck [ˇsoːvsɛk] ‹-en, -ar›
Schlaftabletten sömntabletter [ˇsømntaˈblɛtər]
Schlafwagenkarte sovvagnsbiljett [ˇsoːvaŋnsbilˈjɛt] ‹-en, -er›
Schlafzimmer sovrum [ˇsoːvrɵm] ‹-met, -›
Schlaganfall slaganfall [ˇslɑːganˈfal] ‹-et, -›
schlagen slå [sloː]
Schläger racket [ˈrakət] ‹-en, -ar›
Schlamm slam [slam] ‹-met›, dy [dyː] ‹-n›
Schlange *(Tier)* orm [urm] ‹-en, -ar›; *(Menschen~)* kö [køː] ‹-n, -er›; **~ stehen** stå i kö [stoː iː køː], köa [ˇkøːa] ‹-ade, -at›
schlank smal [smɑːl]
schlau slug [slʉːg]
Schlauch *(Reifen)* slang [slaŋ] ‹-en, -ar›
Schlauchboot gummibåt [ˇgɵmiˈboːt] ‹-en, -ar›
schlecht *adj* dålig [ˇdoːli]; *adv* dåligt [ˇdoːlit]
Schlepplift släplift [ˇslɛːplift] ‹-en, -ar›
schließen stänga [ˇstɛŋa] ‹-de, -t›
schlimm dålig [ˇdoːli]; **~er** sämre [ˈsɛmrə], värre [ˈværə]; **~st** sämst [sɛmst], värst [væʂʈ]

Schlitten släde [ˇslɛ:də] ‹-n, -ar›
Schlitten fahren åka kälke [ˇo:ka ˇçɛlkə]
Schlittschuhe skridskor [ˇskriskur]
Schloss slott [slɔt] ‹-et, -›
Schlucht klyfta [ˇklyfta] ‹-n, -or›
Schlüssel nyckel [ˇnykəl] ‹-n, nycklar›
Schlüsselbein nyckelben [ˇnykəlˈbe:n] ‹-et, -›
Schlüsselübergabe överlämnande av nycklar [ˇø:vəˈlɛmnandə ɑ:v ˇnyklar]
schmal smal [smɑ:l]
schmecken smaka [ˇsmɑ:ka] ‹-ade, -at›
schmerzen göra ont [jœ:ra ˈunt]
Schmerzen smärtor [ˇsmæʈur]
Schmerztabletten smärtstillande tabletter [ˇsmæʈʂʈilandə taˈblɛtər]
schmieren smörja, smorde, smort [ˇsmœrja, ˇsmu:ɖə, smu:ʈ]
Schmirgelpapier smärgelpapper [ˇsmærjəlˈpapər] ‹-et, -›
Schmuck smycken [ˇsmykən] *pl*
Schmuckstück smycke [ˇsmykə] ‹-t, -n›
Schmuggel smuggling [ˇsmɵgliŋ] ‹-en›
schmuggeln smuggla [ˇsmɵglɑ] ‹-ade, -at›
Schmutz smuts [smɵts] ‹-en›; *(Schlamm)* gyttja [ˇjytja] ‹-n›
schmutzig smutsig [ˇsmɵtsig]
schnarchen snarka [ˇsnarka] ‹-ade, -at›
Schnee snö [snø:] ‹-n›
Schneebesen visp [visp] ‹-en, -ar›
Schneesturm snöstorm [ˇsnø:stɔrm] ‹-en, -ar›
Schneidebrett skärbräde [ˇʃæ:rbrɛ:də] ‹-t, -n›
schneiden skära [ˇʃæ:ra]
Schneider skräddare [ˇskrɛdarə] ‹-n, -›
Schneidezahn framtand [ˇframtand] ‹-en, -tänder›
schnell *adj* snabb [snab]; *adv* snabbt [snapt]
Schnellstraße motortrafikled [ˇmu:tɔrtrafi:kˈle:d] ‹-en, -er›
Schnellzug snälltåg [ˇsnɛlto:g] ‹-et, -›
Schnittwunde skärsår [ˇʃæʂo:r] ‹-et, -›
Schnitzerei träsnideri [ˇtrɛ:snidəˈri:] ‹-et, -er›
Schnorchel snorkel [ˇsnɔrkəl] ‹-n, snorklar›
schnorcheln snorkla [ˇsnɔrkla]
Schnuller napp [nap] ‹-en, -ar›
Schnupfen snuva [ˇsnʉ:va] ‹-n›
Schnurrbart mustasch [məˈstɑ:ʃ] ‹-en, -er›
Schokolade choklad [ʃɔˈklɑ:(d)] ‹-en›
Schokoriegel chokladkaka [ʃɔˇklɑ:(d)kɑ:ka] ‹-n, -or›
Scholle rödspätta [ˇrø:spɛta] ‹-n, -or›
schon redan [ˇre:dan]
schön vacker [ˈvakər]
Schonkost dietmat [diˇe:tmɑ:t] ‹-en›
Schonzeiten fridlysningstider [ˇfri:dlysniŋsˈti:dər] *pl*
Schöpfkelle skopa [ˇsku:pa] ‹-n, -or›
Schrank skåp [sko:p] ‹-et, -›
Schraube skruv [skrʉ:v] ‹-en, -ar›
Schraubenmutter skruvmutter [ˇskrʉ:vmɵtər] ‹-n, -muttrar›
Schraubenschlüssel skruvnyckel [ˇskrʉ:vnykəl] ‹-n, -nycklar›
Schraubenzieher skruvmejsel [ˇskrʉ:vmɛjsəl] ‹-n, -mejslar›
schrecklich förskräcklig [fœˈʂkrɛklig]
schreiben skriva [ˇskri:va]
Schreibwarengeschäft pappershandel [ˇpapəʂˈhandəl] ‹-n, -handlar›
schreien skrika [ˇskri:ka]
Schrift skrift [skrift] ‹-en, -er›, *(Hand-)* stil [sti:l] ‹-en, -ar›
schriftlich skriftlig [ˇskriftli]
schüchtern blyg [bly:g]
Schuhe sko [sku:] ‹-n, -r›
Schuhgeschäft skoaffär [ˇsku:aˈfæ:r] ‹-en, -er›
Schuhmacher skomakare [ˇsku:mɑ:karə] ‹-n, -›
Schuld skuld [skɵld] ‹-en›, fel [fe:l] ‹-et›; *(Geld)* skuld [skɵld] ‹-en, -er›
schulden vara skyldig [ˇvɑ:ra ˇʃyldi]
Schule skola [ˇsku:la] ‹-n, -or›
Schulter skuldra [ˇskɵldra] ‹-n, -or›
Schuppen mjäll [mjɛl] ‹-et, -›
Schüssel karott [kaˈrɔt] ‹-en, -er›
Schüttelfrost frossbrytningar [ˇfrɔsbry:tniŋar] *pl*
Schutzblech stänkskärm [ˇstɛŋkʃærm] ‹-en, -ar›
schwach svag [svɑ:g]
Schwager svåger [ˈsvo:gər] ‹-n, svågrar›
Schwägerin svägerska [ˇsvɛ:gəʂka] ‹-n, -or›
Schwamm svamp [svamp] ‹-en, -ar›
Schwangerschaft graviditet [gravidiˈte:t] ‹-en, -er›
schwarz svart [svaʈ]
Schwede svensk [svɛnsk] ‹-en, -ar›
Schweden Sverige [ˈsværjə]
Schwedin svenska [ˇsvɛnska] ‹-n, -or›
schwedisch svensk [svɛnsk]
schweigen tiga [ˇti:ga], vara tyst [vɑ:ra ˈtyst]
Schweiß svett [svɛt] ‹-en›
Schweiz Schweiz [ʃvɛjts]
Schweizer/in schweizare [ˇʃvɛjtsarə] ‹-n, -›/ schweiziska [ˈʃvɛjtsiska] ‹-n, -or›
Schweizer Franken schweizerfranc [ˇʃvɛjtsərˈfraŋ] ‹-en, -(s)›
Schwellung svullnad [ˇsvɵlnad] ‹-en, -er›
schwer *(Gewicht)* tung [tɵŋ]; *(Krankheit; schwierig)* svår [svo:r]
Schwerstbehinderte/r gravt handikappad [grɑ:ft ˇhandiˈkapad]
Schwester syster [ˇsystər] ‹-n, systrar›; *(Kranken-)* sjuksköterska [ˇʃʉ:kʃø:təʂka] ‹-n, -or›; *(Ordens-)* syster [ˇsystər]
schwierig svår [svo:r]
Schwimmbad bad [bɑ:d] ‹-et, -›
Schwimmbecken simbassäng [ˇsimbaˈsɛŋ] ‹-en, -er›
schwimmen simma [ˇsima]
Schwimmer simmare [ˇsimarə] ‹-n, -›
Schwimmflossen simfötter [ˇsimføtər]
Schwimmflügel simkuddar [ˇsimkɵdar] *pl*
Schwimmkurs simkurs [ˇsimkɵʂ] ‹-en, -er›
Schwimmring badring [ˇbɑ:driŋ] ‹-en, -ar›
Schwimmweste flytväst [ˇfly:tvɛst] ‹-en, -ar›
Schwindel svindel [ˇsvindəl] ‹-n›
schwindlig yr [y:r]
schwitzen svettas [ˇsvetas] ‹-ades, -ats›
schwül kvav [kvɑ:v]
See *f (Meer)* hav [hɑ:v] ‹-et, -›; *m (Binnengewässer)* sjö [ʃø:] ‹-n, -ar›
See sjö [ʃø:] ‹-n, -ar›
Seegang sjögång [ˇʃø:gɔŋ] ‹-en›
seekrank sjösjuk [ˇʃø:ʃʉ:k]
Seemeile sjömil [ˇʃø:mi:l]
Seezunge sjötunga [ˇʃø:tɵŋa] ‹-n, -or›
Segelboot segelbåt [ˇse:gəlˈbo:t] ‹-en, -ar›
Segelfliegen segelflygning [ˇse:gəlˈfly:gniŋ]
segeln segla [ˇse:gla] ‹-ade, -at›

Segeltörn segeltur [ˇse:gəlˈtʉ:r] ‹-en, -er›
sehbehindert synskadad [ˇsy:nskɑ:dad]
sehen se [se:]
Sehenswürdigkeiten sevärdheter [ˇse:væɖˈhe:tər]
sehr mycket [ˇmykə]
Seide siden [ˇsi:dən] ‹-et›
Seife tvål [tvo:l] ‹-en, -ar›
Seil rep [re:p] ‹-et, -›
Seilbahn linbana [ˇli:nbɑ:na] ‹-n, -or›
sein (1) *verb* vara [ˇvɑ:ra], finnas [ˇfinas]
sein (2) *poss prn* hans [hans], dess [dɛs]; *(subjektbezogen)* sin [sin]
seit *prp* sedan [ˇse:dan]; **~ wann?** hur länge? [hʉ: ˇlæŋə]; *konj* sedan [ˇse:dan]
Seite sida [ˇsi:da] ‹-n, -or›
Seitenstechen håll (i sidan) [hɔl (i ˇsi:dan)]
Sekunde sekund [seˈkɵnd] ‹-en, -er›
selbst själv [ʃɛlv]
Selbstauslöser självutlösare [ˇʃɛlvʉ:tˈlø:sarə] ‹-n, -›
Selbstbedienung självbetjäning [ˇʃɛlvbeˈçɛ:niŋ] ‹-en›
Selbstbedienungsladen snabbköpsbutik [ˇsnabçøpsbʉˈti:k] ‹-en, -er›
Sellerie selleri [ˇsɛləri] ‹-n›
selten *adj* sällsynt [ˇsɛlsy:nt]; *adv* sällan [ˇsɛlan]
Sendung *(Radio, Fernsehen)* utsändning [ˇʉ:tsɛndniŋ] ‹-en, -ar›
Senf senap [ˇse:nap] ‹-en›
September september [sɛpˈtɛmbər]
servieren servera [særˈve:ra] ‹-ade, -at›
Serviette servett [særˈvɛt] ‹-en, -er›
Sessel fåtölj [fɔˈtølj] ‹-en, -er›
Sessellift stollift [ˇstu:lift] ‹-en, -ar›
setzen sätta [ˇsɛta], ställa [ˇstɛla] ‹-de, -t›; **s. ~** sätta sig [ˇsɛta sɛj]
Sex sex [sɛks]
Shampoo schampo [ˈʃampu] ‹-t, -n›
Shorts shorts [ʃo:ʈʂ] *pl*
Show show [ʃəu] ‹-en, -er›
sicher *adj* säker [ˈsɛ:kər]; *adv* säkert [ˈsɛ:kəʈ]
Sicherheit säkerhet [ˇsɛ:kərˈhe:t] ‹-en›; *(Garantie)* säkerhet [ˇsɛ:kərˈhe:t] ‹-en, -er›, garanti [garanˈti:] ‹-n, -er›
Sicherheitsgurt säkerhetsbälte [ˇsɛ:kərhe:tsˈbɛltə] ‹-t, -n›
Sicherheitskontrolle säkerhetskontroll [ˇsɛ:kərhe:tskɔnˈtrɔl] ‹-en, -er›
Sicherheitsnadeln säkerhetsnål [ˇsɛ:kərhe:tsˈno:l] ‹-en, -ar›
Sicherung *(el)* säkring [ˇsɛ:kriŋ] ‹-en, -ar›
Sicherungsseil säkringsrep [ˇsɛ:kriŋsˈre:p] ‹-et, -›
Sicht sikt [sikt] ‹-en›, synhåll [ˇsy:nhɔl] ‹-et›
sie *(sing)* hon [hun], *pl* de [dɔm], *obj* henne [ˇhɛnə], *pl* dem [dɔm]
Sie ni [ni:], *obj* er [e:r]
Siebdruck serigrafi [serigraˈfi:] ‹-n, -er›
Sieg seger [ˈse:gər] ‹-n, segrar›
Signal signal [siŋˈnɑ:l] ‹-en, -er›
Silber silver [ˈsilvər] ‹silvret›
silbern silverfärgad [ˇsilvərˈfærjad]
Sinfoniekonzert symfonikonsert [symfɔˇni:kɔnˈsæ:r] ‹-en, -er›
singen sjunga [ˇʃɵŋa]
Singspiel sångspel [ˇsɔŋspe:l] ‹-et, -›
Sinn sinne [ˇsinə] ‹-t, -n›
Sitz (sitt)plats [plats/ˇsitplats] ‹-en, -er›, sits [sits] ‹-en, -ar›
sitzen sitta [ˇsita]
Skagerrak Skagerak [ˈskɑ:gərak]
Skateboard skateboard [ˈskɛjtbo:ɖ] ‹-et, -›
Ski skida [ˇʃi:da] ‹-n, -or›
Skibindung skidbindning [ˇʃi:dbindniŋ] ‹-en, -ar›
Skibrille skidglasögon [ˇski:dglɑ:sˈø:gɔn] *pl*
Skihose skidbyxor [ˇʃi:dbyksur] *pl*
Skikurs skidkurs [ˇʃi:dkɵʂ] ‹-en, -er›
Skilaufen skidåkning [ˇʃi:do:kniŋ] ‹-en›
Skilehrer skidlärare [ˇʃi:dlæ:rarə] ‹-n, -›
Skistiefel pjäxa [ˇpjɛksa] ‹-n, -or›
Skistöcke skidstavar [ˇʃi:dstɑ:var]
Skulptur skulptur [skɵlpˈtʉ:r] ‹-en, -er›
Slip trosor [ˇtru:sur] *pl*
Snowboard snöbräda [ˇsnø:brɛ:da] ‹-n, -or›
so så [so:], på så sätt [po: ˈso: sɛt]
Socke socka [ˇsɔka] ‹-n, -or›
Sodbrennen halsbränna [ˇhalsbrɛna] ‹-n›
sofort genast [ˇje:nast], med detsamma [me: deˈsama]
Sohle sula [ˇsʉ:la] ‹-n, -or›
Sohn son [so:n] ‹-en, söner›
Solarium solarium [suˈlɑ:rjɵm] ‹solariet, solarier›
Solist/in solist [suˈlist] ‹-en, -er›
sollen böra [bœ:ra], skola [*sku:la]
Sommer sommar [ˇsɔmar] ‹-(e)n, somrar›
Sommerkleid sommarklänning [ˇsɔmarˈklɛniŋ] ‹-en, -ar›
Sonder... special ... [spesˇjɑ:l ...]; extra ... [ˇɛkstra]
Sondermarke jubileumsfrimärke [jʉbiˇle:ɵmsfriˈmærkə] ‹-t, -n›
Sonne sol [su:l] ‹-en›
Sonnenaufgang soluppgång [ˇsu:lɵpˈgɔŋ] ‹-en, -ar›
Sonnenbrand svidande solbränna [ˇsvi:dandə ˇsu:lbrɛna] ‹-n›
Sonnencreme solkräm [ˇsu:lkrɛ:m] ‹-en, -er›
Sonnendeck soldäck [ˇsu:ldɛk] ‹-et, -›
Sonnenöl sololja [ˇsu:lɔlja] ‹-n›
Sonnenschirm parasoll [paraˈsɔl] ‹-et, -er›
Sonnenschutz solskydd [ˇsu:lʃyd] ‹-et›
Sonnenstich solsting [ˇsu:lstiŋ] ‹-et›
Sonnenuntergang solnedgång [ˇsu:lne:dˈgɔŋ] ‹-en, -ar›
sonnig solig [ˇsu:li(g)]
Sonntag söndag [ˈsønda]
sorgen, ~ für ta hand om [tɑ: ˈhand ɔm]; **s. ~ um** oroa sig för [ˇu:ru:a sɛj fœ:r]
Sorte sort [sɔʈ] ‹-en, -er›; *(Zigaretten)* märke [ˇmærkə] ‹-t, -n›
Soße sås [so:s] ‹-en, -er›
Souvenirladen souvenirbutik [suvəˇni:rbʉˈti:k] ‹-en, -er›
Spaghetti spaghetti [spaˈgɛti] ‹-n›
Spargel sparris [ˈsparis] ‹-en, -ar›
Spaß *(Scherz)* skämt [ʃɛmt] ‹-et, -›; *(Vergnügen)* nöje [ˇnøjə] ‹-t, -n›
spazieren gehen gå på promenad [go: po: pruməˈnɑ:d], gå ut och gå [go: ʉ:t ɔ ˈgo:]
Spaziergang promenad [pruməˈnɑ:d] ‹-en, -er›; **einen ~ machen** ta en promenad [tɑ: en pruməˈnɑ:d]
Speck fläsk [flɛsk] ‹-et›
Speiche eker [ˈe:kər] ‹-n, ekrar›

Speicherkarte minneskort [ˇminəsˈkuʈ] ‹-et, -›
Speise maträtt [ˇmɑ:trɛt] ‹-en, -er›
Speisekarte meny [meˈny:] ‹-n, -er›
Speiseröhre matstrupe [ˇmɑ:tstrʉ:pə] ‹-n›
Speisesaal matsal [ˇmɑ:tsɑ:l] ‹-en, -ar›
Speisewagen restaurangvagn [restɔˇraŋvaŋn] ‹-en, -ar›
Spezialität specialitet [spesialiˈte:t] ‹-en, -er›
speziell speciell [spesiˈɛl]
Spiegel spegel [ˇspe:gəl] ‹-n, speglar›
Spiel match [matʃ] ‹-en, -er›
Spielcasino spelkasino [ˇspe:lkaˈsi:nɔ] ‹-t, -n›
spielen spela [ˇspe:la] ‹-ade, -at›, leka [ˇle:ka] ‹-te, -t›
Spielkamerad lekkamrat [ˇle:kamˈrɑ:t] ‹-en, -er›
Spielkarten (spel)kort [(ˇspe:l)kuʈ] ‹-et, -›
Spielsachen leksaker [ˇle:ksɑ:kər] *pl*
Spielwarengeschäft leksaksaffär [ˇle:ksɑ:ksaˈfæ:r] ‹-en, -er›
Spinat spenat [speˈnɑ:t] ‹-en›
Spirituosengeschäft systembolag [syˇste:mbuˈlɑ:g] ‹-et, -›
Spitzbogen spetsbåge [ˇspetsbo:gə]
Spitze spets [spets] ‹-en, -ar›; *(Gebirge)* topp [tɔp] ‹-en, -ar›; *(Gewebe)* spets [spets] ‹-en, -ar›
Sportgeschäft sportaffär [ˇspɔʈaˈfæ:r] ‹-en, -er›
Sportler idrottsman [ˇi:drɔtsˈman] ‹-nen, -män›
Sportplatz idrottsplats [ˇi:drɔtsˈplats] ‹-en, -er›
Sprache språk [spro:k] ‹-et, -›
sprechen tala [ˇtɑ:la] ‹-ade, -at›, prata [ˇprɑ:ta] ‹-ade, -at›
Sprechstunde mottagning(stid) [ˇmu:tɑ:gniŋ(sˈti:d)]
springen hoppa [ˇhɔpa] ‹-ade, -at›
Spritze spruta [ˇsprʉ:ta] ‹-n, -or›
Sprungbrett trampolin [trampuˈli:n] ‹-en, -er›
Spülbürste diskborste [ˇdiskbɔʂʈə] ‹-n, -ar›
Spülmittel diskmedel [ˇdiskme:dəl] ‹-medlet, -›
Spültuch disktrasa [ˇdisktrɑ:sa] ‹-n, -or›
Squash squash [skvɔʃ] ‹-en›
Staat stat [stɑ:t] ‹-en, -er›
Staatsangehörigkeit medborgarskap [ˇme:dbɔrjaˈʂkɑ:p] ‹-et, -›
Stabkirche stavkyrka [ˇstɑ:vçyrka] ‹-n, -or›
Stadt stad [stɑ:d] ‹-en, städer›
Stadtmauer stadsmur [ˇstatsmʉ:r] ‹-en, -ar›
Stadtplan (stads)karta [ˇ(stats)kɑ:ʈa] ‹-n, -or›
Stadtrundfahrt stadsrundtur [ˇstatsrɵndˈtʉ:r] ‹-en, -er›
stammen härstamma [ˇhæ:ʂʈama] ‹-ade, -at›
Ständer (cykel)ställ [(ˇsykəl)stɛl] ‹-et, -›
Standlicht parkeringsljus [parˇke:riŋsˈjʉ:s] ‹-et, -›
stark stark [stark]; *(beleibt)* fetlagd [ˇfe:tlagd]; *(dick)* tjock [çɔk]
Start start [stɑ:ʈ] ‹-en›
Starthilfekabel startkabel [ˇstɑ:ʈkɑ:bəl] ‹-n, -kablar›
Station avdelning [ˇɑ:vde:lniŋ] ‹-en, -ar›
Stativ stativ [staˈti:v] ‹-et, -›
statt i stället för [i: ˇstɛlət fœ:r]
stattfinden äga rum [ɛ:ga ˈrɵm]
Statue staty [staˈty:] ‹-n, -er›
Stau trafikstockning [traˇfi:kstɔkniŋ] ‹-en, -ar›
Staub damm [dam] ‹-et›
Staubsauger dammsugare [ˇdamsʉ:garə] ‹-n, -›
Stausee uppdämd sjö [ˇɵpdɛmd ʃø:]
stechen sticka [ˇstika]
Steckdose väggkontakt [ˇvɛgkɔnˈtakt] ‹-en, -er›
Stecker stickkontakt [ˇstikɔnˈtakt] ‹-en, -er›
Steckschlüssel hylsnyckel [ˇhylsnykəl] ‹-n, -nycklar›
Steg (gång)bro [(gɔŋ)bru:] ‹-n, -ar›; spång [spɔŋ] ‹-en, -ar›
stehen stå [sto:]
stehen bleiben *(anhalten)* stanna [ˇstana] ‹-ade, -at›
stehlen stjäla [ˇʃɛ:la]
Steigung stigning [ˇsti:gniŋ] ‹-en, -ar›
steil brant [brant], sehr ~ tvärbrant [ˇtvæ:rbrant]
Stein sten [ste:n] ‹-en, -ar›
steinig stenig [ˇste:nig]
Steinzeit stenålder [ˇste:nɔldər] ‹-n›
Stelle *(Ort; Arbeit)* plats [plats] ‹-en, -er›
stellen ställa [ˇstɛla] ‹-de, -t›, sätta [ˇsɛta]
Stempel stämpel [ˇstɛmpəl] ‹-n, stämplar›
sterben dö [dø:]
Stern stjärna [ˇʃæ:ɳa] ‹-n, -or›
sternenklar stjärnklar [ˇʃɛ:ɳklɑ:r]
Sternwarte observatorium [ɔpsærvaˈtu:rjɵm] ‹observatoriet, -er›
Steuerbord styrbord [ˈsty:rbuɖ]
Steward steward [ˈstju:aɖ] ‹-en, -er/-ar›
Stich stick [stik] ‹-et, -›
Stiefel stövel [ˈstøvəl] ‹-n, stövlar›
Stil stil [sti:l] ‹-en, -ar›
still stilla [ˇstila]
Stillleben stilleben [ˈstile:ben] ‹-et, -›
Stimme röst [røst] ‹-en, -er›
stimmen stämma [ˇstɛma] ‹-de, t›; *(Wahl)* rösta [ˇrøsta] ‹-ade, -at›
stinken stinka [ˇstiŋka]
Stirnhöhlenentzündung bihåleinflammation [ˇbi:ho:ləinflamaˈʃu:n] ‹-en, -er›
Stock(werk) våning [ˇvo:niŋ] ‹-en, -ar›
Stoff tyg [ty:g] ‹-et, -er›
stören störa [ˇstœ:ra] ‹-de, -t›
stornieren *(Zimmer, Fahr-, Flugkarten)* avbeställa [ˇɑ:vbeˈstɛla] ‹-de, -t›
Stoß (1) *(Schubs)* stöt [stø:t] ‹-en, -ar›, knuff [knɵf] ‹-en, -ar›
Stoß (2) *(Stapel)* hög [hø:g] ‹-en, -ar›, bunt [bɵnt] ‹-en, -ar›
Stoßdämpfer stötdämpare [ˇstø:tdɛmparə] ‹-n, -›
Stoßstange kofångare [ˇku:fɔŋarə] ‹-n, -›
Strafe straff [straf] ‹-et, -›; *(Geld~)* böter [ˈbø:tər] *pl*
Strähne slinga [ˇsliŋa] ‹-n, -or›
Strand strand [strand] ‹-en, stränder›
Straße gata [ˇgɑ:ta] ‹-n, -or›; auf der ~ på gatan [po ˇgɑ:tan]; *(Land~)* landsväg [ˇlansvɛ:g] ‹-en, -ar›
Straßenbahn spårvagn [ˇspo:rvaŋn] ‹-en, -ar›
Straßenkarte vägkarta [ˇvɛ:gkɑ:ʈa] ‹-n, -or›
Strauß *(Blumen)* bukett [bɵˈkɛt] ‹-en, -er›
Strecke sträcka [ˇstrɛka] ‹-n, -or›; *(Bahn~)* linje [ˈli:njə] ‹-n, -r›
Streichholz tändsticka [ˇtɛndstika] ‹-n, -or›
Streit gräl [grɛ:l] ‹-et›, tvist [tvist] ‹-en, -er›
Strickjacke kofta [ˇkɔfta] ‹-n, -or›
Strom *(auch el)* ström [strøm] ‹-men, -mar›
Stromanschluss elanslutning [ˇe:lanˈslʉ:tniŋ] ‹-en›

Strompauschale strömavgift [ˇstrømɑ:vˈjift] ‹-en, -er›
Stromspannung (el)spänning [ˇ(e:l)spɛniŋ] ‹-en›
Strömung strömning [ˇstrømniŋ] ‹-en, -ar›
Strumpfhose strumpbyxor [ˇstrɵmpbyksur] *pl*
Stück stycke [ˇstykə] ‹-t, -n›, bit [bi:t] ‹-en, -ar›; ein ~ Brot en brödskiva [en ˇbrø:dʃi:va]
studieren studera [stɵˈde:ra] ‹-ade, -at›
Studio studio [ˈstʉ:diɔ] ‹-n, -r›
Stufe trappsteg [ˇtrapste:g] ‹-et, -›
stufenloser Zugang ingång utan trappsteg [ˇingɔŋ ʉ:tan ˇtrapste:g]
Stuhl stol [stu:l] ‹-en, -ar›
Stuhlgang stolgång [ˇstu:lgɔŋ] ‹-en, -ar›
stumm stum [stɵm]
Stunde timme [ˇtimə] ‹-n, -ar›; *(Unterrichts-)* lektion [lɛkˈʃu:n] ‹-en, -er›; eine halbe ~ en halvtimme [en ˇhalvtimə]; eine Viertel~ en kvart [en kvaʈ]; alle zwei ~n varannan timme [vaˇranan ˇtimə];
stündlich varje timme [ˇvarjə ˇtimə]
stürzen *(fallen)* störta [ˇstœʈa] ‹-ade, -at›
Sturzhelm hjälm [jɛlm] ‹-en, -ar›
suchen söka (efter) [ˇsø:ka (ˈɛftər)] ‹-te, -t›
Sucher sökare [ˇsø:karə] ‹-n, -›
Süden söder [ˈsø:dər]
südlich von söder om [ˈsø:dər ɔm]
Summe summa [ˇsɵma] ‹-n, -or›
Sumpf träsk [trɛsk] ‹-et, -›
Supermarkt stormarknad [ˇstu:rmarknad]
Suppe soppa [ˇsɔpa] ‹-n, -or›
Suppenteller sopptallrik [ˇsɔptalrik] ‹-en, -ar›
Surfbrett surfingbräda [ˇsɵrfiŋˈbrɛ:da] ‹-n, -or›
surfen surfa [ˇsɵrfa] ‹-ade, -at›
Surrealismus surrealism [sɵre:aˈlism] ‹-en›
süß söt [sø:t]
Süßigkeiten sötsaker [ˇsø:tsɑ:kər]
Süßstoff sötningsmedel [ˇsø:tniŋsˈme:dəl]
Süßwarengeschäft gottaffär [ˇgɔtaˈfæ:r] ‹-en, -er›
Swimmingpool (swimming)pool [(ˈsvimiŋ) ˈpu:l] ‹-en, -er›
sympathisch sympatisk [symˈpɑ:tisk]
Synagoge synagoga [ˇsy:naˈgu:ga] ‹-n, -or›

T

Tabak tobak [ˈtu:bak] ‹-en›
Tabakladen tobaksaffär [ˇtu:baksaˈfæ:r] ‹-en, -er›
Tablette tablett [taˈblɛt] ‹-en, -er›
Tachometer hastighetsmätare [ˇhastihe:tsˈmɛ:tarə] ‹-n, -›
Tag dag [dɑ:g] ‹-en, -ar›; alle ~e varje dag [ˇvarjə dɑ:g]; bei ~ på dagen [po ʻdɑ:gən]
Tagesausflug heldagsutflykt [ˇhe:ldɑ:(g)s ʉ:tˈflykt] ‹-en, -er›
Tagesgericht dagens rätt [ˈdɑ:gəns ˈrɛt] ‹-en, -er›
Tageskarte biljett som gäller en dag [bilˇjɛt sɔm ˈjɛlər en dɑ:g]
Tagespass liftkort för en dag [ˇliftkuʈ fœ:r en dɑ:g]
Tagesraum uppehållsrum [ˇɵpehɔlsˈrɵm] ‹-met, -›
Tagestour dagstur [ˇdakstʉ:r] ‹-en, -er›
täglich dagligen [ˇdɑ:gligən]
tagsüber på dagen [pɔ ˈdɑ:gən/dɑ:n]
Tal dal [dɑ:l] ‹-en, -ar›
Talstation liftens nedre station [ˈliftəns ˈne:drə staˈʃu:n]
Tampon tampong [tamˈpɔŋ] ‹-en, -er›
Tank tank [taŋk] ‹-en, -ar›
tanken tanka [ˇtaŋka] ‹-ade, -at›
Tankstelle bensinstation [benˇsi:nstaˈʃu:n] ‹-en, -er›
Tanz dans [dans] ‹-en, -er›
tanzen dansa [ˇdansa] ‹-ade, -at›
Tänzer/in dansare [ˇdansarə] ‹-n, -›
Tasche ficka [ˇfika] ‹-n, -or›; *(Hand-)* handväska [ˇhandvɛska] ‹-n, -or›
Tasche väska [ˇvɛska] ‹-n, -or›
Taschenbuch pocketbok [ˇpɔkitbu:k] ‹-en, -böcker›
Taschendieb ficktjuv [ˇfikçʉ:v] ‹-en, -ar›
Taschenlampe ficklampa [ˇfiklampa] ‹-n, -or›
Taschenmesser fickkniv [ˇfikni:v] ‹-en, -ar›
Taschentuch näsduk [ˇnɛ:sdʉ:k] ‹-en, -ar›
Tasse kopp [kɔp] ‹-en, -ar›
Taststock käpp för blinda [çɛp fœr ˇblinda]
Tatsache faktum [ˈfaktɵm] ‹-, fakta›
taub döv [dø:v]
taubstumm dövstum [ˇdø:vstɵm]
tauchen dyka [ˇdy:ka]
Taucherausrüstung dykarutrustning [ˇdy:karʉ:tˈrɵstniŋ] ‹-en, -ar›
Taucherbrille cyklopöga [syˇklo:pˈø:ga] ‹-t, -ögon›
Tauchsieder doppvärmare [ˇdɔpværmarə] ‹-n, -›
Taufbecken dopfunt [ˇdu:pfɵnt] ‹-en, -ar›
tauschen byta [ˇby:ta] ‹-te, -t›
täuschen, s. ~ missta sig [ˇmistɑ: sɛj]
Tauwetter töväder, tövädret [ˇtø:vɛ:dər]
Taxifahrer taxichaufför [ˇtaksiʃɔˈfœ:r] ‹-en, -er›
Taxistand taxistation [ˇtaksistaˈʃu:n] ‹-en, -er›
Tee te [te:] ‹-et, -er›
Teekanne tekanna [ˇte:kana] ‹-n, -or›
Teelöffel tesked [ˇte:ʃe:d]
Teich *(Berg/Wald)* tjärn [çæ:ɳ] ‹-en, -ar›
Teil del [de:l] ‹-en, -ar›
teilen dela [ˇde:la] ‹-ade, -at›; mit jdm ~ dela med någon [ˇde:la me: ˇno:gɔn]
Teilkasko delförsäkring [ˇde:lfœˈʂɛ:kriŋ] ‹-en, -ar›
teilnehmen (an) deltaga (i) [ˇde:ltɑ: (i:)]
Telefon telefon [teləˈfo:n] ‹-en, -er›
Telefonbuch telefonkatalog [teləˇfo:nkataˈlo:g] ‹-en, -er›
Telefongespräch telefonsamtal [teləˇfo:nsamˈtɑ:l] ‹-et, -›
telefonieren telefonera [teləfɔˈne:ra] ‹-ade, -at›, ringa [ˇriŋa] ‹-de, -t›
Telefonkarte telefonkort [teləˇfo:nkuʈ] ‹-et, -›
Telefonnummer telefonnummer [teləˇfo:nɵmər] ‹-numret, -›
Telefonzelle telefonhytt [teləˇfo:nhyt] ‹-en, -er›
Teleobjektiv teleobjektiv [ˇte:ləɔbjɛkˈti:v] ‹-et, -›
Teller tallrik [ˇtalrik] ‹-en, -ar›
Temperatur temperatur [tɛmpəraˈtʉ:r] ‹-en, -er›
Tennis tennis [ˈtɛnis] ‹-en›
Tennisschläger tennisracket [ˇtɛnisˈrakət] ‹-en, -ar›

Termin tid [ti:d] ‹-en, -er›, tidpunkt [ˇti:dpøŋkt] ‹-en, -er›; *(Frist)* frist [frist] ‹-en, -er›, anstånd [ˇanstɔnd] ‹-et, -›
Terrasse terrass [tɛˈras] ‹-en, -er›
Tesafilm tejp [tɛjp] ‹-en›
Tetanus stelkramp [ˇste:lkramp] ‹-en›
teuer dyr [dy:r]
Theater teater [teˈɑ:tər] ‹-n, teatrar›
Theaterstück pjäs [pjɛ:s] ‹-en, -er›
Therapie terapi [tæraˈpi:] ‹-n, -er›
Thermalbad hälsobad i varm källa [ˇhɛlsuˈbɑ:d i: varm ˇçɛla]
Thermosflasche termosflaska [ˇtærmɔsˈflaska] ‹-n, -or›
Thunfisch tonfisk [ˇtu:nfisk] ‹-en, -ar›
Thymian timjan [ˇtimjan] ‹-en›
tief djup [jʉ:p]; *(niedrig)* låg [lo:g]
Tief lågtryck [ˇlo:gtryk] ‹-et›
Tier djur [jʉ:r] ‹-et, -›
Tipp tips [tips] ‹-et, -›
Tisch bord [bu:ɖ] ‹-et, -›; bei ~ vid bordet [vi:d ˈbu:ɖət]
Tischtennis bordtennis [ˇbu:ɖʈenis] ‹-en›
Tischtuch duk [dʉ:k] ‹-en, -ar›
Toast rostat bröd [ˇrɔstat brø:d] ‹-et›
Tochter dotter [ˇdɔtər] ‹-n, döttrar›
Tod död [dø:d] ‹-en›
Toilette toalett [tuaˈlɛt] ‹-en, -er›
Toilettenpapier toalettpapper [tuaˇlɛtpapər] ‹-et›
Tollwut rabies [ˈrɑ:biəs]
Tomaten tomat [tuˈmɑ:t] ‹-en, -er›
Ton ton [tu:n] ‹-en, -er›; *(Betonung)* betoning [beˈtu:niŋ] ‹-en, -ar›; *(Farbe)* (färg)ton [tu:n/ˇfærʝtu:n]
tönen tona [ˇtu:na] ‹-ade, -at›
Töpferei krukmakeri [ˇkrʉ:kmɑ:kəˈri:] ‹-et, -er›
Töpferwaren lergods [ˇle:rguts] ‹-et, -›
Tor *(Sport)* mål [mo:l] ‹-et, -›; *(Eingang)* port [puʈ] ‹-en, -ar›
Torwart målvakt [ˇmo:lvakt] ‹-en, -er›
tot död [dø:d]
Tour resa [ˇre:sa] ‹-n, -or›, tur [tʉ:r] ‹-en, -er›
Tourist/in turist [tʉ:ˈrist] ‹-en, -er›
Tracht (folk)dräkt [drɛkt/ˇfɔlkdrekt] ‹-en, -er›
tragen bära [ˇbæ:ra]; *(er~)* uthärda [ˇʉ:thæ:ɖa] ‹-ade, -at›, tåla [ˇto:la] ‹-de, -t›
Tragflächenboot flygbåt [ˇfly:gbo:t] ‹-en, -ar›
Tragödie tragedi [traʃəˈdi:] ‹-n, -er›
Trainingsanzug träningsoverall [ˇtrɛ:niŋso:vəˈro:l] ‹-en, -er›
trampen lifta [ˇlifta] ‹-ade, -at›
Tramper liftare [ˇliftarə] ‹-n, -›
Traubenzucker druvsocker [ˇdrʉ:vsɔkər] ‹-sockret›
Traum dröm [drøm] ‹-men, -mar›
traurig ledsen [ˇlesən], sorgsen [ˇsɔrjsən]
treffen träffa [ˇtrɛfa] ‹-ade, -at›
trennen skilja [ˇʃilja] ‹-de, -t›
Treppe trappa [ˇtrapa] ‹-n, -or›
Treppenstufe trappsteg [ˇtrapste:g] ‹-et, -›
Tretboot vattencykel [ˇvatənˈsykəl] ‹-n, -cyklar›
treu trogen [ˇtru:gən]
trinken dricka [ˇdrika]
Trinkflasche nappflaska [ˇnapflaska] ‹-n, -or›
Trinkgeld drickspengar [ˇdrikspɛŋar] *pl*
Trinkwasser dricksvatten [ˇdriksvatən] ‹-vattnet›
trocken *(Wein)* torrt [tɔʈ]
Trockenheit torka [ˇtɔrka] ‹-n›
trocknen torka [ˇtɔrka] ‹-ade, -at›
Trommelfell trumhinna [ˇtrømhina] ‹-n, -or›
Trommeln trumspelning [ˇtrømspe:lniŋ] ‹-en›
Tropfen droppar [ˇdrɔpar]
Tropfsteinhöhle droppstensgrotta [ˇdrɔpste:nsˈgrɔta] ‹-n, -or›
trotzdem trots det [trɔts de:], ändå [ˇɛndo:]
trüb *(Flüssigkeit)* grumlig [ˇgrømlig]; *(Wetter)* mulen [ˇmʉ:lən]
T-Shirt T-tröja [ˇte:trøja] ‹-n, -or›
Tuch duk [dʉ:k] ‹-en, -ar›; *(Lappen)* trasa [ˇtrɑ:sa] ‹-n, -or›; *(Kopf-)* sjalett [ʃaˈlɛt] ‹-en, -er›
tun göra [ˇjœ:ra]
Tunnel tunnel [ˇtønəl] ‹-n, tunnlar›
Tür dörr [dœr] ‹-en, -ar›
Tür, automatische automatisk dörr [autɔˈmɑ:tisk dør] ‹-en, -ar›
Türbreite dörrbredd [ˇdørbred] ‹-en, -er›
türkisfarben turkosfärgad [tərˇko:sfærjɑd]
Turm torn [tu:ɳ] ‹-et, -›
Turnschuhe gymnastikskor [jymnaˇsti:ksku:r]
Türöffner, automatischer automatisk dörröppnare [autɔˈmɑ:tisk ˇdørøpnarə]
Türschwelle tröskel [ˇtrøskəl] ‹-n, trösklar›
Tüte påse [ˇpo:sə] ‹-n, -ar›
Typhus tyfus [ˈty:føs] ‹-en›
typisch typisk [ˈty:pisk]

U

U-Bahn tunnelbana [ˇtønəlˈbɑ:na] ‹-n, -or›
Übelkeit illamående [ˇilaˈmo:əndə] ‹-t›
üben öva [ˇø:va] ‹-ade, -at›, träna [ˇtrɛ:na] ‹-ade, -at›
über över [ˇø:vər]
überall överallt [ø:vərˈalt]
überbacken gratinerad [gratiˈne:rad]
Überfahrt överfart [ˇø:vərfɑ:ʈ] ‹-en, -er›
Überfall överfall [ˇø:vərˈfal] ‹-et, -›
Überführung viadukt [viaˈdøkt] ‹-en, -er›
Übergang övergång [ˇø:vərˈgɔŋ] ‹-en, -ar›
überholen köra om [çœ:ra ˈɔm] ‹-de, -t›
übermorgen i övermorgon [i ˇø:vərˈmɔrɔn]
übernachten övernatta [ˇø:vəˈɳata] ‹-ade, -at›
Übernachtung övernattning [ˇø:vəˈɳatniŋ] ‹-en, -ar›
überqueren gå över [go: ˇøvər], korsa [ˇkɔʂa] ‹-ade, at›
überrascht överraskad [ˇø:vəˈraskad]
überreden övertala [ˇø:vəˈʈɑ:la] ‹-ade, -at›
Überreste kvarlevor [ˇkvɑ:ɭe:vur]
Überschwemmung översvämning [ˇø:vəˈʂvɛmniŋ]
übersetzen översätta [ˇø:vəˈʂɛta]
übertrieben överdriven [ˇø:vəˈɖri:vən]
Überweisung överföring [ˇø:vərˈfœ:riŋ] ‹-en, -ar›
überzeugen övertyga [ˇø:vəˈʈy:ga] ‹-ade, -at›
üblich bruklig [ˇbrʉ:kli], vanlig [ˇvɑ:nli]
übrig bleiben bli över [bli: ˈø:vər]
Übung övning [ˇø:vniŋ] ‹-en, -ar›
Ufer *(Fluss)* strand [strand] ‹-en, stränder›; *(Meer)* kust [køst] ‹-en, -er›
Uhrmacher urmakare [ˇʉ:rmɑ:karə] ‹-n, -›
Ultraschalluntersuchung ultraljudsundersökning [ˇəltrajʉ:dsøndəˈʂø:kniŋ] ‹-en, -ar›

um *prp (herum)* omkring [ɔmˈkriŋ]; *(gegen)* vid [viːd]; ~ 5 Uhr klockan fem [klɔkan ˈfɛm]
umarmen omfamna [ˇɔmfamna] ‹-ade, -at›, krama [krɑːma]
umbuchen boka om [buːka ˈɔm] ‹-ade, -at›
Umgebung omgivningar [ˇɔmjiːvniŋar] *pl*
umgekehrt omvänd [ˇɔmvɛnd], motsatt [ˇmuːtsat]; in ~er Richtung i motsatt riktning [iː ˇmuːtsat ˇriktniŋ]
Umhängetasche axelremsväska [ˇaksəlrɛmsˈvɛska] ‹-n, -or›
umkehren vända om (tillbaka) [vɛnda ˈɔm (tilˈbɑːka)] ‹-e, vänt›
Umkleidekabinen omklädningshytter [ˇɔmklɛdniŋsˈhytər] *pl*
Umleitung trafikomläggning [traˇfiːkɔmˈlɛgniŋ] ‹-en, -ar›
Umrechnung omräkning [ˇɔmrɛːkniŋ] ‹-en, -ar›
umsonst *(gratis)* gratis [ˈgrɑːtis]; *(vergebens)* förgäves [fœrˈjɛːvəs]
umtauschen växla [ˇvɛksla] ‹-ade, -at›
Umweg omväg [ˇɔmvɛːg] ‹-en, -ar›
Umwelt miljö [milˈjøː] ‹-n, -er›, omvärld [ˇɔmvæːɖ] ‹-en›
umziehen, s. ~ klä om sig [klɛː ˈɔm sɛj]
unangenehm oangenäm [ˇuːanjəˈnɛːm], obehaglig [ˇuːbeˈhɑːglig]
unanständig oanständig [ˇuːanˈstɛndig]
unbedingt *adv* absolut [apsɔˈlʉːt]
und och [ɔ(k)]; ~ so weiter och så vidare [ɔ soː ˇviːdarə]
unentschieden oavgjort [ˇuːɑːvˈjuʈ]
unentschlossen obeslutsam [ˇuːbesluːtˈsam]
unerfreulich ledsam [ˇlesam], tråkig [ˇtroːki]
unerträglich odräglig [ˇuːdrɛːgli], outhärdlig [ˇuːʉːtˈhæːɖli]
Unfall olycka [ˇuːlyka] ‹-n, -or›, olycksfall [ˇuːlyksˈfal] ‹-et, -›
ungeeignet olämplig [ˇuːlɛmplig]
ungefähr ungefär [ɵnjəˈfæːr]
ungewöhnlich ovanlig [ˇuːvɑːnlig]
unglaublich otrolig [ˇuːtruːlig]
Unglück otur [ˇuːtʉːr] ‹-en›
Universität universitet [ɵnivæʂiˈteːt] ‹-et, -›
Unkosten omkostnader [ˇɔmkɔstnadər] *pl*
unmöglich omöjlig [ˇuːmøjlig]
uns oss [ɔs]
unschuldig oskyldig [ˇuːʃyldi]
unser vår [voːr]
unten nere [ˇneːrə]
unter under [ˈɵndər]; *(zwischen)* bland [bland]; ~ anderem bland annat [bland ˇanat]
unterbrechen avbryta [ˇɑːvbryːta]
Unterführung tunnel [ˇtɵnəl] ‹-n, tunnlar›
unterhalb nedanför [ˇneːdanˈfœːr]
unterhalten, s. ~ samtala [ˇsamtɑːla] ‹-ade, -at›; *(s. vergnügen)* ha roligt [hɑ ˇruːlit]
Unterhaltung *(Gespräch)* samtal [ˇsamtɑːl] ‹-et, -›; *(Vergnügen)* underhållning [ˇɵndərˈhɔlniŋ] ‹-en›
Unterkunft logi [lɔˈʃiː] ‹-(e)t, -er›
Unterleib underliv [ˇɵndəˈɭiːv] ‹-et›
unterrichten *(informieren)* underrätta [ˇɵndəˈrɛta] ‹-ade, -at›, informera [infɔrˈmeːra] ‹-ade, -at›; *(Schule)* undervisa [ˇɵndərˈviːsa] ‹-ade, -at›
Unterschied skillnad [ˇʃilnad] ‹-en, -er›
unterschreiben skriva under [skriːva ˈɵndər]
Unterschrift underskrift [ˇɵndəˈʂkrift] ‹-en, -er›, namnteckning [ˇnamntekniŋ] ‹-en, -ar›
untersuchen undersöka [ˇɵndəʂøːka] ‹-te, t›
Untersuchung undersökning [ˇɵndəˈʂøːkniŋ] ‹-en, -ar›
Untersuchungshaft rannsakningshäkte [ˇransɑːkniŋsˈhɛktə] ‹-t, -n›
Untertitel text [tɛkst] ‹-en›
Unterwäsche underkläder [ˇɵndərˈklɛːdər] *pl*
Unterwasserkamera undervattenskamera [ˇɵndərvatənsˈkɑːməra] ‹-n, -or›
unterwegs på väg(en) [poː vɛːg/ˈvɛːgən]
unverbindlich ej bindande [ɛj ˇbindandə]
unverschämt sein vara oförskämd [vɑːra ˇuːfœˈʂɛmd]
unwichtig oviktig [ˇuːviktig]
Urin urin [ʉˈriːn] ‹-en›
Urlaub semester [seˈmɛstər] ‹-n, semestrar›

V

Vase vas [vɑːs] ‹-en, -er›
Vater far [fɑːr] ‹fadern, fäder›, pappa [ˇpapa] ‹-n, -or›
vegetarisch vegetarisk [vɛgeˈtɑːrisk]
Ventil ventil [vɛnˈtiːl] ‹-en, -er›
Ventilator fläkt [flɛkt] ‹-en, -ar›
Verabredung möte [ˇmøːtə] ‹-t, -n›
verabschieden, s. ~ ta avsked [tɑː ˇɑːvʃeːd]
Veränderung förändring [fœrˈɛndriŋ] ‹-en, -ar›
Veranstaltung tillställning [ˇtilstɛlniŋ] ‹-en, -ar›
verantwortlich ansvarig [ˇansvɑːrig]
Verband förband [fœrˈband] ‹-et, -›
Verbandskasten förbandslåda [fœrˇbantsloːda] ‹-n, -or›
verbessern förbättra [fœrˈbɛtra] ‹-ade, -at›; *(Fehler)* rätta [ˇrɛta] ‹-ade, -at›
verbieten förbjuda [fœrˈbjʉːda]
verbinden lägga om [lɛga ˈɔm]
Verbindung *(Zug, tele)* förbindelse [fœrˈbindelsə] ‹-n, -r›
Verbot förbud [fœrˈbʉːd] ‹-et, -›
verboten! förbjudet! [fœrˈbjʉːdət]
Verbrauch förbrukning [fœrˈbrʉːkniŋ] ‹-en›
Verbrechen brott [brɔt] ‹-et, -›
verbrennen bränna upp [brɛna ˈɵp]
Verbrennung brännskada [ˇbrɛnskɑːda] ‹-n, -or›
verbringen *(Zeit)* tillbringa [ˇtilbriŋa]
Verdauung matsmältning [ˇmɑːtsmɛltniŋ] ‹-en›
Verdauungsstörung matsmältningsbesvär [ˇmɑːtsmɛltniŋsbeˈsvæːr] ‹-et›
verdorben fördärvad [fœˈɖærvad]; *(faul)* skämd [ʃɛmd]
Verein förening [fœrˈeːniŋ] ‹-en, -ar›
verfehlen missa [ˇmisa] ‹-ade, -at›, försumma [fœˈʂɵma] ‹-ade, -at›
Vergangenheit förfluten tid [fœrˈflʉːtən tiːd] ‹-en›
Vergaser förgasare [fœrˈgɑːsarə] ‹-n, -›
vergehen *(Zeit)* förflyta [fœrˈflyːta]
vergessen glömma [ˇgløma] ‹-de, -t›
Vergewaltigung våldtäkt [ˇvɔldtɛkt] ‹-en, -er›
Vergiftung förgiftning [fœrˈjiftniŋ] ‹-en, -ar›
vergleichen jämföra [ˇjɛmfœːra] ‹-de, -t›
Vergnügen nöje [ˇnøjə] ‹-t, -n›

Vergnügungspark nöjespark [ˇnøjəspark] ‹-en, -er›
verhaften arrestera [arɛsˈteːra] ‹-ade, -at›
verheiratet (mit) gift (med) [jift (meː)]
verhindern förhindra [fœrˈhindra]
verirren, s. ~ gå (köra) vilse [goː (ˇçœːra) ˇvilsə]
Verkauf försäljning [fœˈʂɛljniŋ] ‹-en, -ar›
verkaufen sälja [ˇsɛlja]
Verkehr trafik [traˈfiːk] ‹-en›
Verkehrsbüro turistbyrå [tʉːˇristbyːrɔ] ‹-n, -er›
verlangen begära [beˈjæːra] ‹-de, -t›, önska [ˇønska] ‹-ade, -at›; *(fordern)* kräva [ˇkrɛːva] ‹-de, -t›, fordra [ˇfuːɖra] ‹-ade, -at›
verlängern förlänga [fœˈɭɛŋa] ‹-de, -t›
Verlängerungsschnur förlängningssladd [fœˇɭɛŋniŋˈslad] ‹-en, -ar›, skarvsladd [ˇskarvslad] ‹-en, -ar›
Verlängerungswoche ytterligare en vecka [ˇytəɭi(g)arə en ˇveka]
verlassen lämna [ˇlɛmna] ‹-ade, -at›
verletzen skada [ˇskɑːda] ‹-ade, -at›
Verletzte, der/die ~ den/det/de skadade [den/deː/dɔm ˇskɑːdadə]
Verletzung skada [ˇskɑːda] ‹-n, -or›
verlieren tappa [ˇtapa] ‹-ade, -at›, förlora [fœˈɭuːra] ‹-ade, -at›; förlora [fœˈɭuːra] ‹-ade, -at›
Verlobte, der ~ fästman [ˇfɛstman] ‹-nen, -män›; **die ~** fästmö [ˇfɛstmøː] ‹-n, -r›
Verlust förlust [fœˈɭɵst] ‹-en, -er›
vermeiden undvika [ˇɵndviːka]
vermieten hyra ut [hyːra ˈʉːt] ‹-de, -t›
Vermittlung växel [ˈvɛksəl] ‹-n›
Verpackung förpackning [fœrˈpakniŋ] ‹-en, -ar›
Verpflegung förplägnad [fœrˈplɛːgnad] ‹-en›, mat [mɑːt] ‹-en›
verrechnen, s. ~ räkna fel [rɛːkna ˈfeːl] ‹-ade, -at›
verreisen resa bort [reːsa ˈbɔʈ] ‹-te, -t›
verrückt galen [ˇgɑːlən], tokig [ˇtuːki]
verschieben *(zeitlich)* skjuta upp [ʃʉːta ˈɵp]
verschließen låsa [ˇloːsa] ‹-te, -t›, stänga [ˇstɛŋa] ‹-de, -t›
Verschluss slutare [ˇslʉːtarə] ‹-n, -›
verschreiben ordinera [ɔɖiˈneːra] ‹-ade, -at›
verschwinden försvinna [fœˈʂvina]
Versicherung försäkring [fœˈʂɛːkriŋ] ‹-en, -ar›
Versicherungskarte, grüne grönt (försäkrings) kort [grøːnt (fœˇʂɛːkriŋs)ˈkuʈ]
versorgen mit förse med [fœˈʂeː meː]
verspäten, s. ~ komma för sent [kɔma fœˈʂeːnt], bli försenad [bliː fœˈʂeːnad]
Verspätung försening [fœˈʂeːniŋ] ‹-en, -ar›
versprechen lova [ˇloːva] ‹-ade, -at›
verständigen, jdn ~ upplysa någon [ˇɵplyːsa nɔn] ‹-te, -t›; **s. ~** komma överens om något [kɔma øːvəˈrens ɔm nɔt]
verstaucht stukad [ˇstʉːkad]
verstehen förstå [fœˈʂtoː]
Verstopfung förstoppning [fœˈʂtɔpniŋ] ‹-en›
versuchen försöka [fœˈʂøːka] ‹-te, -t›; *(Speisen)* prova [ˇpruːva] ‹-ade, -at›, smaka på [ˇsmɑːka poː] ‹-ade, -at›
Verteiler fördelare [fœˈɖeːlarə] ‹-n, -›
Vertrag kontrakt [kɔnˈtrakt] ‹-et, -›, avtal [ˇɑːvtɑːl] ‹-et, -›
vertragen *(Essen)* tåla [ˇtoːla]; stå ut med [stoː ˈʉːt meːd]
Vertrauen förtroende [fœˈʈruːəndə] ‹-t›
verunglücken förolyckas [ˇfœːruˈlykas] ‹-ades, -ats›
verursachen förorsaka [ˇfœːruːˈʂɑːka] ‹-ade, -at›, vålla [ˇvɔla] ‹-ade, -at›
Verwaltung förvaltning [fœrˈvaltniŋ] ‹-en, -ar›, administration [administraˈʃuːn] ‹-en›
verwandt besläktad [beˈslɛktad], släkt [slɛkt]
verwechseln förväxla [fœrˈvɛksla] ‹-ade, -at›, ta fel på [tɑː ˈfeːl poː]
verwenden använda [ˇanvɛnda], bruka [ˇbrʉːka]
Verzeichnis förteckning [fœˈʈekniŋ] ‹-en, -ar›, katalog [kataˈloːg] ‹-en, -er›
verzögern fördröja [fœˈɖrøja] ‹-de, -t›
verzweifelt förtvivlad [fœˈʈviːvlad]
Videofilm videofilm [ˇviːdjɔˈfilm] ‹-en, -er›
Videokamera videokamera [ˇviːdjɔˈkɑːməra] ‹-n, -or›
Videokassette videokassett [ˇviːdjɔkaˈset] ‹-en, -er›
Videorekorder videobandspelare [ˇviːdjɔbandˈspeːlarə] ‹-n, -›
viel mycket [ˇmykə]
vielleicht kanske [ˇkanʃə]
vierspurig fyrfilig [ˇfyrfiːlig]
Villa villa [ˇvila] ‹-n, -or›
violett violett [viuˈlɛt]
Virus virus [ˈviːrɵs] ‹-et, -›
Visum visum [ˇviːsɵm] ‹-et, visa›
Vogel fågel [ˈfoːgəl] ‹-n, fåglar›
Vogelschutzgebiet fågelreservat [ˇfoːgəlresærˈvɑːt] ‹-et, -›
Volk folk [fɔlk] ‹-et, -›
Volkskundemuseum etnologiskt museum [etnɔˈloːgiskt mʉˇseːɵm]
voll full [fɵl]; *(~ besetzt)* fullsatt [ˇfɵlsat]; *(ganz)* hel [heːl]
Volleyball volleyboll [ˇvɔliˈbɔl] ‹-en›
Vollkasko helförsäkring [ˇheːlfœˈʂɛːkriŋ] ‹-en, -ar›
Vollmacht fullmakt [ˇfɵlmakt] ‹-en, -er›
Vollpension helpension [ˇheːlpaŋˈʃuːn] ‹-en›
von *(Herkunft)* från [froːn]; *(Passiv)* av [ɑːv]
vor *(räumlich)* framför [ˇframfœːr]; *(zeitlich)* före [ˇfœːrə]; **~ allem** framför allt [framfœr ˈalt]
vor framför [ˇframfœːr]
Voranmeldung reservering [resærˈveːriŋ] ‹-en, -ar›
Voraus, im ~ i förväg [iː ˇfœːrvɛːg]
vorbereiten förbereda [ˇfœːrbeˈreːda] ‹-de, -berett›
Vorderlicht framlykta [ˇframlykta] ‹-n, -or›
Vorderrad framhjul [ˇframjʉːl] ‹-et, -›
Vorderradantrieb framhjulsdrift [ˇframjʉːlsˈdrift] ‹-en›
Vordruck blankett [blaŋˈkɛt] ‹-en, -er›
Vorfahrt förkörsrätt [ˇfœːrçœʂˈrɛt] ‹-en›
vorgeschichtlich förhistorisk [ˇfœːrhisˈtuːrisk]
vorgestern i förrgår [i ˈfœrgɔr]
Vorhang ridå [riˈdoː] ‹-n, -er›
vorher förut [ˈfœːrʉːt]
vorletzte(r, -s) näst sist [nɛst sist]; förrförra [ˇfœrfœra]
Vormittag förmiddag [ˇfœːrmida] ‹-en, -ar›
vormittags på förmiddagen [pɔ ˇfœːrmidan]
vorn fram(me) [fram/ˇframə]
Vorname förnamn [ˇfœːɳamn] ‹-et, -›

vornehm förnäm [fœˈɳɛ:m]
Vorort förort [ˇfœ:ruʈ] ‹-en, -er›
Vorrat förråd [fœˈro:d] ‹-et, -›, lager [ˈlɑ:gər] ‹lagret, -›
Vorsaison försäsong [ˇfœʂɛˈsɔŋ] ‹-en, -er›
Vorschlag förslag [fœˈʂlɑ:g] ‹-et, -›
Vorschrift föreskrift [ˇfœ:rəˈskrift] ‹-en, -er›, förordning [fœrˈo:ɖɳiŋ] ‹-en, -ar›
Vorsicht! se upp! [se: ˈɵp]
vorsichtig försiktig [fœˈʂikti]
Vorspeise förrätt [ˇfœ:rɛt] ‹-en, -er›
vorstellen presentera [presɛnˈte:ra] ‹-ade, -at›
Vorstellung presentation [presɛntaˈʃu:n] ‹-en, -er›; *(Begriff; Theater)* föreställning [ˇfœ:rəˈstɛlniŋ] ‹-en, -ar›
Vorteil fördel [ˇfœ:ɖe:l] ‹-en, -ar›
vorüber sein vara över/slut [vɑ:ra ˇœ:vər/ slʉ:t], förbi [fœrˈbi:]
Vorverkauf förköp [ˇfœ:rçø:p] ‹-et›
Vorwahlnummer riktnummer [ˇriktnɵmər] ‹-numret, -›
vorwärts framåt [ˇframo:t]
vorziehen föredra [ˇfœ:rəˈdrɑ:]

W

wach vaken [ˇvɑ:kən]
Wachablösung vaktavlösning [ˇvaktɑ:vˈlø:sniŋ] ‹-en, -ar›
wachsen växa [ˇvɛksa]
wagen våga [ˇvo:ga] ‹-ade, -at›
Wagenheber domkraft [ˇdumkraft] ‹-en, -er›
Wagennummer vagnnummer [ˇvaŋnɵmər] ‹-numret, -›
Wagenwäsche biltvätt [ˇbi:ltvɛt]
wählen *(auch Politik)* välja [ˇvɛlja]; *(tele)* slå [slo:]
wahr sann [san]
während *prp* under [ˈɵndər]; *konj* medan [ˇme:dan], under det att [ˈɵndə ɖe: at]
wahrscheinlich *adv* sannolikt [ˇsanuˈli:kt]
Währung valuta [vaˇlʉ:ta] ‹-n, -or›
Wahrzeichen symbol [symˈbo:l] ‹-en, -er›
Wald skog [sku:g] ‹-en, -ar›
Waldbrand skogsbrand [ˇskuksbrand] ‹-en, -bränder›
Walderdbeeren smultron [ˇsmɵltrɔn] ‹-et, -›
Walkman freestyle [ˈfri:stajl] ‹-n, freestylar›
Wallfahrtskirche vallfärdskyrka [ˇvalfæʈʂˈçyrka] ‹-n, -or›
Wand vägg [vɛg] ‹-en, -ar›
Wander-/Trekkingschuh vandrarkänga [ˇvandrarˈçɛŋa] ‹-n, -or›
Wanderkarte karta över vandringsleder [ˇkɑ:ʈa ˈø:vər ˇvandriŋsˈle:dər]
wandern vandra [ˇvandra] ‹-ade, -at›
Wanderweg vandringsled [ˇvandriŋsˈle:d] ‹-en, -er›
Wandmalerei väggmåleri [ˇvɛgmo:ləˈri:] ‹-et, -er›
warm varm [varm]; **warmes Wasser** varmt vatten [varmt ˈvatən]
Warnblinker varningsblinker [ˇvɑ:ɳiŋsˈbliŋkər] ‹-n, -s›
Warndreieck varningstriangel [ˇvɑ:ɳiŋstriˈaŋəl] ‹-n, -trianglar›
warnen (vor) varna (för) [ˇvɑ:ɳa (fœ:r)] ‹-ade, -at›
warten vänta [ˇvɛnta] ‹-ade, -at›
Wartesaal väntsal [ˇvɛntsɑ:l] ‹-en, -ar›
Wartezimmer väntrum [ˇvɛntrɵm] ‹-met, -›
was vad [vɑ:(d)]; **~ für ein/eine ... ?** vad för en/ ett ... ? [ˈvɑ:(d) fœ:r en/et]
Waschbecken tvättfat [ˇtvɛtfɑ:t] ‹-et, -›
Wäscheklammern klädnypa [ˇklɛ:ny:pa] ‹-n, -or›
Wäscheleine tvättlina [ˇtvɛtli:na] ‹-n, -or›
waschen tvätta [ˇtvɛta] ‹-ade, -at›
Wäscherei tvättinrättning [ˇtvɛtinˈrɛtniŋ] ‹-en, -ar›
Wäschetrockner torktumlare [ˇtɔrktɵmlarə] ‹-n, -›
Wäschewechsel byte av lakan och handdukar [ˇby:tə ɑ:v ˇlɑ:kan ɔ ˇhandʉ:kar]
Waschlappen tvättlapp [ˇtvɛtlap] ‹-en, -ar›
Waschmaschine tvättmaskin [ˇtvɛtmaˈʃi:n] ‹-en, -er›
Waschmittel tvättmedel [ˇtvɛtme:dəl] ‹-medlet, -›
Waschraum tvättrum [ˇtvɛtrɵm] ‹-met, -›
Waschsalon tvättomat [tvɛtɔˈmɑ:t] ‹-en, -er›
Wasser vatten [ˈvatən] ‹vattnet›
Wasserball vattenpolo [ˇvatənˈpu:lu] ‹-n›
wasserdicht vattentät [ˇvatənˈtɛ:t]
Wasserfall vattenfall [ˇvatənˈfal] ‹-et, -›
Wasserglas vattenglas [ˇvatənˈglɑ:s] ‹-et, -›
Wasserhahn vattenkran [ˇvatənˈkrɑ:n] ‹-en, -ar›
Wasserkanister vattendunk [ˇvatənˈdɵŋk] ‹-en, -ar›
Wasserkocher vattenkokare [ˇvatənˈku:karə] ‹-n, -›
Wasserski vattenskida [ˇvatənˈʃi:da] ‹-n, -or›
Wasserverbrauch vattenförbrukning [ˇvatənfœrˈbrʉ:kniŋ] ‹-en›
Watte bomull [ˇbumɵl] ‹-en›
Weben vävning [ˇvɛ:vniŋ] ‹-en›
Weberei väveri [ˇvɛvəˈri:] ‹-et, -er›
Wechselgeld pl växelpengar [ˇvɛksəlˈpeŋar]
wechselhaft växlande [ˇvɛkslandə]
Wechselkurs växelkurs [ˇvɛksəlˈkɵʂ] ‹-en, -er›
wecken väcka [ˇvɛka] ‹-te, -t›
Wecker väckarklocka [ˇvɛkarˈklɔka] ‹-n, -or›
Weg väg [vɛ:g] ‹-en, -ar›
weg bort [bɔʈ]
wegen på grund av [po: ˈgrɵnd ɑ:v]
weggehen gå bort [go: ˈbɔʈ], gå sin väg [go: sin vɛ:g]
Wegweiser vägvisare [ˇvɛ:gvi:sarə] ‹-n, -›
wehtun göra ont [jœ:ra ˈunt]
weiblich kvinnlig [ˇkvinlig]
weich mjuk [mjʉ:k]; *(Ton, Farbe)* mjuk [mjʉ:k], dämpad [ˇdɛmpad]
weigern, s. ~ vägra [ˇvɛ:gra] ‹-ade, -at›
weil eftersom [ˇɛftəˈʂɔm]
Wein vin [vi:n] ‹-et, -er›
Weinberg vinberg [ˇvi:nberj] ‹-et, -›
weinen gråta [ˇgro:ta]
Weintrauben vindruva [ˇvi:ndrʉ:va] ‹-n, -or›
weiß vit [vi:t]
weit *(Gegenteil von eng)* vid [vi:d]; *(Weg)* lång [lɔŋ]; *(entfernt)* avlägsen [ˇɑ:vlɛ:ksən]
weit långt (bort) [lɔŋt (bɔʈ)]
Welle våg [vo:g] ‹-en, -or›
Wellenbad vågbad [ˇvo:gbɑ:d] ‹-et, -›
Wellenreiten surfing [ˈsɵrfiŋ] ‹-en›
Welt värld [væ:ɖ] ‹-en, -ar›

wenig litet [ˇli:tə], föga [ˇfø:ga]; **ein ~** litet (grand) [ˇli:tə (gran)]; **ein ~ (von)** lite (av) [ˇli:tə (a:v)]; **~er** (messbar) mindre [ˈmindrə]; (zählbar) färre [ˈfærə]; **das ~ste** det (allra) minsta [de: (ˇalra) ˇminsta]
wenigstens åtminstone [o:tˇminstɔnə]
wenn (Bedingung) om [ɔm]; (zeitlich) när [næ:r]
werden bli [bli:]
werfen kasta [ˇkasta] ‹-ade, -at›
Werk verk [værk] ‹-et, -›
Werkstatt verkstad [ˈværksta] ‹-en, -städer›
werktags på vardagarna [po: ˇvɑ:ɖɑ:gaɳa]
Werkzeug verktyg [ˇværkty:g] ‹-et, -›
Wert värde [ˇvæ:ɖə] ‹-t, -n›
wertlos värdelös [ˇvæ:ɖəˈlø:s]
Wertsachen värdeföremål [ˇvæ:ɖəfœreˈmo:l], värdesaker [ˇvæ:ɖəˈsɑ:kər]
Wespe geting [ˇje:tiŋ] ‹-en, -ar›
Weste väst [vɛst] ‹-en, -ar›
Westen väster [ˈvɛstər]
westlich västlig [ˇvɛstli], västra [ˇvɛstra]
Wetterbericht väderleksrapport [ˇvɛ:dəl̩e:ksraˈpɔʈ] ‹-en, -er›
Wettervorhersage väderutsikter [ˇvɛ:dərʉ:tˈsiktər]
Wettkampf tävling [ˇtɛ:vliŋ] ‹-en, -ar›
Whirlpool bubbelpool [ˇbɵbəlˈpu:l] ‹-en, -er›
wichtig viktig [ˇviktig]
Wickeltisch skötbord [ˇʃø:tbu:ɖ] ‹-et, -›
wie (Frage) hur [hʉ:r], vad [vɑ:d]; **~ viele** hur många [hʉ:r ˇmɔŋa]; (Vergleich) som [sɔm], såsom [ˇso:sɔm]
wieder åter [ˈo:tər], igen [iˈjɛn]; (noch einmal) en gång till [en gɔŋ ˈtil], än en gång [ɛn en ˈgɔŋ]
wieder aufbauen återuppbygga [ˇo:tərɵpˈbyga] ‹-de, -t›
wiederholen upprepa [ˇɵpre:pa] ‹-ade, -at›
wiederkommen återkomma [ˇo:tərˈkɔma], komma tillbaka [kɔma tilˈbɑ:ka]
wiegen väga [ˇvɛ:ga] ‹-de, -t›
Wiese äng [ɛŋ] ‹-en, -ar›
Wikinger viking [ˇvi:kiŋ] ‹-en, -ar›
wild vild [vild]
Wildreservat viltreservat [ˇviltresærˈvɑ:t] ‹-et, -›
willkommen välkommen [ˇvɛ:lkɔmən]
Wimperntusche mascara [maˇskɑ:ra] ‹-n›
Wind vind [vind] ‹-en, -ar›
Windel blöja [ˇbløja] ‹-n, -or›
Windmühle väderkvarn [ˇvɛ:dərˈkvɑ:ɳ] ‹-en, -ar›
Windpocken vattkoppor [ˇvatkɔpur] pl
Windschutzscheibe vindruta [ˇvindrʉ:ta] ‹-n, -or›
Windstärke vindstyrka [ˇvindstyrka] ‹-n›
windsurfen vindsurfa [ˇvindsɵrfa]
Windsurfen vindsurfing [ˇvindsɵrfiŋ] ‹-en›
winken vinka [ˇviŋka] ‹-ade, -at›
Winter vinter [ˈvintər] ‹-n, vintrar›
Winterreifen vinterdäck [ˇvintəˈɖɛk] ‹-et, -›
wir vi [vi:]
Wirbelsäule ryggrad [ˇrygrɑ:d] ‹-en, -er›
wirklich adj verklig [ˇværkli]; (echt) äkta [ˇɛkta]; adv verkligen [ˇværkliən]
Wirt värd [væ:ɖ] ‹-en, -ar›
Wischmopp golvmopp [ˇgɔlvmɔp] ‹-en, -ar›
wissen veta [ˇve:ta], känna till [çɛna ˈtil]
Witz vits [vits] ‹-en, -ar›, kvickhet [ˇkvikhe:t] ‹-en, -er›
Woche vecka [ˇvɛka] ‹-n, -or›; **in einer ~** om en vecka [ɔm en ˇvɛka]
Wochenende helg [ˈhɛlj] ‹-en, -er›; veekoslut [ˇvɛkuˈslʉ:t] ‹-et, -›
Wochenkarte veckokort [ˇvekuˈkuʈ]
Wochenpass liftkort för en vecka/veckokort [ˇliftkuʈ fœ:r en ˇvɛka/ˇvɛkuˈkuʈ] ‹-et, -›
wochentags på vardagarna [po: ˇvɑ:ɖɑ:gaɳa]
wöchentlich adv (jede Woche) varje vecka [ˇvarjə ˇvɛka]; (pro Woche) en gång i veckan [en gɔŋ i: ˇvɛkan]
wohlhabend välbärgad [ˇvɛ:lbærjad], förmögen [fœrˈmø:gən]
wohnen bo [bu:] ‹-dde, -tt›
Wohnmobil husbil [ˇhʉsbi:l] ‹-en, -ar›
Wohnort hemort [ˇhɛmˈuʈ] ‹-en, -er›
Wohnung lägenhet [ˇlɛ:gənˈhe:t] ‹-en, -er›, våning [ˇvo:niŋ] ‹-en, -ar›, bostad [ˇbu:stɑ:d] ‹-en, -städer›; **möblierte ~** möblerad lägenhet [møˈble:rad ˇlɛ:gənˈhe:t]
Wohnwagen husvagn [ˇhʉ:svaŋn] ‹-en, -ar›
Wohnzimmer vardagsrum [ˇvɑ:ɖasˈrɵm] ‹-met, -›
Wolke moln [mo:ln] ‹-et, -›
Wolkenbruch skyfall [ˇʃy:fal] ‹-et, -›
Wolldecke yllefilt [ˇyləˈfilt] ‹-en, -ar›
Wolle ylle [ˇylə] ‹-t›
wollen vilja [ˇvilja]; (wünschen) önska [ˇønska] ‹-ade, -at›
Workshop workshop [ˈwə:kʃɔp] ‹-en, -ar›
Wort ord [u:ɖ] ‹-et, -›
Wunde sår [so:r] ‹-et, -›
wunderbar underbar [ˇɵndərˈbɑ:r]
wundern, s. ~ (über) vara / bli förvånad (över) [ˇvɑ:ra/bli: fœrˈvo:nad (ˈø:vər)]
wünschen önska [ˇønska] ‹-ade, -at›
Wurm mask [mask] ‹-en, -ar›
Wurst korv [kɔrv] ‹-en, -ar›
würzen krydda [ˇkryda] ‹-ade, -at›
Wut raseri [rɑ:səˈri:] ‹-et›, vrede [ˇvre:də] ‹-n›
wütend rasande [ˇrɑ:sandə], ursinnig [ˇʉ:ʂini]; **~ werden** bli rasande [bli: ˇrɑ:sandə]
Yoga yoga [ˈjo:ga] ‹-n›

Z

zäh seg [se:g]
Zahl tal [tɑ:l] ‹-et, -›
zahlen betala [beˈtɑ:la] ‹-ade, -at/-t›
zählen räkna [ˇrɛ:kna] ‹-ade, -at›
Zahlkarte inbetalningskort [ˇinbetɑ:lniŋsˈkuʈ] ‹-et, -›
Zahlung betalning [beˈtɑ:lniŋ] ‹-en, -ar›
Zahn tand [tand/ˈtɛndər] ‹-en, tänder›
Zahnbürste tandborste [ˇtandbɔʂʈə] ‹-n, -ar›
Zahnfleisch tandkött [ˇtandçøt] ‹-et›
Zahnpasta tandkräm [ˇtandkrɛ:m] ‹-en›
Zahnschmerzen tandvärk [ˇtandværk] ‹-en›
Zahnseide tandtråd [ˇtandtro:d] ‹-en, -ar›
Zander gös [jø:s] ‹-en, -ar›
Zäpfchen stolpiller [ˇstu:lpilər] ‹-pillret, -›
zart mör [mœ:r]
zärtlich öm [øm]
Zecke fästing [ˇfɛstiŋ] ‹-en, -ar›
Zehe tå [to:] ‹-n, -r›
Zeichen tecken [ˇtekən] ‹tecknet, -›; (An~)

symtom [sym'to:m] ‹-et, -›; *(Beweis)* bevis [be'vi:s] ‹-et, -›
Zeichenblock ritblock [ˇri:tblɔk] ‹-et, -›
Zeichensprache teckenspråk [ˇtekən'spro:k] ‹-et, -›
zeichnen teckna [ˇtekna] ‹-ade, -at›, rita [ˇri:ta] ‹-ade, -at›
Zeichnung teckning [ˇtɛkniŋ] ‹-en, -ar›
zeigen visa [ˇvi:sa] ‹-ade, -at›; *(hinweisen)* hänvisa [ˇhɛnvi:sa] ‹-ade, -at›
Zeit tid [ti:d] ‹-en, -er›; **zurzeit** för närvarande [fœ: ˇɳæ:rvɑ:randə]; **von ~ zu ~** då och då [do: ɔ do:]
Zeitschrift tidskrift [ˇti:dskrift] ‹-en, -er›
Zeitung tidning [ˇti:(d)niŋ] ‹-en, -ar›
Zeitungskiosk tidningskiosk [ˇti:niŋs'çɔsk] ‹-en, -er›
Zelt tält [tɛlt] ‹-et, -›
zelten tälta [ˇtɛlta] ‹-ade, -at›
Zeltschnur tältlina [ˇtɛltli:na] ‹-n, -or›
Zeltstange tältstång [ˇtɛltstɔŋ] ‹-en, -stänger›
Zentimeter centimeter [sɛnti'me:tər]
zentral central [sɛn'trɑ:l]
Zentralheizung centralvärme [sɛnˇtrɑ:lværmə] ‹-n›
Zentrum centrum ['sɛntrəm] ‹centret, centra›
Zerrung sträckning [ˇstrɛkniŋ] ‹-en, -ar›
zerstören förstöra [fœ'ʂʈœ:ra] ‹-de, -t›
Zeuge vittne [ˇvitnə] ‹-t, -n›
ziehen dra(ga) [drɑ:/drɑ:ga], dra ut [drɑ: 'ʉ:t]
Ziel mål [mo:l] ‹-et, -›
ziemlich tämligen [ˇtɛmliən], ganska [ˇganska]
Zimmer rum [rəm] ‹-met, -›
Zimmermädchen städerska [ˇstɛ:dəʂka] ‹-n, -or›
Zimmertelefon rumstelefon [ˇrəmstelə'fo:n] ‹-en, -er›
Zirkus cirkus ['sirkəs] ‹-en, -ar›
Zitrone citron [si'tru:n] ‹-en, -er›
zögern tveka [ˇtve:ka] ‹-ade, -at›
Zoll tull [təl] ‹-en, -ar›
Zollamt tullkammare [ˇtəlkamarə] ‹-n, -›
Zollbeamter tulltjänsteman [ˇtəlçɛnstə'man] ‹-nen, -män›
Zollerklärung tulldeklaration [ˇtəldeklara'ʃu:n] ‹-en, -er›
zollfrei tullfri [ˇtəlfri:]
zollfreier Laden taxfree shop ['tɛksfri: 'ʃɔp] ‹-en, -ar›
Zollgebühren tullavgifter [ˇtəlɑ:v'jiftər]
Zollkontrolle tullkontroll [ˇtəlkɔn'trɔl] ‹-en, -er›
zollpflichtig tullpliktig [ˇtəlplikti]
Zoo zoologisk trädgård [sɔ'lo:gisk 'trɛgɔɖ] ‹-en, -ar›
zornig arg [arj]
zu (1) *(Richtung)* till [til]; *(mit adj)* alltför [ˇaltfœ:r]; **~ sehr, ~viel** för mycket [fœr 'mykə]
zu (2) *(geschlossen)* stängd [stɛŋd]
zubereiten tillaga [ˇtilɑ:ga] ‹-ade, -at›
Zucchini squash ['skvɔʃ] ‹-en, -er›
Zucker socker ['sɔkər] ‹sockret›
Zuckerdose sockerskål [ˇsɔkə'ʂko:l] ‹-en, -ar›
zuerst först [fœʂʈ]
zufällig *adv* tillfälligtvis [ˇtilfɛlit'vi:s], av en händelse [ɑ:v en ˇhɛndelsə]
zufrieden nöjd [nøjd]
Zug tåg [to:g] ‹-et, -›
Zugänge ingångar [ˇingɔŋar] *pl*
Zugänglichkeit tillgänglighet [ˇtiljɛŋlig'he:t] ‹-en›
zuhören, jdm ~ lyssna på någon [ˇlysna po: nɔn] ‹-ade, -at›, höra på [ˇhœ:ra po:] ‹-de, -t›
Zukunft framtid [ˇframti:d] ‹-en›
zukünftig framtida [ˇframti:da], blivande [ˇbli:vandə]
zulässig tillåten [ˇtilo:tən]
zuletzt slutligen [ˇslʉ:tliən], till sist [til sist]
Zündkerze tändstift [ˇtɛndstift] ‹-et, -›
Zündschloss tändningslås [ˇtɛndniŋs'lo:s] ‹-et, -›
Zündschlüssel tändningsnyckel [ˇtɛndniŋs'nykəl] ‹-n, -nycklar›
Zündung tändning [ˇtɛndniŋ] ‹-en›
Zunge tunga [ˇtəŋa] ‹-n, -or›
zurück tillbaka [til'bɑ:ka]
zurückbringen återföra [ˇo:tər'fœ:ra] ‹-de, -t›, lämna tillbaka [lɛmna til'bɑ:ka]
zurückfahren åka tillbaka [o:ka til'bɑ:ka]
zurückgeben ge tillbaka [ge: til'bɑ:ka]
zurückkehren återvända [ˇo:tər'vɛnda] ‹-e, -vänt›
zusagen *(Einladung)* tacka ja [taka 'jɑ:] ‹-ade, -at›
zusammen tillsammans [til'samans]
zusammenschlagen slå ner [slo: 'ne:r]
Zusammenstoß sammanstötning [ˇsaman'stø:tniŋ] ‹-en, -ar›, kollision [kɔli'ʃu:n] ‹-en, -er›
zusätzlich ytterligare [ˇytə'ɭigarə], extra(-) [ˇɛkstra]
zuschauen titta [ˇtita] ‹-ade, -at›
Zuschauer åskådare [ˇo:sko:darə] ‹-n, -›; *(Fernsehen)* tittare [ˇtitarə] ‹-n, -›
Zuschlag tilläggsavgift [ˇtilɛksɑ:v'jift] ‹-en, -er›
Zustand tillstånd [ˇtilstɔnd] ‹-et, -›
zuständig ansvarig [ˇansvɑ:rig]
zustimmen instämma (med) [ˇinstɛma (me:)] ‹-de, -t›
zuverlässig tillförlitlig [ˇtilfœ'ɭi:tlig]
zweite(r, -s) andra [ˇandra]
zweitens för det andra [fœ: ɖe: ˇandra]
Zwiebeln lök [lø:k] ‹-en, -ar›
zwingen tvinga [ˇtviŋa] ‹-ade, -at›
zwischen mellan [ˇmɛlan]; *(~ mehreren)* bland [bland]
Zwischendeck mellandäck [ˇmɛlan'dɛk] ‹-et, -›
Zwischenfall oväntad händelse [ˇu:vɛntad ˇhɛndəlsə] ‹-n, -r›, intermezzo [intər'mɛtsɔ] ‹-t, -n›
Zwischenlandung mellanlandning [ˇmɛlan'landniŋ] ‹-en, -ar›
Zwischenstecker adapter [a'daptər] ‹-n, adaptrar›
Zylinder cylinder [sy'lindər] ‹-n, cylindrar›
Zylinderkopf topplock [ˇtɔplɔk] ‹-et, -›
Zyste cysta [ˇsysta] ‹-n, -or›